Eurovision
SONG CONTEST
De 1956 à nos jours

Éditions Favre SA
29, rue de Bourg
CH-1003 Lausanne
Tél. : (+41) 021 312 17 17
lausanne@editionsfavre.com
www.editionsfavre.com

Groupe Libella, Paris

Distribution/importation France, Belgique, Canada :
Interforum
92 Avenue de France
F-75013 Paris
Contact.clientele@interforum.fr

Distribution Suisse :
Office du livre de Fribourg
Route André Piller
CH-1720 Corminboeuf

Dépôt légal : mai 2025

Conception graphique et mise en page :
idéesse, Steve Guenat

Impression : Alzani, lot 1

ISBN : 978-2-8289-2266-5

Les Éditions Favre bénéficient d'un soutien structurel de l'Office fédéral de la culture pour les années 2020-2025.

JEAN-MARC RICHARD
MARY CLAPASSON
NICOLAS TANNER

Eurovision
SONG CONTEST
De 1956 à nos jours

RTS Radio Télévision Suisse

FAVRE

Eurovision SONG CONTEST BASEL 2025

Bâle 2025

SOMMAIRE

Bâle 2025

Hommage à ABBA, 2024

PRÉFACE

Björn Ulvaeus membre du groupe ABBA

Et le vainqueur est la Suède...

Ce n'étaient peut-être pas les mots exacts, mais en gros c'était le sens. Nous sommes en 1974, au Dôme de Brighton. Les compositeurs de la chanson sont invités à remonter sur scène. Notre éditeur Stig Anderson, et mon ami et co-auteur Benny, y étaient déjà retournés. Moi je suis aux prises avec un gars de la sécurité au fond de l'escalier menant à la scène !

Je vois bien ce qui se passe dans sa tête : « Les compositeurs de chansons de l'Eurovision ne ressemblent pas à ça ! Bottes compensées et guitare en forme d'étoile, il n'a pas compris, c'est sûrement un artiste ! »

Et il me répète : « Non, non, non, vous devez attendre. Là, c'est seulement pour les compositeurs de la chanson. »

Je suis tellement énervé et je ne sais pas comment Benny a réussi à se faufiler ! Peut-être qu'il a physiquement forcé le passage. Mais le fait est que lui et Stig profitent sans moi des applaudissements nourris du public. Finalement, je peux remonter sur scène avec Frida et Agnetha au moment de rechanter la chanson gagnante « Waterloo ».

En 2013, la Suède a accueilli la finale du Concours Eurovision de la chanson. Le slogan de l'événement était *We are one* afin de célébrer l'unité européenne. Pour cette occasion, on nous avait demandé à Benny, moi et Avicii d'écrire une chanson pour le défilé des artistes dans l'arène au début du spectacle. Je l'ai appelé : *"We write the story"* (Nous écrivons l'histoire). Je me suis de nouveau inspiré de l'histoire européenne, mais pas de Napoléon ou du duc de Wellington cette fois-ci.

Maintenant, comme nous le savons tous, il y a beaucoup trop de chapitres sombres dans cette histoire : les guerres mondiales, la guerre de Trente Ans, les croisades et l'Inquisition. Je me suis donc inspiré des forces qui se dressaient contre cet ordre mondial cruel et superstitieux.

Je suis un Européen. Je me suis toujours senti comme tel, parfois même plus que Suédois. À notre époque « postmoderne », je suis persuadé que ce n'est pas de l'orgueil ou de l'arrogance d'être fier des philosophes grecs et romains, de la Renaissance, du Siècle des Lumières ou de nos sociétés démocratiques, libérales et séculières, avec leur liberté d'expression et leurs luttes pour l'égalité entre les hommes et les femmes. Ce sont des valeurs que je défendrai toujours.

Nous vivons des moments difficiles. La crise migratoire, le populisme et le fanatisme religieux menacent à nouveau l'unité européenne. Le nationalisme extrême semble progresser. Nous pensions que nous nous étions débarrassés d'eux une fois pour toutes, mais non. L'Europe que nous aimons doit toujours être défendue.

Pour moi, l'Eurovision est un symbole puissant et j'irais même jusqu'à dire que c'est une arme dans cette lutte contre les forces obscures qui veulent nous ramener au Moyen Âge. C'est plus pertinent que jamais. C'est l'antithèse de ces idéologies dépassées, horribles et exclusives qui empoisonnent le monde d'aujourd'hui. Je ressens ça pendant ces heures brillantes et éblouissantes, au moment de la finale du Concours Eurovision de la chanson. C'est l'un des rares moments où l'Europe comprend véritablement ce que veut dire être uni, vivre en harmonie. Il n'existe point d'autre événement qui s'en rapproche autant. 197 millions de téléspectateurs regardaient l'Eurovision en 2015.

> ***L'Eurovision m'a offert bien plus qu'une victoire : il m'a ouvert les portes du monde. C'est un symbole puissant d'unité, de liberté et de modernité européenne.***

Après la victoire d'ABBA, cette nuit décisive à Brighton en 1974, c'était le chaos et je ne me souviens que de très peu de choses. Par contre je me rappelle m'être réveillé tôt le lendemain matin après avoir dormi quelques heures seulement. J'étais couché là, ma magnifique épouse blonde Agnetha à côté de moi, elle dormait encore. Je me sentais si bien à part une légère gueule de bois. J'ai alors pensé : « Hier, nous étions ce petit groupe suédois méconnu. Aujourd'hui, le monde entier nous connaît. C'est ça le pouvoir de l'Eurovision. »

Personne ne peut être plus reconnaissant que moi. L'Eurovision a changé ma vie. Là-bas, dans ce lit, dans cet hôtel, j'ai réalisé que le monde pouvait s'ouvrir à nous si nous arrivions à prendre bien soin de cette opportunité qui nous était offerte. Ça fait déjà cinquante et un ans maintenant ! Incroyable. À l'époque, je pensais que ça n'allait durer qu'une année, pas plus. C'était aussi loin que mes rêves me permettaient d'aller.

Ce qui allait se passer plus tard dans la réalité me semblait tellement tiré par les cheveux que le jeune homme de Brighton que j'étais n'aurait même pas pu l'imaginer. Aujourd'hui encore, je ne sais toujours pas exactement comment ça s'est passé. Mais je suis certain d'une chose : tout a commencé par le Concours Eurovision de la chanson.

Nana Mouskouri

L'Eurovision, c'est une rencontre unique entre les cultures, les voix et les cœurs de l'Europe.

L'initiative de faire un livre sur l'Eurovision paru en 2017 m'a d'emblée paru intéressante. Alors, lorsque Mary m'a proposé d'en écrire la préface, une fois la surprise passée, j'ai accepté avec enthousiasme et beaucoup d'émotion.

L'Eurovision, comme tous les concours de musique, fait partie de ma vie depuis toujours. J'ai suivi son évolution dans le temps. Entre actualité et souvenirs. Grâce à elle et grâce à tous ces concours, j'ai eu la chance de pouvoir apprendre à étudier et à connaître, à apprécier et respecter nombre d'auteurs et de compositeurs. La musique, à travers les chansons de ces créateurs et poètes, nous donne à nous, les interprètes, la nourriture dont l'âme a besoin pour exprimer nos joies et nos peines. Par son influence, elle change nos vies, car elle laisse des traces profondes qui expriment nos émotions, nos fragilités et notre humanité.

L'Eurovision est une grande célébration de la musique européenne. Elle porte la responsabilité de l'Europe envers la musique et les valeurs culturelles de chacun de ses pays membres. Elle a une histoire, un passé et un avenir que, j'espère, vous découvrirez dans ce livre.

L'Eurovision est pour moi une grande rencontre, un moment de partage et d'échange d'identités musicales qui essayent de s'entendre et de se comprendre dans leur diversité. S'entendre et se comprendre, c'est aussi pouvoir le faire sans perdre sa propre identité, c'est ce qui distingue ces identités et en fait leur force. La musique ne connaît pas les frontières, qu'elles soient de langue ou de style, elle a besoin d'authenticité, de sincérité,

d'une identité et d'une originalité pour pouvoir se distinguer, être appréciée et reconnue.

En 1956, Lys Assia a fait connaître ce concours européen dans tous les pays du monde grâce à sa victoire. Même en Grèce qui, à l'époque, était encore sous l'influence et l'inspiration de la radio mais pas encore de la télévision. À cette époque, j'étais encore une jeune chanteuse débutante, élève au conservatoire.

Je souhaite une longue et belle vie à l'Eurovision, qu'elle continue à nous faire découvrir de nouveaux talents, de grands auteurs, compositeurs et de merveilleux chanteurs !

Yugoslavia
Brodovi
(The ships)
Singer Vice Vukov
Author and composer Mario Nardelli
Conductor Miljenko Prohaska

Sweden
En gång i Stockholm
(Winter city)
Singer Monica Zetterlund
Author Beppe Wolgers
Composer Bobbie Ericsson
Conductor William Lind

Switzerland
T'en va pas
(Don't go away)
Singer Ester Ofarim
Author Emile Gardaz
Composer Géo Voumard
Conductor Eric Robinson

Belgium
Waarom
(Why?)
Singer Jacques Raymond
Author Wim Brabants
Composer Hans Flower
Conductor Francis Bay

France
Elle etait si jolie
(She was so pretty)
Singer Alain Barrière
Author and composer Alain Barrière
Conductor Franck Pourcel

Monaco
L'amour s'en va
(Love goes away)
Singer Françoise Hardy
Author and composer Françoise Hardy
Conductor Raymond Lefèvre

Spain
Algo prodigioso
(Something wonderful)
Singer José Guardiola
Author Camilo Murillo Janero
Composer Fernando Garcia Morcillo
Conductor Rafael de Ibarbia Serra

Luxembourg
A force de prier
(By the might of prayer)
Singer Nana Mouskouri
Author Pierre Delanoë
Composer Raymond Bernard
Conductor Eric Robinson

SEPT DÉCENNIES DE SAGAS

Le Concours Eurovision de la chanson, avec plus de 70 ans de musique, 1700 chansons, 180 millions de téléspectateurs en moyenne, plus de 50 pays, de nombreuses langues, a traversé les époques et continue à faire partie du patrimoine musical européen, quoi qu'en disent les puristes de la musique. Beaucoup souhaitent sa mort, mais grâce à la passion de nombreux fans, il résiste au temps et fascine un public européen de plus en plus nombreux, et même au-delà du continent. Il ne cesse de se développer, de se remettre en question et de se transformer depuis sa création en 1956 !

La Suisse romande (francophone) est le berceau du Concours Eurovision de la chanson grâce à un homme du pays qui en est le père fondateur : Marcel Bezençon. Il est à l'origine d'un véritable succès européen. Il a été un acteur majeur de l'introduction de la télévision et des programmes radio qui associent paroles et musiques. En 1947 déjà, il présente à l'Unesco une idée d'échange international de projets. Cela va présider à la naissance de l'Eurovision en 1954.

Marcel Bezençon a été précurseur de l'Europe d'aujourd'hui :

- Comme lui, le Concours est toujours en avance sur les réalités de notre continent. Il s'est ouvert aux pays de l'Est européen très tôt, avant l'élargissement que nous vivons depuis quelques années.
- Il est l'image, dans ses votes, d'une migration qui participe activement à la vie des pays d'accueil. Le meilleur exemple est le résultat des votes du public en Suisse qui donne ses voix (dans l'ordre ou presque) à la Serbie, l'Albanie, le Portugal et l'Italie dont les communautés sont importantes dans la Confédération helvétique.
- Et puis, on le voit dans le retrait de la Turquie ou de la Hongrie du Concours ces dernières années, les difficultés d'intégration sont de plus en plus réelles avec certains pays.

C'est cette aventure depuis ses débuts dans les années 50 à nos jours que Jean-Marc Richard, fidèle commentateur du Concours pour la RTS (Radio, Télévision Suisse Romande) depuis les années 90, Nicolas Tanner, fan depuis la victoire des ABBA en 1974 et co-commentateur depuis 2007, et Mary Clapasson, qui s'est rendue sur place une quinzaine de fois et a accompagné Jean-Marc et Nicolas dans tous les recoins du Concours Eurovision, vont vous faire vivre, à travers différentes époques musicales, les succès, les échecs, les scandales de cette émission. Grâce aux interviews et aux photos, ce sont les coulisses de ce Concours mythique que vous découvrirez en leur compagnie.

Qu'est-ce que l'Eurovision ?

L'« Eurovision » désigne à l'origine le réseau de communications télévisuelles et radiophoniques (Euroradio) créé par l'UER (l'Union européenne de radio-diffusion) en novembre 1953. Celui-ci est conçu dans le but d'encourager les échanges de programmes entre pays européens (de l'Ouest) afin de proposer au public une offre plus diversifiée, mais également en vue de réduire les coûts de production. Le terme « Eurovision » à proprement parler est inventé par le journaliste anglais George Campey, qui l'utilise pour la première fois dans un article pour le *London Evening Standard* au sujet d'une émission produite par la BBC et retransmise en direct par la télévision néerlandaise.

Le Concours Eurovision de la chanson (également connu sous le nom de « Grand Prix européen de la chanson » ou « Eurovision », ou encore « Festival » (pour les italophones), bien que de plus en plus souvent désigné par les lettres « ESC », abréviation de « European Song Contest ») est un événement annuel organisé par l'UER, qui réunit les membres de l'Union dans le cadre d'une compétition musicale, diffusée en direct et en simultané par tous les diffuseurs participants. Le Concours est retransmis à la télévision (par câble et satellite), à la radio et sur Internet.

Qu'est-ce que l'UER ?

L'UER (Union européenne de radio-diffusion, devenue Union européenne de radio-télévision) ou EBU en anglais (European Broadcasting Union) est une organisation internationale de diffusion créée en 1950. Il s'agit de la plus importante association professionnelle de radio-diffuseurs nationaux dans le monde avec 113 membres actifs dans 56 pays d'Europe, d'Afrique du Nord et du Proche-Orient, ainsi que 31 membres associés dans 25 pays d'autres régions du monde. Installée à Genève, elle agit pour le compte de ses membres, négocie les droits de diffusion des grands événements sportifs et exploite les réseaux Eurovision et Euroradio.

L'UER est-elle différente de l'UE ?

Tous les membres actifs de l'UER peuvent participer au Concours. Plus exactement, il s'agit des diffuseurs des pays situés dans la zone européenne de radiodiffusion et faisant partie de l'Union internationale des télécommunications, ou encore des diffuseurs des pays situés en dehors de la zone européenne de radiodiffusion mais appartenant au Conseil de l'Europe. Les six pays fondateurs du Concours sont également à l'origine de l'« Europe des six » (surnom de l'Union européenne lors de sa création en 1951), exception faite de la Suisse. En effet, celle-ci fonda le Concours de l'Eurovision, mais n'a jamais fait partie ni de cette Europe des six, ni de l'actuelle UE...

Tiré de « Europe, start voting now ! » Travail de maturité de Victorine Sieber sous la direction de M. R. Frioud – Gymnase cantonal du Bugnon, Lausanne, 2014-2015.

Crédits photographiques

4e de couverture : Céline Dion © RTÉ / ABBA © RTÉ / France Gall © INA / Conchita Wurst et Dana International © UER-EBU, Thomas Hanses / Nemo © UER-EBU, Corinne Cumming

Valentin Flauraud / *L'illustré* : auteurs p. 16

Préfaces

Björn Ulvaeus © C. Sturmak

Nana Mouskouri

Xavier Lahache, Canal+ :
portrait Fabien Lecœuvre p. 27

UER/EBU :

Elena Volotova : pp. 18-19, 343 (droite), 345 (bas gauche)

Indrek Galetin : pp. 238, 281, 287 (haut et bas), 288, 294-295, 296, 297, 299, 301, 304 (haut et bas), 306 (haut et bas), 308-309

Andres Putting : pp. 262, 323, 326, 335 (haut, bas gauche et droite), 342 (bas), 344 (haut), 345 (haut), 346, 356, 357 (haut), 358-359, 362-363, 367 (haut), 370, 371 (haut), 372 (haut et bas), 375, 377 (haut), 381 (bas), 388, 389, 395 (bas), 446 (haut)

Thomas Hanses : pp. 144, 153, 158 (bas), 174-175, 245, 273, 275, 320-321, 324 (haut et bas), 338, 342 (haut), 343 (gauche), 344 (bas), 345 (milieu gauche et bas droite), 348-349, 353 (bas), 360, 371 (bas), 377, 378 (bas), 381 (haut), 382, 387 (haut et milieu), 387, 391, 437, 438, 446 (bas)

Giel Domen : p. 305

Elke Roels : p. 310

Pieter Van den Berghe : pp. 16-17, 312-313, 314, 316-317, 319, 446 (milieu)

Dennis Stachel : pp. 329, 330 (haut), 332

Sander Hesterman : pp. 330 (bas), 331

Anna Velikova : p. 357 (bas)

Kris Pouw : pp. 383, 384

Corinne Cumming : pp. 4-5, 351, 395 (haut et 2e depuis le haut), 397, 398, 401, 402 (milieu), 407, 410 (2e depuis le haut), 419 (haut et bas), 421, 424 (bas), 431 (haut et bas), 442-443

Sarah Louise Bennett : pp. 353 (haut), 394, 395 (3e depuis le haut), 396, 402 (haut et bas), 403 (bas), 408, 409 (haut et bas), 410 (haut, 3e depuis le haut et bas), 411 (bas), 413, 414, 420 (gauche), 422 (haut), 426, 429

Alma Bengtsson : pp. 416-417, 418, 320 (droite), 422 (bas), 423, 424 (haut), 425

Jess Gleeson : p. 388

Picture alliance/KAN/dpa Foto Orit Pnini :
Madonna p. 378

RTÉ : pp. 80, 82, 83, 86, 88-89, 90, 91, 94, 95 (haut et bas), 97, 99, 100-101, 103, 104-105, 123, 124-125, 126 (haut et bas), 139, 140-141, 158 (haut), 164-165, 172, 177, 178 (haut et bas), 189, 190 (haut), 195, 196-197, 200-201, 203 (gauche et droite), 205, 207, 208 (droite et gauche), 211, 212-213, 214 (gauche, milieu et droite), 218, 226, 228, 230-231, 232, 239

AFP : pp. 260, 284

Channel 1 Russia : p. 366 (haut)

Chiara Merelli : p. 366 (bas)

Renaud Corlouër : p. 366 (milieu)

Marie Wynants : p. 367 (bas)

INA : pp. 35 (bas), 36, 38, 41, 46 (haut), 47, 50, 56, 57, 58-59, 63 (haut droite), 81 (droite), 108 (haut)

HR Media : pp. 30, 31

BRmedia Service GmbH @ Bayerischer Rundfunk/Foto Sessner : pp. 148, 149, 150

RAI : pp. 33, 53, 108 (bas)

SRF : p. 24

SRF © Paolo Moschini : p. 283

ERR : p. 255

RTS/SRR : pp. 23 (archives), 186 (archives)

RTVE : pp. 71, 75, 77, 81 (gauche), 278

Mary Clapasson : pp. 22, 27, 131, 169, 182, 252, 270, 290, 354, 424 (milieu), 432, 447

Fabien Lecœuvre : pp. 32, 35 (haut), 46 (bas), 63 (bas), 73, 85, 106, 118, 121

Photothèque de la Ville de Luxembourg, Tony Krier : pp. 43, 64, 93

Nederlands Instituut voor Beeld en Geluid : pp. 63 (haut gauche), 79, 113, 114 (haut), 115, 116, 135

Rob Mieremet/Anefo, Nationaal Archief : p. 61

Oestereichischer Rundfunk ORF : pp. 67, 68

Peter Reber : pp. 84, 114 (milieu), 132

Markus Luem : pp. 146-147, 216

Marko Colic : pp. 72, 154, 185, 192 (haut et bas)

Sandra Kim © Stéphane De Coster : p. 168

Atilla Şereftuğ : p. 181

Stéphane Mateuzzi : p. 190 (bas)

Sandra Simó : p. 199

Nicolas Tanner : pp. 246, 249 (haut et bas), 430

Internet : pp. 157 (Lill Lindfors), 170 (Charpentier – dessin)

BBC : pp. 400, 403 haut (© Nick Robinson), 404 (© Nick Robinson)

SVT : p. 411 haut (© Peppe Andersson)

Remerciements

Jan Ola Sand, ancien superviseur exécutif et son équipe, UER

Roberto Arias Garcia, brand manager ESC 2025

Moritz Stadler, coproducteur de l'événement 2025

Fabien Lecœuvre

Aline Lehmann

Steve Guenat

Pour les traductions :

Sonja Altherr, Daniela Wittwer, Daniela Tami, Michèle Dépraz

Nos amis de l'Eurovision :

Markus Luem, Fabrice Ferment, Gerry Martin, Jimmy Squires & Dean Asker

Les artistes, fans, journalistes et responsables qui ont accepté de donner des interviews

Toutes les personnes qui nous ont soutenus dans nos recherches et qui ont participé à l'élaboration et la concrétisation de cet ouvrage historique qui nous tient à cœur

Georgia

1956-1965

Les années originelles

Le Concours commence comme par accident en 1956 avec seulement sept pays participants et se cherche pendant toute une décennie.

À Lugano (Suisse), tout se fait de façon artisanale et improvisée. Le Concours est surtout adressé à un public radiophonique car peu de foyers en Europe ont la télévision à ce moment-là. La TSR (radio/TV Suisse romande) envoie son commentateur vedette, Georges Hardy, qui restera fidèle aux téléspectateurs romands pendant vingt-huit années consécutives. Les règles ne sont pas encore clairement définies et ne cesseront de se modifier par la suite. À cette époque, on pouvait chanter uniquement seul ou en duo, accompagné de choristes, dans une des langues nationales de son pays.

L'Eurovision naît dans l'improvisation en 1956, cherchant encore ses règles et son public à l'ère où la télévision est un luxe.

Ces premières années sont caractérisées par l'âge d'or de la langue française avec six victoires sur dix grâce à la Suisse, le Luxembourg et la France. C'est déjà une forme de domination mais qui ne durera pas !

Pendant ce temps, le rock'n'roll triomphe et Elvis Presley joue dans son premier long-métrage. Dès le début des années 60, on voit la naissance de groupes mythiques tels que les Rolling Stones ou les Beatles. Alors qu'en France, Johnny Hallyday, Sylvie Vartan, Claude François et bien d'autres commencent de belles carrières, l'Eurovision continue son voyage musical improbable et décalé au fil du temps en produisant de petites mélodies classiques que l'on n'entend presque jamais en radio.

C'est dans ce contexte que la chanteuse suisse alémanique Lys Assia gagne la première édition du Concours Eurovision de la chanson avec le titre « Refrain », tout simplement grâce aux textes et à la mélodie d'Emile Gardaz (animateur radio, parolier, chroniqueur et écrivain vaudois) et Géo Voumard (animateur radio et pianiste de jazz). À la base, ne l'oublions pas, il s'agissait d'un Concours de compositeurs et de paroliers, même si cela a vite passé au second plan. Il fallait surtout produire une musique de variété de qualité, avec un chef d'orchestre et des musiciens, mais aussi rassembler les peuples à travers la musique d'Europe de l'Ouest tout juste sortis de la Seconde Guerre mondiale.

« Refrain » Lys Assia, paroles Emile Gardaz et Géo Voumard (Refrain d'amour...)

Refrain, couleur du ciel, parfum de mes vingt ans
Jardin plein de soleil où je courais enfant
Partout je t'ai cherché, mon amoureux lointain
Guettant par les sentiers où tu prenais ma main

Les jours s'en sont allés et nous avons grandi
L'amour nous a blessés, le temps nous a guéris
Mais seule et sans printemps
Je cours en vain les bois, les champs
Dis, souviens-toi nos amours d'autrefois ?

Les années passent à tire-d'aile
Et sur les toits de mon ennui coule la pluie
Où sont parties les caravelles, volant mon cœur
Portant mes rêves vers ton oubli ?

J'aurais voulu que tu reviennes comme jadis
Porter des fleurs à ma persienne
Et ta jeunesse en mon logis

Refrain, couleur de pluie, regret de mes vingt ans
Chagrin, mélancolie de n'être plus enfant
Mais seule et loin de toi, par les chemins où tu n'es pas
Je vais, pleurant mes amours de vingt ans

Quand Lys Assia gagne à trente-deux ans, elle a déjà l'expérience d'une grande carrière internationale comme danseuse et chanteuse. Elle avait travaillé avec les plus grands du showbiz, vivant entre New York, l'Allemagne, la Suisse et Paris. Elle a notamment remplacé Joséphine Baker pendant une année dans un Club des Champs-Élysées. Elle a aussi collaboré avec Marlene Dietrich et Harry Belafonte (chanteur et acteur américain).

À cette époque, le Concours Eurovision de la chanson récompense un nombre considérable de chanteurs qui ont ou feront de belles carrières musicales. C'est le cas d'André Claveau, Jacqueline Boyer, Jean-Claude Pascal, Isabelle Aubret ou encore Gigliola Cinquetti. Nos parents, nos grands-parents chantent ces refrains « Non ho l'età », « Dors, mon amour », « Tom Pillibi », « Nous les amoureux », « Un premier amour ».

Souvenons-nous aussi de la plus grande injustice de l'histoire du Concours, la fameuse chanson « Nel blu dipinto di blu » et son refrain « Volare oh oh Cantare oh oh oh », chantée avec passion par l'Italien Domenico Modugno. Il termine seulement troisième en 1958. Cette chanson deviendra par la suite l'une des chansons de l'histoire du Concours la plus jouée au monde. Son titre se classera en tête des charts ou hit-parades, aux États-Unis, au Royaume-Uni et en Italie.

Des balbutiements de Lugano aux premières controverses, l'Eurovision pose les bases d'un spectacle qui ne cessera d'évoluer.

C'est l'auteur-compositeur-interprète Serge Gainsbourg qui a le dernier mot en 1965. Il apporte le changement nécessaire afin d'aborder une nouvelle décennie prometteuse. Il contribue à la pérenniser en écrivant un des plus beaux classiques du Concours, « Poupée de cire, poupée de son » interprété par la charmante France Gall. Un vent de changement arrive à Naples avec ce titre accrocheur et cette chanson totalement différente des précédentes, bien écrite et avec un excellent arrangement. Il gagne son pari et prouve au monde que tendance et mode ont leur place à l'Eurovision !

La première décennie est donc un laboratoire d'idées et une période originelle lisse et irréelle renforcée par l'image en noir et blanc, lui conférant un côté sacré et lointain. Les fans d'aujourd'hui n'ont pas vécu cette période mythique qui n'a pourtant pas manqué de piment avec son lot d'histoires et de rebondissements. Une des controverses célèbres a impliqué la Suisse, en 1963, avec la chanteuse Esther Ofarim, qui représentait ce pays. Suite à un cafouillage de votes, le jury norvégien, qui n'avait rien compris aux règles, doit revoter en fin d'émission. Comme par hasard, il change complètement son choix au profit de son voisin le Danemark, ce qui permet à ce dernier de remporter le prix au détriment de la Suisse! Ce n'est que le début de nombreuses sagas qui pimenteront le Concours Eurovision.

Lys Assia, gagnante 1956, dans sa maison à Zurich en 2016 (devant son propre tableau)

1956 LUGANO

1re édition

La genèse

Vainqueur : **Suisse avec la chanteuse Lys Assia**

Chanson : **« Refrain »**

Auteurs-compositeurs : Emile Gardaz et Géo Voumard

24 mai 1956

Teatro Kursaal, Lugano, Suisse

Diffuseur SSR-RTSI

7 pays participants avec chacun deux chansons

Pays fondateurs : Allemagne, Belgique, France, Italie, Luxembourg, Pays-Bas et Suisse

Deux jurys par pays. Chaque jury attribue deux votes à sa chanson préférée

4 millions de téléspectateurs

Livre des records

Qui aurait pu imaginer au mois de mai 1956 que ce petit concours radiophonique immortalisé par trois caméras allait devenir le plus grand show télévisé européen de l'histoire, et surtout allait entrer dans le livre des records comme « la plus longue émission annuelle de compétition musicale » ?!

Pourtant, dès ses premières éditions, les commentateurs et la presse le condamnaient à disparaître rapidement. Les intellectuels de la musique lui prêtaient tous les maux et le disqualifiaient.

Un homme, un Suisse, en est le père fondateur.

Visionnaire

Marcel Bezençon, né au mois de mai 1907 à Orbe, petite ville du canton de Vaud en Suisse dont il était originaire, est le visionnaire à qui nous devons l'Eurosong d'aujourd'hui !

Celui qui deviendra aussi le fondateur de la Rose d'or de Montreux est fils d'agriculteur. Il fait des études de lettres et voyage beaucoup, de l'Allemagne à l'Angleterre, en passant par la Hongrie et les Balkans. Intérêt pour l'Europe qui va largement influencer son idée géniale de créer un programme qui réunit les principaux pays de l'UER (Union européenne de radio-télévision).

Ensemble

Cet homme est en avance sur son temps. Il veut absolument trouver un programme qui permette de réunir les uns et les autres, un programme à concocter ensemble qui dépassera la simple captation ou l'échange d'émissions. Il rêve d'une Europe réunie autour de la culture et du divertissement, ce qui à l'époque pouvait paraître révolutionnaire. On a beaucoup raconté que cette idée de concours de la chanson était une copie du Festival de Sanremo, mais ce n'est que partiellement le cas. Marcel Bezençon va défendre son idée à Monaco fin janvier 1955 en prenant comme exemple parmi d'autres le Festival italien. Finalement, c'est cette dernière option qui est retenue, pour le plus grand plaisir de cet homme exceptionnel qui a toujours cru que la création et la culture étaient le lien essentiel entre les Européens ! Mais revenons à 1956.

Première chanson, composition

Tout commence par un petit radiocrochet auquel Emile Gardaz et Géo Voumard – les deux compositeurs de la première chanson gagnante de l'Eurovision – se prêtent avec plaisir, sans se rendre compte qu'ils allaient écrire une page importante de l'histoire ! Emile Gardaz a même avoué un jour qu'il avait complètement oublié qu'il allait participer à la finale de ce Concours à Lugano et que pour lui c'était anecdotique.

Parmi les pionniers de cette aventure fondatrice d'un esprit européen, on se souvient principalement de Lys Assia qui a interprété deux chansons pour la Suisse, son pays. C'était à l'image de ce que le Concours deviendra plus tard : celui des « chanteuses et des chanteurs » alors que l'envie de départ et la base de tout était de valoriser le « compositeur et l'auteur ».

En 1956, l'Eurovision naît dans l'anonymat… avant de devenir le plus grand show télévisé européen de l'histoire.

Première finale

Le 24 mai 1956, sept pays participent à la finale du Concours Eurovision de la chanson à Lugano, en Suisse. Seulement sept puisque le Danemark et le Royaume-Uni n'ont pas pu respecter la date limite d'inscription. On décide alors que chaque pays présente deux chansons. Seuls les artistes en solo sont admis et toute chorégraphie est interdite.

Premier couac

Alors que chaque pays doit envoyer deux jurys, le Luxembourg ne peut le faire et ce sont deux Suisses qui vont voter au nom du Luxembourg ! C'est aussi la seule fois où les jurys peuvent voter pour leur propre pays.

Les résultats complets ne seront jamais rendus publics et on détruira immédiatement les bulletins de vote. Il n'y a qu'une première place et c'est la Suisse qui l'emporte avec Lys Assia. Ainsi est né le Grand Prix Eurovision de la chanson européenne.

Lys Assia dans les années 50

Entretien avec **Lys Assia,** mars 2015
(Rosa Mina Schärer) 1924-2018

« C'est horrible pour moi de penser que cela fait déjà soixante ans ! On ne savait pas ce que c'était que l'Eurovision. Le fondateur avait simplement dit: "Je veux faire quelque chose qui va réunir les gens, quelque chose pour que les gens puissent découvrir les cultures des différents pays." Et c'est pour ça que le Concours Eurovision de la chanson dure encore. C'est ça pour moi qui est intéressant, réunir les gens et être amis, on en a besoin. »

Idée

« J'étais en Amérique en tournée quand le compositeur m'a appelée en me disant qu'il avait une très bonne chanson qui reprenait l'idée de réunir les gens. Il m'a demandé si je pouvais la chanter. J'ai d'abord répondu non, que je n'étais pas disponible, car en pleine tournée. Mais finalement, comme mon père qui habitait en Suisse était très malade et que j'avais un concert à Paris, j'ai pu combiner les trois. »

Pour mon papa

« La nuit de mon arrivée à Zurich, un théâtre a su que j'étais là juste pour un jour, car mon papa était mourant, alors ils m'ont demandé de chanter "Oh mein Papa", une fameuse chanson que j'avais créée. C'est là que mon manager m'a fait entendre le titre "Refrain" pour la première fois. Cette chanson me correspondait parfaitement. Cette même nuit mon papa est décédé et j'ai décidé de défendre la Suisse à l'Eurovision. »

Débuts de danseuse

« Ma mère ne voulait pas que je fasse une carrière d'artiste. Pour elle ce n'était pas sérieux et même dangereux, c'est pour ça que j'ai commencé à être danseuse. Pour pouvoir danser, j'ai dû étudier en même temps. Moi je voulais faire de la musique. Je la sentais, j'imitais beaucoup Zarah Leander, la Suédoise. Je faisais des spectacles dans des stations d'hiver pour gagner ma vie. Avant l'Eurovision, j'avais déjà mon nom et ma carrière. »

Deux chansons

« Comme je suis Suissesse et que j'étais rarement en Suisse, ça m'a fait plaisir de me retrouver sur la scène à Lugano et je crois (rires) qu'ils n'auraient pas pu trouver mieux... En plus, on a dû chanter deux chansons, la deuxième était "Das alte Karussell".

Je savais qu'on allait gagner, et depuis ce jour, je ne me suis jamais trompée sur mes pronostics. Je sens toujours quelle chanson va gagner. Chaque année je vais aux répétitions et je sens les réactions des gens. Je me suis trompée une seule fois en soixante ans, c'était en 1958 où on a fini deuxièmes alors qu'on aurait dû gagner ! »

Voix, élégance, éducation

« Chaque année c'est sympa de tous se revoir. Quand Conchita Wurst a chanté en 2014, j'ai tout de suite dit que ce serait elle qui allait gagner ! Certaines personnes se demandaient ce que ça avait à voir avec l'Eurovision, moi j'ai pensé qu'elle avait tout: la voix, l'élégance et l'éducation... »

Langue

« Je dis toujours que chaque pays devrait chanter un petit bout de sa chanson dans sa langue. Au moins, un petit refrain, ça serait déjà bien. »

Évolution

« L'Eurovision a complètement changé en ce qui concerne les langues. Mais ce qui est différent c'est surtout le fait que seuls les chanteurs sont en live mais plus la musique. Vous

Lys Assia chez elle

savez une chanson c'est mystérieux et rempli d'émotion. Je ne peux pas chanter deux fois de la même manière parce qu'on vit la chanson et on la sent. Avec l'orchestre, c'était mieux parce qu'on peut s'adapter, mais pas avec une bande-son.

À l'Eurovision en 1956, on ne gagnait rien du tout. Ils ne m'ont même pas payé le voyage. Pour les droits non plus, il n'y avait pas de contrôle comme aujourd'hui. »

Santé

« Pour rester jeune et en santé à mon âge, je travaille toute la journée, j'étudie et j'entraîne ma mémoire. Dieu m'a laissé ça... Je n'ai qu'une vie, je ne sais pas combien de temps il me reste, il faut profiter. Mon slogan a toujours été : “Il ne faut pas se laisser aller.”»

Souvenirs

« Les plus beaux souvenirs de ma carrière ont été ma rencontre avec Harry Belafonte et aussi quand j'ai chanté devant la reine d'Angleterre.

Si tout était à refaire, je referais la même chose sauf qu'en général on ne peut jamais refaire pareil. Peut-être que je serais moins ouverte envers les autres, je suis trop gentille je crois.

Je ne sais pas où sont passés les soixante ans depuis que j'ai gagné l'Eurovision. C'est comme quand on me parle de mon âge, je ne sais pas comment c'est arrivé. Je n'ai jamais pensé dans ma vie que j'allais être âgée un jour. »

La chance ?

« En 1956 c'était beaucoup de choses. Le moment juste, la chance, la chanson, l'orchestre juste, moi... je ne sais pas... le tout. »

1956

Anecdote Fabien Lecœuvre, auteur, chroniqueur radio et TV

LALALALA

Lys Assia rechante après la proclamation des résultats; elle est totalement émue et oublie une partie des paroles de sa chanson «Refrain» qu'elle remplace par des «lalala». Cela restera indéniablement la première anecdote de l'histoire de l'Eurovision.

RÉSULTATS

Place	Pays	Artiste(s)	Chanson	Langue(s)	Points
1	Suisse	Lys Assia	Refrain	fra	-
-	Pays-Bas	Jetty Paerl	De vogels van Holland	nld	-
-	Suisse	Lys Assia	Das alte Karussell	ger	-
-	Belgique	Fud Leclerc	Messieurs les noyés de la Seine	fra	-
-	Allemagne	W. A. Schwarz	Im Wartesaal zum großen Glück	ger	-
-	France	Mathé Altéry	Le temps perdu	fra	-
-	Luxembourg	Michèle Arnaud	Ne crois pas	fra	-
-	Italie	Franca Raimondi	Aprite le finestre	ita	-
-	Pays-Bas	Corry Brokken	Voorgoed voorbij	nld	-
-	Belgique	Mony Marc	Le plus beau jour de ma vie	fra	-
-	Allemagne	Freddy Quinn	So geht das jede Nacht	ger	-
-	France	Dany Dauberson	Il est là	fra	-
-	Luxembourg	Michèle Arnaud	Les amants de minuit	fra	-
-	Italie	Tonina Torrielli	Amami se vuoi	ita	-

1957 | FRANCFORT

Allô ici l'Allemagne

Vainqueur : **Pays-Bas avec la chanteuse Corry Brokken**

Chanson : **« Net Als Toen »**

Auteurs-compositeurs :
Willy Van Hemert et Guus Jansen

3 mars 1957

Grosser Sendesaal
Francfort, Allemagne de l'Ouest

Diffuseur Hessischer Rundfunk pour ARD

10 pays participants
avec chacun une chanson

Début de l'Autriche, du Danemark
et du Royaume-Uni

Un jury par pays composé
de dix membres.
Chacun attribue
un vote à sa chanson
préférée

2e édition

Contrairement au titre de la chanson gagnante « Tout comme avant », le Concours Eurovision de la chanson de 1957 n'a rien à voir avec celui de 1956.

Il a lieu en Allemagne dans un studio de télévision devant 400 personnes. La Suisse, victorieuse de l'année précédente, n'a pas envie de l'organiser. La règle du pays gagnant organisateur sera introduite en 1958.

Règles

De nouvelles règles sont introduites, ou plutôt enfin des règles :

1. Il n'y a plus qu'une seule chanson par pays.
2. Le vote fait partie du show et les résultats sont donnés par téléphone.
3. Les jurys ne peuvent plus voter pour leur pays.

Corry Brokken, gagnante pour les Pays-Bas en cette année 1957, restera dans l'histoire pour être la seule artiste à avoir terminé une fois à la première place du Concours avec « Net als toen » et une autre fois à la dernière place en 1958 avec « Heel de wereld ». Elle décédera en 2016 à l'âge de 83 ans.

Accessoires

La chanteuse et actrice allemande Margot Hielscher fait très fort, elle est la première à utiliser un accessoire : un magnifique téléphone blanc auquel elle s'adresse avec volupté et conviction pour chanter sa chanson « Telefon, Telefon » !

C'est le début d'une longue série d'utilisation d'objets dont le point d'orgue sera certainement la prestation de Peter, Sue & Marc représentant la Suisse en 1979 avec « Trödler & Co ». Ces derniers iront à Jérusalem avec des sacs poubelle, un râteau, un arrosoir, un sécateur et

un tuyau d'arrosage ! Autre exemple en 2008, le Français Sébastien Tellier débarquera sur la scène de Belgrade au volant d'un buggy de golf qui ne l'empêchera pas de terminer dans les profondeurs du classement.

Court/long

Pour sa première participation, le Royaume-Uni fait déjà dans le minimalisme avec une chanson qui dure 1 minute 52 secondes : « All ». Elle est tellement courte que le chef d'orchestre réussit même à démarrer la chanson avant que Patricia Bredin ne soit entrée sur scène ! Les mauvaises langues lui prêteront de sournoises intentions.

Cette chanson restera longtemps la plus courte de l'histoire. Il faudra attendre 2015 pour entendre le groupe finlandais PKN, composé de musiciens punk vivant avec un handicap mental, battre le record de la chanson la plus courte avec « Aina mun pitää » : 1 minute 37 secondes.

1957 c'est l'année des extrêmes, avec aussi la chanson la plus longue, celle de l'Italien Nunzio Gallo, « Corde della mia chitarra ». La durée approximative de ce titre est de plus de 5 minutes.

Baisers

Mais le « must », c'est certainement le premier et le plus long baiser sur scène.

Les représentants danois Birthe Wilke et Gustav Winckler s'embrassent au terme de leur chanson « Skibet skal sejle i nat » (« Le bateau va prendre la mer ce soir »). C'est le plus long baiser de l'histoire de l'Eurosong un peu par erreur. Un membre de leur équipe doit leur adresser un signe pour y mettre fin, il oublie de le faire… Le jury et le public sont choqués. Birthe se représentera en 1959 mais en solo cette fois.

Tous les baisers du Concours feront polémique, notamment celui de la chanteuse finlandaise Krista Siegfrids avec sa choriste

lors des répétitions en 2013 à Malmö. Le titre était « Marry me » ! Elles auront quand même osé faire ce que les filles du duo russe t.A.T.u avaient renoncé à faire en 2003 à Riga, à la suite de l'interdiction des instances de l'UER (Union européenne de radio-télévision). Cette provocation occupera les médias pendant toute la phase de préparation.

(p.30) Margot Hielscher, la candidate allemande chantant avec un premier accessoire

(ci-dessus) Corry Brokken, la gagnante

RÉSULTATS

Place	Pays	Artiste(s)	Chanson	Langue(s)	Points
1	Pays-Bas	Corry Brokken	Net als toen	nld	31
2	France	Paule Desjardins	La Belle amour	fra	17
3	Danemark	Birthe Wilke & Gustav Winckler	Skibet skal sejle i nat	dan	10
4	Luxembourg	Danièle Dupré	Amours mortes (tant de peine)	fra	8
4	Allemagne	Margot Hielscher	Telefon, Telefon	ger	8
6	Italie	Nunzio Gallo	Corde della mia chitarra	ita	7
7	Royaume-Uni	Patricia Bredin	All	eng	6
8	Belgique	Bobbejaan Schoepen	Straatdeuntje	nld	5
8	Suisse	Lys Assia	L'Enfant que j'étais	fra	5
10	Autriche	Bob Martin	Wohin, kleines Pony?	ger	3

1958

HILVERSUM

« Volare » ne gagne pas, et pourtant…

Vainqueur : **France avec le chanteur André Claveau**

Chanson : **« Dors, mon amour »**

Auteurs-compositeurs :
Pierre Delanoë et Hubert Giraud

12 mars 1958

AVRO Studios Hilversum, Pays-Bas

Diffuseur NTS

10 pays participants

Début de la Suède et retrait du Royaume-Uni

Même système de vote qu'en 1957

3e édition

Vexés par leur mauvais résultat de l'année précédente, les Britanniques décident de ne pas participer au Concours. Par conséquent, pas de chanson en anglais cette année, pour la deuxième fois et la dernière d'ailleurs dans l'histoire de l'Eurovision.

Identité

La Suède en profite pour faire son entrée et devient un pays de l'Eurovision. Elle occupera la première place du nombre de victoires à égalité après l'Irlande.

Alice Babs provoque la polémique. Alors que depuis le début du concours les artistes s'habillent en costard et robe de soirée, elle choisit un costume folklorique. C'est la toute première fois qu'un pays affiche son identité ethnique. Par la suite, chaque année ou presque, on retrouvera cette volonté de s'affirmer à travers le costume ou la musique. Les tenues de Lapons pour la Norvège ou le cor des alpes pour la Suisse par exemple.

Lys Assia revient pour la troisième année consécutive. Seuls cinq artistes ont participé à cette compétition trois fois de suite dont le crooner autrichien Udo Jürgens, et la gagnante de 1957, Corry Brokken. Lys Assia chante en italien et nous offre une ballade gustative, du risotto, de la polenta et du bon vin d'Ascona. Elle aura donc chanté dans trois langues nationales de son pays, la Suisse.

Surprise

1958, une grande surprise ! La chanson de Pierre Delanoë interprétée par André Claveau est gagnante. Le prince de la chanson a déjà près de 1500 titres à son répertoire et est à l'apogée de sa carrière. Cela explique que sa

berceuse « Dors, mon amour » batte largement la chanson Eurovision la plus jouée au monde depuis : « Nel blu dipinto di blu », alias « Volare » et en français « Dans le bleu du ciel bleu » interprété par Dalida. Le titre de Claveau ne s'imposera qu'en francophonie alors que « Volare » fera un carton dans le monde entier.

D'autres artistes qui n'ont pas gagné le Concours Eurovision de la chanson ont fait de très belles carrières internationales à l'image de Nana Mouskouri en 1963, Julio Iglesias en 1970, Olivia Newton-John en 1974 ; et pour la France, Serge Lama en 1971, Patrick Fiori en 1993 et Natasha St-Pier en 2001.

Problèmes techniques

Premier gros problème technique : pendant le passage de Domenico Modugno, une interruption prive une partie des pays de la diffusion de sa chanson. Il doit remonter sur scène pour rechanter après les autres candidats.

Un autre gros problème aura lieu à Zagreb en 1990 où la bande-son utilisée par le duo féminin espagnol Azucar Moreno ne démarrera pas. L'Espagne, décidément, n'aura pas beaucoup de chance puisqu'en 2010 le chanteur Daniel Diges sera dérangé sur scène par le célèbre catalan Jimmy Jump, connu pour ses irruptions sur le terrain lors de grands événements sportifs, comme à Roland Garros en 2009 où il s'est jeté sur Roger Federer.

En 1958, c'est la première fois que le pays gagnant de l'année précédente organise le Concours Eurovision de la chanson, une règle pas toujours respectée. Le Royaume-Uni par exemple l'organisera deux fois en 1960 et 1963 avant de le gagner vraiment en 1967. Elle l'a encore organisé sans l'avoir gagné en 1972 et 1974, puis en 2023 dû à la guerre en Ukraine, pays gagnant.

André Claveau et (ci-dessus) Domenico Modugno

RÉSULTATS

Place	Pays	Artiste(s)	Chanson	Langue(s)	Points
1	France	André Claveau	Dors, mon amour	fra	27
2	Suisse	Lys Assia	Giorgio	ger, ita	24
3	Italie	Domenico Modugno	Nel blu dipinto di blu	ita	13
4	Suède	Alice Babs	Lilla stjärna	swe	10
5	Belgique	Fud Leclerc	Ma petite chatte	fra	8
5	Autriche	Liane Augustin	Die ganze Welt braucht Liebe	ger	8
7	Allemagne	Margot Hielscher	Für zwei Groschen Musik	ger	5
8	Danemark	Raquel Rastenni	Jeg rev et blad ud af min dagbog	dan	3
9	Pays-Bas	Corry Brokken	Heel de wereld	nld	1
9	Luxembourg	Solange Berry	Un grand amour	fra	1

1959 CANNES

4e édition

Un premier pas de danse à Cannes

Vainqueur: **Pays-Bas avec la chanteuse Teddy Scholten**

Chanson: **« Een beetje »**

Auteurs-compositeurs: Willy van Hermert et Dick Schallies

11 mars 1959

Palais des Festivals et des Congrès Cannes, France

Diffuseur RTF

11 pays participants

Début de Monaco

Retour du Royaume-Uni et retrait du Luxembourg

Même système de vote depuis 1957

Premier pas de danse

Cette année, Birthe Wilke, la Danoise, devient la toute première artiste à esquisser un pas de danse et à jouer avec sa robe, mais sans exagération, contrairement à son baiser langoureux de 1957. Les Scandinaves apparaissent déjà comme les irrévérencieux du Concours Eurovision de la chanson. On se souviendra de la présentatrice de 1985, Lill Lindfors, qui perdra volontairement sa robe et se retrouvera en culotte sur scène. L'année suivante, le guitariste du duo suédois Lasse et Monika, arrivera à torse nu pour faire son solo. On n'oubliera pas non plus les « hard rockers » finlandais du groupe Lordi et leur prestation délirante en 2006.

Cette année, Birthe Wilke esquisse le premier pas de danse sur scène… avant que les Scandinaves ne poussent toujours plus loin l'audace à l'Eurovision.

La chanson pour la France est interprétée par un certain Jean Philippe qui dit « Oui oui, oui, oui ». Elle deviendra célèbre parce qu'elle sera reprise un peu plus tard par Sacha Distel.

Histoire de famille

Comme le Concours se déroule sur la Croisette, la petite principauté de Monaco fait son entrée avec l'ex-époux d'Edith Piaf, Jacques Pills. C'est une future histoire de famille, comme il y en aura beaucoup à l'Eurovision. Jacques Pills arrive dernier avec sa chanson « Mon ami Pierrot ». L'année suivante, sa fille Jacqueline Boyer le vengera en gagnant l'édition de 1960 avec le fameux « Tom Pillibi ».

Marionnette

Les Britanniques qui cherchent une victoire par tous les moyens tentent de faire la différence avec un petit artifice ridicule: le duo Pearl Carr

et Teddy Johnson illustre sa chanson « Chante, petit oiseau » par une minuscule marionnette d'oiseau. Le pari est presque gagné puisqu'ils finissent pour la première fois au deuxième rang, une place qu'ils occuperont à seize reprises de 1959 à 1998 et ensuite encore une fois en 2022 en établissant un record. Le deuxième record étant celui du pays ayant le plus souvent organisé le Concours Eurovision : neuf fois.

Trois minutes

La vainqueur de cette année, Teddy Scholten, est appelée en remplacement à la dernière minute pour la sélection nationale qu'elle remporte en Hollande. Sa victoire à Cannes reste pour elle un mystère. Elle dit volontiers : « J'ai accompli tant de choses dans ma vie et tout ce dont les gens se souviennent ce sont mes trois minutes ! » L'Eurovision mène à tout, elle deviendra une ambassadrice de la Croix-Rouge aux Pays-Bas.

Cela nous rappellera en 1971 le remplacement en dernière minute du duo belge Nicole et Hugo. Nicole devra déclarer forfait pour cause de jaunisse. Mais l'histoire est bien faite, les Flamands les inviteront à participer en 1973 où ils finiront derniers mais resteront dans les souvenirs pour l'une des prestations les plus commentées. Ils porteront des costumes identiques de couleur mauve, pattes d'éléphant et cols en pelle à tarte. On ne parlera même pas de leur chorégraphie déjantée ! La chanson deviendra très vite un hit en Flandre toujours en chantant avec les mêmes costumes de scène.

Jacques Pills, France, avec son ex-épouse Édith Piaf

La gagnante des Pays-Bas, Teddy Scholten

(p.36) La présentatrice Jacqueline Joubert devant le tableau des votes à Cannes

RÉSULTATS

Place	Pays	Artiste(s)	Chanson	Langue(s)	Points
1	Pays-Bas	Teddy Scholten	Een beetje	nld	21
2	Royaume-Uni	Pearl Carr & Teddy Johnson	Sing, little birdie	eng	16
3	France	Jean Philippe	Oui, oui, oui, oui	fra	15
4	Suisse	Christa Williams	Irgendwoher	ger	14
5	Danemark	Birthe Wilke	Uh, jeg ville ønske jeg var dig	dan	12
6	Italie	Domenico Modugno	Piove (Ciao, ciao bambina)	ita	9
6	Belgique	Bob Benny	Hou toch van mij	nld	9
8	Allemagne	Alice Kessler & Ellen Kessler	Heute Abend woll'n wir tanzen geh'n	ger	5
9	Suède	Brita Borg	Augustin	swe	4
9	Autriche	Ferry Graf	Der K und K Kalypso aus Wien	ger	4
11	Monaco	Jacques Pills	Mon ami Pierrot	fra	1

1960

LONDRES

5e édition

Mais qui est ce Tom Pillibi ?

Vainqueur : **France avec la chanteuse Jacqueline Boyer**

Chanson : **« Tom Pillibi »**

Auteurs-compositeurs : Pierre Cour et André Pop

29 mars 1960 – un mardi

Royal Festival Hall
Londres, Royaume-Uni

Diffuseur BBC

13 pays participants

Début de la Norvège et retour du Luxembourg

Même système de vote depuis 1957

Records

C'est l'année de plusieurs records. Le nombre de participants ne cesse d'augmenter. Le cadre du Concours Eurovision de la chanson permet d'accueillir environ 2000 personnes, ça restera longtemps la plus grande affluence. Lors de la 46e édition en 2001, le Parken Stadium de Copenhague accueillera plus de 35 000 personnes, un record.

Cette année, on découvre Katie Boyle présentatrice de la BBC ; on la retrouvera encore trois autres fois dans ce même rôle. C'est aussi un record en la matière. Seules la Française Jacqueline Joubert, deux fois, et la Suédoise Petra Mede, trois fois, ont présenté le Concours à plusieurs reprises.

Le Royaume-Uni organise l'Eurovision pour la première fois sur son territoire. Il remplace la télévision néerlandaise qui l'avait déjà organisé en 1958. À la grande surprise, les Anglais terminent deuxièmes… ça commence à devenir une habitude ! Le Concours a lieu un mardi, ce sera la dernière fois qu'on le verra en semaine jusqu'à l'arrivée des demi-finales en 2004.

Tour du monde

La chanson « Tom Pillibi » est écrite pour Marcel Amont qui s'est désisté au dernier moment. Jacqueline Boyer la chante face à un public acquis à la cause du Britannique Bryan Johnson (frère de Teddy Johnson de 1959). La présentatrice doit rappeler le public à l'ordre à plusieurs reprises.

Finalement, la France l'emporte de peu. Jacqueline déclarera quelques années plus tard : « À mon retour à Paris j'ai été traitée comme une héroïne nationale avec une victoire sur l'ennemi dans quelque bataille sanglante. J'ai fait le tour du monde et toute une carrière grâce à une seule chanson ! »

« Tom Pillibi » – son amoureux menteur – fera aussi le tour du monde et sera le premier

titre gagnant qui aura un succès commercial et international. Il sera repris entre autres par la célèbre actrice Julie Andrews (Mary Poppins). Pour parvenir à avoir un succès international, il deviendra nécessaire d'enregistrer une version en anglais. Cela jouera un rôle lorsque la règle des langues sera remise en cause. Mais à ce moment-là, chaque pays doit chanter dans sa langue nationale. Une première tentative de libérer le choix de la langue aura lieu en 1973, mais dès 1977 l'organisateur reviendra à la ou les langues du pays. Ce n'est qu'en 1999 que la règle sera définitivement abolie, même si certains voudraient y revenir encore.

En 1960, « Tom Pillibi » devient la première chanson gagnante à connaître un succès international, ouvrant la voie aux futurs hits de l'Eurovision.

Pour la première fois c'est Teddy Scholten, la chanteuse victorieuse de l'année précédente, qui remet le trophée à Jacqueline Boyer, ce qui deviendra une tradition par la suite.

La gagnante française Jacqueline Boyer

RÉSULTATS

Place	Pays	Artiste(s)	Chanson	Langue(s)	Points
1	France	Jacqueline Boyer	Tom Pillibi	fra	32
2	Royaume-Uni	Bryan Johnson	Looking high, high, high	eng	25
3	Monaco	François Deguelt	Ce soir-là	fra	15
4	Norvège	Nora Brockstedt	Voi-voi	nor	11
4	Allemagne	Wyn Hoop	Bonne nuit, ma chérie	ger, fra	11
6	Belgique	Fud Leclerc	Mon amour pour toi	fra	9
7	Autriche	Harry Winter	Du hast mich so fasziniert	ger	6
8	Suisse	Anita Traversi	Cielo e terra	ita	5
8	Italie	Renato Rascel	Romantica	ita	5
10	Suède	Siw Malmkvist	Alla andra far varann	swe	4
10	Danemark	Katy Bødtger	Det var en yndig tid	dan	4
12	Pays-Bas	Rudi Carrell	Wat een geluk	nld	2
13	Luxembourg	Camillo Felgen	So laang we's du do bass	ltz	1

1961

C'est celui qui bouge le moins qui gagne !

Vainqueur: **Luxembourg avec le chanteur Jean-Claude Pascal**

Chanson: **« Nous les amoureux »**

Auteurs-compositeurs: Maurice Vidalin et Jacques Datin

CANNES

6e édition

18 mars 1961

Palais des Festivals et des Congrès Cannes, France

Diffuseur RTF

16 pays participants

Début de l'Espagne, de la Finlande et de la Yougoslavie

Même système de vote depuis 1957

On dépasse les 30 millions de téléspectateurs. L'Espagne fait son entrée avec une Conchita (Bautista) et sa fougueuse chanson aux airs de flamenco. L'Autriche vient avec l'énergie de son chanteur grec Jimmy Makulis. Mais le vainqueur de cette année est Jean-Claude Pascal, acteur connu de cinéma. Sur scène il esquisse à peine un sourire énigmatique. Comme au cinéma, il joue son rôle de séducteur. Sa victoire est écrasante et la chanson deviendra n°1 en France.

Jean-Claude Pascal fera son retour en 1981, vingt ans après. Il restera fidèle au Luxembourg mais se classera seulement onzième sur vingt participants.

Plusieurs participations

Le retour dans le Concours d'un ancien gagnant n'est jamais heureux, à l'exception de l'Irlandais Johnny Logan et de la Suédoise Loreen. Trois exemples le prouvent:

- La transsexuelle israélienne Dana International gagne contre toute attente en 1998 et tentera une deuxième chance en 2011. Elle ne sera même pas qualifiée pour la finale.
- L'Allemande Lena en 2010 gagne haut la main en obtenant 246 points, 76 points d'avance sur le deuxième candidat. Son producteur Stefan Raab lui demande de défendre un autre titre à Düsseldorf l'année suivante où elle finira seulement dixième.
- Charlotte Nilsson triomphe à Jérusalem en 1999, « rajeunie » grâce à la chirurgie esthétique; elle échouera en demi-finale mais sera repêchée par le jury. En finale elle finira dix-huitième.

De mémoire, seule Lys Assia en ayant gagné en 1956, et Gigliola Cinquetti en 1964 auront réussi un bon résultat à leur retour. Elles finissent respectivement deuxièmes en 1958 et en 1974.

Finlande

La Finlande fait son entrée avec Laila Kinnunen. Après quarante-cinq ans d'attente, grâce au groupe Lordi en 2006, la Finlande gagnera enfin pour la première et la dernière fois. Le Portugal attendra cinquante-trois ans depuis son adhésion en 1964 pour gagner l'Eurovision avec Salvador Sobral en 2017.

Encore une petite chose, devinez le classement du Royaume-Uni cette année ? Eh oui, comme les deux années précédentes il monte seulement sur la deuxième marche du podium. C'est encore une déception pour les Anglais car leur chanson « Are you sure? » atteindra le top des charts britanniques !

Le gagnant luxembourgeois, Jean-Claude Pascal, avec la présentatrice Jacqueline Joubert

RÉSULTATS

Place	Pays	Artiste(s)	Chanson	Langue(s)	Points
1	Luxembourg	Jean-Claude Pascal	Nous les amoureux	fra	31
2	Royaume-Uni	The Allisons	Are you sure?	eng	24
3	Suisse	Franca di Rienzo	Nous aurons demain	fra	16
4	France	Jean-Paul Mauric	Printemps, avril carillonne	fra	13
5	Danemark	Dario Campeotto	Angelique	dan	12
5	Italie	Betty Curtis	Al di là	ita	12
7	Norvège	Nora Brockstedt	Sommer i Palma	nor	10
8	Yougoslavie	Ljiljana Petrovic	Neke davne zvezde	hbs*	9
9	Espagne	Conchita Bautista	Estando contigo	spa	8
10	Monaco	Colette Deréal	Allons, allons les enfants	fra	6
10	Finlande	Laila Kinnunen	Valoa ikkunassa	fin	6
10	Pays-Bas	Greetje Kauffeld	Wat een dag	nld	6
13	Allemagne	Lale Andersen	Einmal sehen wir uns wieder	ger, fra	3
14	Suède	Lill Babs	April, April	swe	2
15	Autriche	Jimmy Makulis	Sehnsucht	ger	1
15	Belgique	Bob Benny	September, gouden roos	nld	1

*serbo-croate

1962 | LUXEMBOURG

Nul point !

Vainqueur : **France avec la chanteuse Isabelle Aubret**

Chanson : **« Un premier amour »**

Auteurs-compositeurs : Roland Valade et Claude-Henri Vic

18 mars 1962

Villa Louvigny, à Luxembourg
Grand-Duché de Luxembourg

Diffuseur CLT

16 pays participants

Changement de système de vote : 10 membres.
Chaque jury attribue 3, 2, 1 points à ses 3 chansons préférées

7e édition

La gagnante française Isabelle Aubret

Votes communautaires

La victoire de la Française Isabelle Aubret ne fait pas l'ombre d'un doute, tellement la chanson est magnifique ! On perçoit malgré tout un petit air de votes communautaires, entre francophones. Les chansons en français gagnent les trois premières places avec la France, Monaco et le Luxembourg. Monaco est représenté par François Deguelt. C'est le célèbre interprète de la chanson « Le ciel, le soleil et la mer » qui aura un grand succès en 1965. La Suisse, elle, atteint seulement la dixième place. Elle choisit pour la deuxième année consécutive un artiste français peu connu, Jean Philippe. Elle n'a cependant pas le même succès que ses voisins francophones. La Suisse manquerait-elle d'artistes helvétiques ?

En 1962, le « nul point » entre dans la légende de l'Eurovision, infligeant une humiliation mémorable à plusieurs pays.

Sans voix – nul point

Le Belge Fud Leclerc revient pour la quatrième fois. Il avait déjà participé en 1956, 1958 et 1960. Quatre participations, c'est un record qu'il détient avec le trio suisse Peter, Sue & Marc. La chanteuse Elisabeth Andreassen a aussi participé quatre fois mais sous les couleurs de deux pays différents, la Norvège et la Suède. En 1958, Fud (diminutif de Fernand Urbain Dominic) avait chanté « Ma petite chatte » et avait obtenu 8 points. Il devient cette année le premier chanteur du Concours gratifié d'aucun point. Il n'est pas le seul puisque l'Autriche, l'Espagne et les Pays-Bas restent aussi sans voix.

En effet, à la suite de l'adoption d'un nouveau système de vote, c'est la première fois que le tableau d'affichage ne marque aucun point pour certains candidats. C'est la naissance de l'expression anglaise nul point, le zéro point de la honte qui va avec le pays qui le reçoit. La

Suisse aura quatre fois nul point dont la dernière fois en 2004 avec Piero et les Music Stars; la Belgique deux fois; Monaco et Luxembourg une fois. La France a toujours évité le nul point mais de peu avec Twin Twin en 2014, deux petits points seulement et une dernière place. La honte pour le Royaume-Uni en 2003, avec le duo Jemini qui terminera dernier sans aucun point. Le record des dernières places est détenu par la Norvège, douze fois dernière avec quatre fois nul point, juste devant la Finlande.

Pour sa deuxième participation, la Yougoslavie est le seul pays de l'Est participant à l'Eurovision et le restera jusqu'à sa dissolution en 1992. Cet État gagnera une fois, à Lausanne, en 1989 avec le groupe Riva.

Schlager

L'Allemagne avec la chanson « Zwei kleine Italiener » inaugure sa période schlager, une musique populaire très appréciée dans les pays germaniques et scandinaves. Ce sera le plus grand succès commercial de cette année.

Résultats

Place	Pays	Artiste(s)	Chanson	Langue(s)	Points
1	France	Isabelle Aubret	Un premier amour	fra	26
2	Monaco	François Deguelt	Dis rien	fra	13
3	Luxembourg	Camillo Felgen	Petit bonhomme	fra	11
4	Yougoslavie	Lola Novakovic	Ne pali svetlo u sumrak	hbs*	10
4	Royaume-Uni	Ronnie Carroll	Ring-a-ding girl	eng	10
6	Allemagne	Conny Froboess	Zwei kleine Italiener	ger	9
7	Finlande	Marion Rung	Tipi-tii	fin	4
7	Suède	Inger Berggren	Sol och vår	swe	4
9	Italie	Claudio Villa	Addio, Addio	ita	3
10	Danemark	Ellen Winther	Vuggevise	dan	2
10	Norvège	Inger Jacobsen	Kom Sol, Kom Regn	nor	2
10	Suisse	Jean Philippe	Le retour	fra	2
13	Belgique	Fud Leclerc	Ton nom	fra	0
13	Espagne	Victor Balaguer	Llamame	spa	0
13	Autriche	Eleonore Schwarz	Nur in der Wiener Luft	ger	0
13	Pays-Bas	De Spelbrekkers	Katinka	nld	0

*serbo-croate

1963

LONDRES

L'année des controverses et des cafouillages

Vainqueur : **Danemark avec le duo Grethe et Jørgen Ingmann**

Chanson : **« Dansevise »**

Auteurs-compositeurs : Sejr Volmer Sørensen et Otto Francker

23 mars 1963

BBC Television Centre dans deux studios Londres, Royaume-Uni

Diffuseur BBC

16 pays participants

Changement de système de vote : un jury par pays composé de 20 membres. Chaque jury attribue 5, 4, 3, 2, 1 points à ses chansons préférées

8e édition

Cette année restera dans les annales pour de nombreuses raisons.

Deux salles – modernité – effets spéciaux

Pour la première fois, le show s'organise dans deux salles distinctes ; l'une accueille la présentatrice, le public et le tableau de vote, la seconde les artistes et l'orchestre. Cela va alimenter une grosse polémique sur le fait que les chansons auraient été pré-enregistrées, en particulier les voix des choristes de la chanson anglaise de Ronnie Carroll qui donnent le sentiment de chanter en play-back. La BBC a toujours démenti. Néanmoins, ce qui renforce ce sentiment est l'utilisation pour la première fois de microphones suspendus, invisibles à l'écran.

C'est aussi grâce à tout cela que le Concours Eurovision de la chanson restera longtemps comme l'un des plus modernes, dans les chansons comme dans les tenues. Il y a aussi beaucoup d'artistes confirmés ou en devenir qui marqueront l'histoire de la chanson dans leurs régions respectives, à l'image des artistes francophones Alain Barrière et Françoise Hardy. Ils terminent à la cinquième place à égalité. Notons aussi la présence de l'une des plus grandes artistes de tous les temps, Nana Mouskouri, qui représente le Luxembourg. Elle finit seulement huitième. C'est bien la preuve qu'il y a une vie après l'Eurovision !

Les chansons les plus classiques terminent, comme la chanson norvégienne, en fin de classement. C'est une chanson danoise raffinée, accompagnée pour la première fois d'effets spéciaux projetés dans le studio, qui l'emporte. Dans le futur, la mise en valeur d'une chanson dans son univers jouera un rôle presque aussi important que la chanson elle-même. Parmi d'autres, nous verrons le vainqueur suédois de 2015, Måns Zelmerlöw et son petit bonhomme

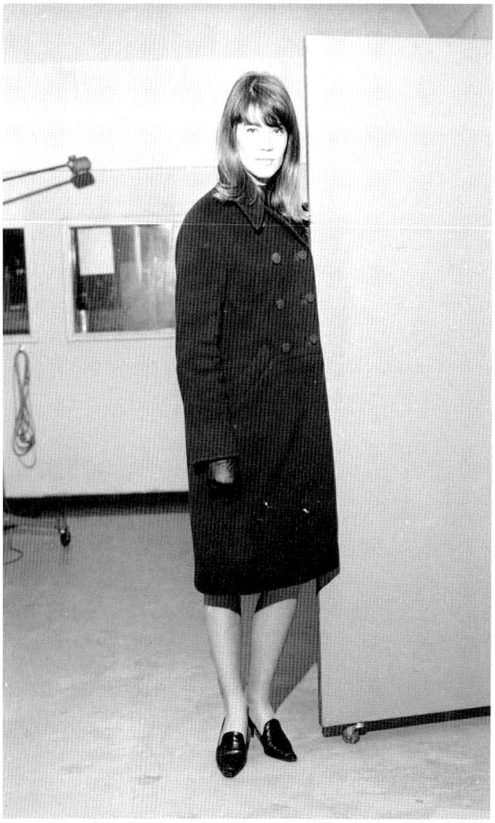

numérique en fond de scène. Le meilleur exemple est certainement le groupe Secret Garden en 1995, dont le titre « Nocturne » sera avant tout instrumental. C'est réellement sa mise en valeur par des effets remarquables qui a donné la victoire à la Norvège. On voit aussi apparaître en 1963 le premier ventilateur, les « travellings » (déplacements de caméras) et les surimpressions d'images, encore utilisés de nos jours.

Chaque artiste a le droit à une présentation personnalisée.

Première tricherie

Ce que le monde entier va retenir de 1963, c'est la première « tricherie » entre pays du Nord. Le porte-parole du jury norvégien, à l'annonce des résultats, ne respecte pas la procédure de vote. La présentatrice Katie Boyle le prie de répéter, il demande alors d'être rappelé à la fin des votes. Mais là c'est la stupeur, les résultats énoncés sont différents de sa première intervention. Le porte-parole norvégien a ajouté des points à son voisin danois et en a enlevé à la Suisse qui était en tête avant ça. Ce qui a pour conséquence de donner la victoire aux Scandinaves.

La première tricherie avérée à l'Eurovision offre la victoire au Danemark... aux dépens de la Suisse.

Malgré toutes les excuses possibles et imaginables, on ne nous fera pas croire à autre chose qu'une tricherie entre voisins. À l'avenir du reste, les voix des pays nordiques iront souvent les uns aux autres bien plus que pour d'autres voisinages comme les Balkans.

Esther Ofarim, chanteuse israélienne qui défend les couleurs de la Suisse, reste dans nos mémoires comme la « gagnante » de cette édition incroyable de 1963 !

Alain Barrière pour la France

Françoise Hardy pour Monaco

Esther Ofarim, Suisse, victoire volée et seulement deuxième

(pp.48-49) Quelques artistes participants sur la scène du studio de la BBC à Londres, avec les gagnants Grethe et Jørgen Ingmann à droite entre Nana Mouskouri et Esther Ofarim

RÉSULTATS

Place	Pays	Artiste(s)	Chanson	Langue(s)	Points
1	Danemark	Grethe & Jørgen Ingmann	Dansevise	dan	42
2	Suisse	Esther Ofarim	T'en va pas	fra	40
3	Italie	Emilio Pericoli	Uno per tutte	ita	37
4	Royaume-Uni	Ronnie Carroll	Say wonderful things	eng	28
5	France	Alain Barrière	Elle était si jolie	fra	25
5	Monaco	Françoise Hardy	L'amour s'en va	fra	25
7	Autriche	Carmela Corren	Vielleicht geschieht ein Wunder	ger, eng	16
8	Luxembourg	Nana Mouskouri	À force de prier	fra	13
9	Allemagne	Heidi Brühl	Marcel	ger	5
10	Belgique	Jacques Raymond	Waarom?	nld	4
11	Yougoslavie	Vice Vukov	Brodovi	hbs*	3
12	Espagne	José Guardiola	Algo prodigioso	spa	2
13	Pays-Bas	Annie Palmen	Een speeldoos	nld	0
13	Norvège	Anita Thallaug	Solhverv	nor	0
13	Finlande	Laila Halme	Muistojeni Laulu	fin	0
13	Suède	Monica Zetterlund	En gång i Stockholm	swe	0

*serbo-croate

1 UNITED KINGDOM
2 NETHERLANDS
3 GERMANY
4 AUSTRIA
5 NORWAY
6 ITALY
7 FINLAND
8 DENMARK
9 YUGOSLAVIA
10 SWITZERLAND
11 FRANCE
6
BBC tv

SAY WONDERFUL THINGS
EEN SPEELDOOS
MARCEL
VIELLEICHT GESCHIENT EIN WUNDER
SOLHVERV
UNO PER TUTTE
MUISTOJENI LAULU
DANSEVISE
BRODOVI
T'EN VA PAS
ELLE ETAIT SI JOLIE
ALGO

Entretien avec *Nana Mouskouri*

« L'Eurovision, pour moi, est une expérience unique car c'était la première fois que je participais à un concours de la télévision en live. En Grèce, il n'y avait pas encore de chaîne de télévision. C'est la raison pour laquelle mon pays est entré dans le Concours beaucoup plus tard. J'avais participé en 1960 au Festival de la chanson méditerranéenne où j'avais reçu le premier prix, sans retransmission télévisée évidemment. Trois ans plus tard j'étais un peu connue en France, en Allemagne et je débutais en Angleterre. J'avais déjà enregistré un album avec Quincy Jones à New York quand des amis de RTL, Roger Kreicher et Monique Le Marcis, m'ont proposé de participer au Concours Eurovision de la chanson pour représenter le Luxembourg avec une chanson de Pierre Delanoë et Raymond Bernard, "À force de prier".

Je suis arrivée huitième. C'était une belle chanson, mais quand j'ai écouté les autres participants, j'avais compris que je ne gagnerais pas. Il y avait d'autres chansons plus jolies comme celle d'Esther Ofarim qui chantait pour la Suisse "T'en va pas" : magnifique chanson, magnifique interprétation et quelle chanteuse sublime ! Elle a failli gagner et d'ailleurs elle a perdu de très peu. Elle a eu par la suite beaucoup de succès avec sa chanson.

Je crois que ma participation à l'Eurovision a joué un grand rôle pour moi. Être vue par un immense public était quelque chose d'important. Et par la suite, deux opportunités se sont ouvertes à moi et ont lancé ma carrière :

- Il y a tout d'abord Harry Belafonte qui était par hasard à Londres. Il cherchait une artiste non américaine pour son spectacle. De retour à New York, il a appelé Quincy pour lui demander s'il connaissait une chanteuse française qui portait des lunettes. "Elle n'est pas Française mais Grecque" lui a répondu Quincy, et lui a envoyé mon album en anglais et un autre en grec. "Écoute d'abord le grec" lui avait-il suggéré… En 1964, je suis partie en tournée avec Harry aux USA et au Canada. Il est devenu mon mentor pour la scène, la musique folk, le gospel, les ballades contemporaines et le blues.
- Il y a ensuite Yvonne Littlewood, productrice et réalisatrice de l'Eurovision en 1963, qui m'a invitée à participer à plusieurs programmes de la BBC. De 1968 à 1982, elle m'a confié le soin de faire ma propre émission. Tout ça a été ensuite retransmis partout et je suis devenue une artiste internationale. Mais évidemment c'était un long chemin avec beaucoup de travail pour arriver où je suis aujourd'hui. Rien n'est facile ou gratuit dans la vie et il faut aimer cela pour y arriver. Le plus important, c'est le pourquoi et le comment de ce qu'on fait. Moi, j'ai toujours rêvé de devenir une bonne chanteuse.

Être vue par un immense public était quelque chose d'important. Deux opportunités se sont ouvertes à moi et ont lancé ma carrière.

J'ai des souvenirs formidables de l'Eurovision ! Nous étions moins de pays qu'aujourd'hui, nous échangions des idées, des adresses et nous suivions les répétitions. Nous avions beaucoup appris les uns des autres. Nous sommes devenus des amis, surtout avec Esther Ofarim, Françoise Hardy, Alain Barrière et Heidi Brühl, la candidate allemande. Chacun a eu sa carrière et nous nous sommes souvent recroisés lors d'autres émissions en Allemagne, en France, en Scandinavie ou en Angleterre.

Je crois que mon pays doit continuer à participer car la musique grecque a encore beaucoup à apporter avec de belles valeurs musicales, culturelles et humaines. L'Eurovision est devenu aujourd'hui très exigeant mais aussi très visuel et commercial. Ce n'est plus aussi accessible.

On n'essaie plus de comprendre les textes et il n'y a plus d'orchestre mais seulement des bandes-son. La chanson devient un clip vidéo et on ne laisse plus le public choisir son propre rêve en lui apportant quelque chose de tout prêt.

Je suis contre le principe de chanter en anglais à l'Eurovision. Il faut respecter sa propre langue. Si on représente son pays, c'est le charme de son identité, la responsabilité de lui faire honneur, d'apporter une dynamique enrichissante et d'exprimer ses émotions dans sa langue. La culture des autres est importante et il faut la faire connaître. En 1963, les gagnants étaient un couple qui a chanté en danois et a enthousiasmé le public et les jurys. Aujourd'hui, nous avons un peu perdu l'humanité de l'émotion et je crois qu'il faut approcher la musique avec humilité, la respecter et l'aimer. »

1964 COPENHAGUE

La politique entre en jeu

Vainqueur : **Italie**
avec la chanteuse Gigliola Cinquetti

Chanson : **« Non ho l'età »**

Auteurs-compositeurs :
Nicola Salerno et Mario Panzeri

9e édition

21 mars 1964

Salle de Concert Tivoli
Copenhague, Danemark

Diffuseur DR

16 pays participants

Début du Portugal et retrait de la Suède

Changement de système de vote : un jury par pays, composé de 20 membres. Le jury doit classer les trois favoris, 5 points au premier, 3 au deuxième et 1 au troisième, avec des subtilités qui permettraient d'attribuer 9 points si 10 membres plébiscitent une chanson

Arrivée du premier superviseur exécutif de l'UER – Union européenne de radio-télévision – sur place pour éviter les couacs de 1963

100 millions de téléspectateurs

Politique

L'année 1964 est marquée par la première controverse politique. Malheureusement comme pour 1956, on n'a pas d'images de cette édition, détruites par un incendie dans les studios de la télévision danoise dans les années 70. Néanmoins on sait que le spectacle est interrompu après le passage de la chanson suisse. Un homme surgit sur scène en brandissant une bannière sur laquelle on peut lire : « Boycott Franco et Salazar », en protestation contre la participation de l'Espagne et du Portugal. L'homme est évacué et pendant ce temps le réalisateur fait un plan fixe sur le tableau des points. Dans l'opinion publique danoise en particulier, on accepte mal la présence de l'Espagne et du Portugal qui sont des dictatures.

En 1964, l'Eurovision connaît sa première controverse politique, marquant le début d'une longue histoire où la musique et la géopolitique s'entrelacent.

Dans le même esprit en 1969, l'Autriche boycottera le Concours Eurovision organisé par l'Espagne. La chanson géorgienne de 2009 sera disqualifiée parce qu'elle raillera le président Vladimir Poutine en pleine guerre entre la Russie et la Géorgie. La Russie sera aussi abondamment sifflée en 2014 dans le contexte de la guerre avec l'Ukraine, dès lors l'organisateur mettra en place un logiciel pour atténuer les sifflements venant de la salle. En 2024, ce sera au tour d'Israël d'être hué à cause de la guerre à Gaza.

Mais il y a eu d'autres événements politiques marquants, comme à Paris en 1978 où tous les pays d'Afrique du Nord et du Proche-Orient passeront des spots publicitaires durant la prestation d'Israël, encore. La télévision jordanienne ira jusqu'à interrompre la diffusion des votes. Le lendemain, les médias du pays annonceront la victoire de Jean Vallée représentant la Belgique et qui officiellement arrivera deuxième derrière Israël, le vrai gagnant.

En 1964, Hugues Aufray entre au firmament des chanteurs qui seront connus après l'Eurovision. Il chante pour le Luxembourg, ce qui fait râler certaines délégations d'autres pays car les chanteurs français sont omniprésents avec les participations de Monaco, du Luxembourg et de la France. Il avait d'ailleurs échoué à la sélection interne française cette même année.

Succès de la jeunesse

La chanson italienne va réconcilier le public avec le jury et deviendra un succès commercial. Elle est interprétée par la plus jeune gagnante de l'époque, Gigliola Cinquetti, âgée de 16 ans à peine. Record d'âge que lui ravira la Belge Sandra Kim en 1986 qui n'avait que 13 ans. Le

Gigliola Cinquetti, dans le studio de la RAI

succès de Gigliola est tel qu'on lui demande de revenir sur scène pour saluer le public une seconde fois. Sa chanson traduite en différentes langues dont le japonais, « Yumemiro Omoi », se vendra à 4 millions d'exemplaires. Elle reviendra en 1974 où elle aurait pu gagner facilement le Concours une deuxième fois si les ABBA n'avaient pas croisé son chemin. Elle sera présentatrice en 1991, à Rome, en duo avec Toto Cutugno et fera ainsi partie du cercle de plus en plus large de chanteurs ayant par la suite présenté l'Eurosong.

Premier groupe

Cette année, le trio espagnol Tim, Nelly et Tony, alias Los TNT, devient le premier groupe qui participe au Concours même si les règles jusque-là n'autorisent que des artistes solos ou en duo. La présentatrice doit les annoncer comme : « la chanteuse Nelly accompagnée de ses deux frères choristes ». Finalement, le premier groupe officiel de l'histoire sera le trio suisse Peter, Sue & Marc en 1971. Le vrai premier « band » complet viendra un an plus tard avec les Britanniques The New Seekers.

RÉSULTATS

Place	Pays	Artiste(s)	Chanson	Langue(s)	Points
1	Italie	Gigliola Cinquetti	Non ho l'età	ita	49
2	Royaume-Uni	Matt Monro	I love the little things	eng	17
3	Monaco	Romuald	Où sont-elles passées ?	fra	15
4	Luxembourg	Hugues Aufray	Dès que le printemps revient	fra	14
4	France	Rachel	Le chant de Mallory	fra	14
6	Autriche	Udo Jürgens	Warum nur warum?	ger	11
7	Finlande	Lasse Mårtenson	Laiskotellen	fin	9
8	Norvège	Arne Bendiksen	Spiral	nor	6
9	Danemark	Bjørn Tidmand	Sangen om dig	dan	4
10	Pays-Bas	Anneke Grönloh	Jij bent mijn leven	nld	2
10	Belgique	Robert Cogoi	Près de ma rivière	fra	2
12	Espagne	Tim, Nelly & Tony	Caracola	spa	1
13	Allemagne	Nora Nova	Man gewöhnt sich so schnell an das Schöne	ger	0
13	Portugal	Antonio Calvário	Oração	por	0
13	Yougoslavie	Sabahudin Kurt	Život je sklopio krug	hbs*	0
13	Suisse	Anita Traversi	I miei pensieri	ita	0

*serbo-croate

1965

France Gall et Gainsbourg hués

Vainqueur : **Luxembourg avec la chanteuse France Gall**

Chanson :
« Poupée de cire, poupée de son »

Auteur-compositeur :
Serge Gainsbourg

NAPLES

10e édition

20 mars 1965

Siège de la RAI, Naples, Italie

Diffuseur RAI

18 pays participants

Début de l'Irlande et retour de la Suède

Changement de système de vote :
un jury par pays, composé de 10 membres.
Si une chanson concentre tous les votes du jury, elle reçoit 9 votes.
Si deux chansons se partagent les votes du jury, elles reçoivent 3 et 6 votes.
Si trois chansons se partagent les votes du jury, elles reçoivent 1, 3 et 5 votes

150 millions de téléspectateurs

Ouverture à l'est – polémique des langues

Pour la première fois, malgré la guerre froide, le Concours Eurovision de la chanson est diffusé dans les pays d'Europe de l'Est via le réseau communiste Intervision. Ces pays sont exclus de l'Eurovision. Plus tard, en 1977, Intervision organisera aussi pendant quatre ans son propre concours de la chanson. Y participeront, par exemple, la Tchécoslovaquie, Cuba, l'Union soviétique et l'Allemagne de l'Est.

À l'origine, le règlement ne comportait aucune disposition sur l'emploi des langues. Il était implicite que chaque pays chante dans sa ou ses langues nationales. Mais cette année, le représentant suédois, Ingvar Wixell, chante en anglais et devient ainsi le tout premier à chanter dans une langue étrangère. Comme cela sera controversé, l'organisateur introduira une nouvelle règle dès 1966, qui obligera les artistes à chanter dans la langue de leur pays. L'UER mettra fin à cette obligation une première fois en 1973. Elle la réinstaurera de 1977 à 1999, année où elle sera définitivement abolie. Charlotte Nilsson, pour la Suède, chantera donc en anglais en 1999 et gagnera le Concours, alors qu'Israël gagnera avec une chanson en hébreu en 1998.

Guy Mardel chante pour la France cette année, mais ne s'impose pas. « N'avoue jamais » deviendra quand même un tube !

France Gall

France Gall a pendant de nombreuses années refusé de parler de l'Eurovision. Mais plus tard elle nous révélera le fin mot de l'histoire à l'occasion d'une émission de télévision française en l'honneur de ses cinquante ans de carrière. Elle pourra enfin faire un peu la paix avec le Concours Eurovision de la chanson. On croit que France Gall pleure de joie au moment de rechanter sa chanson gagnante, on apprendra que c'est totalement faux. Pour France Gall c'est cependant une expérience douloureuse. Elle évoquera trois raisons de son silence :

- Tout d'abord, l'orchestre la hue à son entrée sur scène lors des répétitions car les musiciens détestent sa chanson, ce qui provoque une colère légendaire de Serge Gainsbourg qui veut rentrer en France.
- Finalement, France Gall gagne le Concours pour le Luxembourg. Avant de remonter sur scène, elle téléphone immédiatement à son petit ami du moment pour lui annoncer sa victoire ; jaloux, Claude François la laisse tomber sur-le-champ !
- Pour couronner le tout, dans les loges, la candidate anglaise Kathy Kirby la traite de tricheuse et la gifle purement et simplement !

RÉSULTATS

Place	Pays	Artiste(s)	Chanson	Langue(s)	Points
1	Luxembourg	France Gall	Poupée de cire, poupée de son	fra	32
2	Royaume-Uni	Kathy Kirby	I belong	eng	26
3	France	Guy Mardel	N'avoue jamais	fra	22
4	Autriche	Udo Jürgens	Sag ihr, ich laß sie grüßen	ger	16
5	Italie	Bobby Solo	Se piangi, se ridi	ita	15
6	Irlande	Butch Moore	Walking the streets in the rain	eng	11
7	Danemark	Birgit Brüel	For din skyld	dan	10
8	Suisse	Yovánna	Non, à jamais sans toi	fra	8
9	Monaco	Marjorie Noël	Va dire à l'amour	fra	7
10	Suède	Ingvar Wixell	Absent friend	eng	6
11	Pays-Bas	Conny Vandenbos	Het is genoeg	nld	5
12	Yougoslavie	Vice Vukov	Čežnja	hrv*	2
13	Norvège	Kirsti Sparboe	Karusell	nor	1
13	Portugal	Simone De Oliveira	Sol de inverno	por	1
15	Espagne	Conchita Bautista	Qué bueno, qué bueno	spa	0
15	Allemagne	Ulla Wiesner	Paradies, wo bist du?	ger	0
15	Belgique	Lize Marke	Als het weer lente is	nld	0
15	Finlande	Viktor Klimenko	Aurinko laskee länteen	fra	0

*croate

On peut aisément imaginer que France Gall n'ait pas envie de célébrer, mais simplement d'oublier. Cela fait un peu beaucoup pour une soirée ! Ses larmes ne sont pas des larmes de joie mais de désespoir quand elle rechante sa chanson.

Un nouveau succès international pour une gagnante de l'Eurovision et un Gainsbourg qui réussit son pari de proposer une chanson moderne et différente. Il réécrira encore deux fois pour le Concours, en 1967 « Boum Badaboum » chanté par Minouche Barelli mais surtout « White and black blues » interprété en 1990 par Joëlle Ursull qui terminera deuxième.

Guy Mardel avec son hit « N'avoue jamais »

Anecdote Fabien Lecœuvre

FRANCE GALL À NAPLES

C'est une période de sa vie où elle partage une très grande histoire d'amour avec le chanteur Claude François. Une histoire qui a commencé depuis quelques mois. Une histoire très compliquée puisque le papa de France Gall n'aime pas du tout Claude François; histoire cachée sauf pour les gens du métier. Claude François voit d'un mauvais œil l'idée de la participation de sa compagne à un concours. Le soir de sa victoire à l'Eurovision, alors que toute la presse l'attend, elle trouve un téléphone et appelle Cloclo. Elle lui dit: « J'espère que tu es fière de moi ! » et Claude François lui répond: « Tu as peut-être gagné l'Eurovision mais tu m'as perdu » et raccroche. Elle est en larmes et dans les coulisses du Concours tous pensent qu'elle est émue de sa victoire, eh bien pas du tout. Le lendemain, sans participer à la conférence de presse, elle rentre à Paris et va sonner à la porte du domicile parisien de son déjà ex-amoureux. Il ne veut pas lui ouvrir, elle réussit à pénétrer dans l'immeuble et s'endort sur le paillasson alors que tout le monde la cherche à Naples. Finalement, il lui ouvrira au milieu de la nuit et ils se réconcilieront provisoirement.

Anecdote Fabien Lecœuvre

MADEMOISELLE ÂGE TENDRE...

Revenons sur la genèse en rose bonbon de « Poupée de cire, poupée de son » composée quelques mois plus tôt par Gainsbourg.

Petite fille de Paul Berthier, organiste à la cathédrale d'Auxerre et cofondateur des Petits Chanteurs à la Croix de Bois, France Gall est la fille de Robert Gall, un ancien chanteur lyrique et auteur de centaines de chansons. Après un premier 45 tours vendu à plus de 200 000 exemplaires, France Gall abandonne l'école et devient la première « lolita » pop de toute une jeunesse. Elle fait confiance à Serge Gainsbourg pour ses disques suivants, dont « N'écoute pas les idoles » et « Laisse tomber les filles » sont les titres phares. Gainsbourg, à cette époque, écrit des chansons inspirées du jazz, de la bossa nova et du rock. Il a déjà écrit pour Michèle Arnaud « La recette de l'amour fou », pour Juliette Gréco « L'amour à la papa » et pour Isabelle Aubret « La chanson de Prévert ». Ses chansons sont souvent à contre-courant des sujets à la mode, et pourtant...

Inspiré par une couverture de magazine, Gainsbourg compose « Poupée de cire, poupée de son »... et propulse France Gall vers un succès fulgurant.

À la rentrée de l'année 1964, dans le référendum du mensuel « Salut les copains », France Gall est élue dauphine de Sylvie Vartan, détrônant Sheila et Françoise Hardy. Et c'est véritablement le 15 octobre 1964 que commence l'histoire de la chanson « Poupée de cire, poupée de son », lorsque Serge Gainsbourg découvre à la une du magazine *Mademoiselle âge tendre* sa jeune interprète. Il est ébloui, tant la photo est belle. Il achète le journal, rentre chez lui et compose les premières notes de « Poupée de cire, poupée de son ». Il faut dire que sur la couverture du magazine, France ressemble à une jolie poupée. Par ailleurs, Gainsbourg n'a pas de mal à trouver les mots, il s'inspire des propos de la jeune artiste que généralement son père lui dicte dans les interviews.

Avec cette chanson, France Gall est sélectionnée pour représenter le Luxembourg à la 10e édition du Grand Prix de l'Eurovision. Le 20 mars

1965, elle part pour Naples avec Serge Gainsbourg et sa grande confidente Brigitte Berthollier. L'après-midi, les répétitions ne se passent pas très bien. Les musiciens du spectacle n'aiment pas les orchestrations trop rapides de la chanson. Quand l'artiste a fini de répéter, ils sifflent et protestent violemment.

Tout le monde sur place est catastrophé, Gainsbourg fait la tête et menace de rentrer à Paris. France Gall se moque de tout cela car le soir même, en direct, elle interprète la voix tremblante et le teint pâle, devant 150 millions de téléspectateurs, « Poupée de cire, poupée de son ». Plébiscitée par le jury à la majorité absolue des voix, elle se retrouve propulsée à la première place avec 32 points. Consacrée vedette internationale en un instant, bousculée, oppressée, elle rentre seule à Paris au lendemain de ce succès dont elle ne mesure pas encore l'ampleur. La presse française se déchaîne et dans son ensemble conteste ce choix. Alors Gainsbourg sort ses griffes et défend sa jeune interprète. Il n'admet pas qu'on dise du mal de cette fille qui chante juste. Il accuse les nouvelles idoles yéyé de ne pas admettre le succès de France Gall et trouve Françoise Hardy trop « adolescente ». De retour à Paris, il affirme : « France Gall est un personnage ambigu. Sous couvert d'une gentillesse enfantine, elle est la seule de nos chanteuses pop à attaquer le système. France Gall, c'est Alice au Pays des Merveilles… Si vous savez ouvrir cette huître, vous y trouverez la perle… Sinon vous tomberez sur une moule ! »

Serge Gainsbourg est émerveillé après la victoire de sa chanson « Poupée de cire, poupée de son ». Les propositions de galas pour l'étranger se précisent. Au Japon, France Gall devient du jour au lendemain « Millionnaire » du disque. Elle enregistre la chanson en italien, en espagnol et en allemand et se classe parmi les meilleures ventes de l'année dans plus de dix-neuf pays. En France, « Poupée de cire, poupée de son » se vend à plus de 1,6 million d'exemplaires. Un record absolu dans l'histoire de la chanson française en 1965.

Pour la petite histoire et bien des années après « Poupée de cire, poupée de son », France Gall avouera avoir interprété une quinzaine de chansons du talentueux Serge Gainsbourg et pourtant n'avoir rencontré « Gainsbarre » que huit fois dans sa vie !

1966-1975

L'âge d'or

Après les dix premières années où le Concours Eurovision de la chanson a eu de la peine à décoller, la victoire de France Gall et de Serge Gainsbourg en 1965 à Naples lance vraiment la machine. La compétition était restée jusque-là très confidentielle et classique avec des premières éditions à seulement 10 candidats. Dès 1965, on atteint enfin les 18 participants. Il s'agit essentiellement de pays venant de l'Europe de l'Ouest ou de la Scandinavie, à l'exception de la Yougoslavie du maréchal Tito qui a réussi à s'engouffrer dans cette compétition occidentale. Le but est de promouvoir une fraternité entre pays à la sortie de la guerre et un art de vivre capitaliste avec des compositions originales de qualité. L'Europe de l'Est est exclue de ce qui deviendra l'événement familial de l'année. Au fil des ans, les téléspectateurs de l'autre côté du rideau de fer tentent même de regarder cette émission d'abord en cachette puis via le réseau Intervision regroupant les pays communistes. C'est le début de ce qu'on va appeler « l'âge d'or » de l'Eurovision qui va durer jusqu'à la fin des années 70.

L'Eurovision devient un show incontournable, entre modernisation, polémiques et succès populaires, jusqu'à l'apogée marqué par la victoire d'ABBA en 1974.

Musicalement, c'est l'explosion de la musique folk, du rock'n'roll, des yéyés. En France, on assiste au début du phénomène « Salut les copains » qui rendra célèbres de nombreux artistes français. De son côté, l'Eurovision reste décalé de la musique de son époque mais devient moins classique. C'est une première remise en question afin de recoller à la musique actuelle. Les émissions se modernisent et on passe à des plans plus larges et variés, plus seulement des visages. L'orchestre reste encore. C'est l'arrivée des premières chorégraphies, de la première chanteuse de couleur, la Néerlandaise Milly Scott, du premier groupe de pop britannique, les New Seekers ou encore des premiers écrans muraux pour afficher le score. Dès 1968, la télévision passe progressivement du noir et blanc à la couleur, rendant le show plus glamour. C'est aussi l'époque des premières polémiques qui ont failli coûter la vie à l'émission, comme la victoire scandaleuse de Massiel – la protégée du dictateur espagnol Franco – sur Cliff Richard. Ce qui se révélera être par la suite une des plus grandes tricheries de l'histoire du Concours. On remarque l'incroyable incapacité de l'organisateur, l'UER, à départager les quatre candidats de 1969 qui finissent tous ex æquo, entraînant le retrait de nombreux pays l'année suivante en signe de protestation. C'est aussi les premiers débats sur les langues avec une courte période de liberté de choix entre 1973 et 1976 permettant à beaucoup de pays de chanter en anglais.

À cette époque, pas d'internet, de smartphones, de réseaux sociaux ou de chaînes musicales, l'Eurovision devient ainsi un événement annuel unique et incontournable, suivi par tous en Europe occidentale. Les familles regardent ensemble à la maison ce show populaire. C'est un moment de partage privilégié devant le petit écran où l'on fait des paris sur les potentiels vainqueurs. Au début des années 70 aussi, beaucoup de familles n'ont pas encore de téléviseur à la maison et se retrouvent dans des cafés de villes et villages afin de ne pas manquer cet événement. C'est le début des finales nationales avec les premières présentations de petits films, ancêtres des vidéoclips, afin de faire connaître les chansons. C'est une occasion unique de découvrir les cultures et les langues d'autres pays européens qui semblent lointains et différents. C'est la seule occasion d'écouter des langues étrangères comme le finnois ou le serbo-croate. L'Europe semble grande avec chaque pays qui a sa personnalité et ses coutumes. La globalisation n'a pas encore passé par-là.

À partir de 1966, de nombreux succès populaires traversent cette décennie comme aucune autre. Par exemple l'Anglaise Sandy Shaw avec « Un tout petit pantin » qui chante à pied nu, Cliff Richard avec « Congratulations » ou Clodagh Rodgers avec son « Jack in the box », sans oublier les grands classiques francophones Séverine, Vicky Leandros et Anne-Marie David.

L'apogée viendra avec les victoires d'ABBA en 1974 mais aussi celle du groupe néerlandais Teach-In l'année suivante avec son fameux « Ding-a-dong ». Le futur du Concours semble assuré, mais c'est aussi l'avènement d'une marque de fabrique : la chanson « type Eurovision », qui doit être immédiatement être entraînante.

Le futur du Concours semble assuré, mais c'est aussi l'avènement d'une marque de fabrique : la chanson « type Eurovision », qui doit immédiatement être entraînante.

Le groupe néerlandais Teach-In, vainqueur en 1975

1966

LUXEMBOURG

Premiers danseurs, premiers pantalons

Vainqueur : **Autriche avec le chanteur Udo Jürgens**

Chanson : **« Merci, chérie »**

Auteurs-compositeurs : Udo Jürgens et Thomas Hörbiger

5 mars 1966

Villa Louvigny, à Luxembourg Grand-Duché de Luxembourg

Diffuseur CLT

18 pays participants

Pas de nouveau, pas de retrait

Même système de vote que l'année précédente

11e édition

Allez les Anglais – Pantalon, danseurs

Les Britanniques, toujours aussi désespérés de ne pas gagner, essaient l'originalité en choisissant un ténor écossais : Kenneth McKellar. Il termine, malheureusement pour eux, seulement neuvième. Il est aussi le premier homme à porter une jupe, plutôt un kilt, et chante « Un homme sans amour n'est qu'une moitié d'homme et une moitié d'homme ce n'est rien ».

La chanteuse norvégienne Åse Kleveland, quant à elle, est la première femme à porter un pantalon. Elle présentera le Concours en 1986 et deviendra ministre de la Culture dans son pays. Quant à la candidate suédoise Lill Lindfors, elle présentera cet événement en 1985.

Une fois de plus, ce sont les Danois qui amènent de la nouveauté. Ulla Pia est la toute première chanteuse à se faire accompagner sur scène par des danseurs. Sérieusement désuet aujourd'hui, mais pour l'époque révolutionnaire. Elle termine quatorzième sur dix-huit. Après ce résultat, les responsables de la télévision danoise, vexés, décident de ne plus participer, argumentant que leur budget pouvait être investi dans des programmes plus en phase avec les musiques du moment. Ils ne reviendront qu'en 1978.

Tricherie

La Suède et la Norvège finissent respectivement deuxième et troisième, grâce aux votes du bloc scandinave. Il subsiste encore un doute sur cette tricherie dont le but était de vouloir stopper les francophones.

De la couleur

La représentante néerlandaise Milly Scott, originaire du Suriname, devient la première artiste noire à participer au Concours, alors que le premier homme, Eduardo Nascimento, Angolais, représentera le Portugal en 1967.

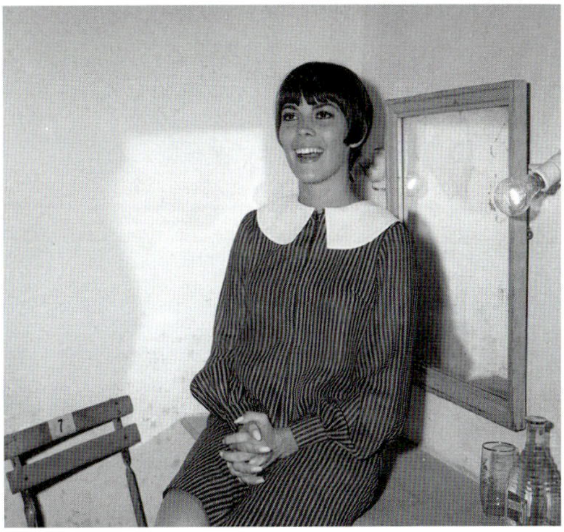

Milly Scott, première chanteuse de couleur, avec son chef d'orchestre

Michèle Torr

Mireille Mathieu, battue par Dominique Walter

Ce qui permettra à la dictature portugaise de prouver qu'elle n'était pas raciste. Milly Scott est aussi la première à utiliser un micro portable. Cela ne lui porte pas chance puisqu'elle termine quinzième. Il faudra attendre 2001 pour qu'une personne de couleur gagne l'Eurovision. Ce sera David Benton, originaire d'Aruba dans les Caraïbes, qui représentera l'Estonie. Il chantera en duo avec Tanel Padar.

Italie

Pendant les répétitions, l'Italien Domenico Modugno, insatisfait de l'orchestration de sa chanson et n'obtenant pas gain de cause, claque la porte. On pense alors que l'Italie va quitter la compétition, mais finalement, le soir de la finale, Modugno monte sur scène. Il finit dernier avec zéro point. On ne le reverra plus jamais après cette troisième participation. L'Italie est le pays qui a le plus souvent quitté le Concours pour y revenir finalement. Sa plus grande interruption fut de 1998 à 2010.

Michèle Torr, Mireille Mathieu

Autre anecdote, Michèle Torr, qui chante pour le Luxembourg, avait échoué à la sélection française et a donc été repêchée par le pays organisateur. Elle est tellement plus grande que les autres candidates et candidats qu'elle doit véritablement se pencher sur le micro pour chanter.

Mais l'histoire la plus incroyable est celle de la France et son système de sélection. La rumeur dit que le choix de la délégation française s'est porté sur Dominique Walter à la suite d'une magouille interne ou une histoire de famille, plutôt

que sur Mireille Mathieu qui avait été pressentie avec la chanson « C'est ton nom ». En effet, la mère de Dominique Walter, Michèle Arnaud, qui avait représenté le Luxembourg en 1956, fait partie du jury et a sans doute influencé ce choix. La seizième place de son fils avec un seul point est une catastrophe pour la France à cette époque. Si Mireille Mathieu avait chanté, qu'aurait-elle fait ? Ça restera le plus mauvais classement pour ce pays pendant très longtemps. En 2014, les Twin Twin finiront derniers avec deux points, une première pour ce pays.

100 millions de disques

N'oublions pas enfin la victoire d'Udo Jürgens pour sa troisième participation consécutive. Il interprète une chanson en allemand mais le titre est en français, parce que c'est la mode.

Lorsqu'Udo rechante « Merci, chérie », il remplace le « chérie » par « jury ». Il fera une carrière phénoménale dans les pays germanophones avec plus de 100 millions de disques vendus. Il est le premier à chanter sur la scène de l'Eurovision accompagné d'un piano.

Le gagnant autrichien Udo Jürgens

RÉSULTATS

Place	Pays	Artiste(s)	Chanson	Langue(s)	Points
1	Autriche	Udo Jürgens	Merci, chérie	ger	31
2	Suède	Lill Lindfors & Svante Thuresson	Nygammal vals	swe	16
3	Norvège	Åse Kleveland	Intet er nytt under solen	nor	15
4	Belgique	Tonia	Un peu de poivre, un peu de sel	fra	14
4	Irlande	Dickie Rock	Come back to stay	eng	14
6	Suisse	Madeleine Pascal	Ne vois-tu pas	fra	12
7	Yougoslavie	Berta Ambrož	Brez besed	slv*	9
7	Espagne	Raphael	Yo soy aquél	spa	9
9	Royaume-Uni	Kenneth McKellar	A Man Without Love	eng	8
10	Allemagne	Margot Eskens	Die Zeiger der Uhr	ger	7
10	Luxembourg	Michèle Torr	Ce soir je t'attendais	fra	7
10	Finlande	Ann Christine	Playboy	fin	7
13	Portugal	Madalena Iglesias	Ele e Ela	por	6
14	Danemark	Ulla Pia	Stop, mens legen er go	dan	4
15	Pays-Bas	Milly Scott	Fernando en Philippo	nld	2
16	France	Dominique Walter	Chez nous	fra	1
17	Monaco	Tereza	Bien plus fort	fra	0
17	Italie	Domenico Modugno	Dio, come ti amo	ita	0

*slovène

1967

À pieds nus au Royaume-Uni

Vainqueur : **Royaume-Uni avec la chanteuse Sandie Shaw**

Chanson : **« Puppet on a string »**

Auteurs-compositeurs : Bill Martin et Phil Coulter

VIENNE

12e édition

8 avril 1967

Salle des fêtes du Palais impérial
Vienne, Autriche

Diffuseur ORF

17 pays participants

Retrait du Danemark

Retour au système de vote qui était en vigueur de 1957 à 1961. Un jury par pays composé de 10 membres. Chacun attribue un vote à sa chanson préférée

Pour la première fois, il y a moins de participants que l'année précédente mais néanmoins le Concours Eurovision de la chanson va s'envoler.

Coulisses – Green room

Ce sont les premières images des coulisses au moment du vote. Les candidats sont réunis et réagissent à l'énoncé des résultats. C'est la première *Green room* devenue incontournable dans le déroulement du spectacle. Le nom *Green room* fait référence à l'antichambre d'un théâtre ou d'un studio de télévision, un lieu de repos pour les artistes. À l'origine cette salle était souvent peinte en vert.

Première Green room, sous-titres en trois langues et victoire de Sandie Shaw : l'Eurovision évolue et marque les esprits.

Trois langues

Le sous-titrage du titre de chaque chanson est cette année en trois langues, les deux langues officielles de l'UER, le français et l'anglais, et bien sûr l'allemand, langue du pays hôte. En 1983 à Munich la présentatrice allemande, Marlène Charell, s'évertuera aussi à répéter les votes dans les trois langues. Au bout d'un moment l'énoncé du vote deviendra incompréhensible. Progressivement dans l'histoire de l'Eurovision, seuls l'anglais et de moins en moins le français seront de rigueur.

Portugal

Le Portugal est représenté par le premier candidat masculin noir, Eduardo Nascimento, qui finit au douzième rang. Les Portugais ont presque toujours chanté dans la langue de leur pays malgré la possibilité de chanter en anglais. Le pays se décourage et renoncera à participer en 2013 et en 2016. Heureusement, il sera de retour en 2017 et gagnera avec Salvador Sobral et sa magnifique chanson « Amar pelos dois ».

De l'Eurovision au succès planétaire

La chanteuse grecque Vicky Leandros tente une première participation représentant le Luxembourg, sans gagner, mais avec un succès planétaire en poche. En effet, la chanson « L'amour est bleu », composée et écrite par les célèbres André Popp et Pierre Cour, entrera dans le hit-parade américain. L'année suivante, la version anglaise « Love is blue » interprétée par Paul Mauriat atteindra la première place du Billboard.

Serge Gainsbourg tente un retour avec Monaco et la chanteuse Minouche Barelli. Le titre improbable « Boum Badaboum » termine dans les fonds du classement.

Nicoletta

La télévision française se trompe encore de casting en ne choisissant pas Nicoletta avec son hit « Il est mort le soleil ». C'est fou de penser que pendant cette période, de nombreux jeunes ar-

La gagnante britannique Sandie Shaw, à pieds nus

tistes connus désirent absolument représenter la France. Nombreux sont ceux qui ont voulu mais n'ont pas réussi à monter sur la scène de l'Eurovision comme Jean Ferrat, Marie Laforêt, Claude François, Dalida, Gilbert Bécaud, Richard Anthony, Rika Zaraï ou encore Mireille Mathieu. Même la jeune « star » helvétique Arlette Zola tente sa chance en sélection française, sans succès. Dommage que ces artistes de qualité n'aient pas reçu les faveurs des jurys de la télévision française alors que cette dernière choisit ses chanteurs pour l'Eurovision en interne !

La première Green room : Udo Jürgens, le gagnant de l'année précédente, assis à côté de la future lauréate, Sandie Shaw. Entre les deux, on aperçoit le chanteur portugais Eduardo Nascimento

Victoire britannique, enfin

La victoire semble promise à la candidate britannique Sandie Shaw. Elle est l'une des chanteuses les plus connues des années 60 et la BBC a tout misé sur elle et sur sa chanson. En 1967 elle connaît un passage à vide. La vente de ses disques baisse nettement et son manager décide de lui faire enregistrer la chanson « Puppet on a string » dans un style « cabaret » qui ne lui plaît pas. Elle déclare détester la chanson. Elle qualifie même le rythme de cette dernière de « stupide pendule à coucou ». Elle vient chanter sur scène à pieds nus – ce qu'elle fait toujours lors de ses spectacles – ce qui choque certaines personnes. Heureusement, on ne se soucie plus de cela et on montre bien plus que les pieds aujourd'hui. La Danoise Emmelie de Forest gagnera aussi à Malmö en 2013 en chantant à pieds nus mais on en a à peine parlé.

Finalement, c'est la première victoire du Royaume-Uni avec Sandie qui gagne facilement. Elle enregistrera son titre en français « Un tout petit pantin ». Elle fera encore un hit en 1969, puis le succès s'amenuisant elle cessera d'enregistrer. Elle se lancera dans le bouddhisme, écrira et peindra pour des livres d'enfants. Après son divorce, c'est la galère, elle acceptera même un travail de serveuse. Elle dira longtemps que l'Eurovision a précipité sa chute, mais reviendra en 2005 sur ses déclarations et avouera qu'elle était fière de sa victoire. « Puppet on a string » fera même partie d'un best-of.

RÉSULTATS

Place	Pays	Artiste(s)	Chanson	Langue(s)	Points
1	Royaume-Uni	Sandie Shaw	Puppet on a String	eng	47
2	Irlande	Sean Dunphy	If I Could Choose	eng	22
3	France	Noëlle Cordier	Il doit faire beau là-bas	fra	20
4	Luxembourg	Vicky Leandros	L'amour est bleu	fra	17
5	Monaco	Minouche Barelli	Boum Badaboum	fra	10
6	Espagne	Raphael	Hablemos del amor	spa	9
7	Belgique	Louis Neefs	Ik heb zorgen	nld	8
8	Suède	Östen Warnerbring	Som en dröm	swe	7
8	Allemagne	Inge Brück	Anouschka	ger	7
8	Yougoslavie	Lado Leskovar	Vse rože sveta	slv*	7
11	Italie	Claudio Villa	Non andare più lontano	ita	4
12	Portugal	Eduardo Nascimento	O vento mudou	por	3
12	Finlande	Fredi	Varjoon - suojaan	fin	3
14	Pays-Bas	Therese Steinmetz	Ringe-dinge-ding	nld	2
14	Autriche	Peter Horten	Warum es 100.000 Sterne gibt	ger	2
14	Norvège	Kirsti Sparboe	Dukkemann	nor	2
17	Suisse	Géraldine	Quel cœur vas-tu briser ?	fra	0

*slovène

13e édition

1968 | LONDRES

Tout en couleur

Vainqueur:
Espagne avec la chanteuse Massiel

Chanson: **« La la la »**

Auteurs-compositeurs:
Ramon Arcusa et Manuel de la Calva

6 avril 1968

Royal Albert Hall
Londres, Royaume-Uni

Diffuseur BBC

17 pays participants

Aucun retrait ou retour

Même système de vote que l'année précédente

Couleur

L'année 1968 est marquée par l'arrivée de la diffusion en couleur dans six pays dont la France, la Belgique et la Suisse. La couleur est aussi très présente dans les costumes. Tout de bleu vêtue, Isabelle Aubret, robe blanche et rose pour la gagnante Massiel et bien évidemment un élégant costume vert pour l'Irlandais. Le représentant suisse Gianni Mascolo est vêtu d'un costume orange, avec cravate et lunettes assorties. Le duo yougoslave et leurs choristes adoptent la tenue des ménestrels du Moyen Âge. Avec l'arrivée de la télévision en couleur, c'est le début d'une longue série de présentations en habits de plus en plus excentriques à l'image du comédien ukrainien Verka Serduchka en 2007, des jumeaux irlandais Jedward qui y ajoutent une coupe de cheveux décalée en 2011 et 2012 ou encore du chanteur suisse Nemo qui a offert le trophée à son pays en 2024.

Chanter faux

Le plus drôle en 1968, c'est le manque de sincérité du duo luxembourgeois Chris Baldo et Sophie Garel. Cette dernière n'était pas prévue mais la Radiotélévision Luxembourg ne veut pas que Chris chante tout seul car il chante faux. Elle essayera de sauver la mise mais gardera un mauvais souvenir de sa performance, même si plus tard elle en rira. Elle sera surtout connue par la suite pour sa participation dans l'équipe humoristique des « Grosses têtes » et sera animatrice de radio et de télévision.

Original

Le lieu et la scène sont originaux, par exemple derrière l'artiste, le logo de l'Eurovision est projeté avec au centre le portrait du chanteur. On voit les chanteurs arriver sur scène depuis les coulisses.

La présentatrice, pour la troisième fois, est Katie Boyle, en pleine séparation. L'histoire raconte qu'elle a tellement pleuré ce jour-là qu'avant de monter sur scène elle doit rester allongée avec des pommes de terre crues sur les yeux. Elle passe une soirée difficile, surtout au moment des votes. Le suspense est total jusqu'au dernier moment. Après un cafouillage du vote yougoslave, c'est finalement la chanson espagnole « La la la », contre toute attente, qui l'emporte d'un point devant la chanson « Congratulations » de Cliff Richard, qui deviendra un hymne de l'Eurovision.

Cliff Richard – Franco

Ce dernier est tellement angoissé qu'il reste dans les toilettes pour attendre le résultat final que lui annonce son manager. Il est le grand favori et la déception des Britanniques est telle que le résultat est accueilli dans la salle par un grand silence. Le lendemain, la presse du Royaume-Uni se déchaînera et parlera de tricherie. Depuis, certains affirment que des votes auraient été achetés par Franco qui voulait redorer le blason de son pays ; un documentaire espagnol de 2008 le prouvera, en expliquant que les responsables de la télévision espagnole avaient fait le tour des capitales européennes pour acheter des émissions de télévision en échange de voix. À ce propos, à l'origine le « La la la » de Massiel devait être interprété par Joan Manuel Serrat qui souhaitait chanter en catalan mais il a été évincé par le dictateur Franco. Il devra s'exiler plus tard au Mexique et c'est finalement Maria Felix de los Angeles Santamaria Espinosa dit Massiel qui chante pour l'Espagne.

La la la

Cette chanson sera la plus critiquée pour sa médiocrité, elle détiendra un record, celui du nombre de lalala… Il y en a 126 ! Mais ce n'est pas le record absolu. Celui-ci est détenu encore et toujours par l'Espagne dont c'est décidément la spécialité. En 1979, Betty Missiego et ses enfants choristes répéteront « … la, la, la… » 152 fois.

Deux anecdotes

Pendant les répétitions, des jeunes gens débarquent d'une limousine et prétendent être la délégation albanaise. On croit alors à un dix-huitième pays participant, mais on découvre plus tard que c'est une plaisanterie montée par des comédiens. Il faudra attendre 2004 pour voir arriver officiellement l'Albanie.

Ronnie Tober, qui chante pour les Pays-Bas, est le premier artiste de l'Eurovision à afficher son homosexualité. Plus tard, vers les années 2000, la communauté gay jouera un rôle important dans l'essor du Concours.

La gagnante espagnole Massiel entourée de ses auteurs-compositeurs et le Britannique Cliff Richard, malheureux deuxième

(p.72) Les troubadours de Dubrovnik en costumes de ménestrels

Anecdote Fabien Lecœuvre

LÉGENDE MOYENÂGEUSE

En 1968, Isabelle Aubret participe pour la seconde fois au grand Concours Eurovision avec une chanson abordant le délicat sujet du viol et intitulée « La source ». Revenons aux origines de cette grande chanson inspirée d'un film suédois, qu'Isabelle a bien failli ne jamais chanter.

L'origine de cette chanson remonte au début des années 60. À ce moment-là, un film suédois d'Ingmar Bergman intitulé *La source* vient de sortir sur les écrans. Ce long-métrage basé sur une légende du Moyen Âge parlant d'une famille de paysans et de leur jeune fille violée et tuée par trois « hommes-loups » fait alors sensation. Quelque part dans le sud de la France, du côté d'Avignon, un certain Guy Bonnet, jeune auteur-compositeur-interprète, voit le film et en s'inspirant du scénario, écrit le texte d'une chanson qu'il intitule « La source ». Le jeune artiste qui sait que le Concours Eurovision de la chanson peut être un vrai tremplin pour sa carrière décide d'envoyer au comité de sélection de l'Eurovision en 1967 une maquette de la chanson avec sa voix. C'est alors qu'il rencontre un autre auteur-compositeur, un certain Henri Djian qui, en échange de co-signer « La source », lui promet qu'il sera sélectionné pour le Concours sans aucun souci. Guy Bonnet accepte le marché. Pourtant, même si sa chanson sera bel et bien retenue par le comité de sélection du Concours, ce n'est pas lui qui l'interprétera, mais Isabelle Aubret. En effet, Isabelle, qui a remporté le Concours Eurovision six ans plus tôt, en 1962, avec « Un premier amour », a les faveurs des producteurs et diffuseurs de l'émission Eurovision. Ces derniers contactent le manager d'Isabelle, Gérard Meys, pour lui parler de « La source ». Gérard écoute la chanson et prévient Isabelle qui est alors en tournée avec Salvatore Adamo, de la possibilité pour elle de se représenter à l'Eurovision. De retour à Paris, la chanteuse découvre à son tour le titre qu'elle aime beaucoup mais hésite à accepter de refaire l'Eurovision. Comme elle a déjà gagné ce prestigieux Concours, elle trouve dangereux de le retenter. Pourtant, après en avoir longuement parlé avec Gérard Meys, elle va finir par accepter.

Isabelle Aubret enregistre donc « La source » ainsi que trois autres titres – « La rose fanée », « Pleure pas Stéphanie » et « Le malheur d'aimer » –, qui figureront sur le 45 tours. Quatre titres qui sortent en mars 1968, sur le label Polydor. En raison d'une sérieuse divergence éditoriale entre Gérard Meys lui-même éditeur, et les éditions Tutti, éditeurs de « La source », Isabelle ne sera pas du tout soutenue dans sa participation au Concours. Le grand soir, le samedi 6 avril 1968, au Royal Albert Hall de Londres où se déroule cette année-là l'Eurovision, la chanteuse qui arrive troisième avec « La source » derrière l'Espagne avec la chanteuse Massiel et l'Angleterre avec Cliff Richard, n'aura même pas les félicitations de son éditeur et ne sera pas conviée au dîner qui suit la soirée. C'est avec son fidèle complice, Gérard Meys, que la chanteuse savourera ce soir-là, dans les rues de Londres, son joli score.

Pour la petite histoire, c'est seulement au cours de l'été 2008 que Guy Bonnet a avoué à Isabelle Aubret qui ne l'avait jamais rencontré jusqu'alors, avoir été contraint de co-signer sa chanson pour être certain d'être sélectionné à l'Eurovision. Finalement, malgré sa déception de ne pas avoir chanté lui-même « La source », Guy Bonnet participera au célèbre Concours de la chanson à deux reprises en tant qu'interprète, en 1970, avec le titre « Marie-Blanche » et en 1983, avec « Vivre ».

RÉSULTATS

Place	Pays	Artiste(s)	Chanson	Langue(s)	Points
1	Espagne	Massiel	La, la, la	spa	29
2	Royaume-Uni	Cliff Richard	Congratulations	eng	28
3	France	Isabelle Aubret	La source	fra	20
4	Irlande	Pat McGeegan	Chance of a Lifetime	eng	18
5	Suède	Claes-Göran Hederström	Det börjar verka kärlek, banne mej	swe	15
6	Allemagne	Wencke Myhre	Ein Hoch der Liebe	ger	11
7	Belgique	Claude Lombard	Quand tu reviendras	fra	8
7	Monaco	Line & Willy	À chacun sa chanson	fra	8
7	Yougoslavie	Dubrovački Trubaduri	Jedan dan	hbs*	8
10	Italie	Sergio Endrigo	Marianne	ita	7
11	Portugal	Carlos Mendes	Verão	por	5
11	Luxembourg	Chris Baldo & Sophie Garel	Nous vivrons d'amour	fra	5
13	Autriche	Karel Gott	Tausend Fenster	ger	2
13	Suisse	Gianni Mascoio	Guardando il sole	ita	2
13	Norvège	Odd Børre	Stress	nor	2
16	Pays-Bas	Ronnie Tober	Morgen	nld	1
16	Finlande	Kristina Hautala	Kun kello käy	fin	1

*serbo-croate

1969

14e édition

MADRID

Entre égalité et boycott

Vainqueurs ex æquo avec auteurs-compositeurs :

France, chanteuse Frida Boccara,
chanson : **« Un jour, un enfant »**
Eddy Marnay et Emil Stern

Pays-Bas, chanteuse Lenny Kuhr,
chanson : **« De troubadour »**
Lenny Kuhr et David Hartsema

Espagne, chanteuse Salomé,
chanson : **« Vivo cantando »**
Aniano Alcalde et Maria José De Cerato

Royaume-Uni, chanteuse Lulu,
chanson : **« Boom Bang-a-Bang »**
Peter Warne et Alan Moorhouse

29 mars 1969

Teatro Real
Madrid, Espagne

Diffuseur TVE

16 pays participants

Boycott de l'Autriche

Même système de vote depuis 1967

En arrière-fond du décor de ce terrible Concours Eurovision de la chanson, on peut admirer un orgue et une sculpture de Dali.

On note tout d'abord que compte tenu du contexte politique – dictature en Espagne – l'Autriche décide de boycotter le Concours.

Annus horribilis

Ce n'est pas la dimension politique qui perturbe le plus cette édition mais bien l'issue du vote qui faillit faire disparaître l'Eurovision. Au terme de la soirée, quatre pays se retrouvent avec dix-huit points à égalité. La présentatrice Laurita Valenzuela ne sait plus comment faire. Elle se tourne alors vers le superviseur exécutif Clifford Brown qui, en hésitant, lui demande d'annoncer les quatre vainqueurs. Extrait du dialogue : « Qu'est-ce que je fais avec le prix ? » Réponse : « Vous devez le donner aux quatre gagnants ! » Elle dit : « Répétez s'il vous plaît ? » « Il faut le donner aux quatre. » « Bon merci ! » Laurita s'exécute finalement et annonce les résultats dans la confusion générale. Massiel, la gagnante de l'année précédente, remet les quatre médailles seulement aux quatre interprètes. Les compositeurs qui auraient aussi dû en recevoir n'en ont pas vu la couleur car il n'y en a plus ! On oublie toujours que le Concours est d'abord une compétition de compositions et non de chanteurs !

Ce qui est incroyable c'est que rien n'était prévu en cas d'égalité. Ce ne sera plus le cas plus tard. On comptera le nombre de douze points, puis de dix points et ainsi de suite pour départager les concurrents. On trouvera cet exemple en 1991 pour départager la Suédoise Carola de la Française Amina.

Au terme du cafouillage de cette année, quatre pays décident de se retirer et ainsi seulement douze participants honorent la finale de 1970, moins qu'en 1960.

> ***Dans la confusion totale, l'Eurovision sacre quatre vainqueurs en 1969, précipitant le retrait de plusieurs pays et forçant enfin l'instauration d'une règle de départage.***

Belles histoires

Mais cet annus horribilis nous réserve tout de même de belles histoires.

Jean-Jacques, qui chante pour Monaco, est le premier enfant à participer, il n'a que 12 ans. En solo c'est le plus jeune de l'histoire du Concours.

C'est seulement en 1990 qu'un âge minimum de 16 ans révolus sera décidé à la suite de l'arrivée de plusieurs enfants lors du Concours de 1989 à Lausanne : Gili, le garçon du duo israélien a à peine 11 ans et la Française Nathalie Pâque n'a que 12 ans lors de la compétition. L'organisateur créera en 2003 un Concours spécialement pour les jeunes, le « Concours Eurovision de la chanson Junior ».

La représentante de l'Espagne, Salomé, porte un costume qui pèse 14 kg, fait de milliers de perles de porcelaine bleue. Sa chanson, « Vivo cantando » a été reprise en français par Rika Zaraï « Alors je chante ».

La Norvégienne Kirsti Sparboe justifie sa dernière place par l'image écornée de son pays relative à la chasse et la pêche aux phoques. Peut-être simplement que le titre de sa chanson a un côté repoussant : citons « Oj oj oj sae glad jeg skal bli » « Oh oh oh comme je serais heureuse ».

Lulu, qui a gagné ex æquo pour le Royaume-Uni, n'apprécie pas beaucoup sa chanson. Elle aurait préféré le titre composé par un inconnu à l'époque, Elton John, qui avait terminé dernier de la finale nationale britannique et qu'elle avait aussi interprété « I can't go on living without you » !

La Néerlandaise Lenny Kuhr a gagné sa finale nationale devant un chanteur, Dave, qui a chanté en néerlandais « Niets gaat zo snel ». Il fera par la suite une grande carrière en France.

Frida Boccara, pour la France, doit se doper pour participer à la finale, elle souffre d'une angine qui l'empêche de participer aux répétitions. Depuis, on aura souvent des cas similaires, mais l'organisateur ne prévoit pas de contrôle antidopage.

(p.75) La chanteuse Salomé pour l'Espagne lors des répétitions

Massiel, la gagnante espagnole de l'année précédente, avec les gagnants ex æquo Lulu du Royaume-Uni, Salomé de l'Espagne, Frida Boccara de la France et Lenny Kuhr des Pays-Bas

Parmi les quatre gagnants, c'est une bonne opération pour l'Espagne qui célèbre sa deuxième victoire consécutive, et c'est une première.

La France, elle, prend la tête pour le nombre de victoires, quatre, alors que les Pays-Bas ont gagné trois fois et le Royaume-Uni seulement deux fois !

RÉSULTATS

Place	Pays	Artiste(s)	Chanson	Langue(s)	Points
1	Espagne	Salomé	Vivo cantando	spa	18
1	Royaume-Uni	Lulu	Boom Bang-a-Bang	eng	18
1	Pays-Bas	Lenny Kuhr	De troubadour	nld	18
1	France	Frida Boccara	Un jour, un enfant	fra	18
5	Suisse	Paola del Medico	Bonjour, bonjour	ger	13
6	Monaco	Jean-Jacques	Maman, Maman	fra	11
7	Irlande	Muriel Day	The Wages of Love	eng	10
7	Belgique	Louis Neefs	Jennifer Jennings	nld	10
9	Suède	Tommy Körberg	Judy, min vän	swe	8
9	Allemagne	Siw Malmkvist	Primaballerina	ger	8
11	Luxembourg	Romuald	Catherine	fra	7
12	Finlande	Jarkko & Laura	Kuin silloin ennen	fin	6
13	Yougoslavie	Ivan & 3M	Pozdrav svijetu	hbs*	5
13	Italie	Iva Zanicchi	Due grosse lacrime bianche	ita	5
15	Portugal	Simone de Oliveira	Desfolhada portuguesa	por	4
16	Norvège	Kirsti Sparboe	Oj, oj, oj, så glad jeg skal bli	nor	1

*serbo-croate

1970

15e édition

AMSTERDAM

Stars et avenir compromis

Vainqueur : **Irlande avec la chanteuse Dana**

Chanson : **« All kinds of everything »**

Auteurs-compositeurs : Derry Lindsay et Jackie Smith

21 mars 1970

RAI Congrescentrum Amsterdam, Pays-Bas

Diffuseur NOS

Seulement 12 pays participants

Retrait de la Finlande, de la Norvège, de la Suède et du Portugal

Même système de vote depuis 1967

Nordiques mauvais perdants

Le Concours s'annonce très mal après l'édition de 1969 et ses quatre gagnants. Les pays du Nord ne participent pas, mécontents du système de vote. On les soupçonne d'être un peu mauvais perdants. Le Portugal se retire à la dernière minute malgré le fait que son représentant ait été déjà choisi. Il ne reste que douze participants.

Règle de l'ex æquo

L'UER modifie sensiblement la règle de l'ex æquo : si deux ou plusieurs chansons obtiennent le même nombre de votes, elles doivent être à nouveau chantées et les jurys des autres pays doivent revoter. En cas d'égalité, elles sont quand même déclarées gagnantes.

Au terme de leurs victoires en 1969, les quatre pays étant intéressés à organiser le Concours Eurovision de la chanson, on a donc procédé à un tirage au sort qui désigne les Pays-Bas.

Cartes postales

Le peu de participants oblige le diffuseur à repenser le format de l'émission et à le moderniser. On voit apparaître un déroulement qui est encore d'actualité aujourd'hui, notamment avec un fil rouge, des informations sur la ville hôte et des « cartes postales » de présentation des candidats.

À ce propos, une polémique naît avec les cartes postales de Monaco et du Luxembourg. Normalement les candidats sont filmés dans le pays qu'ils représentent. Dominique Dussault et David Alexandre Winter (père d'Ophélie) sont Français, on les voit donc à Paris. Cela rend évident que les chanteurs ne sont ni Monégasque ni Luxembourgeois, ce qui irrite les autres délégations.

Stars

Julio Iglesias représente l'Espagne, il en est à ses débuts. Sa carrière de footballeur a été interrompue par un accident, il se lance donc dans la chanson. Rendu fébrile par l'enjeu de la compétition, l'Espagne espérait gagner trois fois de suite. Julio termine finalement quatrième ex æquo avec le Français Guy Bonnet et le Suisse Henri Dès qui fera ensuite une carrière internationale de chanteur pour enfants.

Irlande

La grande favorite est la Galloise Mary Hopkin qui est dans la même maison de disques que les Beatles. Finalement, c'est l'Irlandaise du Nord Dana qui est sélectionnée pour l'Irlande. Son retour à Derry est triomphal et donne l'occasion à un avion de la compagnie de la République d'Irlande de se poser en Irlande du Nord, dans un climat tendu.

C'est aussi le début de la série de victoires pour le pays le plus titré de l'histoire de l'Eurovision de la chanson; l'Irlande gagnera encore six fois. C'est aussi le seul pays à avoir remporté le Concours trois fois consécutivement. Et c'est la ville de Dublin qui organisera le plus souvent la manifestation (six fois). Plusieurs pays gagneront deux fois de suite: l'Espagne, Israël et le Luxembourg, mais n'organiseront pas l'Eurovision la deuxième fois. Aujourd'hui, la Suède a rejoint l'Irlande parmi les plus titrés avec sept victoires respectives à la suite de la victoire de Loreen en 2023.

Secoué par les polémiques, l'Eurovision se modernise avec l'apparition des cartes postales, tandis que l'Irlande entame sa domination historique.

Parmi les candidats qui provoquent des réactions, notons l'Allemande Katja Ebstein dont la robe est extrêmement courte pour l'époque. Elle reviendra en 1971 en pantalons et en 1980 entourée de clowns où elle finira deuxième.

David Alexandre Winter demande aux autres concurrents dans la Green room de se taire pendant les votes, il attend toujours son premier point. Mais contre tout espoir c'est un nul point pour le Luxembourg ! (voir aussi nul point en 1962).

Dana, chanteuse irlandaise, recevant le prix de la présentatrice

AER LI
"OPERATION
DANA"
EUROVISION '70
PAOLO SOPRANI
OPEN

(ci-contre) Dana, de retour au pays, accueillie en héroïne
(ci-dessus) Julio Iglesias, encore inconnu quand il fait l'Eurovision / La plus connue, la Galloise Mary Hopkin

RÉSULTATS

Place	Pays	Artiste(s)	Chanson	Langue(s)	Points
1	Irlande	Dana	All Kinds of Everything	eng	32
2	Royaume-Uni	Mary Hopkin	Knock Knock (Who's there?)	eng	26
3	Allemagne	Katja Ebstein	Wunder gibt es immer wieder	ger	12
4	Suisse	Henri Dès	Retour	fra	8
4	France	Guy Bonnet	Marie-Blanche	fra	8
4	Espagne	Julio Iglesias	Gwendolyne	spa	8
7	Pays-Bas	Hearts of Soul	Waterman	nld	7
8	Italie	Gianni Morandi	Occhi di ragazza	ita	5
8	Belgique	Jean Vallée	Viens l'oublier	fra	5
8	Monaco	Dominique Dussault	Marlène	fra	5
11	Yougoslavie	Eva Sršen	Pridi, Dala ti bom cvet	slv*	4
12	Luxembourg	David Alexandre Winter	Je suis tombé du ciel	fra	0

*slovène

1971

Jurys sur scène et victoire de Monaco

16e édition

Vainqueur:
Monaco avec la chanteuse Séverine

Chanson: **« Un banc, un arbre, une rue »**

Auteurs-compositeurs:
Yves Dessca et Jean-Pierre Bourtayre

DUBLIN

3 avril 1971

Gaiety Theatre
Dublin, Irlande

Diffuseur RTÉ

18 pays participants Début de Malte

Retour des contestataires de 1970 (Finlande, Norvège, Portugal, Suède) et de l'Autriche

Nouveau système de vote:
2 jurys par pays qui attribuent de 1 à 5 points à chaque chanson

Pérennité

C'est le premier Concours à Dublin. Nous y reviendrons encore cinq fois. Tous les pays qui avaient boycotté les dernières éditions sont de retour et tout semble rentrer dans l'ordre. La victoire de Dana en 1970 n'est pas étrangère à cela, et à partir de cette année le Concours se pérennise.

Les jurys sont sur scène (deux membres par pays) et c'est amusant de les voir attribuer leurs points à l'aide de petites pancartes. Cette façon de faire disparaîtra dès 1974 et une année après on verra l'arrivée des fameux douze points.

On voit apparaître pour la première fois le port de cuissettes bleues avec des bretelles, avec la Luxembourgeoise Monique Melsen et sa chanson « Pomme pomme pomme ».

Monique Melsen, Luxembourg, arrivée des shorts...

Séverine, gagnante pour Monaco

Une catholique d'Irlande du Nord pour le Royaume-Uni

Une polémique sur fond de conflit irlandais voit le jour avec la chanteuse britannique. La BBC s'inquiétait de la réaction du public face à la présence d'une Anglaise à Dublin, en République d'Irlande. Ils décident alors d'envoyer Clodagh Rodgers qui vient d'Irlande du Nord et qui est catholique. Elle reçoit des menaces de mort de l'IRA en réponse à son soutien au Royaume-Uni. Elle déclare : « Et me voilà en bonne petite fille catholique représentant le Royaume-Uni à Dublin… » Elle chante aussi en shorts roses mais sexy ceux-là !

Serge Lama

La France est représentée par Serge Lama qui bat Jean Ferrat et Séverine en sélection française avec la chanson d'Alice Dona « Un jardin sur la terre ». Séverine va être finalement retenue par Monaco avec sa chanson et gagner. Serge Lama termine dixième mais peu importe, c'est là qu'il rencontre Alice Dona avec qui il commence une collaboration fructueuse.

Séverine et Monaco

Séverine n'est donc pas du tout Monégasque. Elle n'a jamais mis les pieds dans la principauté, sauf pour y tourner un clip. Dans cette victoire tout est français, des compositeurs au chef d'orchestre. Elle se plaindra plus tard de ne jamais avoir été payée et de ne pas avoir reçu le moindre remerciement de la famille princière. Elle perdra du reste les gains obtenus par sa chanson à la suite d'un conflit avec son producteur. Elle continuera pourtant à regarder le Concours chaque année, sans rancune.

Malte

1971 c'est l'arrivée de Malte qui participera trois fois dans les années 1970, dont deux fois en chantant dans la langue maltaise, avant de disparaître. Ce pays reviendra régulièrement dès 1991.

Premiers clips vidéo – premiers groupes

L'Eurovision est précurseur. Les télévisions en Europe doivent présenter ces clips avant le Concours.

Mais surtout c'est la première participation de groupes et le premier est Suisse, même si l'Espagne avait déjà proposé un trio en 1964 avec les TNT composé d'une seule chanteuse Nelly et de deux musiciens, Tim et Tony. Le trio suisse Peter, Sue & Marc détient toujours le record de quatre participations avec trois autres artistes, Fud Leclerc pour la Belgique, plus récemment Valentina Monetta pour Saint-Marin (2012, 2013, 2014 et 2017) et Elisabeth Andreassen mais qui chantera pour la Norvège et la Suède. Cette dernière est l'une des artistes féminines les plus couronnées de l'histoire du Concours : gagnante en 1985, deuxième en 1996, sixième 1994 et huitième en 1982. Avec ses deux victoires au Concours en 2012 et 2023, la Suédoise Loreen est l'artiste féminine la plus titrée !

Les Suisses Peter, Sue & Marc demeurent aussi les seuls artistes à avoir interprété leurs chansons dans quatre langues : italien, français, allemand et anglais. À quand le romanche (quatrième langue nationale suisse) pour eux ? Même si un autre groupe suisse, Furbaz, essayera à Lausanne en 1989 sans grand succès.

En conclusion et lors de l'ouverture de ce Concours Eurovision, la présentatrice Bernadette Ni Ghallchoir accueille les spectateurs et téléspectateurs en gaélique avec beaucoup de fierté.

Peter, Sue & Marc, Suisse, premier trio de l'histoire

Anecdote Fabien Lecœuvre

À CONTRECŒUR...

Le samedi 3 avril 1971, la chanteuse Séverine remporte pour la principauté de Monaco le grand Concours Eurovision de la chanson avec « Un banc, un arbre, une rue ». Revenons sur ce titre de la victoire qui a pourtant bien failli ne pas être celui-là...

Pour bien comprendre comment Séverine remporte la finale à Dublin avec 129 points, il faut revenir quelques années en arrière. À la fin des années 60, la jeune Josiane Grizeau chante avec un groupe amateur, « Les Murators », sous le pseudonyme de Robbie Lorr. Ils se produisent régulièrement au Golf Drouot, à Paris, et c'est là que le parolier et producteur Georges Aber remarque la jeune Josiane qui n'a pas vingt ans et lui propose de chanter en solo. Elle accepte et signe un contrat avec les disques Philips. Elle change alors de nom et devient Séverine. À partir de 1969, elle enregistre plusieurs 45 tours dont « La la mélodie », « Le passager de la pluie », chanson composée par Francis Lai pour la bande originale du film de René Clément, puis « C'est la vie » et « Sympathie » en 1970.

Persuadée de ne pas gagner, Séverine quitte sa robe après sa prestation... avant de devoir la remettre en urgence pour recevoir son trophée !

Jeune artiste prometteuse et pleine de talent, Séverine fait alors de nombreuses tournées et c'est au cours de l'une d'elles, dans le sud de la France, que les dirigeants de la Station Radio Monte Carlo contactent son producteur Georges Aber, pour lui proposer que Séverine représente la principauté au Concours Eurovision de la chanson.

Conscient de cette belle opportunité pour sa jeune protégée, Georges Aber accepte et demande à plusieurs de ses amis auteurs-compositeurs de lui proposer des chansons pour ce Concours. Six chansons sont sélectionnées et enregistrées par Séverine dont « Un banc, un arbre, une rue », composée par Jean-Pierre Bourtayre et écrite par Yves Dessca. Puis vient le moment d'en choisir une pour le Concours. Séverine adore le titre « Manège ». Pour elle, ça ne fait pas de doute, « Manège » doit être la chanson qui représentera Monaco au Concours Eurovision. Elle n'aime pas du tout « Un arbre, un banc, une rue », qu'elle trouve beaucoup trop variété. Pourtant, Radio Monte Carlo et Georges Aber ne sont pas de son avis et finissent par la convaincre de chanter la chanson de leur choix. C'est donc un peu à contrecœur que Séverine se rend à Dublin pour y interpréter « Un banc, un arbre, une rue ». Comme elle passe en troisième position et qu'elle ne croit pas du tout en sa victoire, dès la fin de sa prestation, Séverine regagne sa loge et enlève sa robe, prête à repartir. Et pourtant, très vite Georges Aber la rattrape en lui demandant de vite remettre la robe car elle est sur le point de gagner. En ce 3 avril 1971, Séverine remporte donc le Concours Eurovision avec « Un banc, un arbre, une rue » qu'elle enregistrera en plusieurs langues. Mais pour l'anecdote, c'est avec la version française qu'elle se classe à la neuvième place du hit-parade anglais. Grâce à ce titre, Séverine se fait connaître à travers le monde entier et principalement en Allemagne, où elle demeure aujourd'hui encore une grande vedette.

Serge Lama pour la France, sur la scène de l'Eurovision

RÉSULTATS

Place	Pays	Artiste(s)	Chanson	Langue(s)	Points
1	Monaco	Séverine	Un banc, un arbre, une rue	fra	128
2	Espagne	Karina	En un mundo nuevo	spa	116
3	Allemagne	Katja Ebstein	Diese Welt	ger	100
4	Royaume-Uni	Clodagh Rodgers	Jack In The Box	eng	98
5	Italie	Massimo Ranieri	L'amore e un attimo	ita	91
6	Suède	Family Four	Vita vidder	swe	85
6	Pays-Bas	Saskia & Serge	Tijd	nld	85
8	Finlande	Markku Aro & Koivistolaiset	Tie uuteen päivään	fin	84
9	Portugal	Tonicha	Menina	por	83
10	France	Serge Lama	Un jardin sur la Terre	fra	82
11	Irlande	Angela Farell	One Day Love	eng	79
12	Suisse	Peter, Sue & Marc	Les illusions de nos vingt ans	fra	78
13	Luxembourg	Monique Melsen	Pomme, pomme, pomme	fra	70
14	Belgique	Lily Castel & Jacques Raymond	Goeie morgen, morgen	nld	68
14	Yougoslavie	Krunoslav Slabinac	Tvoj dječak je tužan	hbs*	68
16	Autriche	Marianne Mendt	Musik	aut	66
17	Norvège	Hanne Krogh	Lykken er...	nor	65
18	Malte	Joe Grech	Marija l-Maltija	mlt	52

*serbo-croate

1972

EDIMBOURG

Année de transition

Vainqueur : **Luxembourg avec la chanteuse Vicky Leandros**

Chanson : **« Après toi »**

Auteurs-compositeurs : Mario Panas et Klaus Munro

25 mars 1972

Usher Hall
Edimbourg, Écosse

Diffuseur BBC

18 pays participants

Même système de vote que l'année précédente

17e édition

Record d'audience

Le Concours Eurovision de la chanson de 1972 ne laissera pas une trace exceptionnelle si ce n'est que l'audience ne cesse d'augmenter et bat cette année-là de nouveaux records.

Après la victoire de Séverine, c'est au tour de Monaco d'organiser l'événement. Mais le diffuseur n'a pas assez de moyens techniques et demande l'aide de la télévision française. Les discussions n'aboutissent pas. On raconte que les Français auraient été d'accord de le faire mais pas à Monaco. Après le désistement de l'Espagne qui était deuxième en 1971, et de l'Allemagne, troisième, c'est la BBC, quatrième, qui se dévoue et décide d'organiser cette édition en Écosse.

Bombe puante

Le seul incident majeur qui marque les esprits est le lancement d'une bombe puante dans le public en début de prestation de la chanteuse irlandaise, Sandie Jones. Elle interprète sa chanson en gaélique, une première et unique fois au Concours. Une partie du public doit être évacué, mais l'artiste défend vaillamment sa chanson.

Duos – pop

On accueille de plus en plus de duos, il y en a six cette année ! Il faudra attendre 1985 pour voir le duo norvégien Bobbysocks remporter le Concours. Le duo danois Grethe & Jorgen Ingmann avait gagné en 1963 mais seule Grethe chantait, lui jouait de la guitare. Depuis l'origine de cette compétition, seuls cinq duos ont décroché la première place, ce qui représente moins de 10% des victoires. Les plus connus resteront les Olsen Brothers représentant le Danemark en 2000.

C'est aussi l'arrivée d'un vrai premier groupe pop. Jusque-là, on avait seulement vu des trios. The New Seekers défendent les couleurs britanniques et obtiennent les faveurs du public mais les jurys ne les ont pas appréciés à leur juste valeur. Ils terminent deuxièmes, la place préférée

des Britanniques ! Ils avaient connu la célébrité l'année d'avant quand un de leurs titres avait été repris pour une célèbre pub de Coca-Cola.

La Germano-Grecque Vicky Leandros, fidèle au Luxembourg, gagne le Concours. Une fois de plus ce pays engage des chanteurs de l'extérieur avec un certain succès. Le titre est écrit par son papa et la chanson aura beaucoup de succès en Europe. Vicky se présente pour la deuxième fois au Concours et fera ensuite une belle carrière, surtout dans les pays germaniques, comme Séverine qui lui a remis le trophée. C'est la première victoire pour une chanteuse grecque, et la Grèce fera son entrée officielle deux ans plus tard et gagnera l'Eurovision en 2005 avec Helena Paparizou.

Pour le traditionnel entracte, la BBC nous emmène au château d'Edimbourg pour un mini Military tattoo. Au fil des ans, l'*Interval act* va s'étoffer et on verra naître en particulier le célèbre spectacle de « Riverdance » en 1994 à Dublin.

(pp.88-89) The New Seekers, Royaume-Uni, premier groupe

Victoire avec Vicky Leandros

Arrivée de la chanteuse irlandaise Sandie Jones

RÉSULTATS

Place	Pays	Artiste(s)	Chanson	Langue(s)	Points
1	Luxembourg	Vicky Leandros	Après toi	fra	128
2	Royaume-Uni	The New Seekers	Beg, Steal or Borrow	eng	114
3	Allemagne	Mary Roos	Nur die Liebe läßt uns leben	ger	107
4	Pays-Bas	Sandra & Andres	Als het om de liefde gaat	nld	106
5	Autriche	Milestones	Falter im Wind	ger	100
6	Italie	Nicola di Bari	I giorni dell'arcobaleno	ita	92
7	Portugal	Carlos Mendes	A festa da vida	por	90
8	Suisse	Véronique Müller	C'est la chanson de mon amour	fra	88
9	Yougoslavie	Tereza Kesovija	Muzika i ti	hbs*	87
10	Espagne	Jaime Morey	Amanece	spa	83
11	France	Betty Mars	Comé-comédie	fra	81
12	Finlande	Päivi Paunu & Kim Floor	Muistathan	fin	78
13	Suède	Family Four	Härliga sommerdag	swe	75
14	Norvège	Grethe Kausland & Benny Borg	Småting	nor	73
15	Irlande	Sandie Jones	Ceol an Ghrá	gla*	72
16	Monaco	Anne-Marie Godart & Peter Mc Lane	Comme on s'aime	fra	65
17	Belgique	Serge & Christine Ghisoland	À la folie ou pas du tout	fra	55
18	Malte	Helen & Joseph	L-imhabba	mlt	48

*serbo-croate
*gaélique

1973 LUXEMBOURG

On chante librement

Vainqueur : **Luxembourg avec la chanteuse Anne-Marie David**

Chanson : **« Tu te reconnaîtras »**

Auteurs-compositeurs : Vline Buggy et Claude Morgan

7 avril 1973

Grand théâtre à Luxembourg
Grand-Duché de Luxembourg

Diffuseur CLT

17 pays participants

Début d'Israël

Retrait de l'Autriche et de Malte

Même système de vote qu'en 1971

Arrivée d'Israël

18e édition

Dès le début de ce Concours, les mesures de sécurité ont été renforcées avec l'arrivée d'Israël, à la suite des attentats de Munich lors des Jeux olympiques de 1972. Ce qui a permis au célèbre commentateur britannique Terry Wogan de faire l'une de ses meilleures sorties. Avec humour, il recommande aux spectateurs de rester assis durant tout le spectacle, spécialement durant les applaudissements, au risque de se faire tirer dessus par la sécurité présente dans la salle !

Israël est le premier pays en dehors du continent européen à participer au Concours Eurovision de la chanson. Par la suite, il y en aura d'autres, le Maroc en 1980 et l'Australie depuis 2015. Le Liban tentera de participer en 2005 mais ne voudra pas diffuser la chanson israélienne. L'organisateur n'entrant pas en matière, le pays renoncera à la participation d'Aline Lahoud avec sa chanson en français « Quand tout s'enfuit ». Finalement, la Tunisie en 1977 voudra faire ses débuts, mais se retirera au dernier moment sans donner d'explication. D'autres pays diffusent le Concours sans y participer comme la Chine, les USA et le Brésil. Aujourd'hui, l'organisateur a même rajouté un vote « du reste du monde » où les téléspectateurs de pays ne participant pas au Concours ou ne le diffusant pas peuvent quand même voter via les réseaux sociaux. On y retrouve des votes venant du monde entier.

Libération des langues

L'événement majeur est la libération des langues. Les artistes peuvent interpréter leur chanson dans la langue de leur choix. On notera que seuls les pays scandinaves vont profiter de l'occasion. Plus tard on pourra compter sur les dix doigts de la main les chansons qui ne sont pas en anglais malgré un retour des langues nationales dans les années 2020.

C'est la chanson en français d'Anne-Marie David représentant le pays hôte, le Luxembourg, qui l'emporte parmi les quatre chansons proposées dans cette langue (voir aussi p. 96). Il y a notamment celle du plus connu

OURS EURO

Terry Wogan ironise : restez assis, sous peine d'être pris pour cible par la sécurité !

de tous les chanteurs suisses romands ayant participé, Patrick Juvet. Ce beau jeune homme, un peu impressionné, fait un tabac avec son costume noir, pantalons pattes d'éph et cravate blanche ! Il retourne la salle mais ne finit que douzième. Il entamera une belle carrière, de l'Olympia aux États-Unis avec notamment son succès disco « I love America » en 1978.

Dès cette année, la bande-son est autorisée, mais seulement dans les passages où l'orchestre ne peut pas jouer la composition.

Malentendu

Pendant les répétitions, une polémique éclate entre la chanteuse irlandaise Maxi et sa maison de disques, il y a un malentendu sur la façon d'interpréter la chanson. La délégation irlandaise prend la précaution de faire appel à une autre artiste irlandaise, Tina Reynolds, qu'elle fait venir au Luxembourg au cas où... Cette dernière ne dispose d'aucune accréditation et ne peut entrer dans l'enceinte du théâtre. Finalement, tout rentre dans l'ordre, Maxi chante et Tina doit regarder la prestation depuis sa chambre d'hôtel. En remerciement, la RTÉ offrira la possibilité à Tina de chanter pour l'Irlande l'année suivante.

Jaunisse

Nicole (décédée en 2022) et Hugo pour la Belgique arrivent enfin sur la scène de l'Eurovision. Ils sont derniers ! Nicole avait dû renoncer au Concours en 1971 quelques jours avant, parce qu'elle avait la jaunisse. Plus que la chanson, ce sont leurs costumes violets et la chorégraphie qui resteront dans les mémoires. Ils continueront encore longtemps dans leurs spectacles à s'habiller de la même manière.

La chanson suédoise fait quelques vagues, imaginez plutôt, voici un extrait des paroles: «tes seins sont comme deux nids douillets...» Le Concours est encore prude!

C'est la chanson espagnole (deuxième) «Eres tu», interprétée par le groupe Mocedades, qui aura le plus grand succès international. L'année suivante, le titre sortira aux États-Unis où il entrera dans le hit-parade.

Ouf

Cliff Richard participe pour la deuxième fois et est encore plus tendu que la première. Son entourage tente de le rassurer à coups de calmants et le pousse sur scène. Il interprète sa chanson au mieux avec des chorégraphies très déséquilibrées et un «ouf» bien visible à la fin. On retrouvera sa prestation dans de nombreux bêtisiers.

L'année 1973 va inspirer le comédien et metteur en scène italo-suisse Massimo Furlan qui créera un spectacle présenté entre autres au festival d'Avignon en 2010. Dans cette prestation, il rejoue le Concours Eurovision à lui tout seul. Avec beaucoup de poésie et sens du burlesque, il met en jeu les limites entre cultures populaires et élitaires.

(p.93) La gagnante luxembourgeoise Anne-Marie David

(p.94) Nicole et Hugo, le duo belge et ses drôles de costumes et chorégraphies

(ci-dessus) Cliff Richard

(ci-dessous) Le célèbre groupe espagnol Mocedades

Anecdote Fabien Lecœuvre

MERCI JÉSUS...

Le 7 avril 1973, c'est Anne-Marie David qui remporte le Concours Eurovision de la chanson pour le Luxembourg, avec « Tu te reconnaîtras ». Pour cette jeune artiste d'à peine 21 ans, c'est le début d'une belle aventure. Replongeons-nous dans la petite histoire de ce hit, choisi parmi des centaines d'autres par son interprète...

Pour bien comprendre l'histoire de « Tu te reconnaîtras », il faut remonter au 14 avril 1972. Ce soir-là a lieu à Paris, au Palais de Chaillot, la première de la version française de la comédie musicale *Jesus Christ Superstar.* Dans la salle, le Tout-Paris qui brille et qui pétille s'est précipité pour assister à l'événement. Parmi les nombreux invités présents, il y a Roger Kreicher, le directeur des variétés de la station RTL ainsi que Monique Lemarcis, qui s'occupe alors de la partie édition de la station. De tous les artistes de ce spectacle, une jeune fille pleine de fraîcheur attire leur attention. Elle s'appelle Anne-Marie David et interprète le rôle de Marie Madeleine. Durant le cocktail qui suit cette générale, Roger Kreicher et Monique Lemarcis félicitent Anne-Marie et lui proposent de représenter le Grand-Duché de Luxembourg pour le prochain Concours Eurovision. Anne-Marie est ravie d'une telle proposition. Une seule chose la chagrine, le Luxembourg vient déjà de remporter l'Eurovision avec « Après toi » de Vicky Leandros, et elle voit mal comment le même pays pourrait gagner deux années consécutives.

Anne-Marie David hésite sur sa chanson... avant de faire le choix qui lui offrira la victoire.

Malgré tout, et comme une telle opportunité ne se refuse pas, Anne-Marie David accepte. Les éditions RTL se mettent alors en quête de la bonne chanson en faisant un véritable appel d'offres à tous les auteurs-compositeurs en vue sur la place de Paris. Monique Lemarcis reçoit plus de 250 propositions de chansons. En finalité, dix seront retenues. Anne-Marie enregistre donc dix maquettes, dont une, pour laquelle elle écrit les paroles, intitulée « Comme une valse », qui ne sera pas choisie pour le Concours, mais qui sera le titre leader du deuxième 45 tours d'Anne-Marie David.

Au moment de déterminer la chanson qu'elle représentera au Concours, Anne-Marie hésite entre « Lui », une chanson de Michel Malory et Alice Dona, et « Tu te reconnaîtras » de Vline Buggy et Claude Morgan. C'est pourtant cette dernière qu'elle retiendra car elle trouve que le tempo est plus international et qu'elle se sent plus apte à défendre cette valse que tout le monde peut danser. Ce sera finalement le bon choix, puisque « Tu te reconnaîtras » remportera le Concours, devant de sérieux concurrents comme Cliff Richard qui représentait le Royaume-Uni, Patrick Juvet pour la Suisse ou Martine Clemenceau pour la France. Plus tard, Anne-Marie David enregistrera « Tu te reconnaîtras » en cinq langues et entamera une carrière internationale.

Le plus célèbre des Suisses, Patrick Juvet

RÉSULTATS

Place	Pays	Artiste(s)	Chanson	Langue(s)	Points
1	Luxembourg	Anne-Marie David	Tu te reconnaîtras	fra	129
2	Espagne	Mocedades	Eres tú	spa	125
3	Royaume-Uni	Cliff Richard	Power to All Our Friends	eng	123
4	Israël	Ilanit	Ey Sham (אי שם)	heb	97
5	Suède	Nova	You're Summer	eng	94
6	Finlande	Marion Rung	Tom, Tom, Tom	eng	93
7	Norvège	Bendik Singers	It's Just a Game	eng, fra	89
8	Allemagne	Gitte	Junger Tag	ger	85
8	Monaco	Marie	Un train qui part	fra	85
10	Portugal	Fernando Tordo	Tourada	por	80
10	Irlande	Maxi	Do I Dream?	eng	80
12	Suisse	Patrick Juvet	Je vais me marier, Marie	fra	79
13	Italie	Massimo Ranieri	Chi sara' con te	ita	74
14	Pays-Bas	Ben Cramer	De oude muzikant	nld	69
15	Yougoslavie	Zdravko Čolić	Gori vatra	hbs*	65
15	France	Martine Clémenceau	Sans toi	fra	65
17	Belgique	Nicole & Hugo	Baby, baby	nld	58

*serbo-croate

1974

BRIGHTON

A comme ABBA, la naissance d'une légende

Vainqueur : **Suède avec le groupe ABBA**

Chanson : **« Waterloo »**

Auteurs-compositeurs : Benny Andersson, Stig Anderson et Björn Ulvaeus

6 avril 1974

The Dome
Brighton, Royaume-Uni

Diffuseur BBC

17 pays participants

Début de la Grèce

Absence de la France

Retour au système de vote en vigueur de 1967 à 1970. Un jury par pays composé de 10 membres.

Chacun attribue un vote à sa chanson préférée

19e édition

Le phénomène ABBA

C'est la première fois qu'un pays remporte le Grand Prix dans une langue autre qu'une de ses langues nationales. ABBA (acronyme des quatre prénoms du groupe : Agnetha, Benny, Björn et Anni-Frid) avait pourtant interprété son titre en suédois à la finale dans son pays. Le groupe, qui s'est formé en 1970 sur une plage de Chypre, avait déjà participé à la sélection nationale de 1973 et s'est classé seulement troisième avec « Ring, Ring ». Gageons qu'avec cette chanson ils n'auraient pas eu le même succès. Au départ, le groupe n'était pas très apprécié en Suède, sa musique considérée même comme ringarde. À Brighton, ils ne sont de loin pas favoris. Les préférés sont la Britannique Olivia Newton-John, le duo néerlandais Mouth & MacNeal et l'Italienne Gigliola Cinquetti. Après avoir vu la prestation des ABBA sur scène, leur look « glam rock », leur chef d'orchestre en uniforme napoléonien, les bookmakers les placent immédiatement en tête. C'est un véritable conte de fées qui commence ce soir pour les Suédois et le début instantané de leur carrière internationale.

Georges Pompidou

La France décide de se retirer, à la suite du décès inopiné du président Georges Pompidou, dont les obsèques sont prévues le jour même de la finale (voir aussi p. 106). La chanteuse Dani avec « La vie à 25 ans », qui est déjà sur place, doit se contenter de suivre le Concours depuis la salle. L'émission est diffusée en France en différé une semaine plus tard. Anne-Marie, la gagnante de l'année précédente, n'a pas pu se rendre à Brighton pour remettre le prix pour la même raison.

Portugal : révolution des Œillets – Italie : votations

La chanson portugaise est entrée dans l'histoire pour avoir lancé une révolution. En effet, elle sera diffusée le 24 avril de cette année à 22h55 par la radio portugaise comme signal de départ de la révolution des Œillets. Paulo de Carvalho termine quatorzième avec « E depois do adeus ».

La vraie polémique vient de l'Italie. Le pays est en pleine campagne de votation sur le divorce. Les Italiens doivent se prononcer pour ou contre. La télévision publique italienne considère que le titre de la chanson de Gigliola Cinquetti « Si » est un appel à voter « Oui ». Ils ne diffusent donc pas la chanson pendant le Concours, mais seulement après le résultat du référendum et la victoire du « non » ainsi que le maintien de la loi sur le divorce. La chanson finit deuxième, derrière celle des ABBA.

Pour l'Irlandaise Tina Reynolds, le Concours est synonyme de malchance. En 1973, elle doit le suivre à la télévision alors qu'elle devait remplacer Maxi au pied levé. En 1974, elle subit un grave accident de la route et sa mémoire lui joue des tours. Avant d'entrer sur la scène de l'Eurovision, elle écrit certaines paroles sur sa main mais l'encre s'efface, elle doit un peu forcer sur les « lalala ».

Compositeur Eurovision

Ralph Siegel, compositeur allemand, écrit sa première chanson pour une finale, pour le Luxembourg, en français et anglais, chanté par une Germano-Britannique, Ireen Sheer, avec un fort accent. Elle finit quatrième ex æquo avec Olivia Newton-John et le chanteur monégasque Romuald. Monsieur Siegel écrira en tout pas moins de vingt-cinq chansons pour des finales et pour cinq pays dont la Suisse et l'Allemagne. Sa dernière participation sera en 2017 avec la chanson « Spirit of the Night » pour Saint-Marin.

Olivia Newton-John

Olivia Newton-John déteste la chanson que les Britanniques lui ont imposée : « Long live love ».

Olivia Newton-John bien entourée

À un fan qui lui souhaite bonne chance, elle répond : « ... il faudrait bien plus que de la chance avec un titre aussi nul... » Et en regardant la robe rideau qu'elle porte, même un miracle n'aurait rien pu faire ! Elle sera quatrième. C'est la première interprète d'origine australienne dans ce Concours.

Début du chassé-croisé Grèce, Turquie

L'arrivée de la Grèce avec Marinella, une des chanteuses les plus populaires de son pays, donne le coup d'envoi d'un chassé-croisé avec la Turquie. Et c'est surtout une des premières chansons qui fait appel au folklore du pays.

Mode

Katie Boyle (décédée en 2018) (qui n'est pas la mère de Susan...) fait sa dernière apparition comme présentatrice du Concours Eurovision, c'est sa quatrième fois. Sa robe couleur saumon est trop serrée et laisse apparaître les sous-vêtements. Le costumier de la BBC ne réussit pas à l'ajuster. Quelques minutes avant l'entrée en scène, elle décide d'enlever ses sous-vêtements et se présente nue sous sa robe. Mal à l'aise, elle tient les cartes de notes au niveau de sa taille pendant tout le spectacle. En 1985, Lill Lindfors, présentatrice suédoise, sera moins prude puisqu'elle perdra volontairement sa robe et se retrouvera en sous-vêtements sur scène.

Björn Ulvaeus raconte 1974

« Dans cette compétition, je pense qu'il est vrai de dire, excusez ma franchise, que seul le gagnant compte, *The winner takes it all.*

Nous nous souvenons rarement de ceux qui sont arrivés deuxièmes ou troisièmes, n'est-ce pas ? Qui sont-ils par exemple en 1974 ? Pour écrire ces mots j'ai dû chercher : l'Italie, avec Gigliola Cinquetti, est arrivée deuxième avec sa chanson "Si". Ah oui, je me souviens d'elle, c'est une belle chanson ! Et le troisième ? Je me souviens que nous pensions que la compétition serait dure avec eux. C'était un duo hollandais, une femme et un homme, Mouth & Mac Neal qui interprétait "I see a star", de la bonne musique aussi.

Mouth était l'homme. Lui et moi avions remarqué tout de suite que nous partagions le même problème ! Nos pantalons étaient trop serrés ! J'ai marché dans les couloirs toute la soirée. Si je m'étais assis, mes pantalons se seraient déchirés ! Le lendemain, à mon retour à la maison à Stockholm, je me suis regardé dans le miroir et je me suis dit : Bon sang ! Tu veux être une pop star ? Ce que tu vois dans le miroir maintenant n'en est PAS une ! Tu dois absolument perdre 15 kilos ! Et je l'ai fait ! "Steak à point et salade" pendant très longtemps. Et cela sans l'aide d'autres produits que mes contemporains utilisaient sans doute pour rester minces. »

Entretien avec *Gigliola Cinquetti*

« J'ai eu trois expériences différentes à l'Eurofestival : en 1964 à Copenhague, en 1974 à Brighton et en 1991 à Rome.

Je veux d'abord parler de ma dernière participation en 1991 qui m'a permis d'être présentatrice de l'Eurovision avec Toto Cutugno vainqueur de 1992 (décédé en 2023). Nous sommes les seuls vainqueurs pour l'Italie dans l'histoire de cette manifestation jusqu'au phénomène Måneskin en 2021. Même si présenter ce programme comportait beaucoup de contraintes imposées par le règlement, Toto et moi avions réussi à faire une émission de télévision légère et moderne. Nous avions été les premiers à avoir un peu “décontracté” le Concours.

En 1974 à Brighton, je suis arrivée deuxième avec la chanson “Si”, juste après le groupe ABBA. D'ailleurs, ce n'est pas une surprise si j'ai ajouté à mon répertoire la magnifique chanson “The winner takes it all” ! Le groupe ABBA n'était pas encore connu, mais il était déjà bien organisé et bien entouré par leur manager. Je me rappelle avec grand plaisir avoir reçu une invitation pour une fête de présentation de leur chanson quelques jours avant l'événement. Il y avait aussi Olivia Newton-John. Elle était encore très jeune, sympathique, mignonne mais toujours très angoissée.

Ma chanson “Si” a eu un grand succès en Angleterre avec une version anglaise “Go” mais aussi en Allemagne avec le titre “Ja”. Olivia et moi, nous nous sommes retrouvées de nombreuses fois dans les mois suivants sur différents plateaux de télévision. J'ai également eu la chance de croiser une autre star montante, Julio Iglesias, qui a aussi participé au Concours avant moi.

L'expérience la plus inoubliable a été lors de ma première participation à Copenhague, en 1964. En seulement deux mois, j'ai vécu des expériences que normalement il faut toute une vie pour apprécier. J'ai eu beaucoup de chance mais j'étais tellement jeune !

De l'existence tranquille d'une ville de province italienne, je me suis retrouvée catapultée sur la scène du Festival de Sanremo. Tout de suite après j'étais sur la scène de l'Olympia à Paris puis dans de nombreux studios d'enregistrement et de télévision à travers toute l'Europe. Copenhague était seulement une étape d'une aventure incroyable qui avait déjà commencé. C'était une grande compétition internationale devant un public immense mais je n'avais plus peur. Je n'étais pas sûre de gagner, mais j'étais tranquille parce que j'avais déjà vécu le trac lors du festival italien.

De Copenhague à Brighton, de la victoire aux coulisses du Concours, une carrière marquée par l'Eurovision et des rencontres inoubliables.

Je m'amusais de voir toute cette agitation autour de moi. Grâce à Lucien Morisse de Radio Europe 1, mes managers ont découvert un complot. Je ne me rappelle plus quel pays voulait notre disqualification de la compétition car la chanson était dix secondes plus longue que les trois minutes accordées par le règlement. On m'a avertie juste avant d'entrer en scène. Le chef d'orchestre Gianfranco Monaldi a eu des sueurs froides. Je lui ai fait confiance et tout s'est bien passé. Les trois minutes ont été respectées in extremis et j'ai gagné !

Ce qui s'est passé après je ne l'aurais jamais imaginé. Je suis rentrée à la maison et comme d'habitude, je me suis rendue à l'école. À mon retour de classe, j'ai vu une grosse fourgonnette devant le portail qui déchargeait des sacs entiers. En montant les escaliers de ma maison, j'ai compris que c'était pour moi ! Ils étaient pleins de lettres de mes fans et cela a continué plusieurs jours. Je recevais plus de trois cents lettres par jour venant du monde entier. Les voisins s'amusaient à me les lire ! Une partie de ces lettres, je les ai gardées mais j'en ai donné au musée historique de Trento.

Grâce à cette expérience à l'Eurofestival, j'ai pu m'ouvrir au monde et faire connaissance avec d'autres langues et cultures. J'ai adoré cette popularité et "Non ho l'età" a été un cas particulier avec un impact fort. À cette époque-là tout était neuf et authentique avec des émotions simples mais profondes. Cela m'a permis de rencontrer des artistes fantastiques comme Hugues Aufray et Udo Jürgens, dont je me souviens bien.

Pour finir, je pense que c'est important que l'Italie continue à participer à cette manifestation si populaire ! Les mécanismes qui font qu'une personne gagne plutôt qu'une autre ne m'intéressent pas. Ce qui m'intéresse ce sont les artistes ou les chansons. Ces dernières années, il me semble qu'il y a eu une métamorphose, même dans le public qui suit cette manifestation. C'est une sorte d'appartenance identitaire et il y a beaucoup de fans.

Je pense que l'italien et le français sont des langues irremplaçables et cultes. L'anglais aussi est important mais cela ne suffit pas pour réussir dans la musique. N'oublions pas que les Italiens et les Français ont une importante et extraordinaire tradition musicale. Ça serait dommage que cela disparaisse du Concours ! »

Tous les artistes à Brighton

Anecdote Fabien Lecœuvre

« COMME UN BOOMERANG »

En 1974, c'est la chanteuse Dani qui devait représenter la France au Concours. À la suite du décès du président Pompidou, le pays ne participe pas à la finale. Dany se représente l'année d'après aux présélections avec une chanson de Serge Gainsbourg. Elle n'est pas choisie par la télévision. Elle ira bien des années plus tard avec la petite maquette de sa chanson de 1975 trouver Etienne Daho. En 2001, ils décident de l'interpréter en duo avec le succès qu'on connaît. On soupçonne Antenne 2 à l'époque d'avoir trouvé cette chanson agressive et trop provocatrice.

RÉSULTATS

Place	Pays	Artiste(s)	Chanson	Langue(s)	Points
1	Suède	ABBA	Waterloo	eng	24
2	Italie	Gigliola Cinquetti	Sì	ita	18
3	Pays-Bas	Mouth & MacNeal	I See a Star	eng	15
4	Royaume-Uni	Olivia Newton-John	Long Live Love	eng	14
4	Luxembourg	Ireen Sheer	Bye Bye, I Love You	fra	14
4	Monaco	Romuald	Celui qui reste et celui qui s'en va	fra	14
7	Israël	Kaveret	Natati La Khayay (נתתי לה חיי)	heb	11
7	Irlande	Tina Reynolds	Cross Your Heart	eng	11
9	Espagne	Peret	Canta y sé feliz	spa	10
9	Belgique	Jacques Hustin	Fleur de liberté	fra	10
11	Grèce	Marinella	Krassi, Thalassa Ke T'Agori Mou (Κρασί, θάλασσα και τ' αγόρι μου)	gre	7
12	Yougoslavie	Korni Grupa	Moja generacija	hbs*	6
13	Finlande	Carita	Keep Me Warm	eng	4
14	Norvège	Anne-Karine Strøm & Bendik Singers	The First Day of Love	eng	3
14	Allemagne	Cindy & Bert	Die Sommermelodie	ger	3
14	Suisse	Piera Martell	Mein Ruf nach Dir	ger	3
14	Portugal	Paulo de Carvalho	E depois do adeus	por	3

*serbo-croate

1975

STOCKHOLM

Arrivée des 12 points, 20e édition

Vainqueur :
Pays-Bas avec le groupe Teach-In

Chanson : **« Ding-a-Dong »**

Auteurs-compositeurs :
Will Luikinga, Eddy Ouwens
et Dick Bakker

22 mars 1975

St Eriksmässan Älvsjö
Stockholm, Suède

Diffuseur SR

19 pays participants

Début de la Turquie

Retrait de la Grèce

Retour de la France et de Malte

Nouveau système de vote :
chaque pays attribue
« 1, 2, 3, 4, 5, 6, 7, 8, 10 et 12 »
à ses 10 chansons
favorites

20e édition

Nouveau système de vote

C'est le premier Concours Eurovision de la chanson en Scandinavie. Il y en aura en tout quatorze (sept en Suède, trois en Norvège, trois au Danemark et un en Finlande) jusqu'en 2025 et tous les pays gagneront sauf l'Islande. La présentatrice Karin Falck fait une introduction qui reste encore incompréhensible de nos jours. Elle rencontre des problèmes avec le français, surtout avec l'énoncé du nouveau système de vote. Pendant les votes, elle s'exclame : « How much is seven in French ? »

Douze points

Les premiers douze points sont attribués par les Pays-Bas au Luxembourg ; la Suisse les obtient de l'Italie ; la France de l'Irlande et du Portugal. La Belgique n'en obtient aucun et devra attendre l'année suivante avec le chanteur Pierre Rapsat pour recevoir ses premiers douze points de la Finlande. Avec cette nouvelle façon de faire, la durée de l'émission passe pour la première fois à plus de deux heures. C'est ce moment du vote qui fait une bonne partie de l'intérêt du Concours. Il y aura deux petits changements depuis, uniquement dans l'énoncé des résultats en 1980 et en 2006. Le système de vote va encore être totalement repensé en 2016 pour permettre plus de suspense en fin d'émission. Le record du plus grand nombre de douze points du télévoting donnés pour une chanson est détenu par l'Ukraine et le groupe Kalush Orchestra en 2022, avec vingt-huit fois. En revanche, c'est Nemo pour la Suisse en 2024 qui détient le record des jurys de professionnels avec vingt-deux fois douze points !

C'est toujours Salvator Sobral, en 2017, qui détient le record du nombre total de points cumulés reçus, surtout grâce à un nombre important de participants, quarante-deux pays cette année-là.

Anglais

Le problème des langues revient, la controverse est surtout suédoise et génère des manifestations à Stockholm. Les protestataires n'ont pas apprécié que le groupe ABBA choisisse d'interpréter son titre en anglais. Ils revendiquent un retour à l'identité et aux langues nationales. Cette année 1975 est celle des chansons en anglais. La moitié d'entre elles sont chantées totalement ou partiellement dans la langue de Shakespeare. On reviendra aux langues nationales deux ans plus tard. C'est aussi la première fois que plusieurs chansons mélangent la langue nationale avec l'anglais à l'image des Allemands et des Belges. Même la Suisse chante en anglais en 1976, ce qui est l'unique fois avant la libéralisation définitive du choix de la langue en 1999. Cela permet par exemple à la Finlande de faire enfin un résultat honorable. La France aura toujours de la peine à proposer des chansons autres qu'en français. Elle fera quelques essais de mélanger le français et l'anglais notamment avec Amir en 2016, Natasha St-Pier en 2001 ou les Fatals Picards en 2007. En Belgique, les Wallons vont rester longtemps fidèles au français alors que les Flamands deviendront vite adeptes de l'anglais.

Uniforme et fusil

Le représentant portugais, Duarte Mendes, veut monter sur scène avec son uniforme et son fusil pour illustrer sa chanson qui rendait hommage à la révolution des Œillets de 1974. Les organisateurs ont toutes les peines du monde à l'en décourager.

L'arrivée de la Turquie marque le retrait de son voisin la Grèce sur fond de conflit chypriote. Il faudra attendre 1978 pour les voir enfin réunis. La Turquie devient le cinquième pays de l'histoire à terminer dernier à ses débuts après l'Autriche, Monaco, le Portugal et Malte.

Rock britannique

La présence du groupe de rock The Shadows qui avait accompagné Cliff Richard lors de sa participation en 1973 est une surprise moyennement appréciée par les critiques musicaux qui reprochent au groupe d'être avant tout connu pour ses instrumentaux de guitare électrique et de n'avoir rien à faire dans ce Concours. Le chan-

(haut) Nicole Rieu, France

(ci-contre) Le duo star italien Dori Ghezzi & Wess

teur oublie les paroles du deuxième couplet lors de la soirée et malgré tout, les Britanniques terminent brillamment deuxièmes avec une chanson à l'écriture remarquable.

Gagnants d'un hit

La Française Nicole Rieu avec « Et bonjour à toi l'artiste » termine quatrième, la Suissesse Simone Drexel avec son « Mikado » sixième et les Italiens avec le duo Dori Ghezzi & Wess, favoris du Concours avec leur hit « Era » sont déçus en finissant seulement troisièmes. Mais c'est finalement avec quatorze points d'avance que le groupe hollandais Teach-In décroche la première place en chantant en anglais. La chanteuse Getty Kasper et son groupe se sépareront rapidement. Ce sont les gagnants d'un hit, en contraste avec ABBA l'année précédente et leur longue carrière. La mélodie de « Ding-a-Dong » restera pour toujours dans les mémoires et sera reprise en français par Rika Zaraï sous le titre « Le petit train ». Rika Zaraï deviendra décidément la chanteuse « des reprises » de l'Eurovision !

RÉSULTATS

Place	Pays	Artiste(s)	Chanson	Langue(s)	Points
1	Pays-Bas	Teach-In	Ding-a-dong	eng	152
2	Royaume-Uni	The Shadows	Let Me Be The One	eng	138
3	Italie	Dori Ghezzi & Wess	Era	ita	115
4	France	Nicole Rieu	Et bonjour à toi l'artiste	fra	91
5	Luxembourg	Géraldine	Toi	fra	84
6	Suisse	Simone Drexel	Mikado	ger	77
7	Finlande	Pihasoittajat	Old Man Fiddle	eng	74
8	Suède	Lars Berghagen	Jennie, Jennie	eng	72
9	Irlande	The Swarbriggs	That's What Friends Are For	eng	68
10	Espagne	Sergio & Estibalíz	Tú volverás	spa	53
11	Israël	Shlomo Artzi	At Va'Ani (את ואני)	heb	40
12	Malte	Renato	Singing This Song	eng	32
13	Yougoslavie	Pepel In Kri	Dan ljubezni	slv*	22
13	Monaco	Sophie	Une chanson c'est une lettre	fra	22
15	Belgique	Ann Christy	Gelukkig zijn	nld, eng	17
16	Portugal	Duarte Mendes	Madrugada	por	16
17	Allemagne	Joy Fleming	Ein Lied kann eine Brücke sein	ger, eng	15
18	Norvège	Ellen Nikolaysen	Touch My Life (With Summer)	eng	11
19	Turquie	Semiha Yankı	Seninle bir dakika	tur	3

*slovène

1976-1985

La progressive descente aux enfers

Alors que le groupe britannique Brotherhood of Man triomphe dans toute l'Europe avec « Save your kisses for me », un des plus grands succès Eurovision de tous les temps, paradoxalement la popularité du Concours commence à fléchir lentement et inexorablement surtout en francophonie. Il y a bien la victoire de Marie Myriam à Londres en 1977, dernière victoire de la France et cela malgré le grand succès de « L'oiseau et l'enfant ». C'est une chanson encore reprise aujourd'hui par les écoliers français. Le Concours a beau s'ouvrir à de nouveaux pays comme Israël, Malte, la Turquie ou la Grèce, puis à Chypre, il peine à convaincre, surtout avec la réintroduction de l'obligation de chanter dans la langue de son pays, se décalant à nouveau de l'industrie musicale. Après seulement cinq participations, l'Europe assiste médusée à deux victoires consécutives d'Israël avec « A-Ba-Ni-Bi » à Paris devant les présentateurs vedettes Denise Favre et Léon Zitrone ainsi qu'« Hallelujah » l'année suivante à Jérusalem, premier Concours organisé en dehors de l'Europe. Il y a aussi la première victoire de Johnny Logan pour l'Irlande ainsi que celle de la République fédérale d'Allemagne avec le compositeur Ralph Siegel et sa jeune chanteuse Nicole à Harrogate alors que le Royaume-Uni était engagé dans la violente guerre des Malouines contre l'Argentine. Le continent était divisé et en pleine guerre froide. C'est dans ce contexte de tensions politiques que la charmante adolescente réussit à toucher tous les jurys d'Europe ; une jeune Allemande qui chante « la paix sur terre », tout un symbole. À l'est, l'association des télédiffuseurs Intervision tente sans succès de créer un concours de la chanson concurrent à Sopot en Pologne qui durera seulement quatre ans, de 1977 à 1980.

Alors que l'Europe entre dans l'ère du disco et des clips vidéo, l'Eurovision devient ringarde… mais une génération de fans passionnés veille dans l'ombre.

Alors que la décennie précédente réussit à rajeunir le Concours Eurovision de la chanson, tous les efforts sont réduits à néant par l'industrie musicale en pleine mutation et un mouvement Eurovision qui s'essouffle sans arriver à se remettre en question. Toute l'Europe est prise par la fièvre du disco, le mouvement punk apparaît ainsi que le début de la musique « new wave » avec des groupes comme Depeche Mode. Alors que John Lennon se fait assassiner, le début des années 80 voit l'explosion d'une incroyable créativité artistique dans tous les domaines avec de nouvelles superstars comme Michael Jackson, Prince, Madonna ou U2, qui rendent le Concours complètement désuet. Pendant ce temps, la chaîne musicale MTV avec ses clips vidéo est créée en 1981 et le public jeune se détourne du Concours ; c'est même devenu une honte de le regarder.

Dans un contexte de guerre froide et de bouleversements culturels, l'Eurovision vacille, mais trouve ses sauveurs inattendus : les premiers collectionneurs et enregistreurs maison.

Il fait l'objet de nombreuses railleries et la victoire du groupe britannique Bucks Fizz totalement à contre-courant avec une chorégraphie douteuse n'aide pas à remonter sa cote de popularité. Les critiques musicaux se déchaînent et prédisent déjà la mort de cette émission. L'Eurovision devient alors un genre musical de seconde zone presque confidentiel et tellement décalé. Heureusement les Scandinaves, fans inconditionnels du Concours, le portent à bout de bras avec la victoire de la Suède en 1984 et de la Norvège, l'année suivante.

C'est dans ce contexte qu'une nouvelle génération de fans apparaît. Ils sont devant leur petit écran, isolés mais fascinés par le côté éphémère du Concours. Ils croient à ce rassemblement européen pacifique, magique et plein de paillettes. Ils le regardent en cachette et aiment ces chansons kitsch des années 80 totalement décalées et dans des langues improbables sans possibilité de les écouter à la radio. Ils tentent d'acheter les singles et commence une chasse aux vinyles. C'est le début des collectionneurs de 45 tours. Beaucoup de jeunes fans de cette époque prennent leurs enregistreurs à cassettes avec un micro à bout de bras directement assis devant leur télévision afin de capturer les mélodies que personne d'autre n'écoute. Avant l'arrivée du câble audio, les familles à la maison doivent même rester silencieuses pendant le passage des chansons afin d'obtenir un enregistrement valable et assouvir la passion étrange de ces fans de la première heure. Les votes fascinent surtout avec l'introduction des fameux douze points en 1975. La technique est encore chancelante lors des appels téléphoniques des jurys à travers l'Europe qui appellent depuis de bien étranges capitales lointaines comme Helsinki, Ankara ou Jérusalem. Ceci apporte beaucoup de tensions et d'émotions. Ces premiers fans ne le savent pas encore mais ils vont contribuer à sauver le Concours dix ans plus tard… Bientôt les magnétoscopes puis l'accélération des développements technologiques réuniront tous ces fans à travers l'Europe.

1976

LA HAYE

21e édition

La plus grande vente de tous les temps

Vainqueur : **Royaume-Uni avec le groupe Brotherhood of Man**

Chanson : **« Save your kisses for me »**

Auteurs-compositeurs : Tony Hiller, Lee Sheriden et Martin Lee

3 avril 1976

Nederlands Congresgebouw
La Haye, Pays-Bas

Diffuseur NOS

18 pays participants

Retour de l'Autriche et de la Grèce

Retrait de la Suède, de la Turquie et de Malte

Même système de vote qu'en 1975

Record de singles

Le groupe britannique Brotherhood of Man dont la chanson « Save your kisses for me », plus que toute autre, bat tous les records. Tout d'abord le nombre de points, 164, qu'ils conserveront dix ans, et surtout la plus grosse vente de singles jamais réalisée dans l'histoire de la musique, 6 millions de « Kisses for me ». C'est étonnant car c'est bien plus que le « Waterloo » d'ABBA. Ils furent un temps considérés comme le pendent et le rival anglais du groupe ABBA. Ils ont pris leur retraite en 2022 et ont totalisé près de 30 disques d'or, d'argent et de platine.

Quote-part

La Suède ne participe pas à cette édition, un peu à la surprise générale. Une vive polémique éclate à ce propos. Il y a de nombreuses manifestations dans le pays contre le Concours Eurovision de la chanson jugé trop commercial et trop cher, entraînant son retrait. Le diffuseur organisateur a la responsabilité de l'ensemble du budget. L'organisation d'un Concours comme celui-ci entraîne des dépenses faramineuses. C'est pour cela que l'UER décide de modifier les règles de financement. Les diffuseurs payeront à l'avenir une quote-part seulement.

Pour les langues c'est la dernière année de liberté avant 1999.

Le Liechtenstein veut faire son entrée dans le Concours. Il choisit une chanson, mais n'a pas de télévision nationale et donc ne peut le faire. On ne les verra jamais, contrairement à d'autres principautés comme Monaco, Andorre ou la petite République de Saint-Marin. On attend toujours le seul État européen qui n'a jamais fait acte de candidature : le Vatican. À quand une chanson papale ? Il y a bien des sœurs qui participeront à « The Voice » et l'Armée du Salut à l'Eurovision.

Politique encore

La Grèce revient, toujours en alternance avec la Turquie. La chanson de la Grecque Mariza Koch fait référence à une terre brûlée par le napalm, plantée de tentes et de croix. Une protestation

Le groupe britannique gagnant Brotherhood of Man

à peine déguisée de l'invasion de Chypre par les Turcs. Une chanson à nouveau très ethnique et avec l'utilisation du bouzouki. À l'heure actuelle elle aurait été probablement disqualifiée car trop politique. C'est en 1981 que Chypre entrera dans la compétition.

Israël fait appel à trois jeunes femmes, Chocolate, Menta et Mastik qui se sont rencontrées dans le cadre de l'armée. Leur tenue est très éloignée du treillis militaire mais ne suffit pas aux Israéliens pour gagner. Dans ce trio, il y a Yardena Arazi, Alsacienne d'origine juive, qui co-présentera le Concours à Jérusalem en 1979 et chantera pour son pays l'année de la victoire de Céline Dion.

Gagnante-présentatrice

C'est aussi la première fois qu'une gagnante de l'Eurovision, Corry Brokken, présente le Grand Prix de la chanson. Elle avait gagné en 1957 pour les Pays-Bas. En 1976 on voit apparaître un présentateur dans la Green room, une exception qui deviendra une règle plus tard.

Peter, Sue & Marc, qui participent pour la deuxième fois, osent l'anglais pour un pays qui a déjà quatre langues officielles, la Suisse. Les Allemands viennent avec un groupe de pop soul très connu – les Humphries Singers – pour lesquels Ralph Siegel écrit sa deuxième chanson sur les vingt-quatre qui iront à l'Eurovision : « Sing sang song ». Tout ça pour finir quinzième. L'une des chanteuses de ce groupe rejoindra le groupe Boney M.

Daniel Balavoine

Pour terminer, la France est sur scène avec Catherine Ferry. Parmi les choristes se trouve Daniel Balavoine, son compagnon. On connaîtra la carrière qui sera la sienne et sa dramatique disparition seulement dix ans plus tard. Il est également choriste et compositeur pour le chanteur suisse Patrick Juvet. Catherine Ferry le quittera en 1977 à cause de ses infidélités répétées. Pendant un grand moment, la chanson

(haut) Chocolate, Menta & Mastik

(milieu) Peter, Sue & Marc avec le clown Djambo Djambo

(bas) Les Humphries Singers

(p.115) Catherine Ferry, France

interprétée par Catherine «1, 2, 3» est en tête des votes avant l'envol des Britanniques. Sa chanson sera boudée par des médias français blasés et étonnés de ne pas avoir gagné.

RÉSULTATS

Place	Pays	Artiste(s)	Chanson	Langue(s)	Points
1	Royaume-Uni	Brotherhood of Man	Save Your Kisses for Me	eng	164
2	France	Catherine Ferry	Un, deux, trois	fra	147
3	Monaco	Mary Christy	Toi, la musique et moi	fra	93
4	Suisse	Peter, Sue & Marc	Djambo, Djambo	eng	91
5	Autriche	Waterloo & Robinson	My Little World	eng	80
6	Israël	Chocolate Menta Mastik	Emor Shalom (אמור שלום)	heb	77
7	Italie	Al Bano & Romina Power	Noi lo rivivremo di nuovo	ita, eng	69
8	Belgique	Pierre Rapsat	Judy et Cie	fra	68
9	Pays-Bas	Sandra Reemer	The Party's Over	eng	56
10	Irlande	Red Hurley	When	eng	54
11	Finlande	Fredi & Ystävät	Pump-Pump	eng	44
12	Portugal	Carlos do Carmo	Uma flor de verde pinho	por	24
13	Grèce	Maríza Koch	Panagia mou, Panagia mou (Παναγιά μου, Παναγιά μου)	gre	20
14	Luxembourg	Jürgen Marcus	Chansons pour ceux qui s'aiment	fra	17
15	Allemagne	Les Humphries Singers	Sing, Sang, Song	ger, eng	12
16	Espagne	Braulio	Sobran las palabras	spa	11
17	Yougoslavie	Ambasadori	Ne mogu skriti svoju bol	hbs*	10
18	Norvège	Anne-Karine Strøm	Mata-Hari	eng	7

*serbo-croate

Entretien avec *Al Bano*

On ne parle pas d'Al Bano sans parler de la belle Romina Power. Cette magnifique chanteuse américano-italienne est la fille du fameux acteur hollywoodien Tyrone Power. En 1970 elle rencontre Al Bano. Ils tombent amoureux et se marient. C'est un vrai conte de fées musical. Ils deviennent un duo, inséparables dans la vie et dans la musique avec d'innombrables hits qui bercent les années 70 et 80. Après une séparation douloureuse dans les années 90, ils finissent par divorcer et mettent fin à leur collaboration artistique. Depuis, Al Bano poursuit sa carrière en solo. Même s'ils ont traversé des périodes sans se parler, Al Bano et Romina Power sont aujourd'hui réconciliés. On les revoit même chanter ensemble pour le plus grand bonheur de leurs fans.

À propos de l'Eurovision, Al Bano, de son vrai nom Albano Carrisi, déclare :

« Je me souviens très bien d'avoir participé deux fois à l'Eurovision. La première fois, c'était en 1976 avec la chanson "We'll live it all again", à moitié en italien et à moitié en anglais. Je suis retourné une deuxième fois en 1985 avec la chanson "Magic oh Magic", un titre complètement en italien. Dans les deux cas, j'ai, bien entendu, chanté en duo avec Romina Power. On chantait toujours ensemble à l'époque. C'était d'abord aux Pays-Bas et puis nous sommes allés en Suède. On a rencontré plein d'artistes internationaux et l'atmosphère live nous a apporté beaucoup d'adrénaline. Nous étions chaque fois impressionnés par l'organisation qui était toujours parfaite !

Le Festival nous a permis de sortir d'Italie et cela nous a surtout ouverts aux marchés français et belge, mais nous avons aussi été très connus dans les DOM-TOM. Tout cela nous a permis de vendre des disques et nous avons eu des demandes de concerts un peu partout, même en Nouvelle-Calédonie !

Je pense qu'il est extrêmement important que l'Italie continue à participer à ce Concours. La musique est un atout vital pour les êtres humains et les échanges.

Grâce à Dieu je continue toujours à voyager autour du monde pour faire des concerts, mais dès que je peux, j'aime aussi découvrir et suivre de nouveaux artistes. Pour ça c'est bien l'Eurovision, c'est une plateforme pour les jeunes. Elle doit s'adapter à l'évolution de la musique et suivre la culture internationale.

L'anglais, c'est un peu comme le latin dans l'Empire romain, il y a longtemps. C'est vrai que c'est une langue de référence mais malgré tout il faut aussi essayer de conserver ses racines linguistiques. Plus que la langue utilisée, c'est la production du disque et la qualité de la musique qui compte et fait la différence pour gagner.

Je garde un excellent souvenir de mes deux expériences à l'Eurovision. »

1977

LONDRES

22e édition

Année rose et dernière victoire de la France

Vainqueur : **La France avec la chanteuse Marie Myriam**

Chanson : **« L'oiseau et l'enfant »**

Auteurs-compositeurs : Joe Gracy et Jean-Paul Cara

7 mai 1977

Wembley Conference Centre
Londres, Royaume-Uni

Diffuseur BBC

18 pays participants

Retour de la Suède

Retrait de la Yougoslavie

Même système de vote qu'en 1975

Grève

Le Concours Eurovision de la chanson a failli ne jamais avoir lieu. Il a changé de date au dernier moment à cause de la grève des techniciens de la BBC. Dans ce contexte, la télévision hollandaise fait la proposition de l'organiser, mais les syndicats néerlandais affichent leur solidarité avec leurs camarades britanniques. Un arrangement est trouvé et le Concours est finalement organisé avec cinq semaines de retard.

On constate dans son déroulement beaucoup d'approximation et de simplicité. À un moment même, les réalisateurs ne voient pas passer un mauvais cadrage : gros plan sur les chanteuses belges, bien en dessous de la ceinture, accentuant le déhanché sexy…

Langues nationales

Le grand changement est le retour aux langues nationales. Après trois victoires de la langue anglaise et le retrait de la Suède causé par des protestations à ce sujet, plusieurs pays font pression pour un retour aux langues nationales. Au moment du changement, l'Allemagne et la Belgique avaient déjà sélectionné leurs chansons qui étaient en anglais. Ils ont bénéficié d'une dérogation. On devra attendre 1999 pour retrouver définitivement la liberté des langues.

Rose

Le rose cette année-là, en particulier chez les femmes, est dominant, mais c'est Marie Myriam, une des seules à avoir choisi une autre couleur, qui gagne. Le choix des jurys est critiqué. Après trois victoires de la pop musique et de groupes chantant en anglais, c'est une ballade traditionnelle comme on en a connu par dizaines jusqu'en 1973, avec une voix somptueuse certes, qui remporte le Concours. La simplicité et la finesse de la chanson font toute la différence face aux extrêmes de ces dernières années. C'est la cinquième victoire de la France, un record à l'époque.

Dernière gagnante française, Marie Myriam

Divas du disco

Les véritables stars de la soirée sont les divas du disco allemand quasi certaines de gagner, les Silver Convention. Ce groupe est connu internationalement même aux USA et Canada. Elles ne comprendront pas le vote du jury qui leur attribue seulement la huitième place. La chanson « Telegram » deviendra pourtant un hit.

Les Silver Convention font sensation… mais se voient reléguées à la 8e place malgré leur statut de stars internationales.

Anita Skorgan se cache

La chanteuse norvégienne Anita Skorgan, traumatisée par les résultats de son pays, déjà dernier à quatre reprises, se cache dans les toilettes et refuse de monter sur scène en déclarant: « Personne ne remarquera l'absence de la Norvège ! » Elle chante quand même et améliore de peu la moyenne norvégienne avec son quatorzième rang ex æquo sur dix-huit. Elle continuera sa thérapie en revenant seule en 1979, puis en duo avec Jahn Teigen, son compagnon en 1982. Jahn sera aussi connu pour sa terrible prestation à Paris en 1978 et une dernière place en obtenant nul point !

Parodie

La chanson autrichienne crée la polémique en se moquant de l'Eurovision. C'est une parodie de ce que l'Eurovision a de plus détestable et une critique en règle de l'industrie du disque. Cracher dans la soupe deviendra une habitude de plus tard avec plus ou moins de succès: les Belges en 1980 avec le groupe Télex et leur titre canular « Euro-Vision », et les Lituaniens en 2006 avec « We are the winners », sont deux exemples, il y en aura beaucoup d'autres. Il y a aura beaucoup d'autres exemples comme le travesti ukrainien Verka Serduchka en 2007, le chanteur espagnol Rodolfo et sa guitare électrique en plastique en 2008, les grands-mamans russes en 2012, le chanteur d'opéra roumain déguisé en Dracula en 2014 ou encore le duo des Subwoollfers norvégiens avec leurs têtes de loup tout en jaune en 2021 !

L'Autriche ose se moquer ouvertement de l'Eurovision… ouvrant la voie à des parodies devenues cultes.

La Grèce vient pour la première fois avec une chanson pop « Mathema Solfege » qui annonce les nombreux succès que ce pays rencontrera enfin dans les années 2000.

C'est Guy Béart qui co-écrit la chanson particulière du Luxembourg qui est une parodie de « Frère Jacques », interprétée par Anne-Marie B. Belle avec son petit air d'Isabelle Adjani, mais avec une voix un peu faible. On voit le retour de Michèle Torr cette fois-ci représentant Monaco.

Swiss Lady

Et la Suisse maintenant se présente avec un titre qui est mythique dans la Confédération helvétique, « Swiss Lady » de Pepe Lienhard et

son « Band ». Ce dernier sera une star dans son pays où il dirigera même l'orchestre de l'armée. Tout y est, le yodle, le cor des alpes et le fifre, dans la plus pure tradition suisse. Ce qui est le plus étonnant c'est que le joueur de cor des alpes – instrument traditionnel des montagnes – est Iranien, il s'appelle Mostafa Kafa'i Azimi. C'est l'un des seuls titres d'une participation suisse au Concours Eurovision qui termine en tête du hit-parade national.

Au terme du Concours et de quelques cafouillages traditionnels, Marie Myriam est finalement déclarée vainqueur et fond en larmes. Elle est suivie par un cameraman. Dans les coulisses, au moment de monter sur scène, il tombe dans les escaliers. Marie se précipite pour l'aider, ne voit pas le temps passer, et arrive en retard pour recevoir son prix. La présentatrice l'appelle plusieurs fois. Elle a juste le temps de sécher ses larmes pour rechanter « L'oiseau et l'enfant ». Ce sera la dernière fois jusqu'à aujourd'hui qu'on entendra « The winner is France ».

RÉSULTATS

Place	Pays	Artiste(s)	Chanson	Langue(s)	Points
1	France	Marie Myriam	L'Oiseau et l'Enfant	fra	136
2	Royaume-Uni	Lynsey de Paul & Mike Moran	Rock Bottom	eng	121
3	Irlande	The Swarbriggs Plus Two	It's Nice to Be in Love Again	eng	119
4	Monaco	Michèle Torr	Une petite Française	fra	96
5	Grèce	Paschalis, Marianna, Robert & Bessy	Mathema Solfege (Μάθημα σολφέζ)	gre	92
6	Suisse	Pepe Lienhard Band	Swiss Lady	ger	71
7	Belgique	Dream Express	A Million in 1, 2, 3	eng	69
8	Allemagne	Silver Convention	Telegram	eng	55
9	Espagne	Micky	Enseñame a cantar	spa	52
10	Finlande	Monica Aspelund	Lapponia	fin	50
11	Israël	Ilanit (en)	Ahava He Shir Leshnayim (םיינשל ריש איה הבהא)	heb	49
12	Pays-Bas	Heddy Lester	De mallemolen	nld	35
13	Italie	Mia Martini	Libera	ita	33
14	Portugal	Os Amigos	Portugal no coração	por	18
15	Norvège	Anita Skorgan	Casanova	nor	18
16	Luxembourg	Anne-Marie B.	Frère Jacques	fra	17
17	Autriche	Schmetterlinge	Boom Boom Boomerang	ger, eng	11
18	Suède	Forbes	Beatles	swe	2

Anecdote Fabien Lecœuvre

DU RESTAURANT À LA GLOIRE...

Grand Prix de l'Eurovision en 1977, « L'oiseau et l'enfant » a permis à Marie Myriam d'entrer dans la légende de ce Concours et de démarrer une brillante carrière de chanteuse. Revenons sur la création de ce titre de la victoire...

C'est parce qu'un soir de 1976, le compositeur Jean-Paul Cara a eu envie de manger des spécialités portugaises qu'il a fait la connaissance d'une jeune fille à la voix de velours, une certaine Myriam Lopes. Myriam n'est autre que la fille du patron du restaurant où il est allé dîner ce soir-là, et lorsque Jean-Paul Cara l'entend chanter « Ne me quitte pas » de Jacques Brel, il est ébloui par le timbre de sa voix au point de lui proposer de travailler avec elle. Bien évidemment, Myriam accepte sans hésiter et très vite leur collaboration donne naissance à deux premières chansons, « Ma colombe » et « Rêves d'ailleurs » qui ne sortent pas en France mais reçoivent un joli accueil au Québec.

Un soir dans un restaurant portugais, une voix bouleverse Jean-Paul Cara... et donne naissance à « L'oiseau et l'enfant », future chanson gagnante.

Jean-Paul Cara, qui l'année précédente était arrivé deuxième avec l'une de ses compositions, « 1, 2,3 », chantée par Catherine Ferry, décide de renouveler l'expérience, en espérant cette fois finir n°1. Pour cela, il décide d'inscrire Myriam Lopes à ce Concours. Reste alors à trouver la chanson. Il sort de ses tiroirs une mélodie qu'il a écrite quelque temps plus tôt et commence à réfléchir à des paroles. Un jour, en remontant la rue des Martyrs, à Montmartre, il voit un enfant qui regarde au loin passer des oiseaux, ce qui lui inspire les premiers mots de la chanson. Pour la suite, il fait appel au propriétaire de son logement, Joe Gracy qui termine le texte de « L'oiseau et l'enfant ». Après avoir passé les premières sélections, Myriam Lopes, devenue pour l'événement Marie Myriam, se présente donc le 7 mai 1977, au grand Concours Eurovision qui se déroule cette année-là à Wembley, en Angleterre. Avec 136 points, Marie Myriam remporte haut la main le Concours et vendra plus de 4 millions d'exemplaires de « L'oiseau et l'enfant » qui marquera pour toujours sa carrière de chanteuse.

Une robe orange et 20 ans...

Tout en étant née au Congo belge, Marie Myriam reçoit le trophée pour sa victoire du 7 mai à minuit. Cela correspond à son 20e anniversaire, elle est née un 8 mai 1957. Marie a toujours gardé dans sa penderie la robe orange de sa victoire.

1978

PARIS

23e édition

Paris reçoit l'Eurovision pour la première et la dernière fois

Vainqueur : **Israël avec le chanteur Izhar Cohen et le groupe The Alphabeta**

Chanson : **« A-Ba-Ni-Bi »**

Auteurs-compositeurs : Ehud Manor et Nurit Hirsh

22 avril 1978

Palais des Congrès Paris, France

Diffuseur TF1

20 pays participants

Retour du Danemark et de la Turquie

Même système de vote depuis 1975

450 millions de téléspectateurs

À Paris la présentation est assurée par un duo et pas des moindres, c'est une première, Denise Fabre qui est en pleins préparatifs de son mariage, et Léon Zitrone qui fait montre de son talent au maniement des langues. On est dans la tradition des plateaux télévisés français qu'apprécient assez peu les anglophones. Ils se moquent beaucoup de la différence de taille entre les deux présentateurs. Le public est composé de personnalités de la musique, on reconnaît en particulier Serge Gainsbourg et Eddy Barclay. Les artistes arrivent sur scène en empruntant un ascenseur. L'entracte, entre jazz et musique classique, est un hommage à Stéphane Grappelli, l'un des plus grands violonistes de jazz du XXe siècle. Au début du spectacle, Denise Fabre détaille le nom des pays qui diffusent le Concours sans y participer. Parmi eux des pays d'Afrique du Nord et du Proche-Orient qui remplaceront la diffusion de la chanson israélienne par de la publicité. La Jordanie interrompt son programme au moment des votes et le lendemain annonce la victoire de la Belgique à la place d'Israël. La plupart de ces pays ne diffuseront plus l'Eurovision.

450 millions de téléspectateurs assistent à un show très français… où Denise Fabre et Léon Zitrone forment un duo inattendu.

Baisse d'audience

Le Concours Eurovision de la chanson marque le pas avec une baisse d'audience et d'intérêt commercial. Néanmoins, on souligne une bonne nouvelle, pour la première fois malgré le conflit chypriote, la Grèce et la Turquie sont réunis, mais ne rêvons pas, ils ne se donnent aucun point. La chanteuse grecque Tania Tsanaklidou rend hommage à Charlot en revêtant son costume. La chanson norvégienne obtient un nul point avec Jahn Teigen, c'est la cinquième fois déjà pour ce pays. Le Danemark revient enfin après douze ans d'absence.

Effets vestimentaires

La chanteuse allemande Ireen Sheer provoque une mini révolution en effectuant le premier effet vestimentaire de l'histoire du Concours. Arrivée au refrain, elle dégrafe son gilet et le lance derrière elle. Ce précédent sera repris de nombreuses fois dans le futur. La Lettone Marie N, qui gagnera en 2002, fait encore mieux : elle change quatre fois de tenue sur scène sans compter le chapeau. Et le commentateur britannique Terry Wogan de dire : « c'est pour ça qu'on aime l'Eurovision ».

Nouveau souci des Suédois avec la langue. Le chanteur veut absolument interpréter son titre en anglais, il tente de faire le « forcing » mais par peur de l'élimination il finit par chanter dans sa langue nationale.

Les stars de 1978 sont les chanteuses du duo luxembourgeois Baccara avec le titre « Parlez- vous français ? ». Elles avaient tellement eu de succès l'année d'avant avec « Yes sir I can boogie » que la victoire leur est promise. La chanson est une pâle copie de leur hit et leur prestation laisse à désirer. Elles terminent septièmes seulement.

Polydor

KENT
23-22

Concerto pour un été

Pour la Suisse c'est Alain Morisod qui compose la chanson « Vivre ». Il est connu pour son tube « Concerto pour un été » en 1971 et pour avoir été l'accompagnateur au piano de Fernand Raynaud. Une année avant, il avait créé le groupe Sweet People pour participer à la sélection suisse sans être qualifié. Cette année, dans le cadre de cette sélection, trois de ses chansons terminent en tête. C'est finalement celle chantée par Carole Vinci qui ira à Paris.

A-Ba-Ni-Bi

C'est le groupe israélien qui remporte le trophée, même si sa chanson a été qualifiée par la presse de son pays comme « la moins mauvaise du pire concours national ». Ils vont obtenir un record jusqu'ici, cinq fois douze points de suite. On ne sait toujours pas vraiment ce que

Avec « A-Ba-Ni-Bi », Israël remporte sa première victoire… mais la chanson, jugée faible, accentue la baisse d'audience du Concours.

signifie le titre de leur chanson. « A-Ba-Ni-Bi » semble être un langage imaginaire inventé par des enfants pour communiquer entre eux sans être compris par leurs parents. Le principe est simple, ajouter un B devant chaque syllabe en répétant la voyelle de chaque syllabe. Vous comprenez ? Izhar Cohen a toujours été convaincu de gagner même si sa délégation n'y croyait pas. Il fera un retour triomphal en Israël. Sa chanson, véritable classique de l'Eurovision, ne sera pas un succès commercial et contribuera certainement à faire baisser encore plus l'audience du Concours.

(p.123) Le célèbre duo Baccara

(pp.124-125) Le chanteur israélien avec son groupe, The Alphabeta, lors d'une conférence de presse

(p.126 haut) Izhar Cohen

(p.126 bas) Denise Fabre, présentatrice française

RÉSULTATS

Place	Pays	Artiste(s)	Chanson	Langue(s)	Points
1	Israël	Izhar Cohen & The Alphabeta	A-Ba-Ni-Bi (יב-ינ-אב-א)	heb	157
2	Belgique	Jean Vallée	L'amour ça fait chanter la vie	fra	125
3	France	Joël Prévost	Il y aura toujours des violons	fra	119
4	Monaco	Caline & Olivier Toussaint	Les jardins de Monaco	fra	107
5	Irlande	Colm C.T. Wilkinson	Born to Sing	eng	86
6	Allemagne	Ireen Sheer	Feuer	ger	84
7	Luxembourg	Baccara	Parlez-vous français ?	fra	73
8	Grèce	Tania Tsanaklidou	Charlie Chaplin (Τσάρλυ Τσάπλιν)	gre	66
9	Espagne	José Vélez	Bailemos un vals	spa	65
9	Suisse	Carole Vinci	Vivre	fra	65
11	Royaume-Uni	Co-Co	The Bad Old Days	eng	61
12	Italie	Ricchi e Poveri	Questo amore	ita	53
13	Pays-Bas	Harmony	't is O.K.	nld	37
14	Suède	Björn Skifs	Det blir alltid värre framåt natten	swe	26
15	Autriche	Springtime	Mrs. Caroline Robinson	ger	14
16	Danemark	Mabel	Boom-Boom	dan	13
17	Portugal	Gemini	Dai li dou	por	5
18	Finlande	Seija Simola	Anna rakkaudelle tilaisuus	fin	2
18	Turquie	Nazar	Sevince	tur	2
20	Norvège	Jahn Teigen	Mil etter mil	nor	0

1979

JÉRUSALEM

Sacs plastique sur scène

Vainqueur : **Israël avec la chanteuse Gali Atari et le groupe Milk & Honey**

Chanson : **« Hallelujah »**

Auteurs-compositeurs : Shimrit Orr et Kobi Oshrat

31 mars 1979

Binyanei Ha'Ooama Jérusalem, Israël

Diffuseur IBA

19 pays participants

Retrait de la Turquie

Même système de vote depuis 1975

24e édition

Année internationale de l'enfance

Le Concours Eurovision de la chanson se termine par un suspense insoutenable. Avant le dernier vote, l'Espagne est en tête avec un point d'avance sur Israël. Le dernier vote attendu est celui de l'Espagne. Ce pays donne dix points à son concurrent direct et lui offre ainsi la victoire, permettant à Israël d'entrer dans le club très fermé des pays qui ont gagné deux fois de suite. On sent chez la chanteuse espagnole d'origine péruvienne, Betty Missiego, une certaine tristesse d'être arrivée seulement deuxième. C'est certainement plus pour les enfants qui chantent avec elle plutôt que pour elle-même car l'Espagne avait choisi de célébrer l'année internationale de l'enfance avec la présence de quatre enfants sur scène. Fair-play, elle applaudit les vainqueurs. Elle détient depuis le record des « lalala », 152 fois.

Sacs plastique, arrosoir et sécateur

Le groupe le plus remarqué est le trio suisse Peter, Sue & Marc, qui se fait accompagner par un groupe folk, Pfuri, Gorps & Kniri. Ces derniers utilisent des objets de jardin comme instruments de musique : sacs en plastique, râteau métallique, arrosoir et sécateur. À cause de ces derniers, les Suisses ont risqué de rentrer à la maison. La sécurité de l'aéroport de Tel Aviv a voulu les refouler, ne croyant pas qu'ils utilisaient vraiment ces objets comme instruments. Ils chantent en dialecte alémanique et terminent dixièmes.

Guerrier sanguinaire

Un autre groupe qui provoque des réactions sont les Allemands de Dschinghis Khan. Dans leur pays la chanson du compositeur Ralph Siegel qui vante les méfaits d'un guerrier sanguinaire passe mal, d'autant plus qu'elle doit être chantée en Israël. Au contraire, à Jérusalem, le public apprécie l'humour et les chorégraphies du groupe. C'est un grand succès commercial et cela reste un moment inoubliable de « kitscherie » Eurovision !

Shabbat

C'est une première pour cette 22e édition. Le Concours sort du continent européen, ce qui ne va pas sans poser quelques problèmes puisque la finale a lieu un samedi en plein shabbat en Israël. Les groupes religieux orthodoxes manifestent, obligeant un renforcement de la sécurité. En même temps, la Turquie, qui a déjà sélectionné son candidat, se retire sur pression de ses voisins en prétextant les tensions internationales et la crise pétrolière. Le comble c'est qu'elle reviendra en 1980 avec une chanson intitulée « Pétrole » en faisant l'apologie de notre dépendance à cette énergie.

Hey Nana

Parlons de la Belgique représentée par Micha Marah, très mécontente de la chanson choisie par le public. Elle accuse la télévision flamande de tricherie et menace de chanter un autre titre. La situation va dégénérer. Elle n'a finalement pas le choix, elle chante « Hey Nana » mais refuse de l'enregistrer. Au final c'est son compositeur Charles Dumolin qui le fait.

Jeane Manson, Anne-Marie David

Jeane Manson chante pour le Luxembourg alors que la France revient avec une équipe de gagnants des années précédentes : Eddy Marnay, auteur de la chanson de Frida Boccara en 1969, « Un jour un enfant », Hubert Giraud compositeur de « Dors mon amour » chanté par André Claveau en 1958 et la même chanteuse Anne-Marie David, victorieuse en 1973 avec « Tu te reconnaîtras ». Elle finit seulement troisième.

Quant à l'Italie, la malédiction du passage en deuxième position se vérifie encore puisque le grand favori du concours – le groupe Matia

Groupe mythique allemand : Dschingis Khan

Bazar – ne finira que quinzième. Aucune chanson avec le dossard n°2 au concours Eurovision n'a gagné, c'est la place maudite !

La chanson autrichienne « Heute in Jerusalem » parle de la ville hôte, ce qui est une première dans le Concours.

Humour et originalité

Les cartes postales de présentation des pays sont pleines d'humour et d'originalité. Des acteurs évoluent devant un décor en studio. Par exemple pour l'Autriche ils imitent la valse de Vienne et pour la France on y aperçoit un peintre à Montmartre sur fond de musette.

La chanson gagnante « Hallelujah » est dans l'esprit d'un hymne comme Israël en fera plein par la suite. Et surprise, le titre sera repris en français par... Rika Zaraï. Elle n'a pas été sélectionnée pour participer à l'Eurovision, sa seule issue est de chanter encore des reprises...

RÉSULTATS

Place	Pays	Artiste(s)	Chanson	Langue(s)	Points
1	Israël	Gali Atari & Milk and Honey	Hallelujah (הללויה)	heb	125
2	Espagne	Betty Missiego	Su canción	spa	116
3	France	Anne-Marie David	Je suis l'enfant-soleil	fra	106
4	Allemagne	Dschinghis Khan	Dschinghis Khan	ger	86
5	Irlande	Cathal Dunne	Happy Man	eng	80
6	Danemark	Tommy Seebach	Disco Tango	dan	76
7	Royaume-Uni	Black Lace	Mary Ann	eng	73
8	Grèce	Elpida	Socrates (Σωκράτη)	gre	69
9	Portugal	Manuela Bravo	Sobe, sobe, balão sobe	por	64
10	Suisse	Peter, Sue & Marc + Pfuri, Gorps & Kniri	Trödler & Co.	ger	60
11	Norvège	Anita Skorgan	Oliver	nor	57
12	Pays-Bas	Xandra	Colorado	nld	51
13	Luxembourg	Jeane Manson	J'ai déjà vu ça dans tes yeux	fra	44
14	Finlande	Katri Helena	Katson sineen taivaan	fin	38
15	Italie	Matia Bazar	Raggio di luna	ita	27
16	Monaco	Laurent Vaguener	Notre vie c'est la musique	fra	12
17	Suède	Ted Gärdestad	Satellit	swe	8
18	Belgique	Micha Marah	Hey Nana	nld	5
18	Autriche	Christina Simon	Heute in Jerusalem	ger	5

Entretien avec *Peter Reber, du groupe Peter, Sue & Marc*

« Après un séjour en Angleterre où j'ai découvert la musique folk, je décide de rentrer en Suisse et avec un ami, Marc. On faisait de la musique en reprenant de nombreux titres folk de l'époque, dont ceux de Bob Dylan ou du trio Peter, Paul & Mary. Mais très vite, il m'a parlé d'une fille à la voie superbe, Sue, qui complétera notre groupe. Dès 1968, ensemble, nous avons vite compris que ce trio allait fonctionner et que quelque chose de magnifique commençait pour nous. Par hasard, nous avons décidé de participer à "La Grande Chance", une émission de télé-crochet populaire en Suisse romande et avons gagné. Cela nous a permis de participer pour la première fois au Concours de l'Eurovision en 1971 où nous avons chanté en français "Les illusions de nos vingt ans".

De chansons folk entre amis à la scène de l'Eurovision, Peter Reber et son trio ont marqué l'histoire suisse avec sincérité et fantaisie.

1971 à Dublin

On se souvient bien de Dublin. C'était une ambiance incroyable, car le Concours avait lieu dans une toute petite salle de théâtre au centre-ville. D'ailleurs, lors de la finale, nous avions failli manquer notre entrée sur scène car nous étions plus intéressés à chanter des chansons folk avec la femme de ménage dans les coulisses que par le Concours. Le producteur de l'émission a dû nous remettre à l'ordre et nous crier de monter immédiatement sur scène. On est arrivés juste à temps. Marc et moi avions décidé de porter nos habits de tous les jours, pas de déguisement, car nous voulions être comme des chanteurs de rue. Sue, toujours belle, était bien entendu habillée pour l'occasion. Nous avions assisté à la victoire de Monaco avec Séverine qui chantait "Un banc, un arbre et une rue". C'était tellement bien que nous avions attrapé le virus de l'Eurovision et on s'était promis de revenir. Pourquoi pas ! Le plus étrange en 1971 était que les jurys venaient sur place. Ils dormaient même dans l'hôtel des artistes ! Bonjour l'impartialité. Certaines chanteuses n'hésitaient pas à s'habiller sexy pour les impressionner. Des fêtes étaient organisées pour essayer d'influencer les résultats.

Par la suite, nous avons essayé de participer à l'Eurovision toutes les années, de 1972 à 1975. Il a fallu attendre 1976 pour enfin être sélectionnés. Cette année-là, nous avions pour la première fois la possibilité de chanter dans la langue de notre choix et nous avions choisi l'anglais, une première pour la Suisse. Notre musique était plus pop et j'avais déjà compris à cette époque qu'il fallait quelque chose de visuel. La chanson parlait d'un vieux clown. C'est pour ça que nous l'avions rajouté et il jouait de l'orgue de barbarie. C'était précurseur car il fallait raconter une histoire sur scène.

1977 « Swiss Lady »

J'étais en croisière avec Pepe en Méditerranée avec plein d'artistes. Il y avait deux gars de la musique folklorique qui jouaient du cor des alpes, et le soir, on faisait des jam-sessions. Au fil des soirées, le trompettiste du groupe de Pepe Lienhard, Mustafa, Iranien d'origine, a demandé s'il pouvait aussi essayer ce fameux instrument. Au premier essai, il a surpris tout son monde en jouant parfaitement bien. C'est en le regardant jouer sur le bateau que j'ai eu l'idée de la chanson, avec un cor des alpes qui deviendra une "Swiss Lady". Les paroles ont été écrites ce soir-là et la mélodie aussi au piano. C'est comme ça que cette chanson est née et est devenue un grand hit en Suisse et un classique de l'Eurovision.

Travailler avec le groupe Pfuri, Gorps & Kniri fut l'expérience la plus étrange que nous avons vécue. L'idée était de faire une chanson qui n'avait pas vraiment de sens, une sorte de chanson gag, ce qui est devenu par la suite monnaie courante dans le Concours. Nous avions déjà rencontré le groupe lors d'un show télévisé et ils faisaient de la musique avec des sacs poubelle, différents objets de récupération et de jardinage. C'étaient des originaux mais j'avais pensé que ce serait drôle de les avoir sur scène avec nous. J'ai donc décidé d'aller les voir et de leur proposer une collaboration. Quand je suis arrivé dans leur ferme, je ne voyais que des vaches et une grande baignoire en bois. C'est alors que je les ai vus barboter dans l'eau et je n'en croyais pas mes yeux. Finalement ils étaient sympas et drôles mais surtout incroyables musiciens.

Pour prouver que leurs outils de jardin étaient bien des instruments, Pfuri & Kniri ont dû improviser un concert… devant la douane israélienne !

C'est comme cela que nous sommes partis et avons chanté en suisse allemand ensemble à Jérusalem en 1979, un événement à l'époque. Lors de la réception chez le maire de la ville, nous étions un peu inquiets et leur avions dit de s'habiller correctement pour l'occasion, cela valait surtout pour Pfuri. Il est arrivé en complet, tout de blanc vêtu et superbe. Mais en regardant de plus près, il avait mis les pyjamas de son arrière-grand-père et avait peint ses souliers en blanc ! Pas sûr que le maire ait apprécié ! Vous voyez, on s'amuse toujours à l'Eurovision.

Le problème principal sur place a été que nos étranges instruments de musique sont restés bloqués à la douane de Tel Aviv. La sécurité israélienne a été choquée de voir le contenu de nos bagages et de trouver de bien drôles d'objets, comme un sécateur, un arrosoir et des sacs poubelle. Pfuri & Kniri sont retournés à l'aéroport avec le chef de la délégation suisse, Toni Wachter, et afin de prouver que c'étaient bien des instruments, ils ont dû improviser un mini-concert devant la sécurité et la douane israélienne !

Il nous reste beaucoup de souvenirs et de bons moments de ces années-là. C'est vrai que nous n'avons pas gagné, enfin presque pas. En 1981, avec "Io senza te", en italien, nous étions très bien placés jusqu'à la fin, mais nous avons finalement terminé quatrièmes. Ce n'est pas grave, et l'important ce sont toutes ces rencontres avec des compositeurs, des musiciens et des chanteurs. Tout cela vous influence, vous inspire et ouvre vos yeux sur d'autres cultures et valeurs. Toutes les chansons n'ont pas le même niveau, mais il y a toujours eu de belles chansons, comme "L'amour est bleu" de Vicky Leandros en 1967 qui n'a pas gagné mais est devenue un tube.

Je suis un fan inconditionnel de l'Eurovision même si beaucoup de gens et musiciens le critiquent. Moi, j'y crois. Ça permet à de jeunes artistes de monter sur une scène au niveau international et s'ils ont de la chance, ça peut les aider dans leur carrière. En Suisse alémanique et en Allemagne, Peter, Sue & Marc n'auraient jamais été ceux qu'ils sont devenus sans l'Eurovision. La même chose pour le Pepe Lienhard Band ou encore Paola. »

Peter, Sue & Marc avec Pfuri, Gorps & Kniri, Suisse

1980

Arrivée de « Monsieur Eurovision », Johnny Logan

Vainqueur : **Irlande avec le chanteur Johnny Logan**

Chanson : **« What's another year »**

Auteur-compositeur : Shay Healy

LA HAYE

25e édition

19 avril 1980

Nederlands Congresgebouw La Haye, Pays-Bas

Diffuseurs NOS

19 pays participants

Début du Maroc

Retour de la Turquie

Absence d'Israël et retrait de Monaco

Même système de vote depuis 1975 mais avec un changement, les points sont annoncés dans l'ordre ascendant au lieu de l'ordre de passage

Vingt-cinq ans

L'organisation de ce 25e Concours Eurovision de la chanson tient du miracle. Dans un premier temps la télévision israélienne, qui devait l'organiser, se désiste pour des raisons financières. Même le gouvernement renonce à la soutenir. L'Espagne arrivée deuxième l'année d'avant décline l'invitation. Le Royaume-Uni refuse aussi et ce sont les Pays-Bas qui sauvent l'édition. Ils fixent alors une date qui tombe sur une fête de commémoration en Israël. Le pays vainqueur de la dernière édition décide de se retirer, ce qui sera unique en la matière.

Maroc

Le premier pays d'Afrique du Nord à faire son entrée est le Maroc avec une ballade ethnique chantée en arabe qui horrifie les jurys. Le seul pays qui lui attribue des points est l'Italie, lui permettant de finir avant-dernier, laissant les Finlandais encore une fois en dernière position. Le Maroc donne douze points à la Turquie et sa chanson « Petr'oil ». Ce dernier n'offre aucun point au Maroc.

Paola

Monaco se retire. La Suisse est représentée par Paola qui deviendra une star de la schlager musique en Allemagne. Elle sera longtemps, avec son mari, le couple de présentateurs télévisés préféré des Allemands. Elle finira quatrième avec une chanson en français de Peter Reber – un des plus grands auteurs-compositeurs suisses.

La France s'essaie dans un nouveau style musical avec pour la première fois un groupe nommé Profil, très pâle copie de ce que font les anglophones depuis des années. C'est l'échec avec une onzième place ; ils reviendront avec quelque chose de plus classique en 1981.

Le gagnant irlandais Johnny Logan

Speakerines

L'originalité de ce Concours est la présence sur scène d'un présentateur ou d'une présentatrice pour chaque pays. La Suisse vient avec une speakerine, Lyliam Stambac, la Belgique avec Arlette Vincent et la France aussi du reste avec Evelyne Dhéliat.

La Belgique joue la provocation avec Telex. Ce groupe participe à l'Eurovision dans le but d'en faire un canular et une parodie. Leur musique électronique, les paroles loufoques et les confettis ne vont pas convaincre les jurys.

Jumelles, Papa pingouin

Ralph Siegel bat déjà un record, celui d'avoir deux chansons en finale, pour l'Allemagne et le Luxembourg. Ce dernier pays nous offre le premier duo de jumelles, Sophie et Magaly Gilles, qui vont interpréter une chanson, fruit de la collaboration « de luxe » entre Ralph Siegel et les auteurs-compositeurs français Pierre Delanoë et Jean-Paul Cara. Souvenez-vous de cette mélodie « Le papa pingouin » écoulée à 1 million d'exemplaires en France. Le destin de ces deux femmes sera dramatique, Magali mourra en 1996 d'une grave maladie et sa sœur fera une dépression. Après leur passage à l'Eurovision, elles chanteront surtout pour les enfants.

D'autres jumelles/jumeaux ont marqué l'histoire à leur façon. Par exemple les originaux irlandais Jedward et leur tube « Lipstick » ou les sœurs Tolmachevy pour la Russie, huées en 2014 en pleine guerre avec l'Ukraine.

Le Maroc entre dans la danse, Israël se retire, et Johnny Logan signe la première page de sa légende à l'Eurovision.

Laponie

La chanson norvégienne est très politique, son message dénonce les discriminations dont sont victimes les minorités lapones et surtout prend position contre la construction d'une centrale hydroélectrique sur leur territoire. Les chanteurs Sverre et Mattis sont présentés par Åse Kleveland qui a chanté en 1966. Sverre commence la chanson seul et invite Mattis, artiste lapon, à le rejoindre pour entonner une mélodie traditionnelle.

Pour l'Autriche, le groupe Blue Danube arrive en trois minutes à citer le nom de vingt-six compositeurs comme Debussy ou Mozart et vingt-deux styles de musique différents.

Monsieur Eurovision

Dans le domaine des records, Johnny Logan gagne son premier titre avec sa chanson « What's another year ». Même s'il donne l'impression d'être très à l'aise sur la scène, il avouera plus tard qu'il était en fait tétanisé. Ce chanteur irlandais né en Australie gagnera une deuxième fois pour l'Irlande en 1987. Cela ne lui suffira pas puisqu'il composera encore la chanson gagnante interprétée par Linda Martin en 1992 toujours pour l'Irlande. Il est encore très populaire dans de nombreux pays, en particulier en Scandinavie, en Belgique et en Allemagne. Le titre gagnant de 1980 se vendra à 3 millions d'exemplaires. Il sortira dans sa carrière plus de dix-neuf albums. On l'appelle souvent « Monsieur Eurovision ».

RÉSULTATS

Place	Pays	Artiste(s)	Chanson	Langue(s)	Points
1	Irlande	Johnny Logan	What's Another Year	eng	143
2	Allemagne	Katja Ebstein	Theater	ger	128
3	Royaume-Uni	Prima Donna	Love Enough For Two	eng	106
4	Suisse	Paola	Cinéma	fra	104
5	Pays-Bas	Maggie MacNeal	Amsterdam	nld	93
6	Italie	Alan Sorrenti	Non so che darei	ita	87
7	Portugal	José Cid	Um grande, grande amor	por	71
8	Autriche	Blue Danube	Du bist Musik	ger	64
9	Luxembourg	Sophie & Magaly	Le papa pingouin	fra	56
10	Suède	Tomas Ledin	Just nu!	swe	47
11	France	Profil	Hé, hé m'sieurs dames	fra	45
12	Espagne	Trigo Limpio	Quedate esta noche	spa	38
13	Grèce	Ánna Víssi & Epikouri	Autostop (Ωτοστοπ)	gre	30
14	Danemark	Bamses Venner	Tænker altid på dig	dan	25
15	Turquie	Ajda Pekkan	Petr'oil	tur	23
16	Norvège	Sverre Kjelsberg & Mattis Hætta	Sámiid Ædnan	nor	15
17	Belgique	Telex	Eurovision	fra	14
18	Maroc	Samira Saïd	Bitakat Hob	ara	7
19	Finlande	Vesa-Matti Loiri	Huilumies	fin	6

1981

Du fabriqué au pré-fabriqué

Vainqueur : **Royaume-Uni avec le groupe Bucks Fizz**

Chanson : **« Making your mind up »**

Auteurs-compositeurs : Andy Hill et John Danter

DUBLIN

26e édition

4 avril 1981

Royal Dublin Society, à Dublin, Irlande

Diffuseur RTÉ

20 pays participants

Début de Chypre

Retour d'Israël et de la Yougoslavie

Retrait de l'Italie et du Maroc

Même système de vote que l'année précédente

(p.139) La scène à Dublin

(pp.140-141) Le groupe gagnant britannique Bucks Fizz

Champagne et jus d'orange

Désespérés d'être les « Poulidor » du Concours Eurovision de la chanson (dix fois deuxièmes), les Britanniques décident de proposer un produit fabriqué à partir des succès des autres nations victorieuses, les Bucks Fizz. Ils reprennent le succès racoleur d'une chanson et parient sur un groupe pour « l'effet ABBA ». Ils font un casting de blonds et de blondes. Ils privilégient la forme plutôt que le fond. Leur interprétation est très critiquée et c'est véritablement leur plastique, leur énergie et leur chorégraphie qui vont faire la différence. C'est surtout à la fin de la chanson lorsque les garçons retirent les robes des filles qu'ils installent leur victoire. La chanson va faire un tube dans certains pays européens. Le nom du groupe provient d'un cocktail mélangeant le champagne avec le jus d'orange, consommé habituellement le jour de Noël par les Britanniques. Le nom de la boisson et du groupe sont indissociables aujourd'hui.

Territoires d'outre-mer

C'est le début de la descente aux enfers des Français. Ils sont arrivés remplis d'espoir avec un chanteur d'origine tahitienne, Jean Gabilou, une valeur sûre. Les compositeurs – Joe Gracy et Jean-Paul Cara de la chanson « Humanahum » – sont les mêmes que ceux auréolés lors de leur victoire avec la chanson de Marie Myriam quatre ans plus tôt. Jean Gabilou finit troisième ; c'est une déception, mais les Français sont loin d'imaginer que ce sera l'une de leurs meilleures places à l'avenir. C'est l'une des premières chansons sur l'écologie dans laquelle on imagine la fin de l'humanité. Pour le chanteur c'est aussi le drame, alors qu'il est en répétition, son épouse décède à Tahiti. Courageusement il interprète sa chanson sur la scène de Dublin. C'est aussi la première fois qu'un chanteur français est issu des territoires d'outre-mer comme plus tard Joëlle Ursull, Guadeloupéenne et Kali, Martiniquais. Plusieurs artistes de l'immigration française représenteront aussi la France comme

Frida Boccara née à Casablanca, Jessy Matador d'origine congolaise, Amina qui vient de Tunisie et Anggun née à Djakarta en Indonésie. Même Marie Myriam a des origines portugaises. C'est la dernière diffusion de l'Eurovision sur la chaîne française TF1.

Israël et la Belgique boudent la Suisse

C'est l'année de la dernière présence du trio Peter, Sue & Marc qui fait partie des rares artistes à avoir participé quatre fois au Concours. Ils ont une chanson en italien – « Io senza te – et reçoivent cinq fois douze points alors que le groupe gagnant, les Bucks Fizz, n'en obtiennent que deux fois. La différence se fait avec les jurys d'Israël et de la Belgique qui ne donnent aucun point à la Suisse. Les Allemands obtiennent quatre fois douze points avec la chanson de Ralph Siegel qui termine deuxième. C'est aussi la deuxième année consécutive qu'une de ses compositions arrive deuxième ! La Suisse ne donne aucun point à l'Allemagne, la privant de victoire. Ils devront attendre l'année suivante pour enfin atteindre la première place. Ralph Siegel n'est pas rancunier puisqu'il écrira une chanson pour la Suisse en 2006.

Retours

Jean-Claude Pascal reste fidèle au Luxembourg. Il participe à nouveau vingt ans après sa victoire et établit un record puisque jamais un chanteur gagnant n'avait mis autant de temps à revenir. Carola pour la Suède attendra quinze longues années, de sa victoire en 1991 à son retour en 2006. Sa compatriote Loreen attendra onze ans pour revenir et sera la seule chanteuse féminine à gagner une deuxième fois. L'Israélienne Dana International gagnera en 1998 et reviendra en 2011. L'Irlandaise Niamh Kavanagh, victorieuse en 1993, aura presque égalisé le record puisqu'elle mettra dix-sept ans à faire son retour. C'est certainement Lys Assia – première

gagnante de l'Eurovision en 1956 – revenue en 1957 et 1958 – qui aurait pu inscrire son nom une quatrième fois dans l'histoire si la chanson présentée à la sélection suisse de 2012 « C'était ma vie » – écrite par Jean- Paul Cara et l'éternel Ralph Siegel – avait passé la rampe.

MTV contre Eurovision

Avec l'arrivée de MTV cette année dans le paysage audiovisuel, le Concours va se décaler très sérieusement des goûts musicaux et des modes. Il entame un déclin qui va durer quinze ans avant d'être à nouveau plus en phase avec les réalités musicales du moment. L'Italie aura beaucoup de peine à revenir dans le Concours. Elle sera absente dix-neuf fois de 1981 à 2016.

Chypre fait son entrée à la sixième place et se retrouve aux côtés de la Turquie et de la Grèce. Le Maroc se retire définitivement à cause de la présence d'Israël.

RÉSULTATS

Place	Pays	Artiste(s)	Chanson	Langue(s)	Points
1	Royaume-Uni	Bucks Fizz	Making Your Mind Up	eng	136
2	Allemagne	Lena Valaitis	Johnny Blue	ger	132
3	France	Jean Gabilou	Humanahum	fra	125
4	Suisse	Peter, Sue & Marc	Io senza te	ita	121
5	Irlande	Sheeba	Horoscopes	eng	105
6	Chypre	Island	Monika (Μόνικα)	gre	69
7	Israël	Habibi	Halayla (הלילה)	heb	56
8	Grèce	Yiannis Dimitras	Feggari Kalokerino (Φεγγάρι καλοκαιρινό)	gre	55
9	Pays-Bas	Linda Williams	Het is een wonder	nld	51
10	Suède	Björn Skifs	Fångad i en dröm	swe	50
11	Luxembourg	Jean-Claude Pascal	C'est peut-être pas l'Amérique	fra	41
11	Danemark	Tommy Seebach & Debbie Cameron	Krøller eller ej	dan	41
13	Belgique	Emly Starr	Samson	nld	40
14	Espagne	Baccheli	Y sólo tú	spa	38
15	Yougoslavie	Seid Memić Vajta	Lejla	bos*	35
16	Finlande	Rikki Sorsa	Reggae OK	fin	27
17	Autriche	Marty Brem	Wenn du da bist	ger	20
18	Turquie	Modern Folk Trio & Aysegül	Dönme dolap	tur	9
18	Portugal	Carlos Paião	Playback	por	9
20	Norvège	Finn Kalvik	Aldri i livet	nor	0

*bosniaque

1982

HARRODGATE

Polémiques et retraits

Vainqueur : **Allemagne avec la chanteuse Nicole**

Chanson : « **Ein bisschen Frieden** »

Auteurs-compositeurs : Bernard Meinunger et Ralph Siegel

24 avril 1982

Conference Centre Harrogate, Royaume-Uni

Diffuseur BBC

18 pays participants

Retrait de la France et de la Grèce

Absence de l'Italie

Même système de vote qu'en 1980

27e édition

Où est Harrogate ?

Soulignons tout d'abord l'originalité du choix de la ville, Harrogate dans le Yorkshire, qui est l'une des plus petites villes hôtes de l'Eurovision à organiser le Concours Eurovision de la chanson, jusqu'à Millstreet – en Irlande en 2003 – et ses 1000 habitants. À tel point que l'émission débute avec la présentation d'une carte des pays participants qui se posent tous la même question dans leur langue nationale : « Wo ist Harrogate ? Donde està Harrogate ? Where is Harrogate ? Onde esta Harrogate ? Hvor er Harrogate ? Harogate Nerededir ? Où est Harrogate ? »…

Monument à la bêtise

Coup de tonnerre : après le retrait de l'Italie en 1981, c'est la France qui brille par son absence ! À l'origine de cela, une décision prise par le nouveau directeur des variétés de TF1, Pierre Bouteiller, qui supprime la participation de son pays. Voici sa déclaration : « Le spectacle n'est qu'un monument à la bêtise dont l'intérêt a été dissipé par le manque de talent et la médiocrité des chansons. » Cela provoque de nombreuses réactions auprès de la population qui reste fidèle au Concours. Il faut dire que c'est la première et la dernière fois que l'émission n'est pas diffusée sur une des chaînes françaises.

En pleine guerre froide, une adolescente allemande bouleverse l'Europe avec sa guitare et décroche la victoire en chantant la paix.

La Grèce de son côté sélectionne une chanson que la ministre de la Culture, Melina Mercouri, considère comme de mauvaise qualité. Elle décide seule du retrait de son pays de l'édition de 1982.

Professeur d'anglais

La Norvège, moins mauvaise perdante que d'autres avec ses records de nul point, décide d'engager un professeur d'anglais et lui demande d'analyser les raisons des échecs à répétition de son pays. Sa conclusion est claire : « Les intonations de la langue norvégienne rebutent les auditeurs. » Fort de ce constat, des compositeurs écrivent une chanson conceptuelle au titre français « Adieu » et décrochent ainsi une douzième place, une de leurs meilleures. Ils laissent nul point aux Finlandais. Ça ira beaucoup mieux en 1995 avec Secret Garden et leur titre instrumental gagnant avec un minimum de paroles !

Chanson phonétique pour la Belgique

À propos de mots, la Belgique francophone fait fort en faisant appel à une chanteuse néerlandaise d'origine indonésienne, Stella, qui ne comprend pas le français et qui va interpréter sa chanson phonétiquement. Elle termine quatrième derrière une chanson en français d'Arlette Zola représentante de la Suisse. Une fois de plus le compositeur suisse de réputation internationale Alain Morisod écrit une pièce, « Amour on t'aime », qui aura un succès remarquable. C'est le troisième meilleur résultat du pays depuis 1963. L'Espagne choisit pour la première fois un tango, « El », interprété par Lucia.

Vingt-quatre pour Siegel, un peu de paix

Ralph Siegel, pour sa septième participation, va enfin atteindre le sommet. Il détient l'extraordinaire record de vingt-quatre compositions de chansons pour le Concours. C'est néanmoins sa seule victoire. Les spécialistes l'attribuent au contexte international. Le président Ronald Reagan est engagé dans une course effrénée

à l'armement et de nombreux pacifistes se font entendre, en Allemagne en particulier. En avril 1982 la guerre des Malouines éclate. C'est dans ce contexte qu'une petite demoiselle de 17 ans à peine, Nicole, débarque avec sa guitare, et innocente, demande à l'Europe un peu de paix. C'est, pour une finale, un des écarts les plus importants entre la première et la deuxième place.

(p.144) En 2015, retour de la chanteuse Nicole, lors du 60e anniversaire de l'Eurovision

RÉSULTATS

Place	Pays	Artiste(s)	Chanson	Langue(s)	Points
1	Allemagne	Nicole	Ein bißchen Frieden	ger	161
2	Israël	Avi Toledano	Hora (הורה)	heb	100
3	Suisse	Arlette Zola	Amour on t'aime	fra	97
4	Belgique	Stella	Si tu aimes ma musique	fra	96
5	Chypre	Ánna Víssi	Mono i agapi (Μόνο η αγάπη)	gre	85
6	Luxembourg	Svetlana	Cours après le temps	fra	78
7	Royaume-Uni	Bardo	One Step Further	eng	76
8	Suède	Chips	Dag efter dag	swe	67
9	Autriche	Mess	Sonntag	ger	57
10	Espagne	Lucía	Él	spa	52
11	Irlande	The Duskeys	Here Today, Gone Tommorow	eng	49
12	Norvège	Jahn Teigen & Anita Skorgan	Adjø	nor	40
13	Portugal	Doce	Bem bom	por	32
14	Yougoslavie	Aska	Halo, halo	hbs*	21
15	Turquie	Neco	Hani?	tur	20
16	Pays-Bas	Bill Van Dijk	Jij en ik	nld	8
17	Danemark	Brixx	Video, video	dan	5
18	Finlande	Kojo	Nuku pommiin	fin	0

*serbo-croate

Ralph Siegel apporte enfin une victoire à la République fédérale d'Allemagne

Âgé aujourd'hui de 80 ans, Ralph Siegel est une icône en Allemagne pour sa musique et ses participations répétées au Concours Eurovision de la chanson. Il a composé vingt-quatre titres sélectionnés pour des finales sous les couleurs de cinq pays différents : l'Allemagne (quatorze fois), le Luxembourg (trois fois), la République de Saint-Marin (cinq fois), la Suisse (une fois) et le Monténégro (une fois).

Il reste l'un des compositeurs les plus prolifiques de son pays. Malgré sa passion insatiable pour le Concours, il ne le gagne qu'une seule fois. C'était à Harrogate dans le Yorkshire avec la chanteuse Nicole. Une aventure qu'il n'est pas prêt d'oublier.

C'est vrai que cela semblait improbable qu'une chanson de Siegel gagne à nouveau à la finale nationale allemande de 1982. Il avait écrit et composé avec son acolyte Bernd Meinunger les chansons des trois années précédentes : 1979, « Dschinghis Khan », 1980 « Theater » et 1981 « Johnny Blue », toutes avec d'excellents classements. Personne ne semblait pouvoir le concurrencer en Allemagne à cette époque.

Durant l'été 1981, Ralph et Bernd commencent à écrire de nouvelles chansons et à réfléchir à ce qu'ils pourraient faire pour l'année suivante. L'idée de remporter la finale allemande pour la quatrième fois consécutive ne les effleure même pas. C'était pourtant une évidence. Ils se mettent alors en quête de nouveaux artistes, loin de l'univers de Siegel. C'est comme cela que Nicole est choisie, une très jeune chanteuse qui plaît instantanément à Ralph et dont la voix le touche beaucoup. Ils cherchent ensuite un titre pour Nicole. La chanson « Ein bisschen Frieden » (Un peu de paix) arrive simplement lors d'une discussion entre eux :

« Et si nous écrivions une chanson pour la paix », dit Ralph à Bernd. Bernd : « Personne ne va nous prendre au sérieux, ce serait ridicule ! »

Ralf : « Il faut peut-être qu'elle soit un peu différente, pas dans le style Bob Dylan, un peu plus romantique, qui fasse un peu rêver et avec beaucoup de chaleur ! »

Bernd : « Tu viens de dire dix fois "un peu", alors, "un peu de paix" ? » Ralf, enthousiaste : « C'est exactement ça ! »

Il se met immédiatement à son piano et commence à jouer. En une demi-heure, il a l'ébauche du refrain et enregistre la première « démo » sur cassette pour ne pas perdre sa mélodie.

Il s'ensuit la participation à la difficile finale allemande que Nicole remporte haut la main, mais tout avait été préparé avec minutie. Ralf a l'idée de faire chanter Nicole vêtue de noir avec une guitare blanche, signe de paix. Le costume est chez la couturière et Ralf veut absolument rajouter du « strass » afin que le noir ne soit pas si dominant. Finalement, ils ajoutent un col blanc et des manchettes avec des froufrous. L'habit est parfait. Le groupe porte également du blanc sauf la harpiste. Ils répètent inlassablement en studio et tout le monde est prêt. À partir de ce moment-là, « Ein bisschen Frieden » allait conquérir le cœur de millions de téléspectateurs. Ralph Siegel, qui accompagnait Nicole au piano, se souvient avec beaucoup d'émotion avoir vu la magie prendre forme et se répandre. Ils se sont envolés pour l'Angleterre pleins d'espoir.

Dans le centre de presse de Harrogate, le responsable de la délégation du Luxembourg lui dit : « Hey, Ralph, cette fois-ci ça marchera ! » Ralph le regarde, rit et consulte les pronostics qui voient l'Allemagne en tête.

Après la générale, Nicole et Ralph s'en vont main dans la main vers un petit hôtel proche. Ils se regardent et se disent : « Ce soir on gagne, mais on ne le dit à personne. »

Lors de la grande nuit à Harrogate, Nicole est assise avec sa guitare blanche sur un tabouret et enchante le monde. Elle chante pour 500 millions de téléspectateurs, un chiffre non exagéré à l'époque. Il y avait peu de programmes concurrents. Nicole a convaincu les jurés de toute l'Europe et a gagné avec 161 points devant Israël avec seulement 100 points, une différence record. Tout le monde s'embrasse dans la Green room car Nicole est vite hors d'atteinte. Tenant la guitare dans ses mains, Ralph porte Nicole sur scène. Tout le monde jubile et après avoir reçu le prix, Ralph se remet au piano. Finalement, Nicole rechante sa chanson et Ralph a les larmes aux yeux. Elle termine sa chanson en français, puis en néerlandais et en anglais… Ce sera un succès colossal dans toute l'Europe et un retour triomphal dans son pays, l'Allemagne.

Partout en Europe, le titre sera dans le top 10, même en France, alors que les Français n'avaient même pas retransmis l'émission ni participé au Concours. La version française « Un peu de paix », arrangée et écrite par Pierre Delanoë et Jean-Paul Cara, se vendra même à plus de 100 000 exemplaires. Il existe de nombreuses versions dans de nombreuses autres langues comme l'anglais, le danois, l'italien, le néerlandais, le russe, l'espagnol et bien d'autres. On parle de plus de 5 millions de singles vendus dans le monde !

1983

MUNICH

28e édition

Une soirée ennuyeuse

Vainqueur : **Luxembourg avec la chanteuse Corinne Hermès**

Chanson : **« Si la vie est cadeau »**

Auteurs-compositeurs : Alain Garcia et Jean-Pierre Millers

23 avril 1983

Rudi-Sedlmayer-Halle Munich, Allemagne de l'Ouest

Diffuseur ARD

20 pays participants

Retour de la France, de la Grèce et de l'Italie

Retrait de l'Irlande au bord de la faillite

Même système de vote qu'en 1980

Dépassée par les événements

Au lendemain de la victoire de l'Allemagne, ce Concours Eurovision de la chanson est très attendu. C'est la première fois que la République fédérale d'Allemagne, qui détient le record de participations encore aujourd'hui, l'organise. C'est décevant. La longueur du show dépasse toutes les prédictions. La meneuse de revue et danseuse allemande Marlène Charell est dépassée par les événements. Elle s'aventure à parler trois langues. Son introduction dure plus de quinze minutes. Elle apparaît comme omniprésente y compris comme danseuse de l'Interval act, avec le « Song Contest Ballet » dont elle sort très essoufflée. Sa présentation des chansons devant des pots de fleurs avec les différents drapeaux de chaque pays restera comme le « must du kitsch ». Elle plombe le Concours qui ne s'annonçait déjà pas passionnant, avec beaucoup d'hésitation et de maladresse pour prononcer les noms.

Micros sans fil

Les premiers micros sans fil font leur apparition. Cela permet au groupe britannique Sweet

Dreams de ne pas trébucher dans les câbles comme ça s'était déjà passé durant leur sélection nationale. Au vu de la prestation « assis sur des tabourets », cela se comprend.

La favorite de ce soir est Ofra Haza représentant Israël. Ce pays propose toujours le même style de chorégraphie depuis la victoire du fameux titre « A-Ba-Ni-Bi » en 1978 et cela commence à lasser. Ofra termine deuxième à la surprise générale. Ce qui ne l'empêchera pas d'être très connue par la suite sur la scène musicale internationale. Elle mourra du sida en 2000, ce qui sera vécu en Israël comme un drame national.

Chanson démodée

Corinne Hermès gagne le Grand Prix avec une chanson romantique et démodée, ce qui précipite encore plus la chute de l'Eurovision de la chanson en provoquant un abîme entre les goûts des jurys et ceux du public. Elle représente le Luxembourg et est la dernière chanteuse française à avoir gagné mais pas la dernière francophone. Sa chanson avait d'ailleurs été refusée par la télévision française.

La très jeune Suédoise Carola fait un triomphe avec sa chanson « Främling ». Son single sera le plus vendu de l'histoire de l'Eurovision en Suède et fait partie des titres les plus joués dans les soirées de fans de l'Eurosong. Elle termine troisième et fait partie de ce petit club d'artistes qui ne baissent pas les bras et reviennent plus tard pour gagner le Concours. Carola en 1991 donnera la victoire à la Suède. Trois autres réussiront cette performance, Dima Bilan pour la Russie, Linda Martin pour l'Irlande et Vicky Leandros pour le Luxembourg.

Dzuli

Le seul véritable succès commercial est la chanson yougoslave « Dzuli », particulièrement en Allemagne, en Suisse et en Autriche.

Flamenco, opéra

L'Espagne tente un flamenco puissant et complètement décalé, avec une chanteuse andalouse, Remedios Amaya, qui n'obtiendra aucun point. Quant à la Turquie, cela n'est guère mieux. Le chanteur Çetin Alp pense qu'il suffit de fredonner des airs d'opéra pour gagner. Il est d'ailleurs accompagné d'un groupe, The Short Waves. Les chanteurs sont déguisés en personnages d'opéra. Cela restera une des chansons les plus étranges et décalées de l'histoire du Concours.

Harakiri

Le plus grand « harakiri » vient de la France qui est de retour après une année d'absence. Lors de la sélection nationale sur Antenne 2, Guy Bonnet est choisi plutôt que la Compagnie Créole dont la chanson deviendra un hit international : « Vive le douanier Rousseau ». Les mauvaises langues prétendent que la France n'était pas prête à être représentée par des artistes de couleur.

(p.148) Marlène Charell, présentatrice et meneuse de revue

(p.149) Ofra Haza, célèbre chanteuse israélienne

(ci-contre) Corinne Hermès, sur scène et remise de prix

Sydney, Melbourne

C'est aussi la première fois qu'une télévision australienne retransmet le Concours à Sydney et Melbourne, ce qui justifiera leur participation à partir de 2015.

RÉSULTATS

Place	Pays	Artiste(s)	Chanson	Langue(s)	Points
1	Luxembourg	Corinne Hermès	Si la vie est cadeau	fra	142
2	Israël	Ofra Haza	Hai (חי)	heb	136
3	Suède	Carola	Främling	swe	126
4	Yougoslavie	Danijel	Džuli	hbs*	125
5	Allemagne	Hoffmann et Hoffmann	Rücksicht	ger	94
6	Royaume-Uni	Sweet Dreams	I'm Never Giving Up	eng	79
7	Pays-Bas	Bernadette	Sing Me a Song	nld	66
8	France	Guy Bonnet	Vivre	fra	56
9	Norvège	Jahn Teigen	Do, re, mi	nor	53
9	Autriche	Westend	Hurricane	ger	53
11	Italie	Ricardo Fogli	Per Lucia	ita	41
11	Finlande	Ami Aspelund	Fantasiaa	fin	41
13	Portugal	Armando Gama	Esta balada que te dou	por	33
14	Grèce	Krísti Stassinopoúlou	Mou les (Μου λες)	gre	32
15	Suisse	Mariella Farré	Io così non ci sto	ita	28
16	Chypre	Stavros & Constantina	I agapi akoma zi (Η αγάπη ακόμα ζει)	gre	26
17	Danemark	Gry Johansen	Kløden drejer	dan	16
18	Belgique	Pas De Deux	Rendez-vous	nld	13
19	Turquie	Çetin Alp & The Short Waves	Opera	tur	0
19	Espagne	Remedios Amaya	¿ Quien maneja mi barca ?	spa	0

*serbo-croate

1984

LUXEMBOURG

Le kitsch du kitsch. Trois paires de bottes dorées

Vainqueur : **Suède avec le groupe Herreys**

Chanson : **« Diggi-Loo Diggi-Ley »**

Auteurs-compositeurs : Britt Lindeborg et Torgny Söderberg

5 mai 1984

Grand théâtre à Luxembourg
Grand-Duché de Luxembourg

Diffuseur RTL

19 pays participants

Retour de l'Irlande

Retrait de la Grèce et d'Israël

Même système de vote qu'en 1980

29e édition

Cartes postales

Très jolies cartes postales de présentation des artistes pour un Concours Eurovision de la chanson qui a retrouvé le rythme après le désastre de 1983.

Sifflé

Lors de cette édition, le Royaume-Uni est hué par le public. Le groupe féminin Belle & The Devotions est le premier à être sifflé dans l'histoire du Concours mais pas le dernier. On trouve deux explications à cela. En premier lieu on pense que le public réagit au comportement des « hooligans » britanniques qui, au terme d'un match de football entre le Luxembourg et l'Angleterre en novembre 1983, avaient mis à sac la ville de Luxembourg. En deuxième lieu, certains prétendent que les spectateurs réagissent à un trucage. En effet, il semblerait que seule une des membres du groupe ait réellement chanté et que le micro des deux autres était fermé. Ce sont des choristes dissimulées derrière les piliers qui interprètent la chanson. D'autres polémiques comme celle-ci vont naître. La plus célèbre sera celle de Dana International et de sa choriste restée dans l'ombre et qui semblera chanter plus fort que Dana (Israël 1998).

Le Royaume-Uni entre dans l'histoire… en devenant le premier pays sifflé lors du Concours.

Concours hebdomadaire

Désirée Nosbusch restera la plus jeune présentatrice de l'Eurovision, choisie pour ses connaissances linguistiques et son origine luxembourgeoise. C'est une jeune fille de 19 ans à peine

– héroïne d'une célèbre chanson de Gilbert Bécaud, Désirée – qui fixe rendez-vous aux téléspectateurs le samedi suivant ! On a dû oublier de lui dire que le Concours n'est pas hebdomadaire ! La compétition s'organise pour la quatrième et dernière fois au Luxembourg. La salle trop petite, identique à celle de 1973, ne peut accueillir que des invités triés sur le volet.

Mormons

On dit volontiers que le groupe Herreys est l'un des pires gagnants de l'Eurovision de la chanson. Dix ans après ABBA, la Suède choisit trois frères membres de la communauté des mormons habitant aux États-Unis. Selon certains, ils sont les précurseurs des *boys bands* des années 1990. Ils ont très peu de succès avec leur chanson « Diggi-Loo Diggi-Ley », certainement l'une des plus

(haut) Poster du groupe gagnant Herrey's

(bas) Le même groupe en 2015

des plus kitsch du Concours et dans la tradition des titres « onomatopées ». Leur victoire semble plus liée à leurs bottines dorées et leur chorégraphie qu'à la qualité de la chanson. Bon... ils sont aussi très mignons... Pour la Suède, cela est rassurant de voir que les ABBA n'étaient pas les seuls à pouvoir gagner.

La Suède remporte une victoire kitsch avec les frères Herreys et leurs bottines dorées : naissance des premiers boys bands de l'Eurovision.

Clip sexy

Le vidéo clip yougoslave du duo Isolda et Vlado est le premier clip sexy jamais encore proposé. Heureusement sur scène ils n'ont pas osé le passage de nudité dans la mer, quoique cela leur aurait peut-être permis de ne pas finir avant-derniers ?!

Sculpturale Linda Martin

Léon Zitrone, le commentateur français, qualifie l'Irlandaise Linda Martin, dont c'est la première participation, de « sculpturale ». Elle était favorite et termine deuxième avec sa chanson écrite par « Monsieur Eurovision » Johnny Logan. Elle gagnera huit ans plus tard avec le même compositeur.

Isolda & Vlado

Un professeur d'anglais, René Herail, avec son ordinateur, avait réussi à améliorer le classement des Norvégiens lors des deux dernières éditions. Cette année ça ne marche pas. Le duo Dollie de Luxe finit presque dernier malgré une chanson beaucoup plus moderne que les autres. Les vêtements ont même fait l'objet

d'une analyse informatique pour savoir quelles étaient les couleurs les plus portées par les gagnants précédents : le blanc, le rouge et le noir. Rien n'y fait.

Flûte enchantée

Les Italiens sont de plus en plus irrités par leurs résultats malgré la venue au Luxembourg du duo le plus en vue de la chanson italienne, Alice & Franco Battiato. Le seul succès commercial de cette année est leur chanson « I treni di Tozeur ». Ce tube dans sa version live sur scène présente un extrait de la flûte enchantée de Mozart.

RÉSULTATS

Place	Pays	Artiste(s)	Chanson	Langue(s)	Points
1	Suède	Herreys	Diggi-Loo Diggi-Ley	swe	145
2	Irlande	Linda Martin	Terminal 3	eng	137
3	Espagne	Bravo	Lady, Lady	spa	106
4	Danemark	Hot Eyes	Det' lige det	dan	101
5	Belgique	Jacques Zegers	Avanti la vie	fra	70
5	Italie	Alice & Franco Battiato	I treni di Tozeur	ita	70
7	Royaume-Uni	Belle & The Devotions	Love Games	eng	63
8	France	Annick Thoumazeau	Autant d'amoureux que d'étoiles	fra	61
9	Finlande	Kirka	Hengaillaan	fin	46
10	Luxembourg	Sophie Carle	100 % d'amour	fra	39
11	Portugal	Maria Guinot	Silêncio e tanta gente	por	38
12	Turquie	Beş Yıl Önce, On Yıl Sonra	Halay	tur	37
13	Pays-Bas	Maribelle	Ik hou van jou	nld	34
13	Allemagne	Mary Roos	Aufrecht geh'n	ger	34
15	Chypre	Andy Paul	Anna Maria Lena (Άννα Μαρία Λένα)	gre	31
16	Suisse	Rainy Day	Welche Farbe hat der Sonnenschein?	ger	30
17	Norvège	Dollie De Luxe	Lenge leve livet	nor	29
18	Yougoslavie	Vlado & Isolda	Ciao, amore	hbs*	26
19	Autriche	Anita	Einfach weg	ger	5

*serbo-croate

1985

GÖTEBORG

Enfin la Norvège et le retour de dix anciens participants

Vainqueur : **Norvège avec le duo Bobbysocks**

Chanson : **« La det swinge »**

Auteur-compositeur : Rolf Løvland

4 mai 1985

Scandinavium Göteborg, Suède

Diffuseur SVT

19 pays participants

Retour de la Grèce et d'Israël

Retrait des Pays-Bas et de la Yougoslavie

Même système de vote qu'en 1980

30e édition

Ère scandinave

1985 est réellement le début de l'ère scandinave avec une première victoire norvégienne et des votes entre pays du Nord. Le duo norvégien Bobbysocks est composé de deux femmes, Elisabeth Andreassen et Hanne Krogh. Elisabeth, Suédo-Norvégienne, est née à Göteborg. Elle avait déjà chanté et représenté la Suède en 1982 en duo avec Kikki Danielsson, le duo Chips. Cette dernière est aussi présente cette année et défend seule les couleurs de la Suède. Quant à Hanna Krogh, elle avait déjà représenté son pays, la Norvège, en 1971. Les histoires sont compliquées entre voisins nordiques ! La victoire norvégienne provoque l'hystérie des 8000 Suédois présents dans la salle, un record à l'époque ! Les chansons « La det swinge » pour la Norvège et « Bra vibrationer » pour la Suède resteront comme des références en Scandinavie et dans la schlager musique.

La Norvège triomphe enfin et lance l'ère scandinave… sous les cris de 8000 fans suédois en délire.

Je voulais juste vous réveiller

Le véritable événement est la performance de Lill Lindfors, présentatrice qui a chanté pour la Suède en 1966. Son humour ne passe pas inaperçu. En effet, après l'entracte, elle monte sur scène, perd sa robe et se retrouve en culotte devant une salle horrifiée ! Lill feint la

Lill Lindfors, présentatrice, perd sa robe sur scène

panique, mais elle déplie le haut de sa tenue et on découvre une nouvelle robe blanche. Le bas de sa robe est relié à un fil qui est tiré par un technicien en coulisse. Ce qui apparaît d'abord comme un drame n'est en fait qu'une plaisanterie bien orchestrée. Lill a cette phrase mythique: «Je voulais juste vous réveiller.» Tout cela ne plaît pas beaucoup au superviseur exécutif de l'UER, Frank Naef et surtout pas à sa femme.

C'est la chanteuse irlandaise Maria Christian qui commence le Concours. On avait beaucoup parlé d'elle puisque la presse avait révélé qu'elle souffrait d'une maladie grave qui la condamnait à la cécité.

BB

Les Danois viennent avec le même groupe qu'en 1984 – Hot Eyes – mais avec un enfant de 8 ans en plus. Ils espèrent que l'enfant fera la différence, ce n'est pas le cas. La chanteuse reviendra en 1988, cette fois enceinte sur scène, elle l'était aussi lors de sa première participation en 1984.

Faits divers

La chanteuse anglaise Vikki utilise une chaise achetée au marché aux puces.

Un nouveau record pour les Luxembourgeois, le plus long nom de l'histoire du Concours: Margo, Franck, Olivier, Chris Roberts, Malcolm Roberts, Ireen Sheer et Diane Solomon.

C'est la première fois, trente ans après sa victoire lors du premier Concours Eurovision de la chanson, que les organisateurs invitent officiellement la Suissesse Lys Assia. Elle reviendra très régulièrement assister au spectacle.

Cette année 1985 est marquée par le retour de dix anciens participants dont le duo italien Al Bano et Romina Power ainsi que l'Israélien Izhar Cohen, vainqueur en 1978.

On peut dire que les chansons francophones, au nombre de deux cette année, commencent à ne plus faire recette. À l'exception de la Belge Sandra Kim et de Céline Dion pour la Suisse, aucun artiste chantant en français ne remportera l'Eurovision à l'avenir.

Le Concours continue à sombrer dans l'anonymat, excepté dans les pays du Nord.

Les gagnantes norvégiennes, le duo Bobbysocks, en 1985 et 2015

RÉSULTATS

Place	Pays	Artiste(s)	Chanson	Langue(s)	Points
1	Norvège	Bobbysocks	La det swinge	nor	123
2	Allemagne	Wind	Für alle	ger	105
3	Suède	Kikki Danielsson	Bra vibrationer	swe	103
4	Royaume-Uni	Vikki	Love Is…	eng	100
5	Israël	Izhar Cohen	Olé, Olé (הלוע, הלוע)	heb	93
6	Irlande	Maria Christian	Wait Until the Weekend Comes	eng	91
7	Italie	Al Bano & Romina Power	Magic Oh Magic	ita	78
8	Autriche	Gary Lux	Kinder dieser Welt	ger	60
9	Finlande	Sonja Lumme	Eläköön elämä	fin	58
10	France	Roger Bens	Femme dans ses rêves aussi	fra	56
11	Danemark	Hot Eyes	Sku' du spørg' fra no'en?	dan	41
12	Suisse	Mariella Farré & Pino Gasparini	Piano, piano	ger	39
13	Luxembourg	Margo, Franck Olivier, Diane Solomon, Ireen Sheer, Chris & Malcolm Roberts	Children, Kinder, Enfants	fra	37
14	Espagne	Paloma San Basilio	La fiesta terminó	spa	36
14	Turquie	MFÖ	Didai didai dai	tur	36
16	Chypre	Lia Vissi	To katalava arga (Το κατάλαβα αργά)	gre	15
16	Grèce	Takis Biniaris	Miazoume (Μοιάζουμε)	gre	15
18	Portugal	Adelaide	Penso em ti (eu sei)	por	9
19	Belgique	Linda Lepomme	Laat me nu gaan	nld	7

1986-1995

Les Irlandais sauvent le Concours

Une nouvelle décennie s'ouvre dans une ambiance morose. Les Norvégiens, puis les Belges et les Suisses, tentent d'organiser le Concours Eurovision de la chanson de leur mieux dans l'indifférence générale. Il ne fait malheureusement plus recette. Sur place, il n'y a presque plus de journalistes pour relater l'événement. Suite à ses querelles de langues, la Belgique faillit tout faire foirer et l'organisation de l'Eurovision à Bruxelles en 1987 tient du miracle. Les musiques proposées, toujours interprétées dans les langues nationales, sont d'un autre temps et inadaptées à l'industrie musicale de l'époque. L'organisateur, l'UER, ne se remet pas en question avec un cérémonial immuable et rigide. Le déroulement du show, les présentateurs trop coincés, le côté guindé du public de plus en plus vieillissant dans la salle, et un orchestre incapable de jouer des mélodies qui tentent vainement d'être plus pop, contribuent à faire descendre le Concours Eurovision de la chanson dans les abîmes. Les gagnants ne font plus parler d'eux après leurs victoires. L'organisation a besoin d'un sérieux dépoussiérage afin d'éviter sa disparition programmée. Il y a un réel besoin de se professionnaliser et d'attirer à nouveau des artistes confirmés ainsi que de faire revenir les jeunes téléspectateurs. On dirait que les télévisions européennes occidentales se forcent sans enthousiasme à sélectionner des candidats et à participer à l'Eurovision. C'est un peu comme aller à la messe tous les dimanches ! De leur côté, les maisons de disques font barrage et refusent même que leurs artistes participent à cet événement au risque de

ruiner leur carrière. L'Eurovision est résolument ringarde et n'a plus de place dans le monde musical de la fin des années 80. Les chansons en compétition ne sont plus jouées en radio. Il y a beaucoup d'experts musicaux qui critiquent le Concours de façon virulente. Les émissions de variétés n'invitent plus les candidats. La victoire de l'Irlandais Johnny Logan, « Monsieur Eurovision », ainsi que celles de Céline Dion pour la Suisse et de Toto Cutugno pour l'Italie, passent presque inaperçues.

Il faudra trois événements distincts pas du tout liés les uns aux autres pour relancer la machine !

Tout d'abord, il y a cette île verte, pauvre et rurale, qui devient la nouvelle « locomotive » du Concours. Les Irlandais épaulent les Scandinaves dans leur soutien inconditionnel à l'Eurovision. Avec une volonté de fer et une grande passion, la télévision irlandaise, avec son petit budget, vient au secours de cet événement et l'organise cinq fois entre 1988 et 1997. À cette époque, ce pays sort à peine de son isolement économique et n'est pas encore devenu le « Tigre celtique », qualificatif de l'Irlande dès le milieu des années 90 pour sa réussite économique. La population très jeune ne connaît presque pas ses voisins européens et voyage très peu. Le pays n'a encore aucune immigration étrangère, ce qui le rend très original et attachant. L'arrivée de participants et de délégations de l'Europe entière est vécue comme un véritable événement de bon augure. Le Concours reçoit un énorme soutien populaire et permet de nombreux échanges. L'Irlande l'accueille chaque fois avec beaucoup d'enthousiasme, de fierté et d'originalité. Les Européens découvrent une hospitalité inégalée, une simplicité, un esprit de fête et une joie de vivre à l'image de ses pubs et de sa musique celtique envoûtante. Ce qui fait la différence, c'est aussi la volonté des Irlandais de moderniser le Concours Eurovision, de le transformer progressivement en véritable show en utilisant de nouvelles technologies. Les cinq éditions organisées par les Irlandais sont toutes très différentes et uniques. L'Irlande devient en quelques années le pays de l'Eurovision et Dublin sa capitale ! Ils gagneront même trois fois de suite, en 1992, 1993 et 1994, un record inégalé ! D'ailleurs, on se souvient plus des trois spectacles offerts que des trois gagnants.

L'entracte Riverdance de 1994 résume à lui seul l'esprit de l'époque, précurseur des grands chambardements qui vont transformer durablement toute la société irlandaise. Ce merveilleux spectacle de quelques minutes deviendra célèbre. Il sera l'ambassadeur de la culture irlandaise à travers le monde et sera vu par des millions de spectateurs.

Il y a aussi la victoire irréelle de la Yougoslavie en 1989 à Lausanne qui arrive comme un chant du cygne juste avant la désintégration totale du pays quelques années plus tard. En effet, la chute du mur à Berlin cette année-là, suivie de la guerre en ex-Yougoslavie et de la fin de l'URSS vont tout chambouler. Pendant cette décennie, on n'imagine pas encore à quel point tout change. C'est le début d'un élargissement inégalé à l'est mais qui va dynamiser le Concours comme jamais ! Alors qu'entre 1986 et 1992, l'Islande est le seul nouveau pays qui rejoint la famille de l'Eurovision, dès 1993, c'est tout un continent qui se presse au portillon. Beaucoup de nouveaux pays veulent absolument participer à cette émission. Ils apporteront une nouvelle impulsion, du professionnalisme, de la créativité et des voix, alors

Ringardisé et déserté par les maisons de disques, le Concours est sauvé in extremis par l'Irlande, les fans… et un vent venu de l'Est.

que l'Ouest reste sclérosé dans ses choix. C'est un véritable renouveau artistique, économique, politique et culturel qui préfigure l'élargissement de l'Union européenne quelques années plus tard !

La machine repart aussi grâce à l'arrivée sur place des vrais fans du Concours qui ne veulent pas le laisser mourir. À partir de 1990, ils viennent de toute l'Europe et veulent absolument le découvrir de l'intérieur. Ils se l'approprient et profitent du désintérêt général pour l'infiltrer. Ils remplacent les journalistes absents, obtiennent des accréditations, participent aux soirées organisées, assistent aux répétitions… Ils le font revivre tout simplement et grâce à leur impulsion, ils le sauvent. C'est à cette époque que se crée l'OGAE (Organisation générale des amateurs d'Eurovision) qui permettra aux fans de se regrouper en réseau et de recevoir des informations à son sujet. L'association est fondée officiellement en 1984 par le Finlandais Jari-Pekka Koikkalainen et compte aujourd'hui quarante-quatre fan-clubs partout en Europe. Depuis peu, il y a même un fan-club « reste du monde » pour les fans venant de pays non membres de l'Union européenne de radiodiffusion. La communauté gay est aussi un soutien de taille pour la survie du Concours. De nombreuses personnalités s'y intéressent aussi pour son côté « paillettes », rigolo, décalé, mais mode à la fois. On voit des choses extraordinaires sur la scène de l'Eurovision que l'on ne voit nulle part ailleurs ! Par exemple Jean Paul Gaultier, fan inconditionnel, qui décide d'habiller Amina pour la France en 1991 et d'autres artistes plus tard. Ce mouvement ne s'arrêtera plus et se renforcera même avec l'arrivée d'internet et des réseaux sociaux. Par la suite, les fans voudront aussi devenir acteurs du Concours afin de le transformer et le moderniser encore plus.

Alors que l'Eurovision frôle l'oubli, les fans prennent le relais et une certaine Céline Dion entre dans l'histoire.

Avec du recul, cette décennie est décisive pour la survie du Concours Eurovision de la chanson, mais surtout importante pour une chanteuse : Céline Dion ! Sa carrière explosera et le moteur de cette réussite a bel et bien été sa victoire à Dublin. Ça sera aussi la dernière victoire francophone et en français avant le grand chambardement !

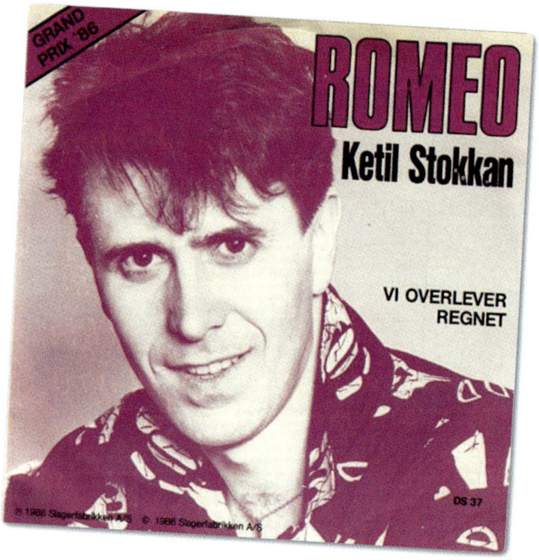

1986

BERGEN

31e édition

La danseuse est un homme. Kim ne fait pas son âge

Vainqueur : **Belgique avec la chanteuse Sandra Kim**

Chanson : **« J'aime la vie »**

Auteurs-compositeurs : Rosaria Marino, Jean-Paul Furnémont et Angelo Crisci

3 mai 1986

Grieghallen
Bergen, Norvège

Diffuseur NRK

20 pays participants

Début de l'Islande

Retour des Pays-Bas et de la Yougoslavie

Retrait de la Grèce et de l'Italie

Même système de vote qu'en 1980

Connexion satellite pour l'Islande

La Yougoslavie et les Pays-Bas étant absents en 1985 pour cause de commémoration de la mort de Tito pour l'un et de la Deuxième Guerre mondiale pour l'autre, font leur retour au côté du petit nouveau, l'Islande. Ce pays fait son entrée grâce à une connexion satellite avec le reste de l'Europe. Les Scandinaves sont cinq mais ne gagnent pas pour autant. Ce qui fait dire au jury néerlandais, après l'attribution de ses 1 à 5 points à tous les pays du Nord, que « Ça devrait être suffisant pour la Scandinavie ! » La Grèce ne vient pas puisque le Concours Eurovision de la chanson tombe le jour du samedi saint orthodoxe.

La Norvège organise enfin le Concours après un parcours difficile. Le diffuseur fait des efforts considérables dont un budget important pour présenter son pays. Toutes les principales villes se sont annoncées pour l'accueillir. À la surprise générale c'est Bergen qui l'emporte.

Chanteuse-présentatrice

La présentatrice Åse Kleveland porte une robe de diamant de plus de six kilos. Elle chante en introduction du spectacle sur la musique de l'Eurovision. Elle avait chanté pour la Norvège en 1966 à l'époque où, pour les Norvégiens, l'important c'était juste de participer. Elle avait terminé troisième cette année-là derrière la Suédoise Lill Lindfors. Cette dernière a été aussi présentatrice de l'Eurovision, en 1985. Quelle coïncidence !

Travesti Marie-Antoinette

La famille royale est dans la salle, illustration de la fierté nationale. Le chanteur norvégien est accompagné du premier travesti de l'histoire habillé en Marie-Antoinette. C'est le début d'une longue série de travestissements et de déguisements dont les points d'orgue seront les hôtesses de l'air slovènes à Tallin en 2002, la travestie danoise DQ en 2007 et la même année

Verka Serduchka qui terminera troisième pour l'Ukraine. Mais surtout avec la victoire très médiatisée du personnage de Conchita Wurst qui sera incarné dès 2011 par le chanteur Thomas Neuwirth, drag queen autrichien.

Nazi

C'est l'Autriche qui provoque la controverse. La chanteuse Timna Brauer, de confession juive, défend son pays malgré l'appel au retrait des Israéliens. Ces derniers critiquent l'élection de Kurt Waldheim à la présidence de l'Autriche et reprochent à ce dernier son implication dans l'occupation nazie et sa carrière à la « Wehrmacht ».

Guitariste à torse nu

Parmi les prestations les plus remarquées, notons celle de la Suède avec Lasse Holm & Monica Törnell entourés de choristes aux tenues loufoques dont un guitariste à torse nu. La Suisse et l'Islande donnent néanmoins douze points à cette prestation.

Le ridicule ne tue pas

La chanteuse chypriote Elpida avait déjà défendu les couleurs de la Grèce et fait partie du groupe très restreint d'artistes ayant évolué pour plusieurs pays. Elle arrive dernière alors que la Turquie obtient son meilleur résultat de l'époque avec un 9e rang. Le ridicule ne tue pas avec la France et l'une des pires prestations de l'Eurovision. Un groupe créé sur mesure – Cocktail Chic – avec une chanson totalement ringarde et mal chantée, plombe les Français dans le classement.

Décalages

Pour la première fois, on constate nettement le décalage entre le clip vidéo de présentation des groupes et les prestations sur scène. Il y a aussi un hiatus entre le style plus pop de certaines chansons et la présence de l'orchestre en direct. Cela motivera entre autres en 1999 la suppression de ce dernier. C'était surtout le cas

pour le groupe islandais ICY avec sa première participation dans ce Concours.

Plainte suisse

C'est la dernière fois que trois chansons en français atteignent les trois premières places du classement. La Suissesse Daniela Simmons occupe la deuxième place malgré son rôle de favorite. La télévision suisse déposera une plainte contre la victoire belge. En effet, la délégation belge a triché sur l'âge de sa chanteuse Sandra Kim. Les managers pensaient que son âge réel, 13 ans, serait un handicap pour une victoire et ont prétendu qu'elle en avait 15. À l'époque, il n'y avait pas de limite d'âge pour un artiste, mais cette aventure va certainement influencer la nouvelle règle en la matière en 1990 qui imposera le 16 ans révolu. La plainte suisse n'aboutira pas.

Boucle bouclée

Néanmoins, la victoire de la Belgique est évidente puisque sa chanson « J'aime la vie » obtient 176 points, un record pour l'époque. Il sera battu seulement en 1993 par l'Irlandaise Niamh Kavanagh avec 187 points puis par d'autres plus tard. Sandra Kim est habillée comme une adulte lors de la prestation, pour faire illusion. Cette victoire belge permet de boucler la boucle pour les sept pays qui avaient participé à la première édition en 1956 : chaque pays a enfin gagné au moins une fois. Une victoire trente ans après la première participation est en ce moment un record. C'est la Finlande qui le détiendra provisoirement plus tard après quarante-cinq ans d'attente entre sa première participation en 1961 et sa victoire avec les Lordi en 2006. Mais c'est bien le Portugal qui détiendra ce record de la plus grande attente d'une victoire, 53 ans, depuis sa première participation en 1964 et celle de Salvator Sobral en 2017 ! Si Malte avait gagné en 2025, elle aurait battu tous les records avec 54 ans d'attente depuis sa première participation en 1971 !

Quant à la Suisse, le compositeur de la chanson « Pas pour moi » Atilla Şereftuğ attendra à peine deux ans pour revenir et gagner l'Eurovision avec Céline Dion et sa chanson « Ne partez pas sans moi » (voir aussi p. 180).

(pp.164-165) Victoire de la Belge Sandra Kim

RÉSULTATS

Place	Pays	Artiste(s)	Chanson	Langue(s)	Points
1	Belgique	Sandra Kim	J'aime la vie	fra	176
2	Suisse	Daniela Simmons	Pas pour moi	fra	140
3	Luxembourg	Sherisse Laurence	L'amour de ma vie	fra	117
4	Irlande	Luv Bug	You Can Count On Me	eng	96
5	Suède	Lasse Holm & Monica Törnell	E' de' det här du kallar kärlek?	swe	78
6	Danemark	Lise Haavik & Trax	Du er fuld af løgn	dan	77
7	Royaume-Uni	Ryder	Runner in the Night	eng	72
8	Allemagne	Ingrid Peters	Über die Brücke geh'n	ger	62
9	Turquie	Klips ve Onlar	Halley	tur	53
10	Espagne	Cadillac	Valentino	spa	51
11	Yougoslavie	Doris Dragović	Željo moja	hbs*	49
12	Norvège	Ketil Stokkan	Romeo	nor	44
13	Pays-Bas	Frizzle Sizzle	Alles heeft ritme	nld	40
14	Portugal	Dora	Não sejas mau para mim	por	28
15	Finlande	Kari Kuivalainen	Päivä kahden ihmisen (Never the End)	fin	22
16	Islande	ICY	Gleðibankinn	isl	19
17	France	Cocktail Chic	Européennes	fra	13
18	Autriche	Timna Brauer	Die Zeit ist einsam	ger	12
19	Israël	Moti Giladi & Sarai Tzuriel	Yavoh Yom (םוי אובי)	heb	7
20	Chypre	Elpida	Tora Zo (Τώρα ζω)	gre	4

*serbo-croate

Entretien avec une jeune Belge qui fait un pied de nez à la favorite suisse

Sandra Kim, née Sandra Calderone, près de Liège en Wallonie, a été propulsée sur le devant de la scène, brutalement à seulement 13 ans. Elle commence à chanter à l'âge de 7 ans et participe à de petits concours de chant dans son quartier. Son charisme pousse son entourage à tenter l'aventure de l'Eurovision. Elle est encore collégienne lorsqu'elle gagne la finale de la télévision belge, RTBF, devant huit autres candidats. Elle devient vite un véritable phénomène par son très jeune âge. La Belgique est le seul pays francophone à n'avoir pas encore gagné le Concours Eurovision de la chanson. C'est une chance unique de ramener le trophée. Pour ne pas gâcher cette opportunité, la délégation belge pense qu'il vaut mieux mentir sur l'âge de la jeune fille. Ils choisissent des habits d'adulte et un petit nœud papillon rose flashy pour arranger le tout. Ce petit mensonge n'avait rien d'illégal à l'époque mais il a fâché la délégation suisse arrivée deuxième.

Jean-Pierre Hautier, célèbre journaliste belge qui commentera avec Sandra Kim le Concours de 1996 à Oslo, pour fêter les dix ans de la victoire belge, racontera qu'elle a toujours gardé la tête sur les épaules :

« À Bergen, elle a chanté avec une déconcertante facilité. La présentatrice Åse Kleveland la félicita même à la fin du spectacle et lui dit qu'elle méritait enfin sa glace. À son retour en Belgique, ça sera plus difficile car elle devra finir ses études seule en cours privés à cause de sa soudaine notoriété. Le succès ne venant pas vraiment, elle déprima un peu mais n'abandonna jamais. Aujourd'hui, elle continue sa carrière en Belgique surtout en Flandre, car elle parle la langue. ».

À seulement 13 ans, elle monte sur scène avec une bosse au front, un nœud papillon rose et une chanson pleine d'énergie... sans imaginer qu'elle deviendrait la plus jeune gagnante de l'histoire du Concours. Derrière sa victoire se cache un petit mensonge, une grosse polémique, et une rivalité helvético-belge inattendue.

Son témoignage :

« L'Eurovision c'était très bien, mais j'ai reçu le manche de la guitare de mon musicien en plein front juste avant de monter sur scène, je vous dis pas le mal ! J'ai chanté avec une belle bosse sur la tête ! Je ne dirais pas que ma victoire était un conte de fées. Ma vie a effectivement changé avec ses avantages et ses inconvénients. Fini d'être la Sandra Calderone d'avant ! Cette vie simple était terminée. Mais je n'aime pas trop parler de tout cela. Je suis fière d'avoir gagné pour la Belgique mais sans plus. Par contre, j'ai réussi à garder quelques amis dont l'Irlandais Johnny Logan, qui est un copain, mais aussi Marie Myriam.

Aujourd'hui, l'important c'est que je chante toujours et que je travaille en studio pour un nouvel album en français et en italien. Quant à la réclamation de la délégation suisse sur mon âge, je n'en savais rien et à vrai dire, je m'en fiche ! Et les glaces que j'aurais soi-disant mangées en Norvège, c'est une légende ! » La chanteuse helvétique Daniela Simmons a déjà tenté plusieurs fois sa chance à la finale suisse. Elle tient enfin un ticket pour une finale européenne. Elle raconte :

« À notre arrivée à Bergen, j'ai été très médiatisée. Le fait que je jouais du piano m'a permis d'être considérée comme favorite. Ce fut une expérience incroyable pour la petite étudiante en piano classique au conservatoire de Lausanne que j'étais. J'ai su que le Concours Eurovision serait un tremplin et j'ai d'ailleurs ensuite pu signer sur un label international. Toute la semaine en Norvège, nous avions senti que nous pouvions gagner.

Mon futur mari et compositeur Atilla Şereftuğ avait déjà la mélodie de « Pas pour moi » dans sa tête. J'étais plutôt rock mais j'ai pris un look plus sage pour l'occasion. J'ai chanté avec un piano blanc, plus classique. C'est comme ça que j'ai gagné la finale suisse.

Pour moi, ce fut une terrible déception de terminer deuxième. J'aurais préféré finir cinquième par exemple, on a moins de regrets.

Ce qui me reste vraiment de ce Concours, c'est l'incroyable émotion d'avoir joué sur le piano d'Edvard Grieg, qui est né et mort à Bergen, et dont j'avais interprété le concerto comme examen de diplôme.

Deux ans après l'Eurovision, Atilla a écrit la chanson "Ne partez pas sans moi" qui sera chantée par Céline Dion avec le succès que l'on connaît ! »

Daniela Simmons aujourd'hui

1986

Le Te Deum de Marc-Antoine Charpentier – l'hymne de l'Eurovision

Au moment où les premières notes de cette mélodie commencent, le samedi soir à la finale, tous les spectateurs dans la salle ont les poils qui se hérissent tellement l'émotion est intense ! Les téléspectateurs de l'Europe entière reconnaissent cet hymne et savent de quoi il s'agit. Le Concours Eurovision de la chanson commence !

C'est un rituel immuable depuis plus de soixante ans qui, avec une seule et unique musique, arrive à réunir devant les petits et grands écrans tout le public européen dans une sorte de messe musicale annuelle. Il y a bien entendu ceux qui critiquent vertement ce Concours et qui prétendent que le générique est ce qu'il y a de mieux dans cette émission. Mais n'en déplaise aux grincheux de tous bords ou autres rabat-joie, c'est bel et bien le Te Deum qui est devenu l'hymne de l'Eurovision !

Mais saviez-vous que ce morceau de musique a été écrit par Marc-Antoine Charpentier, un musicien français – compositeur et chanteur de musique baroque – au XVIIe siècle déjà ? Entre 1688 et 1698, il aurait composé six arrangements du Te Deum, même s'il n'en reste plus que quatre aujourd'hui. Cette œuvre a été presque totalement oubliée jusqu'en 1953, lorsque ce morceau de musique est repris par l'Union européenne de radio-télévision (UER) comme indicatif de début d'émissions. On l'associe surtout aujourd'hui à l'Eurovision.

Dès les premières notes du Te Deum, c'est toute l'Europe qui frémit. Hymne solennel devenu emblème du Concours Eurovision de la chanson, ce morceau baroque du XVIIe siècle transcende les époques et les frontières pour annoncer, chaque année, l'un des rendez-vous les plus suivis au monde.

Depuis, il existe de nombreux arrangements du Te Deum de Charpentier au cours de l'histoire du Concours. Il faut dire que l'orchestration originale comporte cinq solistes et chœurs accompagnés de cordes, flûtes, hautbois, trompettes, timbales et basse continue. Il a été modifié maintes fois par les organisateurs. Certaines fois, il a été repris par des fanfares. On y a rajouté des instruments, on en a enlevé, on en a même fait des arrangements électroniques. Tout cela a bien entendu toujours choqué les puristes de musique classique.

Tout comme le Concours Eurovision de la chanson, le Te Deum évolue avec son temps et reste un hymne magnifique de rassemblement, au-delà des cultures et des langues.

1987

« Monsieur Eurovision » et les sponsors

Vainqueur : **Irlande avec le chanteur Johnny Logan**

Chanson : **« Hold me now »**

Auteur-compositeur : Sean Sherrard (vrai nom de Johnny Logan)

BRUXELLES

9 mai 1987

Palais du Centenaire, à Bruxelles, Belgique

Diffuseur RTBF

22 pays participants

Record avec le retour de la Grèce et de l'Italie

Même système de vote qu'en 1980

32e édition

Radio Télévision Belge wallone – Belgische Radio en Televisie, flamande

L'organisation de cette édition a posé de très nombreux problèmes à la Belgique, comme nous l'a raconté l'excellent commentateur belge Jean-Pierre Hautier. Suite à la victoire d'une Wallonne, Sandra Kim, l'année précédente, il incombe au diffuseur RTBF d'organiser le 32e Concours Eurovision de la chanson. Mais cette fois c'est au tour de la télévision flamande BRT (devenue VRT, Radio et télévision de la Communauté flamande de Belgique) de trouver un candidat pour représenter la Belgique. Contrairement à la Suisse, les télévisions belges sont totalement indépendantes et présentent un candidat en alternance. Au départ ils devaient travailler ensemble afin de montrer une Belgique unie au monde entier. Très rapidement, des dissensions apparaissent à propos du lieu, du présentateur, du format de l'émission, etc. La BRT se retire et menace de ne pas faire de sélection d'artistes. Une histoire belge qui a failli provoquer une première, un pays organisateur sans chanson ! Finalement, Liliane Saint-Pierre chante en flamand. Elle est la candidate la plus âgée de 1987 contrairement à la benjamine de l'année précédente, Sandra Kim.

Bande dessinée

La Radio Télévision Belge francophone organise seule le Concours et fait appel pour la première fois à un sponsor : la Sabena, qui est la compagnie nationale d'aviation, maintenant disparue. Les vues d'avion sont omniprésentes en introduction. La bande dessinée est le fil rouge de ce Concours, en particulier dans les cartes postales de présentations des artistes.

Bêtisiers

Dans le registre des polémiques, soulignons celle d'Israël. La chanson du duo Datner et Kushnir ne fait, et de loin, pas l'unanimité. Une chanson gag qui parle de l'absurdité de la vie. Le ministre de la Culture israélien a même me-

(haut) Deuxième victoire pour l'Irlandais Johnny Logan

(bas) Umberto Tozzi et Raf, pochette de disque, « Gente di mare »

nacé de démissionner si cette chanson allait à Bruxelles. Ces Blues Brothers israéliens font régulièrement partie des bêtisiers de l'Eurosong. Finalement, le ministre n'a pas démissionné.

Toilettes

Au passage, une petite anecdote à propos de la chanson suédoise. Dans le titre et le texte de cette dernière se trouve le mot « Coca-Cola ». L'organisateur du Concours demande à la Suède de changer de paroles puisque la publicité est interdite dans les chansons à l'Eurovision. La chanteuse Lotta Engberg remplace « Coca-Cola » par « Boogaloo ». C'est un comble quand on sait que les Suédois sont déjà spécialisés dans les « loo » avec « Waterloo » et « Diggi-loo Diggi-ley ». C'est encore plus drôle puisque « loo » veut dire « toilettes » en anglais.

Chansons et interprètes

Plastic Bertrand pour le Luxembourg et son avant-dernière place est une vraie catastrophe. Il l'assume et en rira encore longtemps. « Moitié moitié » pour Carol Rich représentant la Suisse rend indirectement hommage à un des plats nationaux, la fondue. « Les mots d'amour n'ont pas de dimanche » avec Christine Minier pour la France est encore une fois décalée. Rien que le titre ne donne pas très envie. Heureusement pour elle, sa carrière continuera dans la « Bande à Basile » avec le succès qu'on leur connaît. La chanson « Stop » avec le duo Bang pour la Grèce sort de l'ethnique pour proposer un rockabilly version Wham ! Heureusement que l'Italie remonte le niveau avec « Gente di mare » interprété par deux artistes de talent, Raf et Umberto Tozzi.

Deux victoires pour un interprète

Pourtant, les Italiens n'arrivent pas à battre celui qu'on appellera plus tard « Monsieur Eurovision », Johnny Logan. Il remporte le Concours avec « Hold me now ». Il est également le compositeur de sa chanson. En ayant déjà gagné en

1980, il établit un record jamais égalé jusqu'ici, de deux victoires pour un interprète. En 1992, il participera à la victoire de Linda Martin, toujours pour l'Irlande, cette fois comme compositeur du titre « Why me ». Monsieur Eurovision s'appelle réellement Sean Patrick Michael Sherrard. Il est né près de Melbourne en Australie.

Sœur Thérèse.com

La présentation est assurée par la chanteuse et comédienne franco-belge Viktor Lazlo, que l'on retrouvera plus tard dans des séries télévisées comme « Navarro » ou « Sœur Thérèse.com ». L'Eurovision mène à tout comme dirait l'autre…

RÉSULTATS

Place	Pays	Artiste(s)	Chanson	Langue(s)	Points
1	Irlande	Johnny Logan	Hold Me Now	eng	172
2	Allemagne	Wind	Laß die Sonne in dein Herz	ger	141
3	Italie	Umberto Tozzi & Raf	Gente di mare	ita	103
4	Yougoslavie	Novi Fosili	Ja sam za ples	hbs*	92
5	Pays-Bas	Marcha	Rechtop in de wind	nld	83
5	Danemark	Anne-Cathrine Herdorff & Bandjo	En lille melodi	dan	83
7	Chypre	Alexia	Aspro-mavro (Άσπρο-μαύρο)	gre	80
8	Israël	Datner & Kushnir	Shir Habatlanim (םינלטבה ריש)	heb	73
9	Norvège	Kate	Mitt liv	nor	65
10	Grèce	Bang	Stop (Στοπ)	gre	64
11	Belgique	Liliane Saint-Pierre	Soldiers of Love	nld	56
12	Suède	Lotta Engberg	Boogaloo	swe	50
13	Royaume-Uni	Rikki	Only the Light	eng	47
14	France	Christine Minier	Les mots d'amour n'ont pas de dimanche	fra	44
15	Finlande	Vikky Rosti & Boulevard	Sata salamaa	fin	32
16	Islande	Halla Margrét	Hægt og hljótt	isl	28
17	Suisse	Carol Rich	Moitié, moitié	fra	26
18	Portugal	Nevada	Neste barco à vela	por	15
19	Espagne	Patricia Kraus	No estás solo	spa	10
20	Autriche	Gary Lux	Nur noch Gefühl	ger	8
21	Luxembourg	Plastic Bertrand	Amour, amour	fra	4
22	Turquie	Seyyal Taner & Lokomotif	Şarkım Sëvgi Üstüne	tur	0

*serbo-croate

Il entre dans l'histoire avec trois victoires !

On a croisé Johnny Logan entre deux concerts. Il voyage tout le temps et ses dernières années ont été très chargées avec beaucoup de spectacles surtout en Scandinavie, en Allemagne et en Belgique. Il suit de loin le Concours Eurovision de la chanson mais reste dans l'histoire comme celui qui a la potion magique qui amène à la victoire ! Il l'aime et on ne serait pas surpris de le revoir participer un jour comme compositeur. En 2024, il prendra même position et soutiendra la chanteuse irlandaise, « sorcière » controversée et non binaire, Bambie Thug.

« Lors de ma première victoire en 1980, l'industrie musicale était vraiment différente. À cette époque en Irlande, si l'on souhaitait être un chanteur en solo, il n'y avait pas beaucoup de débouchés. L'Eurovision était une des seules possibilités qui permettait d'accéder à une audience internationale. C'était aussi la notion d'identité nationale qui prévalait, le fait de représenter son pays et son drapeau. C'était quelque chose de sérieux et d'émotionnel, comme une équipe de football qui joue pour son pays. Il y avait de la fierté, mais aussi beaucoup d'angoisse de ne pas y arriver. Tout s'est passé rapidement.

Dans ma vie, j'ai toujours fait de la musique et je viens d'une famille de musiciens. J'ai bien essayé de faire autre chose, comme électricien, mais c'est la musique qui me passionnait ! J'ai

d'abord écrit des chansons car je voulais me faire connaître comme compositeur en Irlande. J'ai ensuite participé comme chanteur à la finale nationale irlandaise avec « What's another year » sans trop y croire. J'ai finalement gagné et je suis donc parti pour les Pays-Bas.

C'était ma première expérience hors de mon pays comme jeune adulte et j'étais très impressionné. Quand je suis arrivé à l'aéroport d'Amsterdam, j'ai croisé le candidat suédois, Tomas Ledin, en attendant seul mes bagages. Je me demandais qui était cette star de rock habillée avec un long manteau de cuir et très entourée qui attirait toute l'attention. Je me suis dit : mais mon Dieu qu'est-ce que je viens faire là ? J'ai su par la suite que Tomas venait de terminer une tournée mondiale comme choriste du groupe ABBA et qu'il avait donc les voix et le soutien de toute l'équipe qui gérait la carrière d'ABBA ! Impressionnant, avec une telle expérience il avait un avantage certain sur moi ! Mais finalement c'est quand même moi qui ai gagné. Le plus drôle, c'est que je l'ai recroisé à l'aéroport à mon retour. J'étais à ce moment entouré d'une horde de journalistes alors que lui prenait tranquillement une bière seul avant de reprendre son avion pour la Suède ! Les rôles se sont soudainement inversés. Comme quoi, rien n'est sûr dans le showbiz !

Ma vie avait changé en une semaine. Les mots que j'ai dits au moment de ma victoire sur scène me sont revenus à l'esprit : "Merci mon Dieu et merci l'Irlande !" J'ai ensuite vendu 3 millions de singles. Je suis né en Australie mais je suis profondément Irlandais.

Je n'étais pas le compositeur de ma première victoire et j'ai vécu une période d'incertitude musicale après. J'ai continué à composer et à travailler très dur.

J'ai retenté ma chance en 1987 à Bruxelles comme chanteur mais cette fois aussi comme auteur-compositeur de la chanson "Hold me now". C'était même plus impressionnant de revenir mais j'avais beaucoup plus d'expérience. Il ne fallait pas que je me rate car j'avais seulement trois minutes pour prouver que je pouvais regagner avec ma chanson. J'étais mieux entouré et je devais faire quelque chose de magique sur scène. J'avais déjà gagné et les attentes étaient grandes. Au départ, ce n'était pas si évident, car je n'ai jamais eu confiance en moi. En plus, on avait choisi un costume blanc qu'il fallait constamment nettoyer ! D'ailleurs à ce sujet, lors d'une conférence de presse, la première question qu'un journaliste m'a posée était : "Êtes-vous gay ?" J'ai répondu : "Pourquoi ?" Il m'a dit : "Seul un garçon gay peut porter un costume pareil !" Cela m'a bien fait rire et j'ai quand même chanté tout de blanc vêtu ! Ça m'a finalement porté chance. En fait, ma deuxième victoire m'a plus apporté que la première commercialement et professionnellement avec plus 6 millions de singles vendus. Gagner une deuxième fois a été extraordinaire !

J'ai encore participé en 1992 en écrivant une chanson "Why me" pour Linda Martin, avec qui j'avais déjà collaboré. Encore une victoire !

C'est vrai aujourd'hui, on m'appelle *Mister Eurovision*, c'est chouette et je ne me sens pas prisonnier de cela. Je suis très fier de toutes mes chansons mais je sais aussi que je travaille sur tellement de projets musicaux. Je continue ma vie d'artiste et ma carrière, même si j'aime toujours soutenir ou participer à des émissions de l'Eurovision. Ma chanson "Hold me now" a été votée troisième meilleure chanson de l'histoire du Concours Eurovision, lors du show anniversaire *Congratulations* à l'occasion des 50 ans de l'Eurovision de la chanson, en 2005 !

1988

DUBLIN

33e édition

L'année Céline Dion ou le début d'un mythe

Vainqueur : **Suisse avec la chanteuse Céline Dion**

Chanson : **« Ne partez pas sans moi »**

Auteurs-compositeurs : Nella Martinetti et Atilla Şereftuğ

30 avril 1988

Royal Dublin Society
Dublin, Irlande

Diffuseur RTÉ

21 pays participants

Retrait malheureux de Chypre

Même système de vote qu'en 1980

Pour la première fois, le vainqueur de l'édition précédente du Concours Eurovision de la chanson, Johnny Logan, ouvre le spectacle en interprétant sa chanson gagnante. Cela deviendra presque une tradition par la suite.

Prémices d'une seconde jeunesse

Dublin devient non seulement la ville de l'Eurovision mais surtout accueille un spectacle aux prémices de ce que deviendra le Concours plus tard, grâce aux Irlandais, un véritable show. Même le groupe de rock irlandais Jump the Gun décape le tout. Une nouveauté beaucoup utilisée depuis, le mur vidéo, fait sensation. C'est la première année que le tableau de votes n'est plus sur la scène et est généré par un ordinateur. C'est le début timide d'une seconde jeunesse. Il faudra attendre 1993 à Millstreet, en Irlande de nouveau, pour que cela devienne vraiment la réalité.

Destin

L'histoire la plus incroyable est celle de la chanteuse israélienne Yardena Arazi, présentatrice de 1979. Elle accepte de représenter son pays à condition de gagner. Pour cela, elle va voir une voyante qui lui affirme que la chanson victorieuse sera celle qui passera en neuvième position. C'est initialement son cas. Mais au dernier moment, la chanson chypriote qui devait passer en deuxième est disqualifiée car elle avait déjà été publiée quelques années plus tôt. On avance donc l'ordre et « Ben Adam » de Yardena passe à la huitième position. Qui est donc en neuvième position ? Céline Dion ! Comme quoi on ne change pas le destin !

Lara Fabian – Céline Dion

La chanson francophone, une dernière fois pour longtemps, est remarquablement représentée avec, pour la France, Gérard Lenorman et son titre « Chanteur de charme », et pour le Luxembourg, Lara Fabian avec « Croire ». Lara retrouve déjà sur sa route l'incroyable Céline Dion. Ce sont deux artistes dont on compare souvent les voix.

Insolites

On peut parler d'un premier duo mère-fille, Maxi & Chris Garden, pour l'Allemagne. La Danoise Kirsten Siggaard du groupe Hot Eyes est enceinte de plus de huit mois et accouche deux semaines après le Concours.

Les deux propositions les plus étranges sont celles de l'Autrichien Wilfried qui chante tout faux et obtient un nul point et de la Grecque Afroditi Frida accompagnée d'un clown et ses nombreux « ha ha ha ha ».

Le principal adversaire de Céline Dion, l'Écossais Scott Fitzgerald, qui avait eu du succès dans les années 1970, tente un retour. Il travaille sur

le marché aux viandes de Glasgow. Il faillit bien gagner, ce qui aurait certainement influencé la suite de sa carrière; plus tard il travaillera sur des bateaux de croisière.

Suspense insoutenable pour une légende

1988 restera l'année la plus incroyable en matière d'annonce des votes et de suspense. Jugez plutôt: Scott Fitzgerald est régulièrement en tête depuis le début des votes. Il semble être le favori. L'avant-dernier jury à donner ses voix, le Portugal, attribue douze points à la Suisse et seulement trois points au Royaume-Uni. L'avance du Britannique n'est plus que de cinq points. Il y a beaucoup d'émotion dans les coulisses. Les cris dans le public irlandais sont clairement favorables à la

Céline Dion gagne à la dernière seconde dans l'un des votes les plus serrés de l'histoire: une légende est née.

Suisse. Le dernier jury à voter est la Yougoslavie. Au moment où la Suisse reçoit six points, le Royaume-Uni n'en a encore aucun. Tout le monde pense que Céline Dion va perdre et elle-même aussi car il reste les sept, huit, dix et douze points à attribuer. Suspense insoutenable. À la surprise générale, le Royaume-Uni obtient zéro point de ce jury; les douze points reviennent à la France et la victoire à Céline ! Terry Wogan, le commentateur de la BBC, s'écroule mais reconnaît la supériorité de sa voix. On oubliera le look de la Québécoise pour ne garder que la puissance de son interprétation et la remarquable efficacité de la chanson.

Ainsi est née une légende.

(p.177) Victoire de Céline Dion pour la Suisse
(p.178 haut) Scott Fitzgerald
(p.178 bas) Lara Fabian

RÉSULTATS

Place	Pays	Artiste(s)	Chanson	Langue(s)	Points
1	Suisse	Céline Dion	Ne partez pas sans moi	fra	137
2	Royaume-Uni	Scott Fitzgerald	Go	eng	136
3	Danemark	Hot Eyes	Ka' du se hva' jeg sa'?	dan	92
4	Luxembourg	Lara Fabian	Croire	fra	90
5	Norvège	Karoline Krüger	For vår jord	nor	88
6	Yougoslavie	Srebrna Krila	Mangup	hbs*	87
7	Israël	Yardena Arazi	Ben Adam (בן אדם)	heb	85
8	Irlande	Jump The Gun	Take Him Home	eng	79
9	Pays-Bas	Gerard Joling	Shangri-La	nld	70
10	France	Gérard Lenorman	Chanteur de charme	fra	64
11	Espagne	La Década Prodigiosa	La chica que yo quiero (Made in Spain)	spa	58
12	Suède	Tommy Körberg	Stad i ljus	swe	52
12	Italie	Luca Barbarossa	Vivo (Ti scrivo)	ita	52
14	Allemagne	Maxi & Chris Garden	Lied für einen Freund	ger	48
15	Turquie	MFÖ	Sufi	tur	37
16	Islande	Beathoven	Þú og þeir (Sókrates)	isl	20
17	Grèce	Afroditi Frida	Clown (Κλόουν)	gre	10
18	Belgique	Reynaert	Laissez briller le soleil	fra	5
18	Portugal	Dora	Voltarei	por	5
20	Finlande	Boulevard	Nauravat silmät muistetaan	fin	3
21	Autriche	Wilfried	Lisa Mona Lisa	ger	0

*serbo-croate

Entretien avec **Atilla Şereftuğ**
compositeur de « Ne partez pas sans moi »

Histoire d'une rencontre

«Je suis né en Turquie et j'ai découvert la Suisse en faisant des concerts avec un groupe turc. Cela m'a permis de rencontrer mon manager qui m'a aidé à faire les démarches pour devenir citoyen helvétique. C'est comme ça que j'ai pu composer des chansons pour la Suisse à l'Eurovision. À cette époque, le compositeur et l'auteur devaient être du pays. J'ai d'abord rencontré Daniela Simmons et, avec la parolière Nella Martinetti, nous lui avons composé la chanson de 1986 à Bergen, "Pas pour moi" qui a terminé deuxième. Mais Daniela est surtout la rencontre de ma vie puisqu'elle est devenue ma femme. Nous ne nous sommes plus quittés. C'est aussi le point de départ de ma rencontre avec Céline Dion qui fait un peu partie de ma vie.»

Découverte de Céline Dion pour représenter la Suisse

«Après 1986, mon manager de l'époque m'appelle en disant que c'était dommage de n'avoir pas gagné l'Eurovision. Je ne comprenais pas où il voulait en venir. Pour moi, être arrivé deuxième était déjà pas mal, mais lui voulait une victoire. Je me rends alors chez lui où il me propose de composer pour de nouveaux artistes.
Il y avait environ trente-cinq disques sur son bureau. Nous les avons passés en revue sans rien trouver d'intéressant. Le dernier disque était celui de Céline Dion. Son look n'était pas terrible et mon manager n'était pas convaincu du tout. J'ai tout de suite compris que sa voix était incroyable. Si on participait encore au Concours Eurovision, c'est elle que je voulais.

J'ai insisté en disant que ce n'était pas un concours de "top model". Sa voix, c'était ce qu'il me fallait et c'était la seule chose qui comptait. Comme elle habitait au Canada, on a envoyé un fax à son manager, René Angélil, sans trop y croire. À l'époque c'était comme ça qu'on faisait ! Dix jours plus tard, nous avons reçu une réponse sans enthousiasme. René tergiversait et ne voulait pas trop s'engager, en tout cas pas cette année. Mon manager voulait laisser tomber mais pas moi. Il m'avait trouvé une autre chanteuse d'origine polonaise et très belle mais j'ai dit non ! J'étais obsédé par la voix de Céline.

J'étais très déçu. Pendant une semaine, je n'ai pas arrêté d'écouter sa voix, encore et encore, tous les jours. Un matin, contrairement à mes habitudes, je me suis réveillé très tôt et me suis mis au piano immédiatement. C'est à ce moment-là que j'ai composé la mélodie de "Ne partez pas sans moi", en seulement quinze minutes. J'imaginais dans ma tête la voix de Céline et c'est comme ça que tout m'est venu naturellement. Le même soir, j'ai préparé une maquette dans le studio d'un ami. Mon manager a accepté de l'envoyer à René et Céline au Canada.

J'étais obsédé par la voix de Céline. Cette chanson, je l'ai composée pour elle, et pour personne d'autre.

Les jours ont passé et nous n'avions toujours pas de réponse. Encore une fois, mon manager voulait laisser tomber et donner la chanson à quelqu'un d'autre. J'ai dit non catégoriquement car cette chanson était écrite pour Céline. Finalement, deux semaines plus tard, René nous a donné son accord ! Il fallait maintenant immédiatement aller les voir au Canada afin de tout finaliser. Mais le "hic" était qu'il manquait encore les paroles ! J'ai contacté immédiatement Nella Martinetti. Le texte a été prêt, non sans mal, en moins de quarante-huit heures. Nous avons pris nos billets d'avion et sommes partis pour Montréal. »

Rencontre au Canada avec Céline et René

« Ce fut une rencontre très sympathique et conviviale. René nous a accueillis chaleureusement à l'aéroport avec Céline. Il conduisait une vieille Toyota brinquebalante dont la porte côté passager se fermait avec un coup de pied. Ils ne devaient pas rouler sur l'or à cette époque. Nous nous sommes tout de suite sentis à l'aise et le soir même pour nous faire plaisir, ils nous ont invités dans un restaurant grec ! Moi qui suis Turc d'origine, j'ai fait comme si de rien n'était...

Je sentais déjà que René était aux commandes, un gars un peu fou et joueur. Quand on roulait, il s'arrêtait aux feux verts et brûlait les feux rouges, puis se tournait vers nous en riant pour voir notre réaction ! Mais il était très malin et il négociait en cachette avec les maisons de disques. Il savait ce qu'il faisait. Quant à Céline, elle parlait un peu l'anglais. Elle était jeune et charmante. Elle chantait tout le temps et le lendemain de notre arrivée elle a tout de suite appris la chanson. Nous sommes ensuite allés au studio d'enregistrement où dès la première prise, la chanson a été parfaite. Après trois jours incroyables, nous sommes rentrés en Suisse. Nous avons ensuite envoyé la chanson à la Télévision Suisse Romande et gagné la finale nationale. »

Réaction de la presse suisse après la victoire d'une Canadienne

« Il y avait beaucoup de pression, car nous avions pris de gros risques en faisant venir une artiste du Canada. Les journalistes trouvaient étrange et même scandaleux que moi, M. Atilla Şereftuğ, d'origine turque, compose une chanson pour une Canadienne afin de représenter la Suisse. On avait déjà beaucoup de Canadiens qui jouaient au hockey sur glace en Suisse, alors maintenant une chanteuse ! »

Finale internationale à Dublin

« Quelle aventure et beaucoup d'émotions. Céline est arrivée en Irlande avec René dans ses bagages. Elle avait choisi elle-même sa robe et c'était un choc pour moi. Mais on n'avait plus le temps de changer. En voyant la scène, elle a quand même un peu paniqué et pris conscience de la pression. La semaine s'est pourtant bien passée et après les premières répétitions, la Suisse était favorite.

En une nuit, Céline Dion est passée de 250 000 à un million de dollars. L'Eurovision a tout changé.

Je connaissais déjà ce sentiment et c'était comme en 1986 avec Daniela Simmons, sauf qu'on avait fini deuxièmes. Je me méfiais donc et j'ai tout de suite dit à toute la délégation de se calmer. J'avais peur qu'un ou une candidate puisse nous empêcher de gagner. Durant la finale, René a toujours été très confiant et il était sûr de gagner.

Pendant les votes, ce fut un chassé-croisé entre Céline Dion et l'Écossais Scott Fitzgerald. Après quinze jurys, la Suisse était devant le Royaume-Uni avec cinq points d'avance. À ce moment-là, René me glisse à l'oreille que c'est tout bon. “Regarde, me dit-il, il reste six jurys, dont les trois pays francophones ! C'est dans la poche, ils vont voter pour Céline !” De mon côté, je n'étais pas rassuré du tout et à juste titre. S'ensuivent les six derniers votes, dont la Belgique qui donne seulement quatre points à la Suisse, suivie du Luxembourg et de la France qui en donnent seulement un chacun. C'était le choc pour René qui s'est senti blessé et ne comprenait plus.

La fin, on la connaît, c'est finalement la Yougoslavie qui libère Céline Dion en donnant six points à la Suisse et rien au Royaume-Uni. C'était un finish à la Hitchcock et je ne peux juste pas exprimer mes sentiments à ce moment-là ! En plus, les Irlandais dans la salle, qui ne voulaient pas que le Royaume-Uni gagne, ont explosé de joie à la victoire suisse. Céline pleurait et René criait : "Je t'avais dit, on a gagné !" C'était simplement une expérience incroyable, beaucoup de joie, de fierté et une délivrance. Nous avons fêté toute la nuit.

Par contre, René a disparu rapidement et c'est un moment clef de la carrière de Céline qui s'est joué durant cette nuit. Son manager a pris tout de suite les choses en main et a appelé immédiatement sa maison de disques aux États-Unis, Sony Music, pour annoncer la victoire de son poulain. Il a fait monter les enchères en mentionnant que ce Concours avait été gagné par les ABBA et que des artistes prestigieux y avaient participé comme Cliff Richard. Sa valeur avant le Concours était de seulement 250 000 dollars, ce qui n'était pas grand-chose. René a réussi son coup et a fait monter le prix en une nuit à 1 million de dollars, un vrai tremplin en or.

La victoire de Céline à l'Eurovision est le vrai point de départ de sa carrière internationale qui lui a permis de devenir milliardaire. Elle l'a vraiment mérité. Sa maison de disques investira même jusqu'à 3 millions pour la préparer, lui faire changer de style et lui apprendre l'anglais jusqu'à la sortie de son premier album en 1990 et son premier hit international "Where does my heart beat now". »

Anecdote **Fabien Lecœuvre**

NUIT D'AMOUR À DUBLIN

Le Concours désunit parfois mais réunit aussi certains couples. Ce fut le cas de Céline Dion et de René Angélil qui avoueront plus tard que leur première nuit d'amour a eu lieu à l'hôtel le soir même après la victoire de Céline à Dublin. Leur relation restera secrète jusqu'en 1993. René vivait assez mal la différence d'âge entre eux. Pour Céline Dion, le Concours rime donc avec bonheur.

1989

LAUSANNE

34e édition

Retour aux sources avec un drôle de gagnant

Vainqueur : **Yougoslavie avec le groupe Riva**

Chanson : **« Rock me »**

Auteurs-compositeurs : Stevo Cvikic et Rajko Dujmic

6 mai 1989

Palais de Beaulieu Lausanne, Suisse

Diffuseur SSR-TSR

22 pays participants

Retour de Chypre

Même système de vote depuis 1980. La règle des ex æquo est clarifiée. En cas d'égalité, on compte le nombre de 12 et de 10 points attribués pour départager les pays

Céline Dion, Heidi

Dans le film d'introduction du spectacle, *Heidi*, un des personnages mythiques de la littérature suisse, guide les téléspectateurs dans la salle du Palais de Beaulieu à Lausanne après une longue et magnifique visite du pays en images. C'est un retour aux origines puisque c'est dans cette ville qu'est née l'idée d'un tel Concours Eurovision de la chanson avec Marcel Bezençon (voir 1956). Céline Dion attend Heidi à l'entrée du Palais et chante « Ne partez pas sans moi » suivi de son premier single en anglais « Where does my heart beat now », titre qui lancera sa carrière outre-Atlantique.

On a beaucoup reproché à ce Concours de manquer de rythme, comme cette année avec l'ouverture. C'est seulement après vingt et une minutes qu'on peut enfin entendre la première chanson en compétition.

Originalités et records

L'Allemagne choisit de ne pas utiliser l'orchestre mais la bande-son, ce qui jouera nettement en défaveur de sa star Nino de Angelo. L'Allemagne et l'Autriche ont le même compositeur, Dieter Bohlen, membre du groupe Modern Talking.

L'Irlande fait le plus mauvais résultat de son histoire à l'époque en terminant dix-huitième. Les Irlandais seront derniers plus tard en 2007, 2013, 2019 et en 2021, un passage à vide sans précédent pour ce pays.

La Suède, en présentant Tommy Nilsson, vient avec la seule chanson vraiment moderne du Concours. Favori, il termine seulement quatrième.

Le groupe suisse Furbaz chante dans la quatrième langue nationale, le romanche.

Dans les records, c'est la deuxième fois de suite que le Royaume-Uni et le Danemark finissent deuxième et troisième.

Chefs d'orchestre

C'est aussi l'année des chefs d'orchestre. On rappelle qu'il y a encore un orchestre présent, engagé par le pays hôte, pour ceux qui le souhaitent. Chaque délégation a la possibilité de faire venir son propre chef d'orchestre. Ossi Runne termine sa carrière à l'Eurovision après avoir dirigé l'orchestre vingt-deux fois pour la Finlande. Seuls le Français Franck Pourcel et l'Irlandais Noel Kelehan feront mieux avec vingt-trois et vingt-neuf participations. Celui qui se fait le plus remarquer à Lausanne est Timur Seldcuk, qui gesticule de façon totalement délirante avant de diriger la chanson turque du groupe Pan dans lequel se trouve sa fille. Et ce n'est pas tout, le chef d'orchestre danois Henrik Krogsgaard, au milieu de la chanson, quitte son poste pour rejoindre les choristes. Il est remplacé par le chef officiel de l'orchestre Benoit Kaufman.

À Lausanne, l'Eurovision revient là où tout a commencé, mais il faudra attendre 21 minutes avant d'entendre la première chanson.

Le groupe Riva, gagnant yougoslave

Seize ans révolus

Les enfants provoquent la polémique avec la présence sur scène de deux enfants de 11 ans. Pour la France, Nathalie Pâque et pour Israël, Gili, du duo Gili & Galit. Contestées, ces participations sonnent le glas de la présence des enfants au Concours. Dès l'année suivante, on applique la règle des 16 ans révolus le jour de la finale pour chanter. Plus tard, l'organisateur décidera d'organiser un concours pour les jeunes de 10 à 15 ans appelé le « Concours Eurovision de la chanson Junior » (voir aussi p. 262).

Guillaume Tell

L'intermède est étrange et plutôt raté lorsque l'artiste de cirque qui incarne Guillaume Tell vise la cible de la pomme. Il la rate. Heureusement la flèche se plante juste à côté. On diffuse une version enregistrée au ralenti dans laquelle le tir est réussi.

Riva

Les présentateurs sont Lolita Morena et Jacques Deschenaux. Ils annoncent la victoire inattendue et encore aujourd'hui inexpliquée du groupe yougoslave Riva, tant la chanson est banale. Terry Wogan, commentateur de la BBC, annonce alors la déchéance du Concours, ce qu'il fera à plusieurs reprises dans le futur. Les auteurs-compositeurs gagnants en sont à leur troisième participation de suite et le groupe vient en fait de l'actuelle Croatie. Cette chanson ne connaîtra pas le moindre succès et le groupe ne sera pas intégré au show de l'année suivante à Zagreb.

Pour la petite et triste histoire, le compositeur de la chanson de Céline Dion, Atilla Şereftuğ, est oublié par les organisateurs et ne reçoit pas d'invitation pour le Concours de Lausanne. Il se présente quand même, comme « Monsieur tout le monde » au guichet des billets et reçoit tout de même une place au fond de la salle. La gratitude n'est semble-t-il pas helvétique ?!

Deux enfants sur scène, une pomme manquée, un chef d'orchestre exubérant… et une victoire yougoslave toujours aussi incomprise.

Les présentateurs Lolita Morena et Jacques Deschenaux

RÉSULTATS

Place	Pays	Artiste(s)	Chanson	Langue(s)	Points
1	Yougoslavie	Riva	Rock Me	hbs*	137
2	Royaume-Uni	Live Report	Why Do I Always Get it Wrong?	eng	130
3	Danemark	Birthe Kjær	Vi maler byen rød	dan	111
4	Suède	Tommy Nilsson	En dag	swe	110
5	Autriche	Thomas Forstner	Nur ein Lied	ger	97
6	Espagne	Nina	Nacida para amar	spa	88
7	Finlande	Anneli Saaristo	La dolce vita	fin	76
8	France	Nathalie Pâque	J'ai volé la vie	fra	60
9	Italie	Anna Oxa & Fausto Leali	Avrei voluto	ita	56
9	Grèce	Mariana Efstratiou	To dhiko sou asteri (Το δικό σου αστέρι)	gre	56
11	Chypre	Fani Polymeri & Yiannis Savvidakis	Apopse as vrethoume (Απόψε ας βρεθούμε)	gre	51
12	Israël	Gili & Galit	Derech Hamelech (דרך המלך)	heb	50
13	Suisse	Furbaz	Viver senza tei	roh**	47
14	Allemagne	Nino de Angelo	Flieger	ger	46
15	Pays-Bas	Justine Pelmelay	Blijf zoals je bent	nld	45
16	Portugal	Da Vinci	Conquistador	por	39
17	Norvège	Britt Synnøve Johansen	Venners nærhet	nor	30
18	Irlande	Kiev Connoly & The Missing Passengers	The Real Me	eng	21
19	Belgique	Ingeborg	Door de wind	nld	13
20	Luxembourg	Park Café	Monsieur	fra	8
21	Turquie	Pan	Bana, bana	tur	5
22	Islande	Daníel	Það sem enginn sér	isl	0

*serbo-croate
**romanche

— 1989 —

Les coulisses de l'Eurovision à Lausanne, Suisse, racontées par Stéphane Matteuzzi, réalisateur à la Radio Télévision Suisse

Rock me

« En 1989 j'étais assistant de réalisation à la TSR (Télévision Suisse Romande, partie francophone) et je faisais mon apprentissage de réalisateur. Il y avait vingt-deux chansons dans le Concours dont une chanson yougoslave qui passait la dernière, interprétée par un groupe nommé Riva. Cette chanson s'appelait "Rock me". Et comme je suis un fan de rock, de jazz, etc., je trouvais que c'était sympathique de donner un rythme à cette chanson.

La scripte râlait déjà en me disant : "La chanson que tu as découpée, des Yougoslaves, ça va beaucoup trop vite, je n'arriverai jamais à te donner tous les plans que tu m'as demandés, on ne fait pas comme ça..."

Moi ça m'intéressait et je me suis dit : allez tant pis j'essaie et je me rappelle j'étais à l'hôtel et j'ai commencé à découper la chanson yougoslave d'une manière deux fois plus rapide, voire trois fois plus rapide que ce que normalement un réalisateur "sain d'esprit" à l'époque aurait fait (rires) !

Arrive le soir de l'Eurovision. J'étais stressé. De ma vie je n'ai jamais eu un trac pareil et j'avais les mains moites. Tout se passe bien à quelques détails près. Arrive la dernière chanson du spectacle et je sens déjà la scripte se tendre encore plus et maugréer dans son coin. Et... on fait la chanson... et ça se passe très bien, pas d'erreur, vraiment tout le monde est soulagé.

Et plus les résultats avançaient et plus on voyait les douze points aller à la Yougoslavie. Plus le temps passait et plus ça prenait des proportions incroyables, la scripte disait : "Ah mais non, on ne va pas refaire cette chanson, en plus en yougoslave !" Nous, on était pliés de rire dans le car parce que personne n'avait envie de se relancer là-dedans car c'est vrai que c'était la plus difficile qu'on avait réalisée. Malheureusement pour nous, on a dû la refaire une fois parce que la chanson a gagné ! » C'étaient les sueurs froides de « Rock me baby » ! (rires)

> ***« Personne n'avait envie de la refaire... et pourtant, c'est elle qui a gagné ! »***
>
> *Stéphane Matteuzzi, à propos de « Rock me »*

Céline Dion

« La grande vedette de Lausanne c'était Céline Dion qui était là pour remettre son prix aux suivants. J'avais fait connaissance avec René Angélil, une personne très sympathique et très professionnelle. Il nous avait offert la primeur d'une chanson de Céline Dion. C'était "Where does my heart beat now?", son premier grand tube international en anglais. Il sortait du studio et voulait la tester à l'Eurovision en introduction de l'émission.

En plus, René m'avait bien accueilli parce que c'était mon père Pierre qui était réalisateur lors de la finale suisse l'année précédente quand Céline avait gagné. Pour lui "Matteuzzi" était un nom qui porte bonheur !

Nous avons beaucoup fraternisé avec Céline Dion, on a des fois mangé ensemble dans la cafétéria entre les répétitions. C'était quelqu'un de très chaleureux. Elle était déjà connue mais en début de carrière. On sentait déjà une petite attirance entre elle et René, ils étaient très amis. Céline avait beaucoup de compassion pour les autres candidats, elle les aidait, les soutenait, elle adorait chanter un moment avec eux dans les couloirs... Il y avait une ambiance incroyable.

On était logés dans un grand hôtel à Lausanne. Les quatre derniers jours avant l'émission, je n'avais pas le droit de conduire pour éviter les accidents. Même le soir de la finale, on m'avait interdit de prendre les transports en commun.

Ce soir-là, j'ai fait le trajet en limousine avec Céline Dion et René... je ne m'attendais pas du tout à ça.

C'est dans la grande limousine avec Céline Dion et René que j'ai fait le petit voyage entre le Palace de Lausanne et le Palais de Beaulieu où avait lieu l'Eurovision. Je ne m'attendais pas du tout à ça et c'était formidable !

À la fin de la soirée, Céline Dion a fait une jam magnifique avec tous les autres participants. Ça a duré des heures. Ils ont fait tout le répertoire des grandes chansons américaines et françaises. J'ai ce souvenir-là de Céline Dion parce qu'après évidemment ça s'est drôlement américanisé, ça a été du gros business et tant mieux pour elle. Ce que je veux dire par là c'est que c'était une personne extrêmement chaleureuse, je pense qu'elle l'est encore, et très humaine ! »

(p.189) Céline Dion à Lausanne

(en haut) Le groupe Riva sur scène à Lausanne

(ci-contre) Stéphane Matteuzi

1990

Quand le chat ruine la télévision. La chute du mur

Vainqueur : **Italie avec le chanteur Toto Cutugno**

Chanson : **« Insieme : 1992 »**

Auteur-compositeur : Toto Cutugno

ZAGREB

35e édition

5 mai 1990

Koncertna dvorana Vatroslav Lisinski Zagreb, Yougoslavie

Diffuseur JRT

22 pays participants

Aucun retour, aucun retrait

Même système de vote qu'en 1989

Eurochat

Ce Concours Eurovision de la chanson est celui du « chat » et de l'Europe. L'« Eurochat », personnage de dessin animé et fil rouge de la soirée et des cartes postales, emmène le téléspectateur dans toute l'Europe. Il a bien failli faire capoter le show. Son coût, à lui seul, amène le diffuseur à dépasser le budget déjà largement contesté. On passe à deux doigts de la faillite. Heureusement que la télévision d'État payera la note. Les journalistes locaux critiquent ces dépenses compte tenu de la précarité ambiante.

Mur de Berlin

Le mur de Berlin vient de tomber et cinq chansons sur les vingt-deux en compétition parlent de ce thème directement ou indirectement. L'Autriche et la Norvège évoquent le mur dans leur chanson respective : « Plus jamais de mur » et « La porte de Brandebourg ». La Finlande parle de la fin de la guerre froide, l'Allemagne de liberté et l'Italie de l'unification de l'Europe. Le symbole d'un Concours est fort, dans ce contexte organisé pour la première fois à l'est, et deux ans avant l'éclatement de la Yougoslavie.

45, 54

Les présentateurs font également l'objet de railleries à propos de leur âge. Helga et Oliver ont 45 et 54 ans, pas très « vieux » mais déjà « trop vieux » pour l'Eurovision. Pendant les répétitions, ils décident de se retirer et la télévision tente même de les remplacer. Mais finalement, après avoir reçu les excuses qui s'imposent, ils reprennent leur place et sont excellents ! Comme quoi l'expérience fait souvent la différence.

La soirée est émaillée de problèmes techniques aussi bien sur scène que pour les commentateurs. Ça commence très mal avec le duo espagnol « Azucar Moreno » dont la bande-son ne démarre pas, puis s'accélère en empêchant l'orchestre de suivre. Les deux sœurs quittent

(haut) Les deux présentateurs yougoslaves Olivier Mlakar et Helga Vlahovic

(bas) Le groupe Beat, dernier avec une chanson qui parle de la chute du mur

la scène très fâchées dans le plus grand silence. Quelques minutes plus tard, elles reviennent sous les applaudissements pour interpréter une nouvelle fois leur titre. Ouf, on a eu chaud !

Macédomienne

Le chanteur qui défend les couleurs de la Belgique, Philippe Lafontaine, veut rendre hommage à son épouse macédonienne. Il compose une chanson « Macédomienne » qu'il n'a jamais voulu commercialiser pour cause de tensions entre la Grèce et la Yougoslavie. Il n'obtient aucun point de ces deux pays. Il l'enregistre finalement quelques années plus tard pour soutenir un projet humanitaire en Bosnie-Herzégovine.

Recours contre l'Italie

La France veut d'abord se retirer du Concours, vexée par ses mauvais résultats depuis quelques années. Finalement la nouvelle directrice du divertissement d'Antenne 2, Marie- France Brière, choisit de faire appel à Serge Gainsbourg – compositeur – et à Joëlle Ursull, membre du groupe Zouk Machine. La chanson « White and black blues », favorite du Concours Eurovision, arrive deuxième à égalité avec la chanson irlandaise. La délégation française, suite à la victoire de l'Italie, dépose un recours pour la disqualifier. Les chansons françaises et irlandaises n'obtiennent aucun point du jury italien, cela ressemble effectivement à un coup monté. Le porte-parole du jury italien s'est même trompé en annonçant les résultats, comme étant ceux du jury espagnol. On peut douter du sérieux des Italiens. Enfin bref ça sent la magouille ! À la décharge des Italiens, même s'ils avaient donné le maximum de points à la France, cela n'aurait pas suffi pour gagner, la chanson de Toto Cutugno aurait de toute façon remporté le Grand Prix Eurovision.

Boycott de Toto

Toto avait déjà composé plusieurs chansons à succès comme « L'Italiano » et « L'été indien ». Il choisit de sanctifier l'Europe à travers le libre-échange et le futur traité de Maastricht avec « Insieme : 1992 ». Il participe au Concours dans l'indifférence totale en Italie puisque l'émission n'est pas retransmise sur les chaînes les plus regardées. Ce charmant chanteur italien nous quittera malheureusement en 2023.

16 ans

La limite d'âge à 16 ans devient une réalité, ce qui pose des problèmes à la délégation britannique. Sa chanteuse Emma n'a pas encore l'âge révolu.

L'organisateur fait une dérogation pour l'occasion, considérant qu'elle est dans l'année de ses 16 ans. Elle devient donc la dernière artiste de moins de 16 ans à participer à l'Eurovision.

Deux provocations

L'Autrichienne Simone fait sensation avant le Concours en posant nue pour des magazines. L'Israélienne d'origine iranienne Rita dérange avec sa prestation extrêmement sensuelle. Deux ans plus tard, elle fait l'actualité musicale en France en reprenant le classique « Roxanne » du groupe Police. Le Concours tombe dans l'anonymat.

RÉSULTATS

Place	Pays	Artiste(s)	Chanson	Langue(s)	Points
1	Italie	Toto Cutugno	Insieme: 1992	ita	149
2	France	Joëlle Ursull	White and Black Blues	fra	132
2	Irlande	Liam Reilly	Somewhere in Europe	eng	132
4	Islande	Stjórnin	Eitt lag enn	isl	124
5	Espagne	Azúcar Moreno	Bandido	spa	96
6	Royaume-Uni	Emma	Give a Little Love Back to the World	eng	87
7	Yougoslavie	Tajči	Hajde da ludujemo	hbs*	81
8	Danemark	Lonnie Devantier	Hallo, hallo	dan	64
9	Allemagne	Chris Kempers & Daniel Kovac	Frei zu leben	ger	60
10	Autriche	Simone	Keine Mauern mehr	ger	58
11	Suisse	Egon Egemann	Musik klingt in die Welt hinaus	ger	51
12	Belgique	Philippe Lafontaine	Macédomienne	fra	46
13	Luxembourg	Céline Carzo	Quand je te rêve	fra	38
14	Chypre	Anastazio	Milas poli (Μιλάς πολύ)	gre	36
15	Pays-Bas	Maywood	Ik wil alles met je delen	nld	25
16	Suède	Edin-Ådahl	Som en vind	swe	24
17	Turquie	Kayahan	Gözlerinin hapsindeyim	tur	21
18	Israël	Rita	Shara Barkhovot (שרה ברחובות)	heb	16
19	Grèce	Christos Callow	Horis skopo (Χωρίς σκοπό)	gre	11
20	Portugal	Nucha	Há sempre alguém	por	9
21	Norvège	Ketil Stokkan	Brandenburger Tor	nor	8
21	Finlande	Beat	Fri?	swe	8

*serbo-croate

1991

ROME

36e édition

Une égalité et un heureux chaos

Vainqueur : **Suède avec la chanteuse Carola**

Chanson : **« Fångad av en stormvind »**

Auteur-compositeur : Stephen Berg

4 mai 1991

Studio 15 Cinecittà
Rome, Italie

Diffuseur RAI

22 pays participants

Retour de Malte

Retrait des Pays-Bas

Même système de vote qu'en 1989

Casino de Gigliola et Toto

Le Concours Eurovision de la chanson choque les puristes mais réjouit ceux qui le trouvent trop engoncé dans ses traditions. Pour présenter l'émission, la RAI fait appel aux deux seuls gagnants italiens, Gigliola Cinquetti et Toto Cutugno. Deux vainqueurs qui présentent l'Eurovision, cela reste un fait unique. Ils sont désorganisés mais souriants, drôles et décontractés. Certaines mauvaises langues les ont qualifiés de médiocres et sans expérience. Il est vrai que leurs connaissances des langues et des règles du Concours les ont un peu desservis. Toto essaye de prononcer les titres de chaque chanson dans chaque langue nationale, ce qui avait pour effet d'agacer les commentateurs du nord de l'Europe mais d'amuser les spectateurs dans la salle. C'était un heureux *casino* (désordre) italien !

Chanson italienne à Rome

Les cartes postales de cette année sont uniques car chaque artiste choisit et chante un extrait d'un succès de la chanson italienne sur des images du pays hôte montrant la richesse culturelle et musicale de l'Italie !

L'originalité est certainement liée au lieu qui est choisi au dernier moment. À l'origine, cette édition devait être organisée dans le temple mythique de la chanson italienne, Sanremo, le festival précurseur de l'Eurovision. Mais en pleine guerre du Golfe, certaines télévisions demandent un endroit plus sécurisé pour la finale. La RAI choisit les fameux studios de cinéma de Cinecittà. Cela provoque de sérieux problèmes d'organisation comme l'orchestre qui arrive régulièrement en retard prétextant des soucis de transports publics ou la pluie qui ne cesse de tomber. Il joue du reste tout faux à plusieurs reprises, particulièrement le saxophoniste pendant le solo de la prestation de la diva grecque, Sophia Vossou.

Stars

C'est la naissance de plusieurs stars dans de nombreux pays : la Suisse avec Sandra Simó (Studer), animatrice célèbre en Suisse allemande et qui a co-présenté l'Eurovision à Bâle en 2025, le Portugal avec Dulce Pontes, grand auteur-compositeur de musique pop, folk et fado, l'Espagne avec Sergio Dalma et sa carrière impressionnante de plus de trente ans. Les Belges sont tellement certains de gagner avec le groupe Clouseau, très connu en Flandre, que même le ministre de la Culture est du voyage mais sans le succès escompté.

Drag queen

Parmi les présentations loufoques, notons celle de la Yougoslavie avec la chanteuse Baby Doll et sa chanson décalée et trash qui nous emmène au Brésil. Sa perruque blonde lui donne un air de drag queen, ce qui plaira beaucoup au fan Jean Paul Gaultier !

Les Pays-Bas sont absents une nouvelle fois, ils commémorent le Jour national des victimes de la Deuxième Guerre mondiale. Ce retrait permet le retour définitif de Malte.

Règles

La règle des vingt-deux participants maximum va tomber l'année suivante. En effet, le succès de Malte qui arrive brillamment sixième et le désir des Néerlandais de participer à nouveau obligent l'organisateur à élargir le nombre de participants.

La règle des ex æquo est largement utilisée. Au terme de la finale, la chanson française et la chanson suédoise terminent à égalité en tête. C'est normalement la chanson qui a obtenu le plus grand nombre de douze points qui l'emporte. Mais stupeur, les deux artistes Amina et Carola obtiennent quatre fois douze points chacune. Il faut les départager avec le nombre de dix points obtenu. C'est la Suède qui l'emporte avec cinq fois dix points contre deux fois dix seulement pour la France. C'est une nouvelle désillusion pour la République, c'est la deuxième fois que la France arrive deuxième !

Décrépitude et branchitude

Qui aurait pu imaginer que la chanson d'Amina – Franco-Tunisienne née à Carthage – « C'est le dernier qui a parlé qui a raison » avec sa deuxième place, sera très longtemps le meilleur résultat pour la France ? Léon Zitrone, célèbre commentateur français, aura cette réplique : « Sans l'ombre de rancune mais avec une petite touche de regret je présente mes compliments à la gagnante suédoise. » Jean Paul Gaultier, fan inconditionnel du Concours, s'est occupé de l'habit de scène d'Amina. Se prenant au jeu, il reviendra habiller la transsexuelle israélienne Dana International quelques années plus tard. On le retrouvera encore au côté de Julien Lepers

en 2008 à Belgrade comme commentateur. L'Eurovision, malgré sa décrépitude, reste un haut lieu de la branchitude !

Cela marque quand même un tournant dans l'histoire du Concours Eurovision pour les chansons françaises qui auront de moins en moins de succès, d'où le désintérêt du public, des artistes et des téléspectateurs francophones.

La Suédoise Carola, pour sa deuxième participation, est victime d'une coupure de son dans la salle. Cela n'a aucune incidence sur la diffusion télévisée, ni sur le jury. Elle garde son sang-froid et gagne le Concours.

(p.195) Carola, gagnante suédoise

(pp.196-197) Carola, sur scène

RÉSULTATS

Place	Pays	Artiste(s)	Chanson	Langue(s)	Points
1	Suède	Carola	Fångad av en stormvind	swe	146
2	France	Amina	C'est le dernier qui a parlé qui a raison	fra	146
3	Israël	Duo Datz	Kan (כאן)	heb	139
4	Espagne	Sergio Dalma	Bailar pegados	spa	119
5	Suisse	Sandra Simó	Canzone per te	ita	118
6	Malte	Georgina et Paul Giordimaina	Could It Be	eng	106
7	Italie	Peppino di Capri	Comme è ddoce 'o mare	nap*	89
8	Portugal	Dulce Pontes	Lusitana paixão	por	62
9	Chypre	Elena Patroklou	S.O.S.	gre	60
10	Irlande	Kim Jackson	Could It Be That I'm In Love	eng	47
10	Royaume-Uni	Samantha Janus	A Message to Your Heart	eng	47
12	Turquie	Izel, Reyhan & Can	Iki dakika	tur	44
13	Grèce	Sofia Vossou	I Anixi (H Avοιξη)	gre	36
14	Luxembourg	Sarah Bray	Un baiser volé	fra	29
15	Islande	Stefán et Eyfi	Draumur um Nínu	isl	26
16	Belgique	Clouseau	Geef het op	nld	23
17	Norvège	Just 4 Fun	Mrs. Thompson	nor	14
18	Allemagne	Atlantis 2000	Dieser Traum darf niemals sterben	ger	10
19	Danemark	Anders Frandsen	Lige der hvor hjertet slår	dan	8
20	Finlande	Kaija Kärkinen	Hullu yö	fin	6
21	Yougoslavie	Baby Doll	Brazil	hbs**	1
22	Autriche	Thomas Forstner	Venedig im Regen	ger	0

*napolitain
**serbo-croate

Interview avec *Sandra Studer (Sandra Simó)*

Quels sont vos meilleurs et moins bons souvenirs de chanteuse et de commentatrice à l'Eurovision ?

« Comme chanteuse, pour moi un rêve s'est réalisé en 1991. J'ai grandi avec l'Eurovision. On le regardait chaque année avec toute la famille et on pariait sur nos favoris. C'était donc juste une grande aventure de pouvoir y participer une fois !

Dans mes souvenirs, la retransmission à Rome (Cinecittà) a été plutôt chaotique. On ne peut pas comparer cela avec les shows surdimensionnés et super stylés d'aujourd'hui qui demandent une organisation conséquente. Il n'y avait que la moitié qui fonctionnait, mais il y avait encore le charme d'un cadre plus petit et on avait une vue d'ensemble.

En tant que commentatrice pour la Télévision suisse alémanique, j'ai eu aussi le plaisir d'accompagner le Concours Eurovision de la chanson avec une certaine ironie. Une chose que le Concours a toujours représentée pour moi et qui fait également son charme. Quand il y avait des costumes bizarres, des chorégraphies étranges ou des représentations involontairement comiques, ça me permettait de puiser dans l'infini pour mes commentaires.

Malheureusement, tout est devenu de plus en plus professionnel et mainstream, alors la "nourriture" pour mes commentaires s'épuisait. Il était temps d'arrêter. »

Qu'est-ce que votre passage à l'Eurovision vous a apporté ?

« Musicalement, ma performance ne m'a pas apporté grand-chose. Les maisons de disques ne voyaient pour moi que la possibilité de faire de la chanson-variété allemande, ce qui ne m'intéressait pas. Cependant, une autre porte que je n'avais jamais prise en considération s'était ouverte : la télévision.

Suite à une interview télévisée que j'avais donnée en tant que participante au Concours, on m'a proposé une émission. Juste comme ça. Cela ne se fait plus de nos jours ! Alors j'ai sauté dans l'eau froide et j'ai présenté mon premier show ! Le résultat est une collaboration de plus de trente ans avec la SRF (Télévision suisse alémanique) qui perdure jusqu'à ce jour avec ma présence sur la scène de l'Eurovision 2025 pour la co-présentation de l'émission.

Finalement, c'est grâce au Concours Eurovision de la chanson que j'ai pu faire carrière à la télévision. »

Pourquoi avez-vous chanté en italien ?

« En 1989, lors des sélections préliminaires suisses, j'ai rencontré Renato Mascetti. Il y participait et moi j'étais choriste pour une autre chanson. Il m'a demandé si je n'avais pas envie de présenter ma propre chanson l'année suivante. Je lui ai répondu oui. Il a alors écrit une chanson pour moi, et bien sûr en italien, comme il venait du Tessin (partie italophone de la Suisse). Cela m'arrangeait beaucoup car ma langue maternelle est l'espagnol et je ne voulais en aucun cas chanter en allemand.

Avec la chanson de Renato "Lo so", j'ai été dernière des sélections suisses de 1990. Mais Renato ne voulait pas abandonner, il m'a alors écrit "Canzone per te" et avec cette chanson j'ai gagné en 1991. »

Quelle est votre vision du Concours et son évolution ?

« Ces dernières années, le Concours Eurovision de la chanson est devenu une œuvre d'art télévisée. Ce qu'on nous montre au niveau technologique est vraiment fantastique. En tant que présentatrice de télévision, je suis fascinée par la tournure qu'a prise le Concours au niveau de sa réalisation. Il est devenu une des émissions les plus prodigieuses du monde ! Ainsi on a la réponse sur le bien-fondé de l'existence de ce Concours dans l'avenir. L'Eurovision Song Contest devrait, selon moi, exister encore pendant les cent prochaines années ! »

1992

Le début de l'Irlandmania

Vainqueur : **Irlande avec la chanteuse Linda Martin**

Chanson : **« Why me »**

Auteur-compositeur : Sean Sherrard (Johnny Logan)

MALMÖ

37e édition

9 mai 1992

Malmömässan
Malmö, Suède

Diffuseur SVT

23 pays participants

Retour des Pays-Bas

Même système de vote qu'en 1989

Drakkar

Le petit film d'ouverture du Concours Eurovision de la chanson fait un clin d'œil à l'égalité entre la France et la Suède l'année précédente. On y voit des images virtuelles de l'Italie, pays organisateur de l'année d'avant, qui nous emmènent en France, puis jusqu'en Suède où se déroule cette édition. La preuve, le décor est constitué d'une proue de drakkar, bateau viking.

Eurobird

Un oiseau au plumage bleu nommé «Eurobird» nous guide dans la présentation des pays. L'«Eurochat» de 1990 en Yougoslavie aurait-il apprécié cette deuxième mascotte de l'histoire ou l'aurait-il mangée?

C'est la dernière émission du Concours dans son habit classique avant l'arrivée des shows à l'irlandaise, même si on note déjà l'utilisation de quelques lasers et effets spéciaux.

L'édition 1992 marque la fin d'une époque classique et le début d'une ère irlandaise qui va métamorphoser le Concours.

Trois premières

Le chanteur Serafin Zubiri est le premier artiste non voyant à défendre les couleurs de son pays, l'Espagne. Il tentera une deuxième fois sa chance en 2000. D'autres non-voyants feront l'expérience de la scène européenne dans le cadre du Concours comme Corinna May pour l'Allemagne en 2002. On pense parfois que le handicap pourrait être un atout mais c'est rarement le cas. Le meilleur exemple sera la candidature finlandaise de 2015 avec le groupe PKN composé de quatre musiciens vivant avec un handicap mental. Il a été immédiatement disqualifié lors d'une des demi-finales.

Le nombre de pays participants passe de vingt-deux à vingt-trois. Ce qui permet à trois pays dont la langue officielle est l'anglais – l'Irlande, le Royaume-Uni et Malte – d'arriver aux trois premières places. On pressent déjà la future domination de la langue anglaise.

La France utilise pour la première fois une autre langue que le français avec l'artiste martiniquais Kali, qui chante en créole. Il sera très vite oublié.

Destin cruel

Une polémique éclate en Suisse avec Géraldine Olivier qui a gagné la finale nationale avec «Soleil soleil» du compositeur Ralph Siegel mais qui a été disqualifiée. En effet, sa chanson en français avait tout d'abord été refusée par la télévision romande. Elle traduira cette même chanson en allemand pour la présenter à la télévision suisse alémanique et sera sélectionnée car le jury ne savait pas qu'elle avait déjà tenté sa chance. Il n'est pas autorisé dans le règlement suisse de présenter la même chanson dans différentes régions linguistiques du pays. Déçue, elle fera quand même une remarquable carrière de schlager musique dans les pays germanophones. Ce ne sera pas le cas de la chanteuse genevoise Daisy Auvray qui remplace Géraldine à Malmö. Comme quoi le destin peut parfois être cruel.

Pour la Grande-Bretagne, Michael Ball, célèbre chanteur et «performeur» des théâtres londoniens, termine deuxième. Il sort totalement traumatisé par cette expérience. Il avouera même que l'instant des votes était l'un des pires cauchemars de sa vie.

Classements

La chanteuse maltaise Mary Spiteri est tellement certaine de sa victoire qu'elle se comporte tout au long du Concours comme une vraie diva avec ses manteaux de fourrure. Elle accueille même les délégations lors de la soirée d'ouverture. Elle

(pp. 200-201) Ouverture de l'édition avec Carola, gagnante suédoise de l'année précédente

termine troisième à sa grande surprise. Cela reste longtemps le meilleur résultat de Malte.

Melodifestivalen

C'est l'ultime participation de la Yougoslavie avant l'éclatement du pays. On note la participation de Christer Björkman devant son public, un des plus grands fans du Concours en Suède. Il termine vingt-deuxième et c'est la fin de sa carrière musicale internationale malgré des essais de retour en 1993 et 1999 à la sélection suédoise. Depuis lors et jusqu'en 2021, il est devenu le responsable de la fameuse sélection suédoise, le « Melodifestivalen ».

Mia Martini

L'Italie fait revenir une des grandes dames de la chanson italienne, Mia Martini, surtout connue dans les années 60 et 70. Elle disparaîtra tragiquement quelques années plus tard. Sa chanson « Rapsodia » restera l'une des plus belles ballades de l'Eurovision. C'est un grand contraste avec la chanson finlandaise tellement kitsch, « Yamma Yamma », qui termine dernière dans l'indifférence générale.

Johnny Logan

C'est une troisième victoire pour Johnny Logan, cette fois-ci comme compositeur de la chanson « Why me » interprétée par Linda Martin, qui représente l'Irlande. Ainsi l'âge d'or commence pour ce pays. Linda ne fera pas une grande carrière mais deviendra une icône de la communauté homosexuelle. Cette communauté commence à s'intéresser de très près à ce Concours et en fera partie de plus en plus.

(gauche) Mia Martini, une grande dame de la chanson italienne

(droite) Linda Martin, gagnante irlandaise

RÉSULTATS

Place	Pays	Artiste(s)	Chanson	Langue(s)	Points
1	Irlande	Linda Martin	Why Me?	eng	155
2	Royaume-Uni	Michael Ball	One Step Out of Time	eng	139
3	Malte	Mary Spiteri	Little child	eng	123
4	Italie	Mia Martini	Rapsodia	ita	111
5	Grèce	Cleopatra	Olou tou kosmou i elpida (Όλου του κόσμου η ελπίδα)	gre	94
6	Israël	Dafna Dekel	Ze rak sport (זה רק ספורט)	heb	85
7	Islande	Heart 2 Heart	Nei eða já	isl	80
8	France	Kali	Monté la riviè'	cpf*, fra	73
9	Pays-Bas	Humphrey Campbell	Wijs me de weg	nld	67
10	Autriche	Tony Wegas	Zusammen geh'n	ger	63
11	Chypre	Evridiki	Teriazoume (Ταιριάζουμε)	gre	57
12	Danemark	Kenny Lübcke & Lotte Nilsson	Alt det som ingen ser	dan	47
13	Yougoslavie	Extra Nena	Ljubim te pesmama	srp**	44
14	Espagne	Serafín Zubiri	Todo esto es la música	spa	37
15	Suisse	Daisy Auvray	Mister Music Man	fra	32
16	Allemagne	Wind	Träume sind für alle da	ger	27
17	Portugal	Dina	Amor d'água fresca	por	26
18	Norvège	Merethe Trøan	Visjoner	nor	23
19	Turquie	Aylin Vatankoş	Yaz bitti	tur	17
20	Belgique	Morgane	Nous, on veut des violons	fra	11
21	Luxembourg	Marion Welter	Sou fräi	ltz***	10
22	Suède	Christer Björkman	I morgon är en annan dag	swe	9
23	Finlande	Pave Maijanen	Yamma, yamma	fin	4

*créole français
**serbe
***luxembourgeois

Le point de vue
d'un Suédois engagé sur le Concours Eurovision de la chanson

Christer Björkman commence sa carrière comme coiffeur, mais c'est la musique qui sera sa vraie passion. En 1992, il réalise son rêve en gagnant la finale suédoise de l'Eurovision avec « I morgon är en annan dag ». Il représente la Suède devant son public après la victoire de Carola l'année précédente. Francophile, il sortira même la version française « Demain, il y a un autre jour ». Malheureusement, le succès n'est pas au rendez-vous et il termine avant-dernier. Il ne se découragera pas et au contraire, il tentera de représenter son pays à deux autres reprises en 1993 et 1999. Il jettera finalement l'éponge.

« Je suis tombé dans la marmite en regardant Sandie Shaw triompher pour le Royaume-Uni en 1967. Elle chantait à pieds nus son fameux hit “Puppet on a string”. J'étais immédiatement conquis et je n'ai plus loupé aucune édition. J'ai eu la chance de vivre une expérience comme chanteur en 1992, ce qui m'a amené à travailler pour la SVT, la télévision suédoise, pour les finales nationales. Depuis 2002, je suis responsable de la délégation suédoise, le “Melodiefestivalen”, et j'ai travaillé comme show producer à Malmö et à Stockholm. Je fais aussi partie du Reference group de l'UER depuis 2013, un groupe de personnalités élues venant de différentes télévisions européennes et qui représentent les intérêts des membres. Ils travaillent ensemble à l'organisation de l'Eurovision chaque année. Ma propre participation a marqué le début de ma carrière artistique qui dure depuis plus de vingt ans. À un certain moment, j'ai dû choisir entre devenir Monsieur Melodifestivalen ou ma propre carrière de chanteur. Le choix a été vite fait ! Je suis descendu de la scène pour me concentrer sur les artistes de mon pays.

Pourquoi le Concours est-il si populaire en Suède ? À mon avis, c'est simple, nous avons gardé vivante cette tradition du Concours. Les Suédois aiment la musique en général, mais surtout la pop music et les chansons de hit-parades. C'est vrai qu'ABBA n'est pas étranger à tout ça ! Je ne comprends pas pourquoi on parle toujours de sauver l'Eurovision. La Suède n'a pas sauvé le Concours Eurovision qui n'en a pas besoin. Par contre, il y a eu Svante Stockselius, un célèbre homme de télévision suédois et superviseur exécutif pour l'UER, qui a entrepris de nombreuses réformes entre 2004 et 2010 afin de moderniser davantage le show. Ce dernier a beaucoup grandi à l'est et il y a eu l'introduction des demi-finales. Ensuite, Svante a passé le témoin au Norvégien Jon Ola Sand, puis au Suédois Martin Osterdhal…

Pour moi, l'anglais est la langue n°1 de la pop et sans succès internationaux le Concours ne peut pas survivre. Je n'ai donc aucun problème avec l'utilisation de cette langue ! Il est vrai que certains pays n'ont plus gagné depuis longtemps comme la France ou l'Espagne. Quelle est la raison de cela ? Je ne sais pas vraiment… La Suède a eu une attente de seize ans avant de gagner la première fois en 1974 et une autre longue attente entre 1999 et 2012. Je suppose qu'il faut juste travailler dur et être constant dans ses efforts. Une bonne chanson, un grand artiste et un show sensationnel ne sont pas faciles à trouver ! La concurrence est féroce… Mais je pense aussi que l'anglais n'uniformise pas tout. J'aime observer comment chaque pays a sa propre interprétation de ce qu'est un hit international. C'est cela aussi la diversité du Concours. Si la seule chose importante était de faire ressortir les influences culturelles et ethniques de chaque pays, alors cela me paraîtrait étrange et superficiel. Dans ce cas, il faudrait plutôt penser à créer un festival de musique folklorique ?

Je pense que ce qui a le plus aidé la Suède dans ce Concours, c'est le soutien inconditionnel de l'industrie musicale suédoise. En échange, la télévision suédoise joue le jeu et met à l'honneur les artistes en leur donnant des temps d'antenne. Toutes les chansons de la sélection nationale entrent dans les charts du pays, ce qui attire bien entendu les artistes et les maisons de disques. »

1993 | MILLSTREET

Un petit village pour un grand show

Vainqueur : **Irlande avec la chanteuse Niamh Kavanagh**

Chanson : **« In your eyes »**

Auteur-compositeur : Jimmy Walsh

15 mai 1993

Green Glens Arena, à Millstreet, Irlande

3 avril 1993, première demi-finale non télévisée à Ljubljana

Diffuseur RTÉ

25 pays participants, un nouveau record

Début de la Croatie, de la Slovénie et de la Bosnie-Herzégovine

Retrait de la Yougoslavie

Même système de vote qu'en 1989

38e édition

Millstreet, Lugano et Harrogate sont les trois lieux les plus petits de l'histoire de l'Eurovision.

Le Concours s'organise dans un manège hippique. Le propriétaire a convaincu la télévision d'investir le site alors qu'aucune infrastructure n'existe et que le village ne compte que mille âmes. Le but de la télévision est de surprendre, de faire parler de cet événement et de créer un show. L'organisation est un sacré défi, en particulier pour loger et transporter les délégations.

Le décor est modernisé avec un plateau translucide et de nombreux effets de lumière, qui donnent le sentiment que la scène se transforme à chaque passage de participants.

La présentatrice de la soirée, Fionnuala Sweeney, deviendra plus tard une figure incontournable de la chaîne CNN.

Nouveaux pays de l'Est

L'organisateur est pour la première fois confronté au problème de l'élargissement à l'est et au nombre croissant de participants. Il décide de passer à vingt-cinq finalistes, vingt-deux places pour les pays présents jusque-là et trois nouvelles places pour les nouveaux venus. Pour cela, il doit organiser la première demi-finale de l'histoire, le 3 avril à Ljubljana ; cette demi-finale n'est pas diffusée en télévision. Ces trois nouvelles places ont été attribuées à la Bosnie-Herzégovine, la Croatie et la Slovénie. Les autres nouveaux pays – la Hongrie, la Slovaquie, la Roumanie et l'Estonie – devront attendre leur tour. Ce système sera abandonné l'année suivante car peu favorable à ces nouvelles nations.

Sous les bombes

Le chanteur bosniaque Fazla et ses accompagnants réussissent à sortir de Sarajevo malgré les tirs pour rejoindre Millstreet, ce qui n'est pas le cas de leur chef d'orchestre. Au moment du vote, l'émotion est à son comble lorsqu'on entend l'attribution des voix du jury de Bosnie-

Herzégovine depuis Sarajevo en pleine guerre et sous les bombes.

Quarante-cinq kilomètres à pied

La Suisse termine à la troisième place avec une Québécoise, Annie Cotton. Encore une artiste d'outre-Atlantique pour ce pays après Céline Dion. Les commentateurs suisses sont la risée de leurs camarades car ils ont parié que si leur pays gagnait, ils retourneraient à leur hôtel à pied. Ils ont oublié que la distance entre la salle et leurs lits est de quarante-cinq kilomètres ! À quelques votes de la fin, la chanson « Moi, tout simplement » est presque en tête et tout le monde sort de sa cabine pour se moquer des commentateurs. C'est le dernier vraiment bon résultat de la Suisse avant la progression soudaine dès 2019 et l'apogée avec la victoire de Nemo en 2024.

Sous les bombes à Sarajevo, les douze points bosniaques bouleversent l'Europe.

Patrick Fiori

On se souvient aussi de la magnifique performance de la France avec Patrick Fiori qui chante en français et en corse. Il termine quatrième avec sa chanson « Mama Corsica » écrite et composée par François Valéry. L'année suivante, il sort son premier album et participe à de nombreuses émissions télévisées. Il sera choisi en 1997 par Luc Plamandon pour jouer et chanter dans la comédie musicale « Notre Dame de Paris », ce qui lancera vraiment sa carrière.

On note la dernière participation du Luxembourg qui finit vingtième sur vingt-cinq et malgré cinq victoires, il fera son grand retour dans le Concours en 2024. L'Italie finit douzième et se retire aussi. Elle ne se représentera qu'une seule fois en 1997. Il faudra attendre 2011 pour un vrai retour des Italiens.

Prison

Le chanteur Tony Wegas participe pour la deuxième année de suite. Il est connu surtout en Autriche pour ses frasques et ses démêlés avec la justice. Il finit même quelques années plus tard en prison pour des problèmes de drogue, notamment.

Scores

La chanteuse britannique Sonia, qui est favorite, termine deuxième, la place préférée des Britanniques ! Elle y a cru jusqu'au dernier jury. Les votes subissent de nombreux rebondissements. Il faut attendre le choix du jury de Malte, dernier pays qu'on n'avait pas réussi à contacter et que les présentateurs rappellent à la fin. Les derniers douze points maltais finalement attribués à l'Irlande donnent une deuxième victoire consécutive à ce pays avec l'hystérie générale du public.

Une victoire irlandaise arrachée au dernier vote… et des commentateurs suisses prêts à marcher 45 km !

Le titre gagnant « In your eyes » connaît un timide succès international et sa chanteuse irlandaise Niamh Kavanagh choisira de consacrer sa vie à sa famille. Le show est le premier pas vers un spectacle plus vivant et plus moderne. C'est le début d'une aventure extraordinaire pour la télévision et le public irlandais puisque ce pays gagnera encore trois fois le Concours de l'Eurovision dans les années 90.

(p.207) Niamh Kavanagh, victoire irlandaise

(p.208 gauche) Patrick Fiori, France

(p.208 droite) Annie Cotton, Suisse

RÉSULTATS

Place	Pays	Artiste(s)	Chanson	Langue(s)	Points
1	Irlande	Niamh Kavanagh	In Your Eyes	eng	187
2	Royaume-Uni	Sonia	Better The Devil You Know	eng	164
3	Suisse	Annie Cotton	Moi, tout simplement	fra	148
4	France	Patrick Fiori	Mama Corsica	fra, cos	121
5	Norvège	Silje Vige	Alle mine tankar	nor	120
6	Pays-Bas	Ruth Jacott	Vrede	nld	92
7	Suède	Arvingarna	Eloise	swe	89
8	Malte	William Mangion	This time	eng	69
9	Grèce	Katerina Garbi	Ellada, chora tou fotos (Ελλάδα, χώρα του φωτός)	gre	64
10	Portugal	Anabela	A cidade (até ser dia)	por	60
11	Espagne	Eva Santamaría	Hombres	spa	58
12	Italie	Enrico Ruggeri	Sole d'Europa	ita	45
13	Islande	Inga	Þá veistu svarið	isl	42
14	Autriche	Tony Wegas	Maria Magdalena	ger	32
15	Croatie	Put	Don't Ever Cry	hrv, eng	31
16	Bosnie-Herzégovine	Fazla	Sva bol svijeta	bos	27
17	Finlande	Katri Helena	Tule luo	fin	20
18	Allemagne	Münchener Freiheit	Viel zu weit	ger	18
19	Chypre	Zymboulakis & Van Beke	Mi stamatas (Μη σταματάς)	gre	17
20	Luxembourg	Modern Times	Donne-moi une chance	fra, ltz*	11
21	Turquie	Burak Aydos	Esmer yarim	tur	10
22	Danemark	Tommy Seebach Band	Under stjernerne på himlen	dan	9
22	Slovénie	1X Band	Tih deževen dan	slv	9
24	Israël	Shiru Group	Shiru (שירו)	heb	4
25	Belgique	Barbara Dex	Iemand als jij	nld	3

*luxembourgeois

1994 | DUBLIN

39e édition

Naissance d'un mythe. Troisième victoire de suite

Vainqueur: **Irlande avec le duo Paul Harrington & Charlie McGettigan**

Chanson: **« Rock'n'roll kids »**

Auteurs-compositeurs: Brendan Graham

30 avril 1994

Point Theatre à Dublin, Irlande

Diffuseur RTÉ

25 pays participants

Début de l'Estonie, de la Hongrie, de la Lituanie, de la Pologne, de la Roumanie, de la Russie et de la Slovaquie

Relégation de la Belgique, du Danemark, d'Israël, du Luxembourg, de la Slovénie et de la Turquie

Retrait de l'Italie

Même système de vote qu'en 1989. Introduction de la « règle de relégation ». Les pays ayant terminé aux 6 dernières places de l'édition précédente sont relégués et ne peuvent pas participer cette année. Cela donne de la place à 6 autres pays

Deuxième fois en Irlande

C'est une première, un pays, l'Irlande, organise le Concours Eurovision de la chanson deux fois de suite. C'est une performance exceptionnelle compte tenu de la taille et des moyens du pays. Le diffuseur a bien failli ne jamais s'en relever et doit supprimer des programmes de télévision pour pouvoir couvrir les coûts. Jusque-là seuls le Luxembourg, l'Espagne et Israël avaient gagné l'Eurovision deux années consécutives mais avaient renoncé à l'organiser la deuxième fois pour des raisons financières.

Six fois Dublin

C'est la quatrième fois que le Concours a lieu à Dublin après 1971, 1981, 1988. La cinquième fois ne se fera pas attendre puisque l'Irlande gagne de nouveau cette année et organisera encore une fois cet événement l'année suivante. Mais ce n'est pas fini, suite à une nouvelle victoire en 1996, rebelote en 1997, cette ville sera à nouveau pendant dix jours la ville de l'Eurovision. Cela devient une tradition qui commence à agacer les autres pays. Dublin détient le record et reste définitivement la « ville de l'Eurovision ».

Règle de la relégation

C'est la première fois depuis 1956 qu'autant de nouveaux pays font leur entrée dans le Concours. Pour réguler le grand nombre de pays qui souhaitent participer, l'organisateur décide de mettre en place « la règle de la relégation » qui durera dix ans. Cette règle évoluera d'année en année en devenant de plus en plus incompréhensible. C'est pour cela que le Luxembourg, relégué, vexé, ne reviendra pas avant très longtemps. L'Italie, cette année, pour ses propres raisons, s'est retirée du Concours, laissant la place à un candidat supplémentaire. Par conséquent, sept nouveaux pays de l'Est arrivent.

Riverdance

La scène s'inscrit dans une volonté de moderniser le Concours Eurovision entamée l'année précédente. On y découvre le Dublin de demain traversé par le fleuve Liffey. On voit apparaître en ouverture du spectacle des têtes gigantesques en papier mâché aux figures d'artistes irlandais : Oscar Wilde, Bob Geldof, Bono, Sinéad O'Connor...

L'incroyable spectacle Riverdance provoque une standing ovation des 3000 personnes présentes dans la salle et laisse une trace phénoménale. Ce show révèle la culture celtique au monde entier ébahi. Et dire que cet entracte, à la demande de la télévision irlandaise, ne va durer que sept minutes. Pas besoin de plus pour créer le deuxième mythe de l'histoire de l'Eurovision après ABBA. C'est cette musique qui restera en tête des hit-parades pendant plusieurs mois et non pas les vainqueurs Paul Harrington & Charlie McGettigan. Les producteurs décident l'année suivante d'en faire un spectacle. Il sera vu par près de 30 millions de spectateurs à travers le monde entier.

Musiciens de pubs

La victoire du duo irlandais est une immense surprise totalement inattendue. En effet, aucun parieur n'avait cru que deux musiciens de pub puissent gagner. L'Irlande va battre de nombreux records :

- Premier duo masculin gagnant
- Troisième victoire irlandaise de suite
- Âge des vainqueurs
- Nombre de points obtenus mais aussi l'écart qui les sépare de la deuxième place, celle de la Polonaise Edyta Gorniak.

La chanteuse polonaise faillit être disqualifiée lors de la répétition générale puisqu'elle interprète sa chanson à moitié en anglais, ce qui est strictement interdit. Une plainte est déposée par six pays, ce qui n'est pas suffisant pour l'éliminer. Lors de la finale, elle chante finalement en polonais.

On peut aussi souligner, parmi les pays qui font leur entrée, la belle quatrième place de Friderika pour la Hongrie avec une chanson intimiste qui met en avant avec finesse l'étrange langue hongroise.

Débuts difficiles pour les pays baltes, l'Estonie termine avant-dernière avec deux points et la Lituanie est dernière avec zéro point. Le chanteur lituanien, faute de moyens de sa délégation, doit dormir dans une auberge de jeunesse. La Lettonie, encore absente, fera son entrée en 2000.

La Française Nina Morato a choisi la provocation avec sa chanson « Je suis un vrai garçon ». Elle remplace « laisse-moi », par « lèche-moi ». C'est pathétique mais elle termine quand même septième.

Le compositeur Ralph Siegel est de la partie une nouvelle fois, toujours rempli d'espoir, avec un trio allemand « MeKaDo ». Parmi les favoris, il termine à une décevante troisième place.

Cat Cat

Les plus déçus en 1994 sont les Finlandais avec les deux sœurs « Cat Cat » qui choisissent des danseurs à la place de la bande-son. La règle ne permet pas d'avoir les deux. La chanson finlandaise très pop est jouée par l'orchestre et le résultat est catastrophique. Le duo irlandais lui, choisit la bande-son et gagne. De mauvaises langues prétendent que les Irlandais avaient choisi cette chanson pour ne pas arriver premiers. C'est raté à la surprise générale.

Encore de l'émotion lors de l'entrée sur scène de la Bosnie-Herzégovine qui vient pour la deuxième fois, avec le duo d'Alma et Dejan, ovationnés compte tenu des circonstances politiques et de la guerre qui n'en finit pas. Le début de leur chanson est troublé par cet enthousiasme et le chanteur en oublie les paroles.

L'excentricité est également au rendez-vous avec la robe de la chanteuse russe, qualifiée par le commentateur anglais de « tomate séchée », et par le suisse de « chaperon rouge qui fait fuir tous les loups ».

Cinq victoires pour l'Irlande, ça devient un nouveau record.

Au terme du Concours, la RTÉ se retrouve devant un nouveau dilemme, « organiser ou ne pas organiser » ?

(p.211) Le duo gagnant irlandais Harrington et Charlie McGettigan

(pp.212-213) Riverdance durant l'Interval act

(p.214 gauche) Nina Morato, France

(p.214 centre) Le duo Cat Cat, Finlande

(p.214 droite) Youddiph, Russie

RÉSULTATS

Place	Pays	Artiste(s)	Chanson	Langue(s)	Points
1	Irlande	Paul Harrington & Charlie McGettigan	Rock 'n' Roll Kids	eng	226
2	Pologne	Edyta Górniak	To nie ja!	pol	166
3	Allemagne	MeKaDo	Wir geben 'ne Party	ger	128
4	Hongrie	Friderika Bayer	Kinek mondjam el vétkeimet?	hun	122
5	Malte	Chris & Moira	More than Love	eng	97
6	Norvège	Elisabeth Andreassen & Jan Werner Danielsen	Duett	nor	76
7	France	Nina Morato	Je suis un vrai garçon	fra	74
8	Portugal	Sara Tavares	Chamar a música	por	73
9	Russie	Youddiph	Vechny strannik (Вечный странник)	rus	70
10	Royaume-Uni	Frances Ruffelle	We Will Be Free (Lonely Symphony)	eng	63
11	Chypre	Evridiki	Ime anthropos ki ego (Ειμαι άνθρωπος κι εγώ)	gre	51
12	Islande	Sigga	Nætur	isl	49
13	Suède	Marie Bergman & Roger Pontare	Stjärnorna	swe	48
14	Grèce	Kostas Bigalis & The Sea Lovers	To trehandiri (Το τρεχαντήρι)	gre	44
15	Bosnie-Herz.	Alma & Dejan	Ostani kraj mene	bos	39
16	Croatie	Tony Cetinski	Nek'ti bude ljubav sva	hrv	27
17	Autriche	Petra Frey	Für den Frieden der Welt	ger	19
18	Espagne	Alejandro Abad	Ella no es ella	spa	17
19	Suisse	Duilio	Sto pregando	ita	15
19	Slovaquie	Tublatanka	Nekonečná pieseň	slo	15
21	Roumanie	Dan Bittman	Dincolo de nori	rum	14
22	Finlande	Cat-Cat	Bye Bye Baby	fin	11
23	Pays-Bas	Willeke Alberti	Waar is de zon?	nld	4
24	Estonie	Silvi Vrait	Nagu merelaine	est	2
25	Lituanie	Ovidijus Vyšniauskas	Lopsine mylimai	lit	0

Entretien avec *Markus Luem*
fan, un rêve devenu réalité en 1994

« Ralph Siegel est sans conteste le compositeur le plus prolifique du Concours Eurovision de la chanson. Il a gagné une fois en 1982 avec Nicole et la chanson “Ein bisschen Frieden”. Il a aussi terminé trois fois à la deuxième place, en 1980, en 1981 et en 1987. Il a obtenu encore deux places d'honneur, troisième en 1994 et 1999. Ma génération a grandi avec sa musique pendant les années 1970 et 1980. Il a de très nombreux et incontournables succès dans toute l'Europe, en dehors de l'Eurovision. En Allemagne, il est une légende musicale. Plus de 90 % du public allemand le connaît ainsi que sa musique.

J'avais huit ans en 1979 quand j'ai vu le Concours pour la première fois. J'étais halluciné en regardant l'édition de Jérusalem avec l'Allemagne qui était représentée par le fameux groupe Dschinghis Khan, un grand classique ! Depuis que mes parents m'ont laissé le regarder, je ne le manque jamais ! C'est devenu ma vie.

En 1990, j'ai écrit à la télévision allemande pour demander un billet pour la finale à Zagreb. Comme à cette époque il y avait peu de monde sur place, la charmante secrétaire de la délégation allemande m'a dit qu'elle n'avait pas de billets mais m'a donné une accréditation à la place ! C'était au-delà de tout ce que je pouvais imaginer ! J'ai pris mon billet de train et je me suis rendu sur place. Là-bas, j'ai pu vivre mon rêve pour la première fois, rencontrer les délégations et surtout celle de mon pays, l'Allemagne. C'est là que j'ai parlé pour la première fois avec mon idole, Ralph Siegel. J'ai pu voir son travail, sa passion de faire les choses avec perfection, son exigence de vouloir arriver au meilleur résultat possible en trois minutes en s'entourant des producteurs de l'émission et des chanteurs. Nous avons sympathisé et il appréciait beaucoup qu'un jeune s'intéresse comme ça au Concours. J'y suis retourné les années suivantes. En 1993, il me convoque dans son bureau de Munich, plein de disques d'or partout, et me demande de travailler avec lui pour la chanson allemande de 1994. J'étais abasourdi et je n'avais pas compris tout de suite. Mon cerveau devait avoir dix secondes de retard dans la compréhension ! Moi, petit fan venant d'un petit village d'Allemagne, j'allais enfin travailler avec le plus grand compositeur de mon pays. Mon rêve devenait réalité. C'est comme ça que je suis parti à Dublin pour m'occuper du groupe MeKaDo avec “Wir geben 'ne party” qui a terminé troisimée après un travail acharné mais payant. Cette nuit-là, je n'ai pas dormi ! Depuis je travaille sur différents projets et toujours avec Ralph Siegel. Je lui suis toujours resté fidèle et je n'imagine pas travailler pour quelqu'un d'autre. J'espère et je prie encore qu'il écrive de nouvelles chansons pour ce Concours que j'aime tant !

Pendant toutes ces années, j'ai rencontré beaucoup d'amis. L'un des plus importants est l'un des auteurs de ce livre, Nicolas Tanner. Nous nous sommes rencontrés lors d'un meeting de fans en Allemagne et je lui ai proposé de venir avec moi à Dublin en 1995. Je lui ai obtenu une accréditation et je suis fier de l'avoir introduit à ce monde. Il rêvait aussi de devenir acteur du Concours. Nous n'avons pas beaucoup de temps pour se voir, mais nous partageons les mêmes beaux souvenirs. Une amitié sur laquelle, comme avec Ralph, je peux compter pour le reste de ma vie. C'est cela aussi l'Eurovision. »

Markus Luem avec MeKaDo et Ralph Siegel

1995

40e édition

Vainqueur : **Norvège avec le groupe Secret Garden**

Chanson : **« Nocturne »**

Auteurs-compositeurs : Petter Skavlan & Rolf Løvland

DUBLIN

40e édition

13 mai 1995

Point Theatre à Dublin, Irlande

Diffuseur RTÉ

23 pays participants

Retour de la Belgique, du Danemark, d'Israël, de la Slovénie, de la Turquie

Relégation de l'Estonie, de la Finlande, de la Lituanie, des Pays-Bas, de la Roumanie, de la Slovaquie et de la Suisse

Même système de vote qu'en 1989. L'organisateur (UER) réduit le nombre de participants de 25 à 23, reléguant les 7 derniers pays de l'édition précédente et permettant à 5 pays de revenir

Loterie pour financer le show

C'est la première fois qu'un pays accueille le Concours Eurovision de la chanson trois fois de suite. Cela a failli ne pas être le cas. En effet, le diffuseur ayant des problèmes financiers, la BBC propose de coproduire l'émission et de la faire à Belfast, en Irlande du Nord. Le gouvernement de la République d'Irlande a tout tenté pour que ça ne se fasse pas. Une loterie spéciale a même eu lieu dans le pays pour financer le show et le contribuable irlandais met la main à la poche. Au final l'Irlande décide de faire cavalier seul à Dublin. Dans le contrat, une clause est ajoutée ne l'obligeant pas en cas de nouvelle victoire à accueillir l'Eurovision encore une fois. Un « ouf » de soulagement avec leur quatorzième place. Ce n'est que partie remise puisque ce pays gagne de nouveau en 1996.

40e anniversaire

Le spectacle est plus sobre et solennel mais néanmoins magnifique afin de célébrer le 40e anniversaire. Le décor évolue entre ombre et lumière. On revient à une seule présentatrice. C'est la dernière fois avant Malmö en Suède, en 2013, que le Concours est présenté par une seule personne.

Une Irlandaise fait gagner la Norvège

La chanson gagnante « Nocturne » – composée et arrangée par Rolf Løvland qui a déjà triomphé avec la Norvège dix ans plus tôt – fait sensation. Elle est composée d'un refrain de vingt-quatre mots interprété une fois au début et une fois à la fin. La partie musicale est dominante, comme si le Concours devenait celui de la musique et plus celui de la chanson. Le groupe norvégien a choisi pour son solo de violon une Irlandaise, Fionnuala Sherry. Ainsi les Irlandais peuvent prétendre à une nouvelle victoire sans avoir gagné ! Pour certains c'est le drame, on a même vu pleurer certains fans qui craignent la mort du Concours et demandent aux organisateurs de changer les règles. Le groupe Secret Garden connaît un succès considérable dans la musique new age. Les deux favoris de cette année sont l'Espagne et la Suède qui finissent deuxième et troisième, derrière ce vainqueur surprise.

La France est représentée par une inconnue corse, Nathalie Santamaria. Parmi les auteurs de sa chanson qui finit quatrième, on reconnaît le style de Didier Barbelivien.

Les Anglais essaient de rajeunir le Concours avec un groupe de rap dont le résultat est décevant malgré les espoirs immenses des Britanniques. Ils imaginaient déjà tous les jeunes Européens descendre dans la rue pour interpréter cette chanson. C'est une médiocre prestation en direct.

Cougar russe

La deuxième participation de la Russie est surtout remarquée par les chaînes et autres parures de son interprète Philipp Kirkorov, star de rock de l'ex-URSS dont l'apparition s'apparente plus à du kitsch qu'à autre chose. Les magazines people affirment qu'il est le jeune amant secret de la diva et cougar russe Alla Pugacheva, qui représentera la Russie deux ans plus tard.

Allemagne absente

L'Allemagne vit une catastrophe en terminant dernière. Selon la « règle », elle doit être reléguée l'année suivante. De peur de perdre ce pays qui contribue largement financièrement à l'existence de cette manifestation, l'organisateur tente de changer les règles. En vain, l'Allemagne sera quand même absente l'année suivante. Cela provoquera une baisse d'audience catastrophique.

Le gagnant norvégien Secret Garden

Batailles de fans

Dans les coulisses, on voit apparaître les événements sociaux qui agrémenteront la manifestation, comme les soirées organisées par les délégations, les batailles de fans pour obtenir le matériel promotionnel, les conférences de presse, l'accueil officiel des délégations, les « after party », etc.

Relégation

La Suisse, bien que présente avec ses commentateurs, est absente sur la scène car reléguée pour la première fois de son histoire mais de loin pas la dernière. La Belgique avait aussi passé son tour pour la première fois l'année précédente. Quant à la France, privilégiée, elle évitera toujours la relégation !

RÉSULTATS

Place	Pays	Artiste(s)	Chanson	Langue(s)	Points
1	Norvège	Secret Garden	Nocturne	nor	148
2	Espagne	Anabel Conde	Vuelve conmigo	spa	119
3	Suède	Jan Johansen	Se på mej	swe	100
4	France	Nathalie Santamaria	Il me donne rendez-vous	fra	94
5	Danemark	Aud Wilken	Fra Mols til Skagen	dan	92
6	Croatie	Magazin & Lidija	Nostalgija	hrv	91
7	Slovénie	Darja Švajger	Prisluhni mi	slv	84
8	Israël	Liora	Amen (אמן)	heb	81
9	Chypre	Alexandros Panayi	Sti fotia (Στη φωτιά)	gre	79
10	Royaume-Uni	Love City Groove	Love City Groove	eng	76
10	Malte	Mike Spiteri	Keep Me in Mind	eng	76
12	Grèce	Elina Konstantopoulou	Pia prosefhi (Ποια προσευχή)	gre	68
13	Autriche	Stella Jones	Die Welt dreht sich verkehrt	ger	67
14	Irlande	Eddie Friel	Dreamin'	eng	44
15	Islande	Bo Halldórsson	Núna	isl	31
16	Turquie	Arzu Ece	Sev	tur	21
17	Russie	Philipp Kirkorov	Kolibelnaya dlya vulkana (Колыбельная для вулкана)	rus	17
18	Pologne	Justyna Steczkowska	Sama	pol	15
19	Bosnie-Herz.	Davorin Popović	Dvadeset i prvi vijek	bos	14
20	Belgique	Frédéric Etherlinck	La voix est libre	fra	8
21	Portugal	Tó Cruz	Baunilha e chocolate	por	5
22	Hongrie	Csaba Szigeti	Új név a régi ház falán	hun	3
23	Allemagne	Stone & Stone	Verliebt in Dich	ger	1

1996-2005

Le grand chambardement

Pendant cette période, quatre différents superviseurs exécutifs se succèdent à la tête du Concours Eurovision de la chanson. C'est surtout la Française Christine Marchal-Ortiz et le Suédois Svante Stockselius qui devront faire face aux grands challenges de cette décennie et apporter les réformes nécessaires au passage du Concours dans le XXIe siècle.

Si l'on compare le Concours de 1996 avec la dernière victoire irlandaise d'Eimear Quinn, et l'édition de Kiev dix ans plus tard avec la victoire de la Grecque Helena Paparizou, on voit le chemin parcouru. Le travail effectué est impressionnant à tout niveau. Tout un monde sépare ces deux victoires.

Dès Oslo, l'organisation est confrontée à un désir incontrôlable de nouvelles télévisions qui souhaitent participer à cette émission. Le nombre de nouveaux pays pendant cette période est un record inégalé dans l'histoire de l'Eurovision. On passe de vingt-trois participants en 1996 à quarante participants en 2005. Le bloc de l'Est s'est libéré du joug soviétique et s'émancipe dès le début des années 90. Cet élargissement de l'Eurovision préfigure les grands changements dans la Communauté européenne entre 2005 et 2007 avec l'adhésion de nouveaux pays essentiellement de l'Est. C'est une période faste et pleine d'espoir. De nouvelles délégations arrivent, avec le désir d'échanger avec leurs collègues de la vieille Europe. On découvre de nouveaux pays et cultures dont on ne soupçonnait même pas l'existence, suite à l'éclatement de la Yougoslavie, de l'URSS ou de la Tchécoslovaquie. Qui à l'époque connaissait les pays baltes, la Macédoine, l'Ukraine, la Biélorussie ou encore la Moldavie ? Tout ça était très exotique mais aussi irréel. Il semblait impensable que tous ces nouveaux pays puissent s'intéresser à ce Concours encore sclérosé et figé dans ses propres traditions. Un vent de liberté, de changement et d'espoir traversait tout le continent. On avait l'impression que tout devenait possible.

Entre nouvelles règles, nouveaux pays et nouveaux publics, l'Eurovision change d'ère et devient un spectacle global, moderne et festif.

Pas besoin d'attendre longtemps pour voir ces nouveaux pays prendre le contrôle du Concours avec les victoires estonienne, lettone et surtout ukrainienne. La Méditerranée orientale sait aussi tirer son épingle du jeu avec les victoires impensables de la Grèce et de la Turquie ainsi qu'un nouveau succès d'Israël. Les téléspectateurs occidentaux ont souvent considéré les chansons de ces pays avec beaucoup de condescendance. Mais le monde est en train de changer. Les pays à l'origine du Concours sont complètement dépassés par les événements, seule la Scandinavie soudée arrive encore à obtenir des victoires.

Pendant cette période folle, les organisateurs doivent trouver des solutions pour faire face à cette demande inédite et modifier d'une façon incessante le format de l'émission. Le plus grand challenge est la longueur de l'émission qui ne doit pas dépasser les trois heures et demie. L'Union européenne de radio-télévision teste de nombreuses formules avec un nombre de finalistes ayant le droit de participer à la finale du samedi soir ne cessant de changer, allant de vingt-trois à vingt-six participants. Comme il n'y a pas de place pour tout le monde, un système de présélection des chansons, non télévisé, est tenté mais sera vite abandonné. Il sera peu démocratique et aussi trop coûteux pour les télévisions qui devaient investir dans un candidat sans même savoir s'il serait choisi pour la finale. S'ensuit une succession de nouvelles règles de relégations de moins en moins compréhensibles. Les petits pays occidentaux comme la Suisse, les Pays-Bas, l'Autriche, la Belgique et la Finlande commencent à se plaindre de ce nouveau système, car ils en font les frais. Beaucoup de dissensions et désaccords apparaissent au sein des membres.

C'est en 2004, sur l'impulsion de Svante Stockselius, que le comité exécutif appelé *Reference group* de l'UER et les membres des différentes télévisons se mettent d'accord pour réformer durablement le système, en proposant une demi-finale en milieu de semaine avant la finale du samedi soir. Svante, en poste jusqu'en 2009, continuera la réforme en stabilisant le format à deux demi-finales qui auront lieu le mardi et le jeudi, avec toujours une grande finale, le samedi. Malgré les doutes et les coûts supplémentaires engendrés par l'augmentation des heures d'émissions ainsi que l'obligation des délégations à séjourner sur place deux semaines au lieu d'une, cette formule sera une

grande réussite et contentera à long terme toutes les délégations. L'UER réussit son pari et offre maintenant à ses membres et leurs audiences plus de sept heures de spectacle télévisé de qualité.

Pour faire face au traumatisme de l'élimination de l'Allemagne en 1996 et pour ne pas mettre en danger commercialement l'organisation du Concours, l'organisateur planche aussi sur une réforme du statut des big 4 puis des big 5. Il n'était plus possible de risquer l'élimination de pays contribuant le plus financièrement au Concours et ayant les plus grandes audiences comme la France, le Royaume-Uni, l'Allemagne, l'Espagne et plus tard l'Italie (pour plus d'explications, voir p. 310). L'idée de donner une dérogation va faire son chemin progressivement afin d'éviter toute mauvaise surprise dans le futur. C'est comme cela que sera introduit un nouveau règlement permettant de garantir à ces pays une place en finale.

Cette règle sera un avantage mais aussi vite un inconvénient, car ces nations ne se bougeront plus. Leurs contributions artistiques seront minimalistes, à part pour l'Italie, et cela malgré leurs scènes musicales riches et variées. Ils seront vite dépassés par tous ces nouveaux pays enthousiastes qui choisissent les plus grandes stars ou voix de leur pays. Une remise en question sera vite nécessaire !

D'autres changements essentiels entrepris vers la fin des années 90 ont aussi contribué à modifier l'image du Concours et l'ont amené dans la modernité. En 1999, en Israël, l'organisateur et la télévision israélienne apportent deux innovations. Tout d'abord, la suppression définitive de l'obligation de chanter dans la langue du pays va dynamiser les chansons. Le monde musical est dominé par la langue anglaise. Pour que le Concours intéresse à nouveau les maisons de disques, les artistes et les jeunes téléspectateurs, l'anglais est absolument nécessaire ! Quelques téléspectateurs et surtout les fans regretteront cette décision qui sera pourtant salvatrice et apportera à nouveau des tubes internationaux issus de l'Eurovision.

L'Est s'impose, les fans affluent, les drapeaux s'agitent : la décennie 1996–2005 marque le tournant décisif d'un Concours en pleine révolution culturelle.

La décision des Israéliens de supprimer également l'orchestre pour des raisons financières sonnera comme la fin de ce dernier. Il est jugé trop désuet, presque plus demandé, car la plupart des artistes souhaitent utiliser leurs bandes-son de plus en plus sophistiquées. La musique du Concours redevient plus actuelle et colle à nouveau à l'industrie musicale de son temps. Cela attirera à nouveau les professionnels de la musique et le Concours redeviendra une plateforme d'échange entre compositeurs et artistes.

Une dernière réforme importante se joue en 1997 à Dublin, puis l'année suivante à Birmingham avec l'introduction progressive des télévotes. En effet, la participation des téléspectateurs est un autre élément essentiel à la réforme du Concours. On ne savait plus comment les télévisions sélectionnaient leurs jurys et cela favorisait les « magouilles ». Le décalage devenait criant entre le choix de ces derniers et le public. En associant les téléspectateurs au show, l'organisateur s'assurait de leur participation active et sauvait ainsi l'audience. Cela a permis aussi de nouvelles entrées financières qui seront redistribuées aux membres. L'arrivée d'internet et des réseaux sociaux accentue ce besoin de communiquer sur la toile et de s'exprimer en marge du Concours.

C'est dès cette époque que de plus en plus de fans se rendent sur les lieux des Concours Eurovision. À partir de 2000, leur nombre ne cessera d'augmenter à travers toute l'Europe. Ils se regrouperont dans des clubs de fans et créeront aussi de nombreux blogs afin de relater toutes les actualités du Concours.

Entre 1996 et 2005, le nombre de journalistes accrédités passera facilement d'environ 200 personnes à plus de 1000, puis jusqu'à 2000 ! Les fans s'organisent pour obtenir des billets d'entrée aux spectacles. Le public dans la salle change et se rajeunit. L'introduction progressive des drapeaux – toujours bon enfant – et des « déguisements » des fans rafraîchit l'image du Concours. En effet, les téléspectateurs commencent à voir les ambiances festives dans la salle et constatent que les gens s'amusent vraiment. On est loin des ambiances guindées des années 80.

Le télévote devient la norme pour tous les pays et il n'y a plus de jury professionnel. L'émission se mue alors en spectacle avec une

surenchère de participation de plus en plus spectaculaire, excentrique ou improbable afin de se faire remarquer et d'obtenir les votes du public européen. Les téléspectateurs, les commentateurs et les délégations regardent avec humour l'évolution des prestations. Les artistes se permettent des choses sur scène que l'on voit seulement à l'Eurovision. Le visuel, l'humour ou le buzz prennent le dessus progressivement sur les chansons. Les choix du public européen deviennent instantanés. Cela pousse les chanteurs et les télévisions à faire preuve d'ingéniosité afin de convaincre pendant les trois minutes autorisées à chanter. C'est une période de « fast-food » musical qui commence. Beaucoup d'artistes arrivent des shows de téléréalité musicaux. Tout cela relance à fond la popularité du Concours et les audiences remontent.

Cette décennie est marquée par la victoire de la transsexuelle israélienne Dana International qui fera le premier buzz mondial de l'histoire du Concours. C'est l'avènement du show, le spectacle se professionnalise et devient de plus en plus spectaculaire, utilisant de la pyrotechnique, à l'image du spectacle très ethnique de la Turque Sertab ou de l'Ukrainienne Ruslana avec sa chorégraphie époustouflante, accompagnée de danseurs musclés vêtus de peaux de bêtes. Il faut surprendre, à l'image de la Lettone Maria N, qui changera son costume plusieurs fois pendant sa chanson. Cette décennie se termine avec la victoire de la Grecque Helena Paparizou qui a su parfaitement allier modernité et tradition avec sa chanson pop « My number one », hit de l'été en Grèce. Le rythme des émissions s'accélère d'une année à l'autre, émerveillant de plus en plus les téléspectateurs européens.

Le Concours ne sera plus jamais comme avant. Un nouveau voyage commence par ces victoires inédites. Il se balade dans de nouvelles contrées en créant de nouveaux fans sur son passage, qui deviendront partie prenante de son histoire. Entre 2002 et 2009, l'Eurovision ne passera plus par la vieille Europe ou même par la Scandinavie. Ça agacera les télévisions occidentales mais ça apportera un renouveau, une fraîcheur, et les forcera à se remettre en question !

1996

OSLO

41e édition

L'année des votes secrets

Vainqueur : **Irlande avec la chanteuse Eimear Quinn**

Chanson : **« The voice »**

Auteur-compositeur : Brendan Graham

18 mai 1996

Spektrum à Oslo, Norvège

Diffuseur NRK

23 pays participants

Retour de l'Estonie, de la Finlande, des Pays-Bas, de la Slovaquie et de la Suisse

Élimination de l'Allemagne, du Danemark, de la Hongrie, d'Israël et de la Russie

Même système de vote qu'en 1989. Présélections audio, sans retransmission, avec un panel de jurys qui choisissent 22 chansons sur 29 proposées

Le pays hôte est qualifié d'office

La Norvège organise une cérémonie d'ouverture somptueuse, vive le saumon et le champagne dans l'hôtel de ville d'Oslo !

Trente pays

L'Union européenne de radio-télévision est devant la plus grande polémique de son histoire mais aussi le plus grand défi pour l'avenir du Concours. Trente pays se pressent pour participer mais il y a seulement vingt-trois places. Pour éviter une relégation de l'Allemagne qui s'était plainte du système de l'année précédente, vingt-neuf pays – tous sauf la Norvège, pays hôte – doivent passer par une dure sélection audio, sans retransmission radio-télévisée et avec des évaluations obscures. Chaque jury a envoyé ses votes mais le détail de ceux-ci n'a jamais été publié officiellement. Les vingt-deux chansons qualifiées sont révélées un mois et demi avant le Concours, le jour du tirage au sort des ordres de passage pour la finale.

Allemagne éliminée

À la stupeur générale, trois anciens vainqueurs du Concours Eurovision de la chanson restent sur la touche : l'Allemagne, Israël, le Danemark, en compagnie d'autres pays que sont la Russie, la Hongrie et la Roumanie. La Macédoine est aussi éliminée et ne pourra pas fouler les planches de la finale avant 1998.

Big 4, big 5

C'est la seule fois que l'Allemagne ne participe pas à l'Eurovision. C'est un drame dans le pays et pour les audiences en Europe. La télévision allemande présente pourtant une chanson très contemporaine, « Planet of blue », chantée par Leon. Les journalistes allemands se déchaînent contre l'Eurovision. Finalement, ce système de présélection sera enterré à l'unanimité et remplacé une nouvelle fois par un système de relégations. Pour éviter tout ça et surtout l'absence de gros contributeurs, l'UER décidera plus tard de la création d'un big 4 réunissant les quatre pays qui payent le plus, permettant la pérennité commerciale de l'Eurovision. « Qui paie commande » ! donc l'Allemagne, la France, l'Espagne et le Royaume-Uni. Plus tard ce sera le big 5 avec l'Italie. Ces cinq pays seront qualifiés d'office pour la finale sans passer par les relégations (voir aussi p. 310).

Dernière Romande

La Suisse est représentée par Kathy Leander qui chante en français avec beaucoup de simplicité et de douceur. Son résultat est décevant car elle finit seizième ex æquo avec la Belge Lisa del Bo. Elle sera la dernière interprète francophone et romande à participer pour longtemps. En effet, il faudra attendre 2015 et Mélanie René pour revoir une artiste de la partie francophone de la Suisse et plus tard, le talentueux Gjon's Tears, troisième de la finale en 2021 et en 2025 la Fribourgeoise Zoë Më.

Portugal

Bonne nouvelle, le Portugal avec Lucia Moniz obtient son meilleur résultat de l'histoire, la sixième place, mais pas encore de victoire pour ce pays. Elle n'a que 19 ans quand elle chante pour sa nation et est encore inconnue. Sa chanson « O meu coraçao nao tem cor » produite à seulement quelques exemplaires pour l'Eurovision ne sortira pas et restera l'un des singles les plus rares et les plus recherchés de l'histoire de l'Eurovision. Cela lancera malgré tout sa carrière au Portugal.

Idylle

La Finlande est pleine d'espoir avec une chanteuse, Jasmine, qui lors de la finale nationale a fait sauter le standard téléphonique et a battu tous les records. Malheureusement sa prestation à la finale d'Oslo est totalement ratée. Elle se trompe de paroles et oublie un passage sous l'effet de l'émotion. La Finlande termine dernière et il faudra attendre le groupe de hard rock Lordi, dix ans plus tard, pour une première victoire. Pour la petite histoire, les journaux finlandais prêtent à Jasmine une histoire d'amour totalement inventée avec un journaliste suisse qui deviendra quelques années plus tard co-commentateur pour la télévision helvétique et co-auteur de ce livre. Mais chut !

Quatrième participation

Voici le retour de la diva norvégienne Elisabeth Andreasson qui était victorieuse en 1985 avec le duo Bobbysocks. C'est sa quatrième et dernière apparition, cette fois-ci seule. Elle a failli de nouveau gagner à la maison et obtient une prestigieuse deuxième place. Sa chanson est écrite par Rolf Løvland, auteur des deux chansons gagnantes pour la Norvège, avec le groupe Secret Garden en 1995 et les Bobbysocks en 1985.

Ooh aah... just a little bit

La victoire aurait dû revenir logiquement à la coiffeuse australienne Gina G qui chante pour le Royaume-Uni. Son titre « Ooh aah... just a little bit » fera l'une des plus belles carrières dans les charts parmi les chansons de l'Eurovision ; il sera même numéro douze au Billboard Hot 100 aux États-Unis. Son remix sera parmi les titres les plus joués dans le monde de l'aérobic. Malheureusement, la vidéo tendance promettait le meilleur, mais sa prestation live est plus que décevante. Gina finit huitième, un échec cuisant qu'elle a du mal à digérer. On n'a plus vraiment entendu parler d'elle.

> *Quand trente pays veulent monter sur scène, l'Eurovision doit trancher... au prix d'un scandale qui marquera son histoire.*

Eimear Quin, dernière victoire irlandaise

Les Suédois finissent au troisième rang avec un titre composé par le fils de Benny Andersson, membre des ABBA. Lui qui s'était toujours « moqué » de la victoire de son père a dû, ce jour-là, se faire tout petit.

Du breton pour la France

La France propose une chanson celtique interprétée en breton par le célèbre groupe Dan Ar Braz & L'Héritage des Celtes. Cette musique qui évolue entre tradition et modernité rencontre un franc succès sauf à l'Eurovision. C'est la troisième fois après Kali en 1992 et Patrick Fiori en 1993 que la France essaie de proposer une autre langue que le français. C'est un peu la mode ou une provocation de chanter en langue régionale, à l'image de l'Autriche qui vient avec un titre gospel en dialecte du Vorarlberg.

Encore l'Irlande !

Septième victoire pour l'Irlande qui chante en anglais dans un style celtique. C'est un immense record qui provoque l'ire des fans et la lassitude de devoir retourner en Irlande. Se pose de plus en plus la question de la proéminence de la langue anglaise dans les résultats.

La personnalité la plus connue de ce Concours reste l'un des deux présentateurs, Morten Harket, chanteur du groupe norvégien A-HA des années 80.

C'est la ministre de la Culture, ancienne chanteuse

et présentatrice de l'Eurovision, Åse Kleveland, qui clôture cette 41e édition dans une somptueuse «after party» que certains fans boycottent, tellement ils sont fâchés de la victoire irlandaise!

RÉSULTATS

Place	Pays	Artiste(s)	Chanson	Langue(s)	Points
1	Irlande	Eimear Quinn	The Voice	eng	162
2	Norvège	Elisabeth Andreassen	I evighet	nor	114
3	Suède	One More Time	Den vilda	swe	100
4	Croatie	Maja Blagdan	Sveta ljubav	hrv	98
5	Estonie	Maarja-Liis Ilus & Ivo Linna	Kaelakee hääl	est	94
6	Portugal	Lúcia Moniz	O meu coração não tem cor	por	92
7	Pays-Bas	Maxine & Franklin Brown	De eerste keer	nld	78
8	Royaume-Uni	Gina G	Ooh Aah... Just a Little Bit	eng	77
9	Chypre	Constantínos Christofórou	Móno yia mas (Μόνο για μας)	gre	72
10	Malte	Miriam Christine	In a Woman's Heart	eng	68
10	Autriche	George Nussbaumer	Weil's dr guat got	vor*	68
12	Turquie	Şebnem Paker	Beçinsi mevsim	tur	57
13	Islande	Anna Mjöll	Sjúbidú	isl	51
14	Grèce	Mariana Efstratiou	Emis forame to himona anixiatika (Εμείς φοράμε το χειμώνα ανοιξιάτικα)	gre	36
15	Pologne	Kasia Kowalska	Chcę znać swój grzech	pol	31
16	Suisse	Kathy Leander	Mon cœur l'aime	fra	22
16	Belgique	Lisa del Bo	Liefde is een kaartspel	nld	22
18	Slovaquie	Marcel Palonder	Kým nás máš	slo	19
19	France	Dan Ar Braz & l'Héritage des Celtes	Diwanit bugale	bre**	18
20	Espagne	Antonio Carbonell	¡Ay, qué deseo!	spa	17
21	Slovénie	Regina	Dan najlepših sanj	slv	16
22	Bosnie-Herz.	Amila Glamočak	Za našu ljubav	bos	13
23	Finlande	Jasmine	Niin kaunis on taivas	fin	9

*voralbergeois (dialecte autrichien)
**breton

1997

DUBLIN

42e édition

L'arrivée des télévotes

Vainqueur : **Royaume-Uni avec le groupe Katrina and the Waves**

Chanson : **« Love shine a light »**

Auteur-compositeur : Kimberley Rew

3 mai 1997

Point Theatre à Dublin, Irlande

Diffuseur RTÉ

25 pays participants

Retour de l'Allemagne, du Danemark, de la Hongrie, de l'Italie et de la Russie

Relégations de la Belgique, de la Finlande et de la Slovaquie

La Bosnie-Herzégovine prend la place d'Israël qui se retire à cause d'une fête religieuse

Même système de vote qu'en 1989. Réinstauration d'une règle de relégation complexe et retour à 25 participants. On calcule la moyenne des résultats des cinq dernières années de participation et certains pays sont relégués suite à ces résultats

Irlande, Miss Eurovision

L'Irlande est devenue la patrie du Concours Eurovision de la chanson avec de nombreux records :

- 7 victoires
- 7 organisations du Concours Eurovision
- 4 victoires en l'espace de 5 ans (1992-1996)
- 6 fois à Dublin – 1 fois à Millstreet
- 3 fois au Point Theatre
- 6 places d'honneur en 7 ans (4 fois première place et 2 fois deuxième de 1990 à 1997)

Les temps changent

À partir de 1998 ce sera la galère. L'Irlande terminera au mieux au sixième rang et sera même reléguée en 2002. À six reprises le pays ne passera pas la barre des qualifications. Il finira même

Les présentateurs irlandais Carrie Crowley et Ronan Keating (chanteur des Boyzone)

deux fois dernier de la finale. Les spécialistes de l'Eurovision ont senti le changement et ont été nombreux à Oslo à annoncer que l'Irlande ne gagnerait plus pendant longtemps.

La controverse se cristallise une nouvelle fois sur les sélections et on repart sur des règles de relégations qui évoluent encore.

L'Irlande, reine incontestée de la décennie, passe enfin le flambeau dans une édition pleine de symboles.

Présentateurs stars

La télévision irlandaise tente une nouvelle fois d'innover avec le style, plus moderne et en forme de soucoupe volante. Comme les Norvégiens, ils font aussi appel à une star de la chanson, Ronan Keating du groupe Boyzone, pour présenter le Concours en duo avec Carrie Crowley, une star et actrice de la télévision.

Télévote

La gagnante irlandaise de l'année précédente, Eimear Quinn, malgré sa magnifique voix mystique était contestée. Sa chanson « The voice » était considérée comme dépassée et pas du tout radiophonique. Elle est à l'origine d'une remise en question qui permet la naissance d'une nouvelle ère dans les votes. C'est l'expérimentation du premier « télévote » (ou télévoting) dans seulement cinq pays : l'Allemagne, la Suisse, l'Autriche, le Royaume-Uni et la Suède. Faire appel au public va devenir la norme par la suite. Cela entraîne l'introduction des récapitulatifs des chansons, devenues nombreuses, pour permettre de se retrouver et de faire son choix.

Mauvais comportement

L'Italie, absente depuis 1994, fait une apparition éclair cette année et disparaît ensuite jusqu'en 2011. Les fans italiens ont contacté le duo Jalisse, couple dans la vie et vainqueur du célèbre Festival de Sanremo. Ils convainquent les chanteurs et la RAI de participer à l'Eurovision. Le duo se comporte plutôt mal en critiquant l'organisation irlandaise. La chanteuse joue la diva en changeant de robe lors des répétitions et critique le manque de professionnalisme du Concours. Le duo Jalisse finit quatrième. Malheureusement, le succès commercial international étant absent, la télévision italienne décide de jeter l'éponge pour longtemps.

Les stars en vidéo

Dix-huit anciens participants et vainqueurs de précédentes éditions apparaissent ponctuellement en vidéo au cours de la soirée. On a le plaisir de revoir les plus célèbres, Céline Dion, Björn et Benny (ABBA), Cliff Richard, Julio Iglesias, etc. Dans ces petits messages, ils encouragent les artistes en faisant référence à leurs propres participations, que d'émotion !

Alerte à la bombe

Le Concours a lieu malgré une alerte à la bombe de l'organisation paramilitaire d'Irlande du Nord (IRA) qui a été tenue secrète tout au long de la soirée. Les services de sécurité ont longtemps hésité avant de donner le feu vert au déroulement du show.

L'incroyable cinquième place de Chypre et surtout la troisième place de la Turquie laissent présager un changement d'univers musical dans les années à venir. On peut enfin imaginer la victoire de tous les pays, y compris les plus petits et les plus lointains.

Contre toute attente, la chanteuse turque Sebnem Paker fait partie des favorites. Pour sa deuxième participation elle s'est fait refaire le nez. Elle porte une minijupe super sexy, contrastant avec le caractère ethnique de la mélodie. La *world music* entre en force à l'Eurovision.

Russie insupportable

La Russie vient avec l'« Edith Piaf » de la chanson russe, Alla Pugacheva, très diva et insupportable.

Elle refuse de participer aux conférences de presse et est surtout certaine de gagner. Elle rentre chez elle totalement déçue avec un quinzième rang. Le pays se retire pour deux ans.

Latex

Le chanteur qui fait le plus parler de lui est l'Islandais Paul Oscar avec ses danseuses provocatrices. La prestation scénique restera comme la plus « latex » de l'histoire avec l'arrivée timide de la musique dance au Concours. Il finit vingtième mais reçoit quelques points de trois pays ayant opté pour le télévote, montrant la différence entre les jurys professionnels et le public.

Anglais favoris

À la fin, tout rentre dans l'ordre. Les Anglais du groupe Katrina and the Waves obtiennent un maximum de voix avec « Love shine a light ». Titre qui inspirera le Concours de 2020 annulé en raison de la pandémie de Covid-19. Tous les pays chanteront « Love shine a light » depuis leur pays. Cinquième victoire du Royaume-Uni qui arrive à égalité avec la France et le Luxembourg mais toujours derrière l'Irlande et la Suède. La compagnie de disques refuse de lancer le single du titre gagnant. Ce qui n'empêchera pas le groupe de faire une belle tournée en Europe avant de disparaître.

Il n'y avait plus eu de nul point depuis 1994 mais cette année la Norvège et le Portugal se partagent ce privilège.

Scène du spectacle de Dublin : les Irlandais veulent un show !

Katrina and the Waves,
derniers gagnants pour le Royaume-Uni

Cette victoire des Britanniques est exceptionnelle pour trois raisons :

C'est d'abord la dernière victoire du pays de la pop music avant l'entrée dans une période de turbulences avec de mauvais classements, plus de victoires et des choix totalement incompréhensibles de la part de la BBC.

Deuxièmement, Katrina Leskanisch, la chanteuse de ce groupe de pop rock américano-britannique, est née à Topeka au Kansas. Elle est donc Américaine et non Britannique comme l'indique son fort mais sympathique accent américain. C'est ainsi la première et la seule chanteuse américaine à gagner le Concours, entourée de musiciens britanniques.

Finalement, c'est aussi l'une des seules formations à avoir réussi à faire un hit mondial avant de gagner l'Eurovision. Katrina and the Waves connaît d'abord un succès international et unique avec la chanson « Walking on sunshine » qui était sorti en 1985 et a atteint très vite le haut des charts dans de nombreux pays dont les USA, le Canada, l'Australie et le Royaume-Uni. Cette chanson rapporta beaucoup d'argent au groupe, à Katrina et à leur maison de disques.

Katrina est une jeune fille catholique de l'Amérique profonde qui vient d'une famille de musiciens. Elle chante d'abord dans les églises et en famille. Comme son père est colonel dans l'Air Force américaine, elle fait des concerts sur

les bases militaires et voyage beaucoup aux USA et en Europe. Elle arrive en Angleterre en 1976 où elle rencontrera plus tard les musiciens de son groupe, The Waves. Elle collaborera jusqu'à leur séparation en 1999.

Katrina Leskanich fait depuis une carrière en solo et est très sollicitée lors de diverses sélections nationales ou d'événements en rapport avec l'Eurovision. Elle aime participer et parler de son expérience.

Pendant toute la semaine à Dublin, elle a fait preuve d'une confiance très américaine et semblait assez certaine de gagner :

« Je ne savais pas dans quoi je m'engageais et je ne connaissais rien au Concours. L'ambiance à Dublin était très familiale et on passait beaucoup de temps avec les autres chanteurs. On buvait des verres ensemble… À cette époque, il y avait une seule soirée et seulement vingt-cinq candidats. On se connaissait tous. Aujourd'hui c'est vrai que c'est plus difficile, car il y a plus de candidats et c'est beaucoup plus une question d'image et de show.

Pour la finale, je passais en avant-dernier et l'attente était longue mais je n'étais pas trop nerveuse. Avec le groupe, nous avions confiance en notre chanson, nous voulions gagner et faire un comeback. C'est sûr que nous ne pouvions pas savoir à l'avance. Une bonne chanson pouvait toujours perdre et une mauvaise gagner. Mais on savait que c'était une chanson avec un message universel. C'est ce que le public voulait, une chanson qui donnait un message d'unité et permettait d'agiter les lumières des briquets dans la salle. Les gens en avaient marre des chansons sur le thème de la rupture. Notre chanson était tout le contraire et c'est pour ça qu'on a gagné. Cette chanson a un côté très « Eurovision » et j'ai eu beaucoup de chance de pouvoir la chanter !

Par contre, côté vestimentaire, je n'ai pas trop de goût et jusqu'à la dernière minute je ne savais pas ce que j'allais porter… J'ai laissé ma maison de disques s'en occuper ! Si cela ne tenait qu'à moi, j'aurais mis mon vieux costume que je mets toujours à mon anniversaire ! (rires…) »

Katrina finira par porter une magnifique chemise verte, pas très catholique pour une Américaine représentant le Royaume-Uni à Dublin !

Une Américaine pour une dernière victoire britannique : Katrina and the Waves marquent la fin d'une époque.

RÉSULTATS

Place	Pays	Artiste(s)	Chanson	Langue(s)	Points
1	Royaume-Uni	Katrina and the Waves	Love Shine a Light	eng	227
2	Irlande	Marc Roberts	Mysterious Woman	eng	157
3	Turquie	Şebnem Paker	Dinle	tur	121
4	Italie	Jalisse	Fiumi di parole	ita	114
5	Chypre	Hara & Andreas Konstantinou	Mana mou (Μάνα μου)	gre	98
6	Espagne	Marcos Llunas	Sin rencor	spa	96
7	France	Fanny	Sentiments songes	fra	95
8	Estonie	Maarja-Liis Ilus	Keelatud maa	est	82
9	Malte	Debbie Scerri	Let Me Fly	eng	66
10	Slovénie	Tanja Ribič	Zbudi se	slv	60
11	Pologne	Anna Maria Jopek	Ale jestem	pol	54
12	Grèce	Marianna Zorba	Horepse (Χόρεψε)	gre	39
12	Hongrie	V.I.P.	Mièrt kell, hogy elmenj?	hun	39
14	Suède	Blond	Bara hon älskar mig	swe	36
15	Russie	Alla Pugacheva	Primadonna (Примадонна)	rus	33
16	Danemark	Kølig Kaj	Stemmen i mit liv	dan	25
17	Croatie	E.N.I.	Probudi me	hrv	24
18	Allemagne	Bianca Shomburg	Zeit	ger	22
18	Bosnie-Herz.	Alma	Goodbye	bos	22
20	Islande	Paul Oscar	Minn hinsti dans	isl	18
21	Autriche	Bettina Soriat	One Step	ger	12
22	Suisse	Barbara Berta	Dentro di me	ita	5
22	Pays-Bas	Mrs Einstein	Niemand heeft nog tijd	nld	5
24	Norvège	Tor Endresen	San Francisco	nor	0
24	Portugal	Célia Lawson	Antes do adeus	por	0

1998

La révolution « Dana International »

Vainqueur : **Israël avec la chanteuse Dana International**

Chanson : **« Diva »**

Auteurs-compositeurs : Yoav Ginay & Tzvika Pik

BIRMINGHAM

43e édition

9 mai 1998

National Indoor Arena Birmingham, Royaume-Uni

Diffuseur BBC

25 pays participants

Retour de la Belgique, de la Finlande, d'Israël, de la Roumanie et de la Slovaquie

Relégations de l'Autriche, de la Bosnie-Herzégovine, du Danemark, de l'Islande et de la Russie

Retrait de l'Italie qui permet le début de la Macédoine

Même système de vote et de présélection que l'année précédente

Le Royaume-Uni établit un nouveau record, celui du pays ayant accueilli le plus souvent le Concours, à huit reprises, même s'il ne l'a gagné que cinq fois.

On est toujours dans un système de relégation. On note l'arrivée de l'Ancienne République yougoslave de Macédoine.

Maisons closes

Pour la Suisse c'est la Bérézina ! Une catastrophe doublée d'une polémique. La chanteuse Gunvor Guggisberg termine avec nul point et est victime dans la presse helvétique d'une révélation sur ses photos de nu, son lien avec des maisons closes et ses soucis financiers. Ces nouvelles sont révélées quelques jours avant la finale. La presse parlera plus de cela que de sa chanson.

Alf Igel

L'Allemand Stefan Raab fait son entrée en force dans l'histoire de l'Eurovision comme compositeur et producteur de la chanson la plus déjantée de 1998. Il en a marre de la suprématie du compositeur Ralph Siegel et compose « Guildo hat euch lieb » sous le pseudonyme d'Alf Igel pour se moquer de Ralph. Ce dernier avait d'ailleurs trois chansons en compétition dans la finale allemande. La chanson de Stefan est interprétée par Guildo Horn accompagné de ses clochettes, de son costume de clown et de son groupe « Les chaussures orthopédiques ». La chorégraphie loufoque est la grande honte du public allemand et fait les gros titres de la presse. À la surprise générale, cette chanson, en français « Guildo vous aime », plaît au public. Stefan Raab reviendra comme chanteur en 2000, comme producteur en 2010 avec la victoire de Lena et encore comme présentateur en 2011. Il prendra pour quelques années le contrôle des sélections allemandes et redonnera ainsi une nouvelle dimension à l'Eurosong en Allemagne.

Soupirs et grimaces

Les deux présentateurs ne sont pas Anglais. Terry Wogan, adulé par le public britannique, est d'origine irlandaise et Ulrika Jonsson, star du petit écran, est Suédoise. Un geste pas innocent de la part de la BBC qui montre ainsi son ouverture au monde. Terry Wogan, qui a commenté le Concours pendant de nombreuses années, alterne présentation sur scène et commentaire en cabine, ce qui est une première et reste unique. La façon dont les deux présentateurs ponctuent les passages obligés en français par des soupirs et des grimaces est diversement appréciée.

Vote ethnique

Pour la première fois, au moment des votes, la porte-parole slovène se permet un commentaire à l'intention de son pays voisin : « Croatie, douze points... en espérant que l'année prochaine vous vous en souviendrez ?! » Cette anecdote souligne le caractère ethnique et de voisinage des votes dont les pays de l'Est ont été les tenants comme l'ont toujours été les pays du Nord et dans les premières années les francophones.

Beaucoup de suspense, pendant la première partie du vote avec six pays à égalité. La différence se fait entre Malte et Israël qui sont ex æquo juste avant le dernier vote. Finalement Israël l'emporte, les Britanniques viennent se glisser à la deuxième place et Malte termine troisième. Le Royaume-Uni squatte pour la quinzième fois la deuxième place. Il faudra attendre 2022 pour une seizième deuxième place avec Sam Ryder, c'est un record.

France, Suisse, lanternes rouges

La Suisse et la France sont bons derniers. Marie-Line, chanteuse martiniquaise prometteuse, a une chanson très moderne. Son avant-dernier rang reste une surprise. Elle va travailler avec de grands artistes français comme Jacques Higelin, Yannick Noah et Richard Gotainer... La Belgique fait le meilleur score des francophones avec la jeune chanteuse Mélanie Cohl et sa chanson « Dis oui » du compositeur belge Philippe Swan.

Transsexuelle

La plus grande controverse de 1998 est la participation de la transsexuelle Dana International. Ce choix par la télévision israélienne provoque dans son pays de nombreuses réactions dans les milieux juifs orthodoxes allant jusqu'à des menaces de mort. La délégation est logée dans un hôtel très protégé. Même la robe de Dana créée par Jean Paul Gaultier a un garde du corps, ce qui ne l'empêche pas d'être oubliée dans un taxi en route pour la répétition ! Elle est retrouvée par le commentateur suisse qui emprunte par hasard le même taxi. On peut imaginer la joie de la délégation israélienne lorsqu'ils retrouvent leur précieux costume. Malgré le service de sécurité, Dana International réussit à s'échapper et participe à des soirées de fans.

Robe à plumes de Jean Paul Gaultier

Lors de la finale, Jean Paul Gaultier regarde tranquillement chanter Dana à la télévision en direct. Il est ébahi et furieux. En effet, Dana ne porte pas sa robe. Mais que s'est-il passé ? Lorsqu'elle gagne, elle disparaît en courant et revient enfin vêtue de la magnifique robe à plumes de Jean Paul ! Ouf, Gaultier est soulagé. Elle lui racontera par la suite que le bruit des plumes lorsqu'elle effectuait sa chorégraphie lors des répétitions s'entendait dans le micro et l'empêchait de chanter correctement. La délégation israélienne décide à regret de ne pas la mettre sauf à la reprise, si elle gagne... Ce qu'elle réussit contre toute attente !

Sa voix fait l'objet d'une autre polémique. Lors des répétitions, tout le monde peut constater qu'elle ne chante pas vraiment, c'est surtout sa choriste qui le fait à sa place. C'est indéniablement grâce au recours à la bande-son uniquement qu'elle peut ramener le trophée dans son pays.

Cela annonce la suppression de l'orchestre l'année suivante. Ça n'enlève rien à son charisme et ses chichis de diva qui marquent la différence. Une telle victoire à l'Eurovision est relayée dans le monde entier, ce qui n'est pas arrivé depuis longtemps.

Drapeaux

C'est véritablement cette année qu'arrivent les drapeaux des pays dans la salle. La communauté gay qui soutient fortement Dana International est présente et sort de l'ombre.

RÉSULTATS

Place	Pays	Artiste(s)	Chanson	Langue(s)	Points
1	Israël	Dana International	Diva (הוויד)	heb	172
2	Royaume-Uni	Imaani	Where Are You?	eng	166
3	Malte	Chiara	The One That I Love	eng	165
4	Pays-Bas	Edsilia Rombley	Hemel en aarde	nld	150
5	Croatie	Danijela	Neka mi ne svane	hrv	131
6	Belgique	Mélanie Cohl	Dis oui	fra	122
7	Allemagne	Guildo Horn	Guildo hat euch lieb!	ger	86
8	Norvège	Lars Fredriksen	Alltid sommer	nor	79
9	Irlande	Dawn Martin	Is Always Over Now?	eng	64
10	Suède	Jill Johnson	Kärleken är	swe	53
11	Chypre	Mihalis Hatzigiannis	Genesis (Γένεσις)	gre	37
12	Portugal	Alma Lusa	Se eu te pudesse abraçar	por	36
12	Estonie	Koit Toome	Mere lapsed	est	36
14	Turquie	Tüzmen	Unutamazsın	tur	25
15	Finlande	Edea	Aava	fin	22
16	Espagne	Mikel Herzog	¿Qué voy a hacer sin ti?	spa	21
17	Pologne	Sixteen	To takie proste	pol	19
18	Slovénie	Vili Resnik	Naj bogovi slišijo	slv	17
19	Macédoine	Vlado Janevski	Ne zori, zoro (Не зори, зоро)	mac	16
20	Grèce	Thalassa	Mia krifi evesthisia (Μια κρυφή ευαισθησία)	gre	12
21	Slovaquie	Katerina Hasprova	Modlitba	slo	8
22	Roumanie	Mălina Olinescu	Eu cred	rum	6
23	Hongrie	Charlie	A holnap már nem lesz szomorú	hun	4
24	France	Marie Line	Où aller	fra	3
25	Suisse	Gunvor	Lass ihn	ger	0

Terry Wogan
et les commentateurs

Que serait l'Eurovision sans eux ?

« Pour les fans qui viennent sur place et qui ont la chance d'être dans la salle, il y a toujours à l'arrière au loin ces petites cabines mystérieuses illuminées par une lampe. C'est là que travaillent les commentateurs de toutes les télévisions européennes. Lors des nombreux briefings qui ont lieu durant les semaines précédant les shows, les commentateurs obtiennent des infos détaillées sur le déroulement du spectacle, sur les thèmes, sur l'Interval act et aussi sur les différents pays participants. Ils voient en primeur les cartes postales de présentation des artistes et leurs biographies. L'organisateur leur a aussi aménagé un petit salon lounge afin de préparer leurs textes.

Dans l'ombre des projecteurs, les commentateurs sont les véritables conteurs du Concours : entre humour, émotion et piques bien senties, ils façonnent l'expérience Eurovision pour des millions de téléspectateurs.

Les commentateurs sont des acteurs essentiels au succès du Concours. Ils sont seuls ou plusieurs dans leurs petites cabines, et apportent dans les foyers européens les informations nécessaires à la compréhension du spectacle. Souvent ils deviennent une voix de référence pour une région ou tout un pays. Ils donnent le ton et poussent les téléspectateurs à participer au show via les réseaux sociaux et à voter. On ne les voit pas mais ils reflètent un style propre à chacune des cultures, pays ou langues qu'ils représentent. Certains sont dans la tradition et l'information, d'autres utilisent l'humour ou sont plutôt décalés. Quelquefois, ils "déconnent" ou dépassent les bornes. Il y en a même qui vont jusqu'à la grossièreté ou le manque de respect. Mais en général c'est bon enfant et drôle, même si parfois certains ont dû s'excuser ou revenir sur leurs propos. Les commentateurs se connaissent et c'est une petite famille au sein de l'Eurovision.

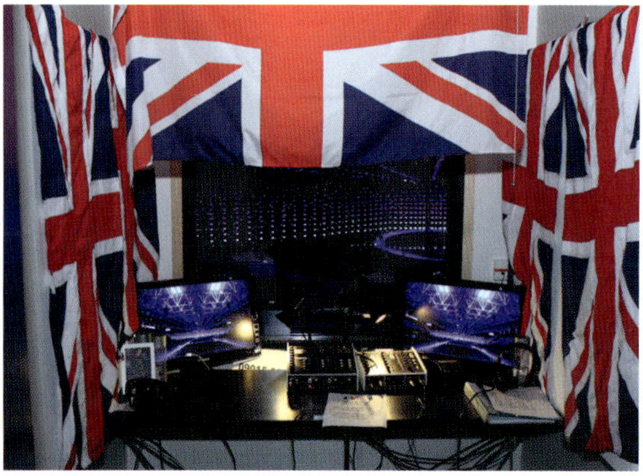

Certains sont de vraies personnalités et font partie du monde du divertissement de leur pays. Michael Terence Wogan, plus connu sous le nom de Terry Wogan, a été certainement le commentateur le plus illustre de l'histoire de l'Eurovision. Il nous a quittés trop vite en 2016 déjà, à l'âge de 78 ans. Il était Irlandais de naissance et est devenu au fil des années un animateur vedette de la BBC au Royaume-Uni. Il est considéré dans son pays comme un *national treasure*. À l'Eurovision, c'était une figure incontournable car il a commenté l'Eurovision de 1980 à 2008. Il est connu pour ses remarques acides et totalement décalées ne plaisant pas à tout le monde. Au fur et à mesure de ses participations, il deviendra plus acerbe et heurtera d'autres mentalités

ou cultures. C'est lui qui inventera cette façon de commenter drôle, humoristique ou même irrévérencieuse sans se prendre au sérieux. D'autres tenteront de l'imiter sans jamais y arriver.

En France, de nombreuses personnalités ont commenté l'Eurovision comme Pierre Tchernia, Léon Zitrone, Patrice Laffont, Olivier Minne, Julien Lepers, Marc-Olivier Fogiel, Dave, Laurent Ruquier, Michel Drucker, Cyril Hanouna, Laurent Boyer, Cyril Féraud, Stéphane Bern ou Marianne James. Peu d'entre eux ont tenu longtemps.

En Belgique wallonne, on se souvient surtout de la rigolote animatrice Paule Herreman qui a commenté le Concours Eurovision à dix reprises et dont on connaissait la joyeuse frimousse lors de ses participations aux *Jeux sans frontières*. Mais le record reste détenu par Jean-Pierre Hautier, directeur de la Première et célèbre journaliste de la RTBF qui a commenté ce spectacle dix-neuf fois ! Il disparaîtra tragiquement et trop vite à l'âge de 57 ans.

Du côté de la Suisse romande, le mythique animateur Georges Hardy a participé régulièrement à l'Eurovision entre 1956 et 1983. Son principal successeur était Serge Moisson. Aujourd'hui nous avons rendez-vous depuis 34 ans avec Jean-Marc Richard. Il a commencé seul, puis accompagné quelques fois par Alain Morisod, Marie-Thérèse Porchet, Henri Dès, Bastian Baker, puis depuis plus de quinze ans par l'expert passionné du Concours Eurovision de la chanson, Nicolas Tanner. Jean-Marc Richard détient le record absolu de participations au Concours Eurovision de la chanson comme commentateur.

Une cabine de commentateur et ci-dessus Terry Wogan

1999

JÉRUSALEM

44e édition

Fin de l'obligation de chanter dans la langue nationale et fin de l'orchestre

Vainqueur : **Suède avec la chanteuse Charlotte Nilsson**

Chanson : **« Take me to your heaven »**

Auteurs-compositeurs : Gert Lengstrand & Lars Dierdricson

29 mai 1999

International Convention Center Jérusalem, Israël

Diffuseur IBA

23 pays participants

Retour de l'Autriche, de la Bosnie-Herzégovine, du Danemark, de l'Islande et de la Lituanie

Une 6e place avait été laissée à la Lettonie qui devait faire son entrée mais se désiste. Elle cède sa place à la Hongrie qui se retire aussi. C'est finalement le Portugal qui la prend

Relégation de la Finlande, de la Grèce, de la Macédoine, de la Roumanie, de la Slovaquie et de la Suisse

Même système de vote et de présélection qu'en 1997 mais retour à 23 participations avec 6 pays relégués au lieu de 5

Jérusalem, capitale d'Israël ?

En Israël, beaucoup de discussions ont lieu à propos du Concours et de son organisation. Les experts ont longtemps douté de sa mise en place. La pression politique est forte de la part du maire de Jérusalem et des milieux conservateurs qui voient d'un mauvais œil la victoire de la chanteuse transsexuelle Dana International l'année précédente. Il y a aussi des questions liées aux moyens financiers de la télévision israélienne, à tel point que d'autres pays proposent de l'organiser chez eux. Finalement, le gouvernement participe activement au financement et on recrute de nombreux bénévoles venant de Tel Aviv. La condition du gouvernement est que le Concours se déroule à Jérusalem afin de montrer au monde que cette ville est la capitale du pays ! L'édition se passe quand même dans la sérénité. La télévision choisit la même petite salle qu'en 1979.

Séjour inoubliable

L'accueil des délégations est remarquable et incroyablement relax alors que l'organisateur annonçait beaucoup de sécurité. Il y a de nombreuses excursions organisées pour les délégations et les chanteurs, comme la mer Morte, des tours de ville, des visites de kibboutz, etc. Ce séjour restera inoubliable car tout le monde est mélangé dans un joyeux tourbillon. Les soirées sont folles avec une communauté gay active qui organise des fêtes grandioses, notamment dans le cadre de l'université afin de montrer une ouverture d'esprit. Dana International et les jeunes de Tel Aviv sont aussi très présents tout au long de la semaine, contrairement à la population de Jérusalem, plus conservatrice et discrète.

Concombre pour le shabbat

Le seul couac a lieu pendant le shabbat, ce qui a failli remettre en question les répétitions car selon la loi juive on ne doit pas travailler le samedi. Une manifestation des milieux religieux conservateurs a lieu devant la salle, forçant les délégations et les journalistes à entrer en cachette par l'arrière. Ce sont les techniciens de la BBC qui assument une bonne partie du travail des répétitions. Il n'y a pas de nourriture sur place car on ne cuisine pas pendant le shabbat mais chaque personne reçoit des organisateurs une petite boîte avec des vivres dans laquelle il y a un gros concombre ! Vous pouvez imaginer la scène ! Tout le monde se promenait avec son concombre dans la main…

Entre pressions politiques, chutes en robe Gaultier et concombres du shabbat, l'Eurovision à Jérusalem ne manque ni de rebondissements… ni de symboles.

Changements de règles

Le premier est la règle des langues. L'obligation de chanter dans sa langue nationale est abolie. En effet, les cinq dernières victoires anglophones ont précipité les choses. L'organisateur veut donner les mêmes chances à tous en laissant le choix.

Le deuxième est le recours facultatif à l'orchestre. Les Israéliens profitent pour le supprimer tout bonnement et signent sa fin définitive. Ce qui fait réagir en particulier le chanteur irlandais Johnny Logan, qui voit en ce Concours sans orchestre un simple karaoké.

Le troisième est l'octroi d'un statut particulier pour les quatre « grands pays » et contributeurs financiers, les big 4. Ceux-ci sont désormais garantis d'une place en finale sans passer par le système de relégation ou plus tard par les demi-finales. L'UER ne veut plus prendre de risque avec ses audiences au cas où un de ces quatre pays serait recalé.

Free

Ce sont trois personnes qui présentent la soirée : Yigal Ravid, Sigal Shahamon et une ancienne chanteuse de l'Eurovision, Dafna Dekel. Au début du spectacle, les deux présentatrices, Sigal et Dafna, sortent d'un hélicoptère pour rejoindre leur camarade sur la scène. Durant l'Interval act, Dana International interprète brillamment une reprise du tube mondial « Free » de Stevie Wonder. À la fin de l'émission, Dana doit remettre son trophée à la Suédoise Charlotte Nilsson mais l'étroitesse de la robe de Gaultier qu'elle porte la fait chuter. Tout le monde croit à un attentat. Elle dément par la suite et dit qu'elle avait été surprise par le poids du trophée. Certains la soupçonnent d'avoir simplement voulu faire le buzz, c'est assez réussi.

Bande-son polémique

La bande-son doit contenir uniquement de la musique sans aucune voix. Les Norvégiens déposent une plainte contre la chanson croate. Ils accusent d'avoir mis des voix masculines sur la bande. La délégation croate se défend en affirmant que les voix ont été créées artificiellement. Les organisateurs ne les disqualifient tout de même pas. Les Croates sont simplement pénalisés et perdent des points.

Les Britanniques ont également un problème avec leur bande-son, ce qui explique certainement un de leurs pires résultats avec un groupe à la mode – Precious. Cela va les décourager pour la suite du Concours.

Secte

La plus grande controverse vient de la France cette année-là. L'artiste Nayah fait partie d'une secte qui prétend que la fin du monde aura lieu en l'an 2000 et que seuls leurs membres seraient emportés dans un vaisseau spatial. La délégation française est paniquée à l'idée d'une infiltration des membres de cette secte qui pourraient manifester dans la salle. Le chef de délégation demande à un journaliste suisse de cacher les tickets d'entrée alloués aux Français pendant toute la semaine, dans sa chambre d'hôtel. Aucun membre de la secte ne va finalement perturber l'émission.

Économies

La Lituanie, qui a des problèmes financiers, obtient une dérogation lui autorisant à venir plus tard dans la semaine, ce qui lui permet de faire des économies. La chanson est interprétée en samogitien, dialecte d'une des régions du pays. Elle ouvre le Concours.

Reise nach Jérusalem

L'Allemagne choisit Corinna May, chanteuse non voyante, proche du compositeur Ralph Siegel. Elle est disqualifiée parce que sa chanson a déjà été publiée avant le Concours, ce qui est interdit. Il y a chaque année une date butoir en septembre de l'année d'avant, date à laquelle la chanson ne peut être ni publiée ni jouée en public. Corinna May reviendra en 2002. Mais un titre de Ralph Siegel en cache toujours un autre. C'est une de ses chansons interprétée par le groupe turco-allemand Sürpriz qui prend part à la compétition. Ce titre ethnique est prédestiné: « Reise nach Jerusalem » (Voyage vers Jérusalem) et fait un carton ! Elle reçoit cinq fois douze points dont ceux de la Turquie et d'Israël !

Islande

La grande favorite de cette édition est l'Islandaise Selma. Elle a une chanson très pop. Au terme d'une lutte sans merci, c'est sa voisine la Suède qui gagne. L'Islande, déçue, reste le seul pays scandinave qui n'a toujours pas été victorieux dans cette compétition. La gagnante Charlotte Nilsson est revêtue d'un body rose moulant qui fait l'attraction. C'est une bonne copie d'un titre du groupe ABBA et un retour dans les années 70. Le Concours a de la difficulté à aller vers quelque chose de plus moderne. Cette chanson a du succès, surtout dans le nord de l'Europe.

Au passage, l'Espagne reste au fond du classement, on ne sait toujours pas si c'est lié à la chanson ou à l'affreuse robe arc-en-ciel que porte Lydia.

Hallelujah

À la fin du spectacle tous les artistes reprennent en solidarité avec les victimes de la guerre des Balkans le titre israélien « Hallelujah », gagnant de 1979.

RÉSULTATS

Place	Pays	Artiste(s)	Chanson	Langue(s)	Points
1	Suède	Charlotte Nilsson	Take Me to Your Heaven	eng	163
2	Islande	Selma	All Out of Luck	eng	146
3	Allemagne	Sürpriz	Reise nach Jerusalem – Kudüs'e seyahat	ger, eng, heb, tur	140
4	Croatie	Doris Dragović	Marija Magdalena	hrv	118
5	Israël	Eden	Yom Huledet (Happy Birthday) (יום "תדלוה)	eng, heb	93
6	Estonie	Evelin Samuel & Camille	Diamond of Night	eng	90
7	Bosnie-Herz.	Dino & Béatrice	Putnici	bos, fra	86
8	Danemark	Trine Jepsen & Michael Teschl	This Time I Mean It	eng	71
8	Pays-Bas	Marlayne	One Good Reason	eng	71
10	Autriche	Bobbie Singer	Reflection	eng	65
11	Slovénie	Darja Švajger	For A Thousand Years	eng	50
12	Belgique	Vanessa Chinitor	Like The Wind	eng	38
12	Royaume-Uni	Precious	Say It Again	eng	38
14	Norvège	Stig Van Eijk	Living My Life Without You	eng	35
15	Malte	Times Three	Believe 'n Peace	eng	32
16	Turquie	Tuğba Önal & Grup Mistik	Dön Artık	tur	21
17	Irlande	The Mullans	When You Need Me	eng	18
18	Pologne	Mietek Szcześniak	Przytul mnie mocno	pol	17
19	France	Nayah	Je veux donner ma voix	fra	14
20	Lituanie	Aistė	Strazdas	sgs*	13
21	Portugal	Rui Bandeira	Como tudo começou	por	12
22	Chypre	Marlain	Tha 'ne erotas (Θα 'ναι έρωτας)	gre	2
23	Espagne	Lydia	No quiero escuchar	spa	1

*samogitien (dialecte lituanien)

2000

STOCKHOLM

45e édition

Spectacle extravagant pour une victoire « Papy »

Vainqueur : **Danemark avec le duo Olsen Brothers**

Chanson : **« Fly on the winds of love »**

Auteur-compositeur : Jørgen Olsen

13 mai 2000

Globen à Stockholm, Suède

Diffuseur SVT

24 pays participants au lieu des 25 prévus

Début de la Lettonie

Retour de la Finlande, de la Macédoine, de la Roumanie, de la Russie et de la Suisse

Relégation de la Bosnie-Herzégovine, de la Lituanie, de la Pologne, du Portugal et de la Slovénie

Retrait de la Grèce au dernier moment. La 25e place est offerte à la Slovaquie et à la Hongrie qui refusent toutes deux de participer

Même système de vote et présélection qu'en 1997 mais avec seulement 5 relégations

Bouche sensuelle

À l'aube du nouveau siècle, la Suède se doit de moderniser le Concours. La salle est la plus grande de l'histoire. Le logo choisi est en forme de bouche, un brin sensuel et provocateur. On y ajoute des écrans géants pour un programme qui va durer trois heures et demie. Pour la première fois le spectacle est diffusé sur internet. Le show démarre dans l'ombre et la lumière tamisée des petites torches que le public tient dans ses mains jusqu'à l'arrivée sur scène d'une jeune fille qui crie « Welcome Europe ! ». L'émotion est palpable dans la salle et dans toute l'Europe… des frissons…

Incident aux Pays-Bas

Un incident majeur provoque l'interruption de la diffusion du Concours aux Pays-Bas. Une explosion dans une usine de feux d'artifice fait 23 morts et 950 blessés. Les lignes téléphoniques sont mobilisées pour les secours et l'aide aux victimes. Les responsables de la télévision hollandaise choisissent d'interrompre le programme et seul le vote du jury de professionnels est pris en compte. La chanteuse Linda Wagenmakers reste dans les mémoires pour sa robe dont l'amplitude cache deux danseurs qui sortent au moment du refrain.

Dans l'excentricité on note le retour de Stefan Raab comme chanteur cette fois, avec son titre « glam » et provocateur : « Wadde hadde dudde da » (Qu'est-ce que tu as là ?), un vrai show ! Son objectif est de ramener le trophée en Allemagne, mais c'est raté. Il le fera pourtant dix ans plus tard en tant que producteur de la chanson de Lena.

Indien d'Amérique

Le Suédois Roger Pontare choisit de se déguiser en Indien d'Amérique et est accompagné d'un danseur de pow-wow, d'un Sami norvégien et d'un Thulé inuit. Sa chanson soutient les droits des peuples autochtones. Sa prestation laisse les gens perplexes.

On voit sur scène l'arrivée des effets spéciaux, artifices et lumières. Cette tendance va se perpétuer et se développer en prenant parfois le dessus sur la chanson.

La généralisation du télévote a une influence grandissante sur les mauvais résultats des pays qui sont à l'origine du Concours. À l'image de la chanteuse britannique Nicki French, chouchou des fans sur place qui ne termine que seizième en chantant un brin ironique « Don't play that song again » !

Al Bano

La Suisse est représentée par Jane Bogaert avec une chanson en italien. Elle a gagné la sélection nationale suite à un couac majeur. Au moment d'annoncer les votes du public, une erreur technique est commise. Chez les francophones, c'est un groupe de rock alémanique qui gagne. En même temps en Suisse allemande, c'est une chanson francophone qui obtient les faveurs du public. Tout a été malencontreusement mélangé. On demande alors uniquement au jury de revoter. C'est finalement une Alémanique qui chante en italien qui gagne. Pour l'aider à la finale à Stockholm, Jane demande le soutien du chanteur italien Al Bano pour qui elle a été choriste pendant de nombreuses années.

Le duo gagnant Olsen Brothers, lors du 60e anniversaire de l'Eurovision à Londres

Ping Pong

Pour les provocations, c'est le groupe israélien Ping Pong qui détient la palme. Pendant le refrain, les deux garçons se font un bisou sur la bouche. À la fin de la chanson, ils sortent des drapeaux israélien et syrien pour tenter de symboliser la paix entre les deux pays. Dans l'ensemble tout au long de la semaine ils font l'apologie de l'homosexualité, de la liberté sexuelle et de la paix entre les peuples. Ils en oublient de chanter juste.

Russes deuxièmes

Après deux ans d'absence, la Russie, qui avait été humiliée avec son « Edith Piaf » locale, revient avec une « Lolita » de 16 ans, Alsou, et une mélodie pop très éloignée de l'image que l'on se fait à l'époque du pays. La chanson fait sensation. C'est le début des bons classements de la Russie qui la mènera à la victoire en 2008 avec Dima Bilan. L'objectif des Russes est clair, faire participer les meilleurs artistes de leur pop musique. Ils obtiendront une deuxième place en 2000.

Pays baltes

Pour sa première participation, la Lettonie fait sensation avec un groupe masculin de pop rock, Brainstorm, et un titre ultra-actuel – « My star » –, qui faillit emporter le Concours. Cette troisième place annonce les prochaines victoires des pays baltes !

Deux points belges

C'est au tour de la Belgique de finir dernière avec la chanteuse wallonne de gospel Nathalie Sorce, dont la prestation est ponctuée d'étranges effets vocaux. Cela ne plaît pas du tout aux puristes. La chanteuse est confiante pendant toute la semaine et ne s'attend pas à ce résultat. C'est le choc car elle avait été plébiscitée lors de la sélection belge mais finit à la finale européenne avec seulement deux points évitant de justesse le nul point. On l'a toujours soupçonnée d'avoir reçu le soutien d'une communauté religieuse pour gagner sa finale nationale. Elle jette l'éponge après le Concours et disparaît.

Les paris

Le gagnant est, non sans surprise, le duo danois Olsen Brothers, chanteurs presque cinquantenaires. À la découverte de leur clip vidéo personne ne misait sur eux, sauf quelques initiés dont les auteurs de ce livre qui gagneront quelques petits sous en faisant des paris, une autre tradition du Concours. Le spectacle sur scène est remarquable et les artifices utilisés pour modifier et filtrer les voix à la fin de la chanson ne sont pas étrangers à cette victoire. Les Russes se plaignent et déposent un protêt, mais leur plainte sera classée sans suite.

CD Compilation

Pour booster le Concours et mettre fin aux batailles de recherche de CD et de spéculations d'achat entre les fans-collectionneurs, l'organisateur met en vente pour la première fois une compilation de toutes les chansons des participants, avec l'obligation pour tous les artistes d'y figurer ou d'y participer.

Le Concours Eurovision de la chanson prend un nouvel envol.

Le groupe Brainstrom, premiers Lettons

RÉSULTATS

Place	Pays	Artiste(s)	Chanson	Langue(s)	Points
1	Danemark	Olsen Brothers	Fly on the Wings of Love	eng	195
2	Russie	Alsou	Solo	eng	155
3	Lettonie	Brainstorm	My Star	eng	136
4	Estonie	Ines	Once in a Lifetime	eng	98
5	Allemagne	Stefan Raab	Wadde hadde dudde da?	ger, eng	96
6	Irlande	Eamonn Toal	Millennium of Love	eng	92
7	Suède	Roger Pontare	When Spirits Are Calling My Name	eng	88
8	Malte	Claudette Pace	Desire	eng, mlt	73
9	Croatie	Goran Karan	Kad zaspu anđeli	hrv	70
10	Turquie	Pınar Ayhan & The SOS	Yorgunum Anla	tur, eng	59
11	Norvège	Charmed	My Heart Goes Boom	eng	57
12	Islande	August & Telma	Tell Me!	eng	45
13	Pays-Bas	Linda Wagenmakers	No Goodbyes	eng	40
14	Autriche	The Rounder Girls	All To You	eng	34
15	Macédoine	XXL	100% te ljubam (100% те љубам)	mac, eng	29
16	Royaume-Uni	Nicki French	Don't Play That Song Again	eng	28
17	Roumanie	Taxi	The Moon	eng	25
18	Espagne	Serafín Zubiri	Colgado de un sueño	spa	18
18	Finlande	Nina Åström	A Little Bit	eng	18
20	Suisse	Jane Bogaert	La vita cos'è?	ita	14
21	Chypre	Voice	Nomiza (Νόμιζα)	gre, ita	8
22	Israël	Ping Pong	Sameyakh (חיימש)	heb	7
23	France	Sofia Mestari	On aura le ciel	fra	5
24	Belgique	Nathalie Sorce	Envie de vivre	fra	2

2001

COPENHAGUE

28e édition

L'année mégalo. Surprises…

Vainqueur : **Estonie avec le duo Tanel Padar et Dave Benton avec 2XL**

Chanson : **« Everybody »**

Auteurs-compositeurs : Maian Kärmas et Ivar Must

12 mai 2001

Parken Stadium à Copenhague, Danemark

Diffuseur DR

23 pays participants

Retour de la Bosnie-Herzégovine, de la Grèce, de la Lituanie, de la Pologne, du Portugal et de la Slovénie

Relégation de l'Autriche, de la Belgique, de Chypre, de la Finlande, de la Macédoine, de la Roumanie et de la Suisse

Même système de vote et présélection que l'année précédente mais avec un retour à 23 participants entraînant la relégation de 7 pays au lieu de 5

Superproduction

L'organisateur affirme vouloir rendre le show plus rentable. Pour cela, la télévision danoise fait appel à de nombreux sponsors. L'objectif est de mettre en place une superproduction à la pointe de la technologie et du progrès. C'est le début de ce que l'on verra encore longtemps : une priorité donnée à la télévision et au spectacle avant tout.

35 000 spectateurs

C'est la folie des grandeurs pour les Danois qui veulent absolument battre le record suédois des 13 000 spectateurs dans la salle l'année précédente. Ils réussissent leur pari et font venir 35 000 spectateurs dans un stade au-dessus duquel un toit rétractable a été construit spécialement. Pour la plupart des spectateurs, les artistes sont pratiquement invisibles car trop loin. Le public danois préfère donc les bars installés à l'intérieur de la salle. Il y a un va-et-vient avec de l'alcool et du bruit, ce qui dérange les vrais fans. La salle étant trop grande, l'ambiance ne prenant pas, il y a un manque d'intérêt pour les artistes, sauf, bien sûr, lors de la prestation du Danemark au moment de laquelle le public chauvin explose littéralement.

Fiancée de Frankenstein

La prestation du duo de présentateurs danois, Nastaja et Søren, est peu appréciée des commentateurs. Ils avaient décidé de s'exprimer presque exclusivement en anglais et en faisant des rimes pendant toute la soirée. Ils font l'objet de plaisanteries, notamment par le Britannique Terry Wogan qui qualifie même la présentatrice de « fiancée de Frankenstein » après l'avoir affublée du titre de « petite sirène ». Ce qui provoque l'ire de la télévision danoise à tel point que la BBC devra s'excuser.

Natasha St-Pier

On retombe à vingt-trois chansons et toujours avec la règle des big 4 qui ne doivent toujours pas calculer leurs points pour participer l'année suivante. Cela les sauvera à de nombreuses reprises dans le futur compte tenu de leurs résultats médiocres. Cette année, les grands pays sont plutôt convaincants à l'image de Natasha St-Pier qui représente la France. La Québécoise est favorite et tout le monde parle de sa ressemblance avec Céline Dion. Avant de monter sur scène, la délégation française est en souci. Natasha angoisse à se rendre malade. Il faut un téléphone de Céline Dion pour la rassurer. Elle

(haut) Dave Benton et Tanel Padar, gagnant estonien

(bas) Rencontre entre le fan suisse Michel Sauge et Natasha St-Pier

arrive quatrième en mettant pourtant toutes les chances de son côté. Sa chanson se termine en anglais, une première pour la France qui sera reproduite en 2016 par Amir avec presque autant de succès.

Les commentateurs français se font remarquer par leur chauvinisme et leur tendance à venir à l'antenne éméchés. Les remarques de Dave et de Marc-Olivier Fogiel sont détestables. Ils feront encore pire l'année d'après.

Parier

2001 est l'année du développement des paris sur les prestations, avec la Grèce, la Slovénie et la France comme favoris. Ce phénomène ne cessera de se développer dans les années suivantes, faisant de ce Concours un must en la matière, surtout au Royaume-Uni.

Pour la première fois, le télévote devient obligatoire. Malheureusement, trois pays n'arrivent pas à recevoir suffisamment d'appels et doivent demander à leur jury d'experts de voter.

Dans ce Concours, il y a deux Michelle, une sombre et minimaliste pour les Pays-Bas et une autre star et glamour pour l'Allemagne.

L'Islande confirme que chanter en deuxième place est une malédiction puisqu'elle termine à la dernière place. Il n'y a jamais eu de victoire pour un pays qui chante avec le dossard n°2 ! Le duo islandais Two Tricky partage sa dernière place avec son voisin norvégien, Haldor Laegreid.

Helena

Après deux ans d'absence, la Grèce revient avec de nouveaux choix et une nouvelle énergie. Le groupe Antique termine troisième. Sa chanteuse Helena Paparizou reviendra quelques années plus tard pour remporter le Concours. C'est le début d'une période faste pour la Grèce, des classements et des prestations époustouflantes jusqu'en 2015 en tout cas.

Black estonien

Ce qui est surprenant c'est la victoire de l'Estonie. Personne ne pouvait l'imaginer et surtout on ne voyait pas un pays de l'ex-URSS gagner l'Eurovision. Et encore plus incroyable, c'est la première victoire d'un Black dans le Concours. Dave Benton est quinquagénaire, le plus âgé à gagner ce Concours, d'origine des Antilles néerlandaises, arrivé par amour en Estonie quelques années plus tôt. Dave forme un duo improbable avec un jeune Estonien d'à peine 20 ans, Tanel Padar, petit ami et choriste de la candidate estonienne de l'année précédente, Ines, qui était arrivée quatrième. Elle est là dans la salle et à l'énoncé des votes, devient totalement hystérique de voir son amoureux gagner ! Du côté des fans, c'est la déception totale car tout le monde aurait préféré une victoire estonienne d'Ines l'année précédente. Encore aujourd'hui, les fans considèrent cette victoire comme la plus improbable de l'histoire du Concours !

Avec 35 000 spectateurs, des présentateurs faussement poètes et un duo improbable à la victoire, l'édition 2001 marque le début des superproductions… et des surprises XXL.

Le titre gagnant est extrêmement peu diffusé et toujours considéré comme l'un des moins bons de ces vingt dernières années. Mais la question qui est sur toutes les lèvres est de savoir comment l'Estonie réussira à organiser un tel Concours en 2002, seulement onze ans après son indépendance.

Comme les Irlandais et les Norvégiens pour l'Interval act, les Danois font appel à une gloire nationale, le groupe Aqua devenu célèbre pour son titre « Barbie girl » et leurs 33 millions d'albums vendus.

RÉSULTATS

Place	Pays	Artiste(s)	Chanson	Langue(s)	Points
1	Estonie	Tanel Padar, Dave Benton & 2XL	Everybody	eng	198
2	Danemark	Rollo & King	Never Ever Let You Go	eng	177
3	Grèce	Antique	Die for You	gre, eng	147
4	France	Natasha St-Pier	Je n'ai que mon âme	fra, eng	142
5	Suède	Friends	Listen To Your Heartbeat	eng	100
6	Espagne	David Civera	Dile que la quiero	spa	76
7	Slovénie	Nuša Derenda	Energy	eng	70
8	Allemagne	Michelle	Wer Liebe lebt	ger, eng	66
9	Malte	Fabrizio Faniello	Another Summer Night	eng	48
10	Croatie	Vanna	Strings of My Heart	eng	42
11	Turquie	Sedat Yüce	Sevgiliye son	tur, eng	41
12	Russie	Mumiy Troll	Lady Alpine Blue	eng	37
13	Lituanie	Skamp	You Got Style	eng, lit	35
14	Bosnie-Herz.	Nino Pršeš	Hano	bos, eng	29
15	Royaume-Uni	Lindsay Dracass	No Dream Impossible	eng	28
16	Israël	Tal Sondak	Ein davar (אין דבר)	heb	25
17	Portugal	MTM	Eu só sei ser feliz assim	por	18
18	Pays-Bas	Michelle	Out On My Own	eng	16
18	Lettonie	Arnis Mednis	Too Much	eng	16
20	Pologne	Piasek	2 Long	eng	11
21	Irlande	Gary O'Shaughnessy	Without Your Love	eng	6
22	Islande	Two Tricky	Angel	eng	3
22	Norvège	Haldor Lægreid	On My Own	eng	3

2001

Entretien avec *Stéphane Chiffre,* président du fan-club français

« Déjà à 5 ans j'étais fasciné par l'Eurovision. Je me souviens bien de la première fois que j'ai vibré. C'était pour la chanson de Catherine Ferry, en 1976, que nous chantions tous à l'école.

Ce qui m'a plu au départ c'est que cette émission était très différente des autres et qu'on y découvrait des artistes qu'on ne connaissait pas. Ce sont vraiment les chansons francophones à l'origine qui ont fait naître cette passion en moi. J'ai perdu un peu le contact avec le Concours pendant mes études et j'y suis revenu en découvrant dans le commentaire de Julien Lepers qu'il y avait un club de fans. J'y ai adhéré en 2001, l'année du Concours à Copenhague.

J'ai fait des rencontres dès le départ et plusieurs de mes amis sont devenus présidents des fan-clubs de leur pays. C'est le cas pour moi depuis 2003.

Pendant les deux semaines que je passe à l'Eurovision, chaque année, je m'engage pour mieux le faire connaître en France. Par les blogs, notre journal, les photos. On alimente le net en permanence.

Mon meilleur souvenir est lié à Tallin, les bars et les fêtes. Il n'y avait pas encore la sécurité qu'on connaît aujourd'hui. Il y a eu une magnifique soirée méditerranéenne par exemple. Je suis aussi très sensible aux réceptions des ambassades islandaises chaque fois, c'est somptueux.

Pour moi le Concours a beaucoup évolué en dix ans. Le concept est rénové, grâce en particulier à l'expérience des Nordiques. Je pense qu'on est allé jusqu'au bout de ce que l'on peut faire en matière d'élargissement de l'Europe. Le système des votes ayant beaucoup évolué, on a perdu des pays qui faisaient partie de l'origine du Concours et c'est dommage.

Si la France devait partir, ce que je ne souhaite pas, elle devrait revenir aussi forte que l'Italie qui a fait son retour avec succès. Mais je suis optimiste, chez nous la diffusion sur France 2 prouve que le mouvement va plutôt vers une revalorisation du Concours.

La France est le pays qui a le plus tenté de choses à l'Eurovision depuis dix ans. Malheureusement, elle a des difficultés à retranscrire sur scène la qualité de la chanson et de l'artiste proposé. La France est la championne d'Europe des répétitions ratées. On se récupère un peu après. On a connu de gros échecs dont le pire, je crois, est celui d'Anguun. Une belle chanteuse, une bonne chanson et voilà que sur scène on nous colle des gymnastes, c'est tellement maladroit.

Les clubs de fans sont une initiative finlandaise qui date de 1984, et petit à petit les autres pays ont suivi. Différents fan-clubs français existaient déjà par le passé mais ils se sont regroupés en 1995 sous l'égide d'« Euro-fan ». Aujourd'hui, il y a plus de quarante clubs actifs dans le monde. Cela représente 11 000 fans enregistrés. »

2002

TALLINN

47e édition

Une première en ex-URSS. Le tournant du Concours

Vainqueur : **Lettonie avec la chanteuse Marie N**

Chanson : **« I wanna »**

Auteurs-compositeurs : Marats Samauskis et Marija Naumova

25 mai 2002

Saku Suurhal, à Tallinn, Estonie

Diffuseur ETV

24 pays participants

Retour de l'Autriche, de la Belgique, de Chypre, de la Finlande, de la Macédoine, de la Roumanie et de la Suisse

Relégation de l'Islande, de l'Irlande, de la Norvège, des Pays-Bas, de la Pologne et du Portugal

Même système de vote et de présélection qu'en 1997 mais on rechange le nombre de participants. L'UER veut 22 participants mais en sauve finalement deux de plus et repêche Israël et la Lettonie. Le Portugal sauvé décline l'invitation et laisse la place aux Lettons !

Estonie, pays des chorales

La tension était réelle, chez les fans en particulier, dès l'annonce de l'organisation du Concours Eurovision de la chanson à Tallinn. Personne ne connaissait cette ville et ce pays tout juste issu de la grande URSS. C'est plutôt une réussite dans cette petite ville qui a permis beaucoup de proximité et de convivialité aux délégations.

Pour l'Estonie, l'enjeu est de taille, à tel point que le gouvernement se porte garant du budget. C'est une affaire d'État et de prestige, il faut, « au pays des chorales », montrer son existence sur la carte du monde. D'autres diffuseurs s'étaient annoncés partants pour organiser l'événement, comme les Pays-Bas par exemple. Ce sont les pays scandinaves qui aident à la production et permettent la réalisation du show.

L'organisateur amène pour la première fois dans le Concours un slogan, « Modern Fairytale ». Le spectacle tourne autour des contes de fées. Les cartes postales illustrent des légendes célèbres en Estonie et à travers l'Europe.

L'organisation se fait dans une toute nouvelle halle, la plus grande de la région, mais n'abritant que 10 000 personnes maximum en contraste avec les 35 000 de Copenhague. Cela permet au Concours de revenir à un univers plus intimiste et plus proche des gens.

Hôtesses de l'air travesties

Les Slovènes se font remarquer par leur prestation provocatrice avec le groupe Sestre, des travestis habillés en hôtesses de l'air. Miss Daphné, Miss Emperatrizz et Miss Marléna provoquent des réactions en chaîne dans leur pays. Des activistes organisent des manifestations publiques et le parlement doit se saisir de l'affaire. Il y aura même des répercussions jusqu'au Parlement européen et naîtront des doutes sur la capacité de la Slovénie à rejoindre l'Europe. À Tallinn, le groupe se distingue plus par sa bonne humeur et son humour, plutôt que par son talent vocal et sa chanson. On constate du reste que la seule voix qu'on entend vraiment est celle de la choriste féminine, habillée en homme d'ailleurs. On se souvient de leur soirée offerte aux délégations par l'office du tourisme de Slovénie, où les hôtesses de l'air accueillaient les invités avec des plateaux-repas de leur compagnie aérienne nationale.

En trois participations seulement, la Lettonie remporte la victoire et amorce un tournant : désormais, le show prend le pas sur la chanson.

Téléréalité

Pour sa sélection, l'Espagne met en place une émission de « téléréalité ». Elle réunit des jeunes talents et les filme 24 heures sur 24. C'est finalement Rosa qui gagne l'émission « Operacion Triunfo » et se déplace en Estonie suivie en permanence par une caméra. Favorite, elle ne finit que septième. Pour la télévision espagnole, c'est néanmoins une victoire car c'est un énorme succès commercial. Ce concept est précurseur et a été repris dans le monde entier. À partir de cette année, de nombreux artistes de l'Eurovision seront issus de ces programmes de téléréalité.

Le Danemark finit dernier alors qu'il a une des chansons les plus modernes du Concours. La chanteuse Malene Mortensen craque sur scène. Elle ne supporte pas la pression. Après une première et une deuxième place les années précédentes, les Danois se retrouvent en queue de peloton.

Mauvaise plaisanterie

La chanteuse allemande Corinna May, après avoir été disqualifiée en 1999, revient. Elle est malvoyante et prend sa revanche en gagnant la finale nationale de son pays. Elle fait un résultat catastrophique à Tallinn avec une chanson composée par l'incontournable Ralph Siegel. Les commentateurs français ont cette phrase blessante à son égard : « La chanteuse allemande n'est pas belle mais ce n'est pas grave car elle est aveugle. Elle ne peut pas se voir ! »

Encore Céline !

Heureusement pour la France, côté chanson c'est plus convaincant que le commentaire. Sandrine François termine cinquième et réussit l'un de ses meilleurs résultats à l'époque, mais il faudra attendre 2021 avec Barbara Pravi pour faire mieux, une deuxième place pour les tricolores. La chanson est composée notamment par Patrick Bruel. Elle parle de paix et de tolérance. Malheureusement, Sandrine François disparaîtra de la scène après le Concours. On lui reprochera de trop ressembler à Céline Dion, encore !

La chanteuse britannique Jessica Garlick subit le même sort que la Française, elle termine troisième et on ne parlera plus jamais d'elle. Pour la petite histoire, la France et le Royaume-Uni organisent sur place une fête commune pour les délégués et les journalistes, ce qui est plutôt rare mais bienvenu dans ce contexte de l'Eurovision.

Cloches

La Suisse est représentée par la star alémanique de la schlager musique, Francine Jordi. C'est la dernière fois que la Suisse chante en français avant 2021 et « Tout l'univers » de Gjon's Tears. Les fans sont venus avec des cloches et à chaque point de la Suissesse, ils les font sonner. Le public attend les points de cette candidate avec impatience afin d'entendre les cloches ! Les spectateurs n'en ont malheureusement pas beaucoup profité car elle n'obtient que quinze points.

Faux micro

Contre toute attente c'est une chanteuse suédoise, Sahlene, choriste de la gagnante de 1999, Charlotte Nilsson, qui remplace la chanteuse estonienne, Ines, déjà participante en 2000 qui s'est désistée. Sahlene rate sa prestation en se trompant de micro avec celui d'une de ses choristes. Elle passe donc au second plan mais réussit une remarquable troisième place à égalité avec le Royaume-Uni.

La plus grande controverse est celle d'Israël. Certains commentateurs font remarquer que les paroles de la chanson « Allume une bougie » sont déplacées compte tenu des circonstances politiques du moment. Ils sont accusés d'avoir appelé à ne pas voter pour Israël. Par exemple c'est le cas de notre regretté collègue belge Jean-Pierre Hautier qui devra fournir, à la demande d'Israël, l'enregistrement de son commentaire aux affaires étrangères de son pays. Il sera bien sûr disculpé.

Malte déçu

Malte et la chanteuse Ira Losco ragent car ils loupent leur première victoire avec seulement douze points de retard sur la Lettonie. À ce jour, la petite île méditerranéenne, tellement fan du Concours, n'a toujours pas de victoire à son actif. Les Maltais adoreraient tant accueillir cette émission et les délégations européennes. Ira Losco reviendra chanter en 2016 alors qu'elle est enceinte mais terminera seulement douzième.

Première organisation du Concours en ex-URSS, premières provocations en cabine... Tallinn marque un basculement vers un Eurovision plus moderne et théâtral.

Merci Portugal

La victoire surprise de Marie N marque un tournant. On peut dire que c'est véritablement son show, bien plus que sa chanson, qui obtient les votes du public. Elle modifie sa tenue plusieurs fois le temps de la chanson. C'est une première qui sera suivie par la prédominance, depuis lors, du spectacle sur la musique. La Lettonie gagne après trois participations seulement. Elle avait été en principe disqualifiée mais a été repêchée par l'organisateur, après la décision du Portugal de se retirer. Comme quoi le destin !

On reste dans les pays baltes avec un nouveau casse-tête financier pour l'UER et une nouvelle déconvenue pour les pays de l'Ouest.

La gagnante Maria N, pour la Lettonie

RÉSULTATS

Place	Pays	Artiste(s)	Chanson	Langue(s)	Points
1	Lettonie	Marie N	I Wanna	eng	176
2	Malte	Ira Losco	7th Wonder	eng	164
3	Royaume-Uni	Jessica Garlick	Come Back	eng	111
3	Estonie	Sahlene	Runaway	eng	111
5	France	Sandrine François	Il faut du temps	fra	104
6	Chypre	ONE	Gimme	eng	85
7	Espagne	Rosa	Europe's Living A Celebration	spa, eng	81
8	Suède	Afro-dite	Never Let It Go	eng	72
9	Roumanie	Monica Anghel & Marcel Pavel	Tell Me Why	eng	71
10	Russie	Prime Minister	Northern Girl	eng	55
11	Croatie	Vesna Pisarović	Everything I Want	eng	44
12	Israël	Sarit Hadad	Light A Candle (נדליק ביחד נר/Nadlik beyachad ner)	heb, eng	37
13	Bosnie-Herz.	Maja Tatić	Na jastuku za dvoje (На јастуку за двоје)	bos, eng	33
13	Belgique	Sergio & The Ladies	Sister	eng	33
13	Slovénie	Sestre	Samo ljubezen	slv	33
16	Turquie	Buket Bengisu & Group Safir	Leylaklar soldu kalbinde	tur, eng	29
17	Grèce	Michalis Rakintzis	S.A.G.A.P.O.	eng	27
18	Autriche	Manuel Ortega	Say A Word	eng	26
19	Macédoine	Karolina Gočeva	Od nas zavisi (Од нас зависи)	mac	25
20	Finlande	Laura Voutilainen	Addicted To You	eng	24
21	Allemagne	Corinna May	I Can't Live Without Music	eng	17
22	Suisse	Francine Jordi	Dans le jardin de mon âme	fra	15
23	Lituanie	Aivaras	Happy You	eng	12
24	Danemark	Malene	Tell Me Who You Are	eng	7

2003

Trois pays dans un mouchoir de poche

Vainqueur : **Turquie avec la chanteuse Sertab Erener**

Chanson : **« Everyway that I can »**

Auteurs-compositeurs : Demir Demirkan & Sertab Erener

RIGA

48e édition

24 mai 2003

Skonto Hall, à Riga, Lettonie

Diffuseur LTV

26 pays participants. Un nouveau record

Début de l'Ukraine

Retour de l'Irlande, de l'Islande, de la Norvège, des Pays-Bas, de la Pologne et du Portugal

Relégation du Danemark, de la Finlande, de la Lituanie, de la Macédoine et de la Suisse

Même système de vote et de présélection que l'année précédente. L'UER décide au départ de passer à 25 pays mais finalement accepte aussi la demande d'un nouveau pays de l'Est

Riga, ville magnifique

Comme l'Estonie l'année précédente, la Lettonie doit faire face à des défis financiers et d'organisation. Elle peut compter sur le soutien des pays nordiques et sur l'expérience de son voisin estonien. Riga et son magnifique centre historique « art nouveau » est la plus grande ville des pays baltes et est construite directement sur la mer Baltique. Le public et les délégations découvrent une ville magnifique et très conviviale. La semaine chaude et ensoleillée s'annonce sous les meilleurs auspices pour les chanteurs et les délégations.

Les présentateurs sont musiciens : c'est la gagnante de l'année précédente, Marie N, et le chanteur Renars Kaupers du groupe Brainstorm qui a représenté la Lettonie en 2000. Il est une star dans son pays et surtout premier représentant de la Lettonie au Concours.

Eurovision plus populaire que jamais !

C'est la dernière année que le Concours Eurovision se déroule sur une seule émission télévisée. Vingt-six nations y participent, du jamais vu à l'Eurovision. Cette situation pose un réel problème à l'organisateur. Trop c'est trop ! Encore d'autres pays souhaitent aussi intégrer cette manifestation plus populaire que jamais. Les organisateurs décideront l'année suivante de créer une demi-finale et de planifier le Concours sur deux émissions.

Rendez-vous magique

Le spectacle et l'émission surprennent le téléspectateur par leur modernité et leur rythme. Le slogan, après les « contes de fées » de 2002, reste dans l'esprit avec « Rendez-vous magique ».

La soirée commence par des communications satellite, une conversation avec la première gagnante, Lys Assia depuis Chypre, un dialogue avec les cosmonautes de la station spatiale internationale et pour finir avec Elton John depuis Vienne qui participe au « Life Ball » – soirée caritative pour récolter des fonds contre le sida.

Les organisateurs lettons font venir des danseuses de cabaret à l'*EuroClub*, le bar d'après-spectacle pour toutes les personnes accréditées, incontournable lieu des afters du Concours. Ils ne réalisent pas qu'une grande partie de la clientèle est gay. Une gaffe qui provoque les rires et s'ajoute à la bonne ambiance.

Coup de tonnerre

On doit la polémique de 2003 au groupe russe t.A.T.u, composé de deux chanteuses soi-disant homosexuelles. C'est la première fois qu'on parle autant d'un groupe avant sa prestation. Il faut dire que Lena Katina et Julia Volkova étaient déjà très connues. Elles avaient promis de s'embrasser sur scène lors de la finale. Face aux menaces de disqualification de l'UER – car c'est un show familial – elles renoncent à le faire. Leur venue est un coup de tonnerre mais surtout une grande déception. Leur comportement est détestable. Elles arrivent en retard aux répétitions et ne veulent pas participer aux conférences de presse dans un premier temps. Lorsqu'elles sont présentes à l'une d'entre elles, ce sont des sifflets qui les accueillent. Leurs caprices finissent par agacer tout le monde et leur séjour est aussi houleux que leur carrière. Ce dont on a moins parlé est l'interprétation de leur chanson. Leur voix n'étant pas suffisante, c'est une choriste qui relève nettement le niveau. Elles sont huées dans la salle et même leur petit tee-shirt sexy qui porte leur numéro de passage ne suffit pas à gagner.

Sanomi, langue nationale belge ?

Le groupe belge Urban Trad fait aussi polémique puisque l'une des chanteuses est exclue juste avant le Concours pour appartenance à une organisation d'extrême droite. Malgré les démentis, sur conseil de la sécurité, la télévision belge lui retire son accréditation. L'originalité du groupe est le choix de la langue ; le « sanomi » est imaginaire, une façon de faire un pied de nez à l'anglais. À la finale, le groupe crée la stupeur en terminant à seulement deux points du gagnant, la Turquie. La télévision RTBF est en pleine restructuration et ne pensait vraiment pas obtenir un tel résultat. C'est un « ouf » de soulagement pour le commentateur wallon qui ne se voyait pas annoncer une victoire à sa direction. Pour la petite histoire, l'un des derniers pays à voter est la Belgique qui donne douze points à la Turquie. Spontanément, une petite manifestation a lieu devant la RTBF, le public croyant que le jury belge avait truqué les votes pour ne pas avoir à organiser le Concours. Bien sûr cela est faux puisque seul le vote du public compte et on ne peut pas le truquer car c'est une organisation externe et neutre qui s'occupe de compter les points.

L'Autrichien Alf Poier, ancien ramoneur et comédien très controversé, arrive avec une chanson gag. Il réussit à hisser l'Autriche à la sixième place au grand désespoir des fans. Sa chanson fait référence au sort peu désirable des animaux et à une critique de l'individualisme. Il vient sur scène avec des peluches.

Remix anglais

Humiliation ultime pour le Royaume-Uni, pays de la pop musique, qui termine dernier avec nul point. C'est la suite de leur déchéance au sein de l'Eurovision. Ils finiront encore derniers en 2008 et 2010 et en 2021 avec zéro point. Ils termineront aussi derniers en 2019 mais avec onze points, une maigre consolation ! La chanteuse du duo Jemini chante tellement faux qu'on s'en souviendra longtemps. Les excuses vont bon train, et même Terry Wogan prétend que ce mauvais résultat est lié à la participation du Royaume-Uni à la guerre en Irak. Les chanteurs eux prétendent n'avoir eu aucun retour sur scène. Certains humoristes anglais ont même proposé de remixer ce titre pour

en faire le pire de l'histoire ! La délégation de la BBC a quitté la Lettonie par la petite porte.

Chypre crée une autre surprise et un événement car c'est la première fois que ce pays donne des points – huit points – à la Turquie. Cela permet d'espérer un rapprochement et peut-être une résolution du conflit turco-chypriote ? Bien entendu, Chypre a gardé ses douze points pour la Grèce. Cette année, la Turquie n'a rien donné en retour aux Chypriotes.

Turquie gagnante

On n'a jamais assisté à un vote aussi serré et passionnant entre trois pays, la Turquie, la Belgique et la Russie. C'est finalement la Turquie, pour sa vingt-cinquième participation, qui remporte le Grand Prix pour la première fois. Il a fallu le caractère extraordinaire du spectacle de Sertab pour y arriver. La chanson est en anglais, ce que les Turcs n'avaient jamais osé faire auparavant. Par contre, ils conservent le caractère ethnique de leur culture. Après cette victoire, les organisateurs et les fans sont soulagés. La peur était grande de voir gagner la Russie après l'Estonie et la Lettonie. Malgré tout, le voyage musical peut continuer dans un pays inédit. Il faudra attendre 2010 pour retourner dans un pays qui avait déjà organisé l'Eurovision auparavant, la Norvège.

C'est cette année qu'a lieu cette belle rencontre entre deux des trois auteurs de ce livre, Jean-Marc, le professionnel, et Nicolas, le fan-consultant. Ils commenteront ensemble le Concours dès 2007.

La fête de clôture à Riga est belle et remplie d'espoir.

(p.259) La gagnante turque Sertab Erener

Urban Trad, Belgique

RÉSULTATS

Place		Pays	Artiste(s)	Chanson	Langue(s)	Points
1		Turquie	Sertab Erener	Everyway That I Can	eng	167
2		Belgique	Urban Trad	Sanomi	imaginaire	165
3		Russie	t.A.T.u.	Nje vjer, nje bojsa (не верь не бойся)	rus	164
4		Norvège	Jostein Hasselgård	I'm Not Afraid To Move On	eng	123
5		Suède	Fame	Give Me Your Love	eng	107
6		Autriche	Alf Poier	Weil der Mensch zählt	sty*	101
7		Pologne	Ich Troje	Keine Grenzen - zadnych granic	ger, pol	90
8		Islande	Birgitta Haukdal	Open Your Heart	eng	81
8		Espagne	Beth	Dime	spa	81
10		Roumanie	Nicola	Don't Break My Heart	eng	73
11		Irlande	Mickey Harte	We've Got The World	eng	53
11		Allemagne	Lou	Let's Get Happy	eng	53
13		Pays-Bas	Esther Hart	One More Night	eng	45
14		Ukraine	Oleksandr Ponomariov	Hasta la vista	eng	30
15		Croatie	Claudia Beni	Više nisam tvoja	hrv, eng	29
16		Bosnie-Herz.	Mija Martina	Ne brini	hrv, eng	27
17		Grèce	Mando	Never Let You Go	eng	25
18		France	Louisa Baïleche	Monts et merveilles	fra	19
19		Israël	Lior Narkis	Words For Love	heb, eng	17
20		Chypre	Stelios Constantas	Feeling Alive	eng	15
21		Estonie	Ruffus	Eighties Coming Back	eng	14
22		Portugal	Rita Guerra	Deixa-me sonhar (só mais uma vez)	por, eng	13
23		Slovénie	Karmen Stavec	Nanana	eng	7
24		Lettonie	F.L.Y.	Hello From Mars	eng	5
25		Malte	Lynn Chircop	To Dream Again	eng	4
26		Royaume-Uni	Jemini	Cry Baby	eng	0

*styrien (dialecte autrichien)

2003

Création du Concours Eurovision de la chanson Junior

À l'origine, l'Union européenne de radio-télévision n'avait pas prévu de règles ou d'âge minimum pour les chanteurs autorisés à chanter sur la scène de l'Eurovision. La victoire de Sandra Kim en 1986, qui avait menti sur son âge, ainsi que les nombreuses tentatives d'inclure des enfants surtout durant la fin des années 80, ont obligé les organisateurs à revoir leur copie. L'édition de Lausanne en 1989, avec deux artistes en dessous de 16 ans (France et Israël), précipite la décision de l'UER d'interdire les chanteurs n'ayant pas encore 16 ans révolus le jour de l'émission de l'Eurovision.

Suite à cela, de nombreuses délégations trouvent dommage que les enfants ne puissent plus participer. Il faut créer une plateforme européenne de chant pour s'exprimer. Petit à petit, l'idée d'un concours pour les enfants apparaît. Dès 2002, les Nordiques décident en premier d'organiser un tel concours entre eux. Finalement, l'UER se lance et organise le premier « Junior Eurovision Song Contest » à Copenhague au Danemark.

Comme pour celui des adultes, il est uniquement ouvert aux télévisions des pays membres. Seuls les enfants entre 10 et 15 ans sont autorisés à concourir. À la différence du Concours adulte, ils doivent avoir écrit eux-mêmes leur chanson (paroles et musique) et ne pas avoir été engagés dans des projets artistiques professionnels. La nationalité des enfants doit être exclusivement du pays qu'ils représentent.

C'est un charmant concours qui n'a pas encore vraiment décollé et qui n'a bien entendu pas le même impact. Il y a aussi moins de pays qui participent. Si la Belgique vient plus ou moins régulièrement, ce n'est pas le cas de la Suisse, cette dernière n'ayant été présente qu'une seule fois en 2004. C'est une magnifique opportunité pour des enfants d'expérimenter une scène internationale de variétés et de rencontrer d'autres artistes de toute l'Europe. Ça serait dommage qu'il disparaisse. C'est aussi l'antichambre du Concours adulte qui permet la découverte de nouveaux talents.

Les jumelles russes Tolmacheuy, gagnantes du Concours Junior en 2006. Ici lors de leur prestation dans le Concours adulte à Copenhague en 2014. C'est le seul gagnant du Concours Junior qui a tenté sa chance dans le Concours des grands.

Junior Eurovision Song Contest

RÉSULTATS

Année	Ville hôte	Pays gagnant	Titre	Langue(s)	Interprète(s)
2003	Copenhague, DK	Croatie	Ti Si Moja Prva Ljubav	cro	Dino Jelusić
2004	Lillehammer, NOR	Espagne	Antes muerta que sencilla	esp	Maria Isabel
2005	Hasselt, BEL	Biélorussie	My vmeste	ru	Ksenia Sitnik
2006	Bucarest, ROU	Russie	Vesenniy Jazz	ru	Les jumelles Tolmachevy
2007	Rotterdam, NDL	Biélorussie	S druz'yami	ru	Alexey Zhigalkovich
2008	Limassol, CHY	Géorgie	Bzz.	imaginaire	Bzikebi
2009	Kiev, UKR	Pays-Bas	Click Clack	eng, ndl	Ralf Mackenbach
2010	Minsk, BLR	Arménie	Mama	arm	Vladimir Arzumanyan
2011	Erevan, ARM	Géorgie	Candy Music	eng, géo	CANDY
2012	Amsterdam, NDL	Ukraine	Nebo	ukr, eng	Anastasiya Petryk
2013	Kiev, UKR	Malte	The Start	eng	Gaia Cauchi
2014	Marsa, MAL	Italie	Tu primo grande amore	ita, eng	Vincenzo Cantiello (en)
2015	Sofia, BUL	Malte	Not my soul	eng	Destiny Chukunyere
2016	La Valette, MAL	Géorgie	Mzeo	géo	Mariam Mamadashvili
2017	Tbilissi, GEO	Russie	Wings	ru, eng	Polina Bogusevich
2018	Minsk, UKR	Pologne	Anyone I want to be	xxx	Roksana Węgiel
2019	Gliwice-Silesia, POL	Pologne	Superhero	pol, eng	Viki Gabor
2020	Varsovie, POL	France	J'imagine	fra	Valentina
2021	Paris, FRA	Arménie	Qami Qami	arm, eng	Maléna
2022	Yerevan, ARM	France	Oh maman !	fra	Lissandro
2023	Nice, FRA	France	Cœur	fra	Zoé Clauzure
2024	Madrid, ESP	Géorgie	To my mom	géo	Andria Putkaradze

2004

ISTANBUL

49e édition

Première demi-finale, la Turquie met le paquet

Vainqueur : **Ukraine avec la chanteuse Ruslana**

Chanson : **« Wild dances »**

Auteur-compositeur : Ruslana

12 mai 2004 demi-finale et 15 mai 2004 finale

Abdi Ipekçi Arena, à Istanbul, Turquie

Diffuseur TRT

36 pays participants et 24 en finale

Début de l'Albanie, d'Andorre, de la Biélorussie et de la Serbie-Monténégro

Retour du Danemark, de la Finlande, de la Lituanie, de la Macédoine et de la Suisse. Monaco revient aussi après vingt-cinq ans d'absence

Même système de vote depuis 1997. L'UER accepte un nouveau nombre record de pays et décide d'instaurer une demi-finale permettant de supprimer le système de relégation

Istanbul somptueuse

La Turquie est très attendue pour l'organisation de cette édition et après quelques tergiversations entre Ankara et Istanbul, c'est finalement Istanbul qui invite l'Eurovision sur sa terre, symbole du pont entre l'Europe et l'Asie. Dès la cérémonie d'ouverture, tout est fait pour que les délégations, journalistes et fans se sentent à l'aise en Turquie – croisières, feux d'artifice, soirées, transports, etc. – une édition somptueuse.

Demi-finale

Pour répondre à la demande croissante de pays qui veulent participer, l'organisateur décide de la création d'une demi-finale. Vingt-deux pays entrent en compétition le mercredi pour dix places en finale. Pour la finale du samedi ils rejoignent le pays hôte, les big 4 et les dix meilleurs classés de l'année précédente, déjà qualifiés.

Eurovision.tv

Ce nouveau format angoisse les puristes et les fans qui ont l'impression que le Concours perd son âme. De plus, un débat a lieu autour de la diffusion ou non, par certains pays, de la demi-finale. L'UER n'a pas le choix et doit se projeter dans l'avenir. Elle le fait en éditant pour la première fois un DVD et en reprenant officiellement le site *Eurovision.tv* qui devient ainsi la plateforme privilégiée du Concours. C'est aussi le site le plus consulté au monde pendant la période Eurovision.

La Suisse bat un triste record lors de la demi-finale, puisque la chanson « Celebrate ! » obtient un nul point. Ce sera aussi le cas pour la République tchèque en 2009 ainsi que pour la Roumanie et Saint-Marin en 2023. Ce sont les seules fois depuis l'introduction des demi-finales. En Suisse, on parle de quitter le Concours, ce qui heureusement ne se fera pas.

Trente ans d'ABBA

C'est aussi la commémoration des trente ans de la victoire du groupe ABBA. La rumeur annonce une réunification du groupe pour l'occasion. Finalement, c'est par le biais de marionnettes qu'on les retrouve dans le mini-film *ABBA, our last video ever*. On aperçoit brièvement les quatre membres du groupe, mais pas ensemble.

Le chanteur Zeljko Joksimovic de la Serbie-Monténégro gagne la demi-finale avec sa magnifique mélodie balkanique devant l'Ukrainienne Ruslana et le Grec Sakis Rouvas. Finalement, c'est l'Ukraine qui passe devant tout le monde en finale. Il ne suffit donc pas de gagner la demi-finale pour espérer emporter le Concours Eurovision de la chanson !

Ruslana et la Révolution orange

Ruslana et son spectacle sont les favoris du Concours. Ils gagnent facilement pour seulement une deuxième participation de l'Ukraine.

On mentionne un petit incident pendant les répétitions, les danseurs de Ruslana cassent une partie du sol lumineux. Par la suite, cette chanteuse sympathique deviendra un emblème pour son pays en s'impliquant dans la « Révolution orange ». Elle reste comme l'une des premières artistes à avoir fait une tournée internationale avant le Concours pour promouvoir sa chanson. C'est aussi la troisième victoire féminine consécutive. La victoire de l'Ukraine poussera la Russie à vouloir absolument lui emboîter le pas. Dans les années qui suivent, elle fera tout pour gagner.

Sakis retire sa veste

Le beau Sakis Rouvas, superstar grecque du moment, qui a entre autres participé à la cérémonie de clôture des Jeux olympiques d'Athènes, défend avec énergie son pays avec la chanson « Shake it ». La Grèce veut gagner à tout prix ce Concours en Turquie. Elle est même soutenue par le célèbre présentateur français Nikos Aliagas qui est présent sur place. Lorsque Sakis retire sa veste, nos collègues commentatrices de la cabine d'à côté ont frisé l'apoplexie !

La Belgique est venue avec la chanteuse Xandee, qui fait plus parler d'elle pour son côté sexy et ses photos de nu que pour la qualité de sa prestation.

Histoire tragique que celle du jeune chanteur macédonien, icône dans les Balkans, Tose Proeski, qui réussit à qualifier son pays en finale. Il mourra tragiquement en 2007 lors d'un terrible accident de voiture. Un jour de deuil national sera observé pour l'occasion.

Big 4, catastrophiques

Les quatre « grands pays » ont des résultats catastrophiques. L'Allemagne termine au huitième rang avec une chanson pleine de promesses. La France est quinzième avec Jonatan Cerrada, ancien gagnant de la « Nouvelle Star ». Les Espagnols et les Anglais ne font guère mieux. La polémique à propos des votes de voisinage commence à apparaître. On reproche au système de favoriser les pays de l'Est. On en retrouve huit dans les dix premiers.

Tensions Chypre/Turquie, encore et toujours

Chypre fait un excellent parcours avec sa chanteuse anglaise d'origine chypriote. C'est la première fois que la Turquie donne des points à ce pays. Les Chypriotes en avaient déjà donné aux Turcs l'année précédente. Au moment des votes, le diffuseur turc décide de ne pas afficher la carte de Chypre, compte tenu de la situation politique, ce qui provoque un tollé.

La Turquie, pays hôte, décoiffe et repense ses sélections. Le télédiffuseur turc décide de faire appel à des artistes de sa riche scène musicale alternative. C'est le groupe Athena, créé par les frères jumeaux Gökhan et Hakan Özoğuz, qui ravive avec succès le Concours avec un « ska » endiablé. Cela ouvre une période d'insolente réussite pour ce pays jusqu'à son retrait en 2012 suite à des désaccords avec l'UER sur le système de vote.

Mariage

Par dépit de ne pas s'être qualifiés pour la finale, Diana Lecnik et Simon Gomilsek, du duo slovène « Platin », annoncent leur mariage. Comme quoi un échec à l'Eurovision mène à tout !

Le Concours, lui, repart à l'est, et son futur semble à nouveau assuré avec l'introduction des demi-finales. Il n'y a plus de relégations et tous les pays peuvent participer à la fête : pari réussi de l'Union européenne de radio-télévision.

RÉSULTATS

Place	Pays	Artiste(s)	Chanson	Langue(s)	Points
1	Ukraine	Ruslana	Wild Dances	eng, ukr	280
2	Serbie et Monténégro	Željko Joksimović & Ad Hoc Orchestra	Lane moje (Лане моје)	srp	263
3	Grèce	Sákis Rouvás	Shake It	eng	252
4	Turquie	Athena	For Real	eng	195
5	Chypre	Lisa Andreas	Stronger Every Minute	eng	170
5	Suède	Lena Philipsson	It Hurts	eng	170
7	Albanie	Anjeza Shahini	The Image Of You	eng	106
8	Allemagne	Max	Can't Wait Until Tonight	eng, tur	93
9	Bosnie-Herz.	Deen	In The Disco	eng	91
10	Espagne	Ramón	Para llenarme de ti	spa	87
11	Russie	Julia Savicheva	Believe Me	eng	67
12	Malte	Julie & Ludwig	On Again... Off Again	eng	50
12	Croatie	Ivan Mikulić	You Are The Only One	eng	50
14	Macédoine	Toše Proeski	Life	eng	47
15	France	Jonatan Cerrada	À chaque pas	fra, spa	40
16	Royaume-Uni	James Fox	Hold On to Our Love	eng	29
17	Pologne	Blue Café	Love Song	eng, spa	27
18	Roumanie	Sanda Ladosi	I Admit	eng	18
19	Islande	Jónsi	Heaven	eng	16
20	Pays-Bas	Re-Union	Without You	eng	11
21	Autriche	Tie Break	Du bist	ger	9
22	Belgique	Xandee	1 Life	eng	7
22	Irlande	Chris Doran	If My World Stopped Turning	eng	7
24	Norvège	Knut Anders Sørum	High	eng	3

2005

KIEV

Cinquante ans et toujours plus à l'est

Vainqueur : **Grèce avec la chanteuse Helena Paparizou**

Chanson : **« My number one »**

Auteurs-compositeurs : Manos Psaltakis, Natalia Germanou et Christos Dantis

19 mai demi-finale et 21 mai 2005 finale

Palais des sports, à Kiev, Ukraine

Diffuseur NTU

39 pays participants et 24 en finale

Début de la Bulgarie et la Moldavie

Retour de la Hongrie

Même système de vote que l'année précédente avec une demi-finale

50e édition

Rencontre entre Europe et Ukraine

L'Ukraine, une année après sa première participation et une « Révolution orange » réussie, gagne le pari d'organiser le Concours Eurovision de la chanson. C'est un nouveau record de participants avec trente-neuf pays et un Concours qui ne cesse de s'agrandir. Le nouveau président ukrainien, Viktor Iouchtchenko, organise la réception d'ouverture dans les Jardins du Parlement, un ancien palais de tsar. Il est très présent tout au long du Concours. Le nouveau régime doit mettre les bouchées doubles et il réussit à impliquer la population. C'est rempli d'émotion, une belle rencontre entre l'Europe et ce pays encore très marqué par la présence soviétique.

Liban ?

Le Liban souhaite participer. La chanson « Quand tout s'enfuit » et l'artiste Aline Lahoud sont sélectionnés, mais la constitution libanaise interdit la diffusion de la chanson israélienne sur les antennes nationales. L'UER impose la diffusion intégrale du Concours à la télévision libanaise qui décide finalement de ne pas se présenter.

Awakening

Le slogan de 2005 « Awakening », le réveil, correspond complètement à l'image que le pays veut donner de lui-même. Pour cela on utilise le vert comme couleur pour les logos. Vert, fruit du mélange du jaune et du bleu, couleur du drapeau ukrainien.

Fromage contre CD

Les fans arrivent en force en Ukraine à une période où les échanges et la vente de matériel promotionnel sont à leur comble. Un Suisse vient même pour ce troc avec des kilos de fromage et de la fondue. Grâce à cela, il réussit à obtenir le CD de la chanson albanaise, considéré comme l'un des plus rares de la décennie !

La demi-finale est pleine de surprises puisque les trois chansons favorites, la hollandaise, l'islandaise et la biélorusse ne passent pas en finale. La diva biélorusse Angelica Agurbash, est arrivée en grande pompe, en train, de Minsk. Elle donne une immense fête pour les délégations et organise des événements promotionnels en quantité. Tous les spécialistes la voient en finale et même terminer dans les premiers. Elle avait beaucoup d'espoir mais sa chanson « Love me tonight » est trop kitsch et dans l'ancienne tradition de l'Eurovision.

Rock'n'roll is the new Schlager

C'est la Roumanie qui remporte la demi-finale et finira troisième de la finale, meilleur résultat de ce pays. Dans les autres qualifiés, on voit figurer des groupes originaux comme la chanson moldave du groupe de hip-hop et punk harcore Zdob si Zdub, accompagné d'une grand-mère qui bat du tambour. Le groupe norvégien de musique glam rock Wig Wam fait fureur en s'inspirant de la musique des années 80 comme du rock américain de Kiss. Le slogan des Norvégiens est « Rock'n'roll is the new Schlager ». Ils termineront dans le haut du classement comme les Moldaves.

Pop rock gothique estonien

Les Vanilla Ninja représentent la Suisse. Le choix d'un groupe de pop rock gothique estonien pour représenter le pays provoque beaucoup de réactions négatives. Le choix des Suisses bien calculé, et tablant sur le vote des Estoniens et de tous les pays dans lesquels le groupe était connu, porte ses fruits, puisque le groupe se qualifie et se classe à la huitième place.

Marie-Thérèse Porchet

La Suisse romande fait le buzz aussi au niveau des commentateurs en invitant au côté de Jean-Marc Richard, la star francophone du moment, la comédienne travestie Marie-Thérèse Porchet. Après avoir un peu forcé sur la vodka, dit-on, celle-ci se permet même d'aller troubler le commentaire de la France pendant la finale, en débarquant dans la cabine de Julien Lepers et de Guy Carlier à plusieurs reprises. L'expérience drôle provoque de nombreuses réactions mais n'est pas renouvelée.

C'est finalement l'énergique Helena Paparizou qui va ramener le trophée pour la première fois du côté de la Grèce. La chanson « My number one » deviendra un grand classique de l'Eurovision indémodable dans tout le pays. Même la Turquie donne douze points à son meilleur ennemi. Une victoire avec une marge très importante de 38 points. Occupant la deuxième place, l'artiste maltaise Chiara, qui avait déjà terminé troisième en 1998, améliore donc encore son rang. Elle reviendra en 2009 avec l'espoir cette fois-ci de gagner mais elle terminera dans les derniers. Deux c'est bien, trois c'est trop et toujours aucune victoire pour Malte, encore déçu.

Big 4 = top down

Le pire est réservé aux quatre grands pays qui occupent les quatre derniers rangs, du jamais vu. C'est le psychodrame et au terme du Concours, beaucoup annoncent le retrait des big 4 et la mort de l'Eurovision. Le ressentiment contre les pays de l'Est augmente encore. Il va falloir réfléchir et changer une fois de plus le système de vote.

Tricherie

Polémique en Allemagne puisqu'on découvre que le producteur de la chanteuse Gracia a acheté des milliers d'exemplaires du single de la chanson « Run and hide », pour lui permettre de figurer en tête des hit-parades. Une préparation de l'Eurovision catastrophique puisque Gracia termine dernière et disparaît de la circulation.

50 ans du Concours Eurovision de la chanson

Cette finale sera suivie par une autre soirée de fête, le 22 octobre 2005 à Copenhague. Cette fête sera diffusée par trente-deux pays, à l'occasion des 50 ans du Concours Eurovision de la chanson. Le but sera de marquer le coup et de désigner les chansons les plus populaires de ces cinq décennies. C'est la chanson suédoise de ABBA « Waterloo » en 1974 qui l'emporte devant l'Italien Domenico Modugno avec « Nel blu dipinto di blu », alias « Volare » en 1958 et l'Irlandais Johnny Logan avec « Hold me now » en 1987. La Grecque Helena Paparizou termine quatrième avec sa chanson victorieuse « My number one ».

RÉSULTATS

Place	Pays	Artiste(s)	Chanson	Langue(s)	Points
1	Grèce	Helena Paparizou	My Number One	eng	230
2	Malte	Chiara	Angel	eng	192
3	Roumanie	Luminița Anghel & Sistem	Let Me Try	eng	158
4	Israël	Shiri Maimon	Hasheket shenish'ar (השקט שנשאר)	heb, eng	154
5	Lettonie	Walters & Kazha	The War is Not Over	eng	153
6	Moldavie	Zdob și Zdub	Boonika bate toba	eng, rum	148
7	Serbie et Mont.	No Name	Zauvijek moja (Заувијек моја)	mon	137
8	Suisse	Vanilla Ninja	Cool Vibes	eng	128
9	Norvège	Wig Wam	In My Dreams	eng	125
9	Danemark	Jakob Sveistrup	Talking to You	eng	125
11	Croatie	Boris Novković feat. Lado Members	Vukovi umiru sami	hrv	115
12	Hongrie	Nox	Forogj, világ!	hun	97
13	Turquie	Gülseren	Rimi rimi ley	tur	92
14	Bosnie-Herz.	Feminnem	Call me	eng	79
15	Russie	Natalia Podolskaya	Nobody Hurt No One	eng	57
16	Albanie	Ledina Çelo	Tomorrow I Go	eng	53
17	Macédoine	Martin Vučić	Make My Day	eng	52
18	Chypre	Constantínos Christofórou	Éla Éla	eng	46
19	Suède	Martin Stenmarck	Las Vegas	eng	30
19	Ukraine	GreenJolly	Razom nas bahato (Разом нас багато)	ukr, eng	30
21	Espagne	Son de Sol	Brujería	spa	28
22	Royaume-Uni	Javine	Touch My Fire	eng	18
23	France	Ortal	Chacun pense à soi	fra	11
24	Allemagne	Gracia	Run & Hide	eng	4

En 2005 à Kiev – *Mary Clapasson* (co-auteure de ce livre)

Voir l'Eurovision de l'intérieur, un privilège

« Comme tout le monde à l'époque, je regardais le Concours Eurovision de la chanson chaque année avec ma famille à la télévision. Mais avec la diversification des programmes TV et le Concours se démodant gentiment, cette habitude s'est quelque peu perdue. Puis un jour, des années plus tard, j'ai eu l'opportunité d'accompagner la délégation suisse à Kiev. C'était en 2005. J'y ai découvert la grande "famille" de l'Eurovision avec les commentateurs suisses des différentes régions linguistiques (français, allemand, italien). J'avais déjà fait la connaissance de Jean-Marc Richard (co-auteur) quelques années auparavant et j'ai rencontré les membres de la délégation, les délégations des autres pays, les fans, les artistes, les spectateurs, les journalistes, les photographes… mais aussi admiré tous ces techniciens et ces bénévoles, qui contribuent à la réalisation de ce spectacle qui requiert une organisation gigantesque. Dans cette grande fourmilière, chacun a son rôle, va où il doit aller, fait ce qu'il doit faire. Plus la finale approche, plus ils s'affairent, plus la tension monte. Tout ce petit monde se retrouve inlassablement chaque année dans un pays différent à l'occasion de l'incroyable Concours Eurovision de la chanson. Quel engouement pour cet événement qui m'avait semblé si désuet jusque-là !

Cette année-là, à Kiev on m'a présenté deux grands fans, Nicolas Tanner (co-auteur) et feu Michel Sauge. Habitués du Concours, fidèles sur place deux semaines chaque année, ils connaissaient tout. Moi je débarquais. Ils m'ont embarquée, à mon plus grand bonheur, à la découverte de ce milieu très particulier… Grâce à eux j'ai visité les coulisses, la scène, les loges des artistes, la Green room, la salle de presse où se concentrent les médias du monde entier, les cabines des commentateurs… J'ai assisté aux répétitions, aux conférences de presse, à la finale.

Je me rends compte aujourd'hui de l'aubaine que j'ai eue. En 2005 c'était encore possible. Cela est devenu plus difficile aujourd'hui, je pense depuis Moscou en 2009, où les mesures de sécurité ont été renforcées, où les entrées pour les répétitions sont devenues payantes, où il faut avoir tel ou tel pass ou accréditation pour pouvoir accéder à certains endroits de plus en plus restreints, où les billets des spectacles sont devenus plus chers, plus difficiles à trouver, où le nombre de pays a augmenté et où l'Eurovision de la chanson est de nouveau devenu très en vogue ! C'était donc une chance inouïe d'avoir pu plonger directement au sein de ce Concours et de l'avoir vécu sous toutes ses coutures, guidée par des experts qui ont partagé leur passion avec moi. Ils étaient mes "gardes du corps" ; -) (voir photo), bien qu'à l'Eurovision on n'en avait pas besoin, tellement l'ambiance était sympathique, tranquille et bon enfant ! C'était aussi l'année où la Suisse avait choisi, pour représenter son pays, le groupe Vanilla Ninja. Ces artistes avaient déjà une grande popularité en Europe et étaient

Voir l'Eurovision de l'intérieur, c'est découvrir une fourmilière passionnée, colorée, où chaque coulisse révèle un monde à part entière. Une expérience inoubliable.

parmi les favorites. Alors vous pouvez imaginer, nous les petits Suisses avec nos t-shirts rouges à croix blanche, nos drapeaux et nos casquettes. Tout le monde voulait nous prendre en photo et demandait une interview. Je me rappelle très bien, avec stupéfaction, Nicolas qui répondait aisément aux nombreuses questions en anglais, en allemand et parfois en français. Je n'avais pas la moindre idée, avant ce voyage en Ukraine, de cet univers tous azimuts aboutissant à l'émission télévisée qu'est l'Eurovision de la chanson, regardée par 180 millions de téléspectateurs, quand même ! "Cool vibes", la chanson des Vanilla, est arrivée huitième, ce qui était exceptionnel à cette époque pour la Suisse.

De nombreux fans venant de tous horizons déambulaient sans se prendre trop au sérieux, dans leurs costumes souvent excentriques, aux couleurs de leurs favoris, contrastant avec les habits uniformes et austères des habitants d'une ville encore très soviétique. L'Europe, sa modernité et sa liberté, s'était invitée au milieu d'un pays rêvant d'ouverture. En 2017, Kiev organise le Concours pour la deuxième fois, suite à la victoire de Jamala. Ce sera une ville "européenne" que l'on découvrira. Entourée par Nicolas et Michel, j'ai assisté pour la première fois à une finale de l'Eurosong, dans la salle du Palais des sports à Kiev, en face du tout nouveau président ukrainien de l'époque, Viktor Iouchtchenko. Le spectacle était grandiose avec tous ces pays représentés, dans une ville qui sortait à peine de sa révolution orange et ses milliers de manifestants sur la place de l'Indépendance ! C'est à ce moment-là que j'ai découvert les tendances musicales pour ce show, les favoris, les votes ethniques, les votes des communautés étrangères… et que la meilleure chanson gagne ! J'ai entendu les observations, explications remarques de la "bible de l'Eurovision" qu'est Nicolas. J'ai encore eu ce privilège l'année suivante à Athènes. Depuis, Jean-Marc Richard et la Télévision Suisse Romande l'ont engagé comme co-commentateur afin de partager ses connaissances et son expertise avec les téléspectacteurs.

Autour de l'Eurovision, j'ai aussi assisté au défilé des artistes sur le tapis rouge, devenu turquoise par la suite, écouté les prestations de chanteurs ou de groupes donnant des mini-concerts dans des lieux plus intimistes pour se faire connaître du public avant le Concours (ce qui a bien changé aujourd'hui avec les réseaux sociaux et les pré-concerts), été invitée à des réceptions d'ambassades, fait des paris, été témoin de la course aux vinyles, au matériel publicitaire, aux gadgets… On a aussi dansé sur des rythmes endiablés lors des soirées de l'EuroClub, au milieu de tous ces fans heureux qui chantaient à tue-tête les tubes de l'Eurosong ! Mais ce qui m'avait le plus impressionnée lors de la finale, c'était le tout début du spectacle, quand la musique de l'Eurovision, le *Te Deum*, commence. Il faut vivre ça une fois dans sa vie. Cette ouverture crée une sorte de ferveur inimaginable. Le public dans la salle est prêt. Dès la première note les drapeaux se lèvent, les spectateurs unis les agitent avec joie et énergie, c'est simplement magique. Des frissons à l'écoute de "Welcome Europe" !

Vingt ans déjà ont passé depuis cette première rencontre, avec plein d'histoires à raconter et des aventures incroyables, dont ma participation en 2025 au sein du jury national suisse !

2006-2015

En marche vers la globalisation ?

Après avoir célébré dignement son 50e anniversaire, le Concours Eurovision de la chanson continue sa route. Il a besoin d'un peu de stabilité après tous les changements de la décennie précédente.

Les délégations ne sont toujours pas satisfaites du système de sélections et de votes. En 2007, après une demi-finale aberrante avec vingt-huit participants pour seulement dix places, l'Union européenne de radio-télévision doit rapidement procéder à des réformes car la demi-finale est quasiment infranchissable. Beaucoup de délégations commencent à se décourager, comme la Suisse, les Pays-Bas et surtout l'Autriche, qui ne participe qu'une seule fois entre 2006 et 2010.

Le deuxième souci est le télévote du public européen, que beaucoup accusent d'être partial. Partout à l'ouest, on parle de tricheries et de choix qui n'ont plus rien à voir avec la qualité musicale ou vocale des artistes. Pourtant, faire appel à l'avis des téléspectateurs était bien la grande nouveauté du Concours dans la décennie précédente. Le public veut être partie prenante du spectacle. Les votes de voisinages sont flagrants, à l'image des Balkans, de la Scandinavie ou encore des pays de l'ancien bloc soviétique. C'est justifié car ils ont des sensibilités musicales communes. Par exemple, les Croates, les Bosniaques, les Slovènes ou encore les Serbes ont tous vécu ensemble. Malgré leurs différences, ils écoutent la même musique depuis leur enfance. Ils connaissent aussi les musiciens et les artistes proposés par leurs voisins. Alors, où est le problème finalement ?

Entre télévotes contestés, professionnalisation du show et ouverture au monde, l'Eurovision entame une décennie de transformation décisive.

Ce qui agace le plus, ce sont les choix que font les communautés étrangères qui vivent surtout dans les pays de l'Europe de l'Ouest. Ces migrants de première, deuxième ou même troisième génération restent à juste titre très attachés à leur mère patrie d'origine. Ils sont en osmose avec les choix proposés et en comprennent la culture ainsi que les sensibilités musicales. Est-ce finalement si surprenant ? Si nous regardons les comportements de ces mêmes communautés, ne sont-elles pas les premières chez nous à descendre avec enthousiasme dans la rue lors de grands événements sportifs comme la Coupe de monde de foot ? Il n'est donc pas si étrange que la communauté turque d'Allemagne se mobilise et vote pour la Turquie. En Suisse, ça serait plutôt la Serbie, la Bosnie-Herzégovine ou encore l'Albanie qui reçoivent notre soutien. En Belgique, on remarque des affinités avec des pays comme l'Arménie ou la Turquie. Si le Maroc avait participé pendant ces années de télévotes, on pourrait parier que cette communauté importante en Belgique aurait soutenu la prestation marocaine. L'Irlande, avec une forte immigration lituanienne, soutient régulièrement ce pays. Le Royaume-Uni, qui comprend dans son territoire l'Irlande du Nord à majorité protestante, a régulièrement donné des points à la République d'Irlande catholique. Dès qu'elle le peut, la France soutient l'Arménie ou la Turquie, voire Israël. Mais la plus grande communauté étrangère est celle des Portugais de France. Dommage que le Portugal ne soit que rarement qualifié pour la finale !

Tout ceci semble privilégier certains pays par rapport à d'autres. Les commentateurs, avec beaucoup d'humour et d'ironie, annoncent les votes avant même que les porte-parole nationaux donnent les leurs, tellement certains résultats semblent prévisibles. Tout cela se passe devant des téléspectateurs dubitatifs et de plus en plus irrités. Avec un tel système, il est plus facile pour certaines nations que d'autres de se qualifier pour la finale ou terminer dans les dix premiers du classement. On pense aux Néerlandais, aux Suisses, aux Autrichiens ou aux Belges qui n'ont aucun appui à l'étranger et qui ont de plus en plus de difficultés à briller.

Heureusement, le seul qui n'a jamais été remis en question, c'est le vainqueur. Objectivement, la meilleure chanson ou le meilleur show gagne chaque fois. Il doit obtenir un maximum de points de tous les télévotes européens, atténuant largement le vote du voisinage et des communautés. Finalement, ce Concours que les germanophones appellent « le Grand Prix Eurovision » n'a qu'un gagnant. C'est ça qui compte !

Toutes ces critiques poussent néanmoins le superviseur exécutif, le Suédois Svante Stockselius, à faire preuve d'imagination pour plus de justice. Il trouve l'idée de faire deux demi-finales, le mardi et le jeudi précédant la finale. Tous les participants sont en compétition pour la qualification du samedi soir. Ce système permet aux pays d'espérer passer ce premier obstacle plus facilement. Bien entendu, pour des raisons financières et d'audiences, la France, le Royaume-Uni, l'Allemagne et l'Espagne puis plus tard l'Italie en sont exempts et leurs chanteurs participent uniquement à la grande finale du samedi.

Svante décide aussi de rééquilibrer les votes. En 2009, il opte pour le 50-50, en rajoutant aux télévotes nationaux des jurys de professionnels afin d'avoir des classements plus justes. Ces deux décisions stabiliseront durablement le Concours dans son format actuel, plus grand et plus populaire qu'il n'a jamais été auparavant. En 2010, le responsable de l'UER prend sa retraite bien méritée et passe la main au Norvégien Jon Ola Sand, qui continue à dynamiser et transformer le Concours avec des succès commerciaux et musicaux sans précédent.

Pendant cette décennie, le Concours Eurovision de la chanson se professionnalise mais devient plus difficile pour les artistes. On ne peut

plus chanter faux ! Les spectacles deviennent faramineux et les téléspectateurs rajeunissent. Le public revient en masse. L'Eurovision redevient cool, incontournable et mainstream. Les chanteurs n'hésitent plus à participer et les compositeurs professionnels réécrivent des chansons. Les nombreux journalistes couvrent l'événement. Les concerts à travers l'Europe sont organisés avant et après le Concours. Pendant toute la durée de l'accueil de l'Eurovision, des divertissement sont mis en place pour les habitants de la ville « hôte » avec la création d'un village de l'Eurovision, qui organise des concerts.

Le Concours dépasse les frontières du continent et intéresse de plus en plus des gens en Asie, aux USA ou ailleurs. Les réseaux sociaux s'affolent pendant les émissions et rallient de nouveaux fans en Europe mais aussi en Chine, outre-Atlantique et même au Brésil. C'est un véritable phénomène de globalisation qui est en route. Il transforme durablement l'émission. Comme ce fan américain qui suit religieusement cet événement chaque année sur le site eurovision.tv. Il invite au bord de sa piscine ses amis et voisins issus des communautés étrangères européennes, pour regarder l'Eurovision tous ensemble sous le beau soleil de Floride.

La victoire de Conchita Wurst, le hit mondial de Loreen ou le charme d'Alexander Rybak : l'Eurovision se réinvente et séduit une nouvelle génération.

La plus belle histoire de cette décennie est l'invitation surprise de l'Australie, fan fidèle depuis plus de trente ans, qui prendra part à un l'Interval act dans l'édition de Copenhague en 2014. Puis, ce pays sera invité à participer directement en finale comme candidat à la 60e édition à Vienne et reviendra les années suivantes sans exception en passant par l'épreuve des demi-finales. Cette nouvelle ouverture au monde est très critiquée par certains fans et téléspectateurs européens. Les questions se posent une nouvelle fois sur l'avenir du Concours et de ses limites : « Faut-il encore l'agrandir ? Quelle est la légitimité de l'intérêt de nouvelles nations non européennes ? »

L'Union européenne de radio-télévision planche même sur de nouvelles règles qui permettraient aussi aux membres associés de participer. Ses affiliés sont nombreux et valideraient la participation de l'Australie. Ça serait surtout une porte ouverte à d'importantes candidatures venant de tous les continents comme le Canada, le Kazakhstan ou la Chine et bien d'autres. À quand la création d'un « Mondiovision » avec des demi-finales sur tous les continents ? Pour Jon Ola Sand, responsable de l'UER, la vision de l'Europe ne doit pas être statique et de nouvelles candidatures sont possibles. Il rajoute par contre que le Concours doit rester profondément européen.

Cette décennie commence un peu comme la précédente, avec des victoires buzz, ce qui amuse les téléspectateurs. Notamment celle du groupe finlandais masqué de hard rock, les Lordi, et celle du Russe Dima Bilan accompagné du patineur olympique Evgeni Plushenko et du célèbre violoniste hongrois Edvin Marton. En 2009, l'UER ajoute aux télévotes les jurys de professionnels. À l'unanimité, c'est le jeune chanteur norvégien d'origine biélorusse Alexander Rybak qui est plébiscité et réconcilie tout le monde. Sa chanson « Fairytale » est l'un des grands classiques Eurovision de cette décennie. À partir de l'année suivante, tout change avec une nouvelle génération d'artistes. Il y a tout d'abord Lena, la belle Allemande qui fait fureur et dont tous les spécialistes reconnaissent la modernité. À Bakou, l'organisateur tient enfin un vrai hit international avec « Euphoria », chanté par l'excentrique Suédoise Loreen, qui fera le tour du monde. Mais la victoire la plus caractéristique de ces dernières années c'est le succès exceptionnel

de la femme à barbe autrichienne à la voix d'or. Conchita Wurst allie le buzz, la justesse, l'interprétation et le message de tolérance, devenant un succès mondial ! Ces dix années se terminent avec la victoire indiscutée du charmant Måns Zelmerlöw et son petit bonhomme poétique, tout dans la technologie et le « commercial ». Avec son originalité, « Heroes » est un nouveau succès international.

L'une des plus belles décennies se clôt dans un certain optimisme et une confiance retrouvée. Les Britanniques prennent les devants et célèbrent le 60e anniversaire à Londres. Ils invitent d'anciens gagnants avec beaucoup d'émotion. L'Eurovision devient officiellement le show ininterrompu le plus long de l'histoire selon le livre Guinness des records. Le monde prend conscience de l'importance de cette manifestation, l'une des seules à rallier avec optimisme tant de peuples et de cultures différentes.

Pendant cette période, beaucoup de fans ont intégré les diverses télévisions et l'organisation du Concours. Ils ne sont plus simplement des fans mais sont aussi devenus des acteurs incontournables dans tous les domaines. Ils contribuent à la pérennité du Concours et à son évolution. De nouvelles générations arrivent, remplaçant progressivement les précédentes, toujours la même passion... et un bel avenir...

(p. 272) Le chanteur des Lordi, vainqueur 2006 pour la Finlande

(ci-dessus) Les gagnants pour fêter le 60e anniversaire

2006 — ATHÈNES

51e édition

Tout dans la provocation

Vainqueur : **Finlande avec le groupe Lordi**

Chanson : **« Hard Rock Hallelujah »**

Auteur-compositeur : Mr Lordi

18 mai demi-finale
20 mai 2006 finale

Olympic Indoor Hall
Athènes, Grèce

Diffuseur ERT

37 pays participants et 24 en finale

Début de l'Arménie

Retrait de l'Autriche, de la Hongrie et de la Serbie-Monténégro

Même système de vote qu'en 2005 avec une demi-finale

Cafés froids avec ou sans sucre ?

Les terrasses ensoleillées, les cafés froids, les souvlaki, les gyros, les spanakopita, les moussaka, la feta, le Parthénon, les dieux, les Grecs, la Plaka, la mer bleue... oh la Grèce...

L'Eurovision retourne en Méditerranée

Le magnifique design de la scène s'inspire d'un théâtre grec et est confié à la compagnie qui avait imaginé l'univers des Jeux olympiques de 2004 en Grèce.

Parmi les pays qui ne participent pas, citons l'Autriche, vexée par ses mauvais résultats, ainsi que la Serbie-Monténégro, sur fond de polémique interne et de tensions géopolitiques. En 2006, les deux pays des Balkans deviennent indépendants et se présenteront dans le futur séparément.

Agusta = Silvia Night

Lors de la demi-finale, l'Islandaise Silvia Night se fait remarquer et passe son temps à se moquer des autres candidats, de la Grèce et des organisateurs. Dans les conférences de presse, elle dénigre les journalistes. Elle accuse même la candidate suédoise, Carola, de vouloir l'empoisonner. En fait, Agusta est une comédienne qui a mis sur pied un show et a créé de toutes pièces le personnage de Silvia Night. Les médias, les fans et les organisateurs ont pris tout cela au premier degré et n'ont pas compris la plaisanterie. Elle est sifflée et même huée à chacune de ses apparitions et ne se qualifie pas pour la finale.

Les Irlandais, les Monégasques, les Belges, les Bataves

Parmi les déçus de la demi-finale, on trouve les Pays-Bas, avec un charmant trio de jeunes filles, les Treble. Les Bataves n'arrivent plus à se qualifier.

La star belge Kate Ryan, qui avait déjà de nombreux succès à son actif dont des reprises de Desireless, France Gall et Jeanne Mas, ne passe pas non plus en finale au grand désespoir des fans.

Monaco, qui revient depuis trois ans, fait appel à Séverine Ferrer – présentatrice de télévision française – avec sa chanson « Coco Dance » chantée en français et en tahitien. Ça devait être le hit de l'été. C'est un échec et la Principauté jette l'éponge définitivement.

Quant à l'Irlandais Brian Kennedy, il a l'honneur de chanter la millième chanson présentée depuis le début du Concours Eurovision de la chanson. Cela lui porte chance puisqu'il qualifie son pays pour la finale avec « Every song is a cry for love ».

Les Lordi masqués

Le premier groupe de hard rock de l'Eurovision, Lordi, est surtout le premier groupe dont les chanteurs sont masqués et ne montrent jamais leurs visages. En Finlande, leur qualification provoque une levée de boucliers. On leur reproche notamment leur message satanique avec leur chanson « Hard Rock Hallelujah ». Ce qui est spectaculaire c'est la gestion totalement informatisée de leur show et la pyrotechnique qu'ils mettent en place. Au terme de leur prestation, certains commentateurs ont des mots déplaisants comme Michel Drucker qui ne peut s'imaginer qu'un tel groupe puisse gagner ! Le commentateur belge, Jean-Pierre Hautier, a cette phrase extraordinaire : « Si ce groupe gagne je veux bien me transformer en chauve-souris. »

Dans la salle et durant toute la durée de l'Eurovision, le groupe Lordi a enthousiasmé le public, les fans et les délégations. En Grèce, il fait chaud et ce qui est extraordinaire c'est qu'on les a toujours croisés maquillés et masqués ! Cette victoire est aussi la preuve que tous les styles ont leur place dans ce Concours. C'est un coup de punch pour l'Eurovision. Fruit du hasard, le groupe de hard rock gagne la demi-finale et la finale avec le même nombre de points ! La Finlande participe depuis 1961 avec des résultats catastrophiques, dont huit dernières places avant les Lordi et encore trois fois derniers après. Les Finlandais n'ont jamais imaginé un tel succès.

Prestation dramatique

En finale on retrouve de nombreuses stars confirmées de l'Eurovision. Il y a, notamment, la chanteuse de schlager Carola qui avait déjà gagné en 1991 pour la Suède. Les fans ont beaucoup de plaisir à retrouver Anna Vissi, une des plus grandes stars de la pop grecque et une icône de la communauté homosexuelle. Sa prestation trop dramatique ne va pas permettre à la Grèce d'obtenir une deuxième victoire à la maison. La déception est grande chez les Grecs. Elle représenta déjà son pays en 1980 mais aussi un pays frère, Chypre, en 1982.

Fabrizio revient pour Malte, il avait participé au Concours en 2001.

Johnny Logan des Balkans

La chanson de la Bosnie-Herzégovine est écrite par le « Johnny Logan » des Balkans, Zeljko Joksimovic. Pour sa deuxième participation comme compositeur, il termine troisième. On le reverra par la suite encore trois fois en tant que compositeur, présentateur ou chanteur.

L'Allemagne tente un exploit avec le groupe de country Texas Lighting et ses chapeaux de cow-boy, un flop.

Oh Dima...

C'est surtout un interprète russe très charismatique qui va impressionner les spectateurs, Dima Bilan, qui termine deuxième avec « Never let you go ». Il reviendra pour gagner le Concours en 2008 avec « Believe » et deviendra une superstar dans son pays.

Actrice de film porno

La controverse vient de la Croatie avec Severina, ancienne actrice de film porno. Quelle n'est pas la stupeur des journalistes de voir diffuser sur grand écran dans la salle de presse un extrait de son talent de comédienne... La diffusion est stoppée après quelques secondes, mais cela suffit à provoquer l'ire de la presse et la colère de la délégation croate.

Aserejé

Le groupe le plus confirmé est espagnol. Les Las Ketchup, auteurs du célèbre « Aserejé » avec 12 millions d'albums vendus, tentent un retour avec le titre « Bloody Mary ». Les quatre filles sont reléguées à un triste vingt-et-unième rang. À la suite de cet échec le groupe se dissoudra.

Stratégie suisse

La Suisse tente une stratégie pour faire face aux prétendus votes de voisinage et fait appel au compositeur allemand Ralph Siegel. Il crée de toutes pièces le groupe Six4one composé de six chanteurs aux origines différentes, une Israélienne, une Bosnienne, une Suissesse, un Suédois, un Portugais et un Maltais. Cela marche mais n'est pas suffisant car la Suisse reçoit quatre points d'Israël, quatre points de la Bosnie-Herzégovine, zéro point de la Suède, un point du Portugal et douze points de Malte et presque rien des autres pays.

Coiffeuse de l'Ardèche

La France choisit une coiffeuse de l'Ardèche, Virginie Pouchain, pour interpréter un titre « Il était temps » du chanteur Corneille. Ce n'est pas la chanson qui était prévue et c'est la catastrophe. Lors de la finale française, on choisit un artiste mais tous doivent chanter la même chanson, « Vous, c'est nous », c'est la règle. Le style et le rythme de cette pièce ne conviennent pas du tout à Virginie, trop dans un registre classique. La télévision demande alors à Corneille d'en écrire rapidement une autre à contrecœur, spécialement pour Virginie.

Nana Mouskouri

Pour terminer, la télévision grecque invite Nana Mouskouri sur scène pour parler de son expérience à l'Eurovision. Elle est accueillie assez froidement par le public grec qui lui reproche sa carrière à l'étranger et l'abandon de sa patrie pendant les périodes difficiles.

RÉSULTATS

Place	Pays	Artiste(s)	Chanson	Langue(s)	Points
1	Finlande	Lordi	Hard Rock Hallelujah	eng	292
2	Russie	Dima Bilan	Never Let You Go	eng	248
3	Bosnie-Herz.	Hari Mata Hari	Lejla	bos	229
4	Roumanie	Mihai Trăistariu	Tornerò	eng, ita	172
5	Suède	Carola	Invincible	eng	170
6	Lituanie	LT United	We Are the Winners	eng, fra	162
7	Ukraine	Tina Karol	Show Me Your Love	eng	145
8	Arménie	André	Without Your Love	eng	129
9	Grèce	Ánna Víssi	Everything	eng	128
10	Irlande	Brian Kennedy	Every Song Is a Cry for Love	eng	93
11	Turquie	Sibel Tüzün	Süper star	tur	91
12	Macédoine	Elena Risteska	Ninanajna (Нинанајна)	mac, eng	56
12	Croatie	Severina	Moja štikla	hrv	56
14	Norvège	Christine Guldbrandsen	Alvedansen	nor	36
14	Allemagne	Texas Lightning	No No Never	eng	36
16	Suisse	Six4one	If We All Give a Little	eng	30
16	Lettonie	Cosmos	I Hear Your Heart	eng	30
18	Danemark	Sidsel Ben Semmane	Twist of Love	eng	26
19	Royaume-Uni	Daz Sampson	Teenage Life	eng	25
20	Moldavie	Arsenium feat. Natalia Gordienko & Connect-R	Loca	eng, spa	22
21	Espagne	Las Ketchup	Un Blodymary	spa	18
22	France	Virginie Pouchain	Il était temps	fra	5
23	Israël	Eddie Butler	Together We Are One (זה הזמן / Ze hazman)	heb, eng	4
24	Malte	Fabrizio Faniello	I Do	eng	1

(p.278) Les Las Ketchup

2007

HELSINKI

52e édition

La vieille Europe écrasée et une demi-finale aberrante

Vainqueur : **Serbie avec la chanteuse Marija Šerifovic**

Chanson : **« Molitva »**

Auteurs-compositeurs : Saša Miloševic Mare & Vladimir Graic

10 mai demi-finale et 12 mai 2007 finale

Hartwall Arena
Helsinki, Finlande

Diffuseur YLE

42 pays participants, un nouveau record et 24 en finale

Début de la Géorgie, du Monténégro, de la République tchèque et de la Serbie

Retour de l'Autriche et de la Hongrie

Retrait définitif de Monaco

Même système de vote qu'en 2004 avec une demi-finale

Molitva, hymne à l'Amour

Inattendue, la chanson gagnante est interprétée intégralement dans une autre langue que l'anglais ! C'est la première fois depuis 1998, date de la suppression de l'obligation de chanter dans une langue de son pays.

Depuis 1999, il n'y a que sept chansons qui ont gagné le Concours Eurovision de la chanson et ne sont pas totalement en anglais, comme cette année « Molitva » qui est entièrement en serbe. En 2004 Ruslana chantait « Wild dances » en anglais et en ukrainien et en 2016, Jamala interprétera le titre « 1944 » en anglais et en tatar de Crimée, toujours pour l'Ukraine. En 2017, il y aura aussi la victoire totalement en portugais de Salvador Sobral, celle de Netta qui a quelques mots en hébreu en 2018, celle des rockers de Måneskin en italien en 2021 et celle du groupe Kalush Orchestra en ukrainien en 2022.

À Helsinki, la vieille Europe encaisse un séisme : l'Est prend le pouvoir, et l'Eurovision entre dans une ère de contestation.

La chanson serbe est complètement à l'opposé de ce que l'on a vu depuis quelques années et surtout d'avec le vainqueur de l'année dernière, Lordi. La chanson est une prière mais sans connotation religieuse. Elle s'inscrit plus comme

Marija Šerifovic La gagnante serbe de 2007

La Serbie redevient totalement indépendante en 2006 après que le Monténégro décide de quitter l'union. L'année suivante, c'est la première participation des Serbes à l'Eurovision avec une victoire, un record. Il n'y a que la Suisse qui a fait la même entrée dans le Concours Eurovision de la chanson, en 1956 à Lugano. C'est vrai que la Serbie a déjà participé sous les couleurs yougoslaves et celles de la Serbie-Monténégro. Sa voisine, la Croatie, a gagné à Lausanne quand ce pays faisait encore partie de la République fédérale socialiste de Yougoslavie. C'est donc une deuxième victoire à l'Eurovision pour cette région des Balkans.

Marija Šerifović, née d'une mère tsigane et d'un père serbe, chante une belle mélodie balkanique, un peu rétro, « Molitva » et gagne grâce à sa voix. Sa personnalité trouble. Son look – un costume masculin Dolce&Gabbana – et la chorégraphie très féminine de sa chanson intriguent. Peu soutenue en Serbie, elle disparaît rapidement. En 2013, elle sort un film sur sa vie qui s'intitule *Confession*. Elle y parle de ses problèmes et de ses doutes. Elle confesse lors d'une conférence de presse ses soucis avec l'alcool, les jeux d'argent, les abus endurés par son père, l'absence de sa mère, célèbre chanteuse tsigane. Elle s'explique aussi ouvertement sur son homosexualité, un sujet encore très tabou en Serbie et pas toujours accepté. Elle déclare :

« Je suis lesbienne ! J'ai été avec une fille et c'est un sentiment merveilleux. Je sais que vous êtes tous venus ici pour que je réponde à cette question. Je peux vous dire que c'est un grand bonheur d'avoir une relation avec quelqu'un dont la barbe ne vous pique pas. J'ai souvent triché avec mes relations émotionnelles… mais plus maintenant. »

un hymne à l'amour universel et correspond à l'orientation affichée de son interprète mais pas encore avouée. Après sa victoire, les journaux allemands, en particulier, l'accusent de plagiat et la presse occidentale se fâche, non seulement contre ce résultat mais aussi contre les résultats de la demi-finale.

Cette édition a attiré un nombre record de demi-finalistes, vingt-huit pour seulement dix places. C'est une absurdité car ce passage devient trop sélectif. Il y a plus de pays pour la demi-finale que pour la finale, qui compte vingt-quatre nations. Au terme des votes de la demi-finale c'est la stupeur, les dix pays qualifiés pour la finale viennent tous de l'Europe de l'Est. Tous les pays de l'Ouest comme la Suisse, la Belgique, l'Autriche, les Pays-Bas, le Portugal, la Norvège, Malte, etc. (pays non qualifiés d'office pour la finale) rentrent à la maison. Pour la finale, ce n'est guère mieux puisque tous les pays de l'Ouest font des résultats minables avec le pire score pour l'Irlande qui finit dernière.

Votes entre voisins et votes communautaires

La controverse sur les résultats s'invite même au Parlement britannique qui dénonce les votes entre voisins. Il faudra une intervention de l'organisateur du Concours pour calmer tout ce petit monde. À la surprise générale, les statistiques montrent que le gagnant aurait été le même si on tient compte seulement des votes des Scandinaves et des pays d'Europe de l'Ouest, mettant fin à la polémique. Ce qui prouve qu'au-delà des votes entre voisins à cause de leur identité culturelle proche, c'est quand même la meilleure prestation qui gagne et qui obtient le maximum de points de tous les pays participants.

DJ Bobo

Parmi les disqualifiés de la demi-finale, notons le choc de l'élimination du célèbre Suisse DJ Bobo, auteur du tube et succès mondial en 2003 « Chihuahua ». Sa chanson « Vampires are alive » a été présentée en grande pompe avant le Concours et figurait comme grand favori.

Mais le décalage entre sa vidéo et son piètre show vocal et chorégraphique a déterminé son sort. Il est lamentablement éliminé, prouvant que le spectacle doit être total pour arriver premier. Lors du choix de la chanson, le clip vidéo provoque en Suisse une réaction des milieux religieux qui font même signer une pétition contre le caractère satanique de ses paroles et du spectacle.

Sous les riffs de guitares et les votes communautaires, la Serbie fait résonner une prière d'amour et d'émotion au cœur d'une édition mouvementée.

G:son

Les Danois tentent leur chance avec DQ, une drag queen vêtue d'un costume à plumes digne des danseuses de cabaret. Malheureusement, DQ n'a pas la voix de Conchita Wurst, la femme à barbe autrichienne, qui gagnera quelques années plus tard. La chanteuse norvégienne Guri Schanke avec « Ven a bailar conmigo » chante moitié en anglais, moitié en espagnol et ne passe pas non plus la rampe de la demi-finale. Ce titre est composé par Thomas G:son, un auteur-compositeur très en vogue en Scandinavie.

Push the button

Les plus déçus sont les Israéliens qui envoient un groupe connu chez eux, Teapacks, avec une chanson explosive « Push the button ». Ce titre provoque de vives réactions puisqu'il dénonce la politique nucléaire de certains pays comme l'Iran, et même Israël. La politique à l'Eurovision n'est pas bien vue. Cela changera avec la victoire de l'Ukraine en 2016. La chanson « 1944 » parlera indirectement de l'annexion de la Crimée par les Russes. Pour l'Europe c'est une chanson politique, pour l'Ukraine c'est une chanson historique.

Bouderie

Les Autrichiens, après une année de réflexion, reviennent pleins d'espoir avec Eric Papilaya, et sa chanson officielle pour l'événement de charité de Vienne « Life-Ball 2007 », mais sans succès. Vexés, ils décident de quitter le Concours définitivement, mais reviendront quand même trois ans après. Les Autrichiens nous ont habitués à leur versatilité. Qui aurait parié qu'ils gagneraient en 2014 ? Depuis, ils ont laissé la bouderie à d'autres pays comme la Turquie.

Très déçue aussi, la chanteuse maltaise Olivia Lewis qui, après dix tentatives, se qualifie enfin pour représenter Malte à l'Eurovision. Furieuse et triste, elle rentre à l'hôtel en pleurant et s'endort habillée dans son costume de scène.

Hôtesses de l'air

La France tente sans succès l'humour et le décalé avec les Fatals Picards et leur chanson en « franglais ». Le groupe termine vingt-deuxième ex æquo de la finale avec les Britanniques.

Eux ne font guère mieux et envoient le groupe Scooch composé de faux stewards et hôtesses de l'air ! Un peu trash et une pâle copie de la chanson anglaise gagnante de 1981. Totalement à côté de la plaque.

Finale rock

La finale à Helsinki se déroule avec vingt-quatre pays. Elle est à l'image très rock de la scène musicale finlandaise. L'introduction spectaculaire met en scène le pays et les héros nationaux que sont devenus les Lordi après leur victoire improbable en 2006. Même l'Interval act voit le groupe de heavy metal Apocalyptica mettre le feu à la salle. La chanteuse qui défend les couleurs de la Finlande, Hanna Pakarinen, rocke aussi avec son titre « Leave me alone ».

C'est finalement entre trois pays que se joue la victoire :

- le célèbre girls band russe Serebro, avec une chanson résolument moderne et qui déménage !
- le travesti déjanté ukrainien Verka Serduchka, avec sa chanson polémique « Dancing lasha tumbai » qui sous-entend déjà le good bye à la Russie
- la Serbe victorieuse, Marija Šerifović, qui reçoit son prix directement du père Noël.

(p.281) Sur la scène de l'Eurovision à Belgrade, à la maison, Marija Šerifović

(p.283) DJ Bobo, Suisse

(ci-dessus) Verka Serduchka, Ukraine

RÉSULTATS

Place	Pays	Artiste(s)	Chanson	Langue(s)	Points
1	Serbie	Marija Šerifović	Molitva	srp	268
2	Ukraine	Verka Serduchka	Dancing Lasha Tumbai	ukr, rus, ger, eng	235
3	Russie	Serebro	Song N°1	eng	207
4	Turquie	Kenan Doğulu	Shake It Up Şekerim	eng	163
5	Bulgarie	Elitsa Todorova & Stoyan Yankulov	Water (Вода/Voda)	bul	157
6	Biélorussie	Dmitry Koldun	Work Your Magic	eng	145
7	Grèce	Sarbel	Ya sou, Maria (Γεια σου, Μαρία)	eng	139
8	Arménie	Hayko	Anytime You Need	eng, arm	138
9	Hongrie	Magdi Rúzsa	Unsubstantial blues	hun, eng	128
10	Moldavie	Natalia Barbu	Fight	eng	109
11	Bosnie-Herz.	Marija Šestić	Rijeka bez imena	bos	106
12	Géorgie	Sopho Khalvachi	Visionary Dream	eng	97
13	Roumanie	Todomondo	Liubi, Liubi, I Love You	eng, ita, spa, rus fra, rum	84
14	Macédoine	Karoline	Mojot svet (Мојот свет)	mac, eng	73
15	Slovénie	Alenka Gotar	Cvet z juga	slv	66
16	Lettonie	Bonaparti.lv	Questa notte	ita	54
17	Finlande	Hanna Pakarinen	Leave Me Alone	eng	53
18	Suède	The Ark	The Worrying Kind	eng	51
19	Allemagne	Roger Cicero	Frauen regier'n die Welt	ger	49
20	Espagne	D'NASH	I Love You Mi Vida	spa, eng	43
21	Lituanie	4Fun	Love or Leave	eng	28
22	France	Les Fatals Picards	L'Amour à la française	fra, eng	19
22	Royaume-Uni	Scooch	Flying the Flag (for You)	eng	19
24	Irlande	Dervish	They Can't Stop The Spring	eng	5

2008

BELGRADE

53e édition

Deux demi-finales et une victoire de l'Est

Vainqueur : **Russie avec le chanteur Dima Bilan**

Chanson : **« Believe »**

Auteurs-compositeurs : Jim Beanz et Dima Bilan

20 mai première demi-finale
22 mai deuxième demi-finale
24 mai 2008 finale

Belgrade Arena
Belgrade, Serbie

Diffuseur RTS

43 pays participants, 25 en finale

Début de l'Azerbaïdjan et de la République de Saint-Marin

Retrait de l'Autriche

Même système de vote qu'en 2004 mais introduction de deux demi-finales

Deux demi-finales

L'organisateur, sous le coup des critiques et face aux attaques au sujet des votes, décide d'introduire deux demi-finales. Tous les pays doivent y prendre part sauf les quatre « grands pays » – France, Allemagne, Royaume-Uni et Espagne – ainsi que le pays hôte, la Serbie, qui vont directement en finale. On ne regarde plus les classements des années précédentes et tout le monde a sa chance. On n'a jamais vu autant de pays participer, ce qui oblige les organisateurs à rivaliser d'ingéniosité pour les placer dans leurs demi-finales respectives. On fait appel aux statistiques pour éviter les spéculations et expliquer les votes de voisinage et les votes communautaires (voir 2007). Pour couronner le tout, il est décidé que neuf pays, dans chaque demi-finale, seront qualifiés par le vote du public et le dixième est repêché par le vote du jury.

Pas simple pour la Serbie d'organiser ce spectacle quelques années à peine après son indépendance et au sortir de la guerre des Balkans. Une instabilité récurrente avec le Kosovo incite l'organisateur, l'Union européenne de radio-télévision, à aller faire le Concours dans un autre pays. Comme la télévision serbe a promis d'assurer la protection de toutes les délégations, en particulier celles de l'Albanie et de la Croatie, le Concours a quand même lieu à Belgrade. Tout se passe bien dans cette ville où l'on voit encore des stigmates de conflits récents. Les fans, les journalistes et les délégations prennent part à cet événement avec optimisme. Aucun incident n'est à déplorer dans l'Arena qui peut accueillir jusqu'à 25 000 spectateurs.

Le présentateur est Zeljko Joksimovic. Il avait déjà participé à deux reprises, comme compositeur et chanteur pour la Serbie-Monténégro

en 2004 et comme compositeur pour la Bosnie-Herzégovine en 2006. Cette année, il compose la chanson serbe « Oro ». C'est compliqué entre pays dans les Balkans. C'est la première fois qu'un présentateur a une chanson en compétition. Pour la présentation il est accompagné d'une star de la télévision serbe, Jovana Jankovic.

Dustin la dinde

La première demi-finale, avec dix-neuf pays, se solde par l'élimination de l'Irlande, représentée par une marionnette, Dustin la dinde, et sa chanson « Irlande douze points ». C'est le premier concurrent non humain. Sa chanson donne une mauvaise image du pays. Les Irlandais ne savent plus quoi faire pour sortir de leur marasme musical à l'Eurovision.

Saint-Marin dernier

C'est la République de Saint-Marin qui arrive à la dernière place alors qu'une nouvelle fois la Grèce, l'Arménie et la Russie arrivent en tête. La Polonaise Isis Gee est sauvée par le jury.

O Julissi

Les Flamands tentent de gagner avec une chanson en langage imaginaire « O Julissi ». Le succès n'est pas au rendez-vous. C'est la deuxième fois que la Belgique tente cette expérience. En 2003, les Wallons avec « Sanomi » étaient arrivés deuxièmes. Une langue imaginaire est-elle peut-être la solution aux querelles de langues incessantes dans ce pays ?

La Suisse fête son élimination

Dans la deuxième demi-finale, l'Ukraine passe devant le Portugal. C'est la Suédoise Charlotte Perelli, gagnante de 1999, avec son visage complètement refait, qui est sauvée par le jury alors qu'elle était favorite. La Suisse finit treizième et organise une somptueuse fête pour célébrer son élimination ! On se contente de peu chez les Helvètes et ça sera la seule fête officielle connue pour ce pays. Il est vrai que pendant les semaines précédant le Concours, de nombreux pays invitent d'autres délégations à faire

la fête afin de promouvoir leurs chansons. Les Suisses sont les seuls à promouvoir leur défaite ! Le Tessinois (Suisse italien) Paolo Meneguzzi est tellement triste que son manager décide de le consoler en organisant cette soirée pleine de paillettes.

Golf

La finale est marquée par la nouvelle stratégie de la France qui se cherche. Elle décide de faire venir des artistes confirmés. Elle choisit Sébastien Tellier, un fameux adepte de musique électronique qui veut interpréter sa chanson entièrement en anglais. Après des pressions des milieux politiques, il doit introduire des paroles en français dans sa chanson. Complètement déconnecté de l'univers de l'Eurovision, il fait une prestation décalée et peu visuelle. Il entre même sur scène à bord d'une voiturette de golf et ses choristes sont affublées de lunettes noires et de barbes ! Il termine seulement dix-neuvième, mais sa chanson « Divine » sera un hit par la suite en France et deviendra même le générique d'une publicité pour une marque de voitures. Pour le commentaire français, Julien Lepers est accompagné par Jean Paul Gaultier. Tous les deux pensaient, dur comme fer, que Tellier allait gagner haut la main.

Ukraine, Russie, Evgeni Plushenko

Malgré tous les changements apportés par l'organisateur, les résultats du Concours restent mitigés. La victoire de la chanson « Believe » du Russe Dima Bilan, dont le message est que tout est possible dans ce monde si seulement on y croit, justifie certainement la présence sur scène du patineur champion du monde Evgeni Plushenko et du célèbre violoniste ukrainien-hongrois Edvin Marton et son Stradivarius ! Cette chanson est jugée moins bien que la performance sexy de « Never let you go » présentée deux ans plus tôt. Il tentera une troisième participation en 2012. Il finira deuxième de sa sélection nationale en duo avec une chanteuse du groupe t.A.T.u. (2003), derrière les improbables « grands-mamans » Buranovskiye Babuski et leur « Party for everybody » ! Dima Bilan continuera sa carrière exceptionnelle principalement en Russie. Il gagnera en 2025 les music awards dans son pays. Il sera parmi les chanteurs qui interpréteront l'hymne officiel des Jeux olympiques de Sotchi en 2014. Dima Bilan sera sanctionné par l'Ukraine et le Canada en 2023 pour des histoires de désinformation et de propagande russe. Quant à l'Ukraine, avec le show très sexy (selon les garçons) d'Ani Lorak, elle termine encore deuxième. Ces deux pays sont en concurrence permanente, ils se suivent dans les classements et, qu'on le veuille ou non, ils viennent toujours avec des chansons et des shows de grande qualité.

Danse le chikichiki

Comme l'Irlande, l'Espagne ne sait plus trop comment faire et vient avec une chanson ridicule « Danse le chikichiki », sorte de parodie sans intérêt avec des références politiques. Cette chanson n'a aucun sens avec un interprète déguisé en Elvis Presley et muni d'une mini guitare jouet.

Les Finlandais tentent une nouvelle fois le hard rock, sans succès.

Tennis

C'est le tennisman Novak Djokovic qui lance le vote à l'aide d'une balle de tennis géante !

Les loges des commentateurs, pour la première fois, sont munies de douches de luxe ! Mais cette année on n'en a pas besoin car on n'a pas beaucoup transpiré d'émotion !

C'est un Concours un peu tristounet et sans grande joie.

(p.287 haut) Dustin the Turkey
(p.287 bas) Sébastien Tellier
(p.288) Dima Bilan

Sven Epiney
2025

« À l'âge de douze ans, j'ai commencé à présenter des programmes pour enfants à la radio locale à Berne. C'était un spectacle pour enfants, pour et par les enfants. À l'âge de 21 ans, j'ai déménagé à Zurich pour travailler à la Télévision suisse allemande SRF, où j'ai pu présenter depuis lors et aujourd'hui encore plus de 3500 émissions de télévision. J'anime également régulièrement la matinale de la Radio SRF 1. La musique a toujours eu une place importante depuis le début de ma carrière professionnelle. Que ce soit à la radio ou dans les programmes de divertissement où de nombreux artistes apparaissent également.

En 2007, on m'a demandé de donner les points de la Suisse au Concours Eurovision de la chanson. La joie a été très grande, et encore plus grande lorsqu'en 2008 on m'a proposé d'assumer le poste de commentateur pour la télévision suisse alémanique. La première fois, c'était donc en Serbie, d'où j'ai eu l'occasion de commenter le plus grand Concours de musique du monde !

Même enfant, je regardais le Concours Eurovision avec toute la famille. C'était toujours une expérience particulière, surtout de rester réveillé jusqu'à ce que le dernier pays ait attribué ses points. Et c'est exactement ainsi que j'ai vécu, petit garçon, devant la télévision, la deuxième victoire suisse, celle de Céline Dion en 1988. Et maintenant, des années plus tard, je suis en plein milieu de l'action. C'est fou !

Cela fait maintenant dix-sept années supplémentaires que je peux accompagner le Concours en tant que commentateur pour la Suisse alémanique. Et c'est toujours passionnant et stimulant à la fois. Pourtant, dans mes premières années, les choses n'allaient pas très bien pour les artistes suisses. Nous sommes restés bloqués longtemps en demi-finale et si une fois on arrivait en finale ça tenait du miracle. Les téléspectateurs m'ont souvent demandé pourquoi nous continuions à participer puisque nous n'avions aucun ami en Europe qui voterait pour nous et que nous n'aurions donc de toute façon aucune chance de remporter à nouveau ce Concours. J'ai toujours répondu que c'était génial de se montrer devant un public immense sur l'une des plus grandes scènes du monde. Être là compte encore plus que de gagner. Je dis toujours avec un petit sourire que c'est un peu comme une Coupe du monde de football. Nous sommes heureux d'y participer, sachant que nous ne deviendrons probablement pas champions du monde. De plus, avec une moyenne de 40 pays participants, beaucoup d'autres concurrents se plaignaient également, comme nous, de n'avoir pas gagné le Concours depuis longtemps. Mais j'étais absolument convaincu que notre heure sonnerait à nouveau à un moment donné.

Et d'ailleurs, depuis 2019, où nous avons affiné et amélioré notre processus de sélection, les choses vont à nouveau beaucoup mieux pour la Suisse. Une quatrième place pour Luca Hänni lors de cette finale et une troisième place pour Gjon's Tears la fois suivante. Ensuite Marius Baer et Remo Forrer ont également été sélectionnés pour la finale. L'ambiance dans notre propre pays était désormais sensiblement différente.

Le Concours était redevenu à la mode. Les gens étaient pleins d'espoir, croisaient les doigts et savaient que la Suisse avait encore une chance de gagner. Alors au mois de mai de cette année 2024 à Malmö, quel moment euphorique nous avons vécu quand Nemo est monté sur scène et après une pluie de douze points, la Suisse a finalement remporté le Concours Eurovision de la chanson pour la troisième fois ! Je n'oublierai jamais ce moment. Nous avons sauté de joie, nous avons crié, nous nous sommes regardés avec incrédulité et étions simplement heureux.

Au milieu de notre exaltation, on a frappé à la porte de ma cabine et un accompagnateur m'a pris par la main et m'a conduit le plus rapidement possible sur scène via les escaliers des pompiers et les sorties de secours. Là, on m'a laissé faire la première interview de Nemo. Quel moment !

Il fut un temps, au début des années 2000, où le Concours Eurovision de la chanson ne jouait pas un rôle très important auprès des jeunes. Mais avec la numérisation croissante du monde et surtout les médias sociaux en combinaison avec de nombreux castings (The Voice, Got Talent, X Factor, etc.) où les chanteurs ont à nouveau une tribune, ces performances sont redevenues attrayantes pour un public plus large et plus jeune. Le Concours en a également profité. Avec l'essor et la visibilité de ces dernières années, les médias des différents pays s'intéressent aussi à nos artistes. C'est pourquoi des demandes d'entretiens avec des chanteurs suisses concernés par le Concours ont augmenté. Lors d'une courte séance de coaching média, on essaye de leur donner les outils les plus importants afin qu'ils puissent se sentir le plus en confiance possible en dehors de la scène. »

De ses débuts dans une radio pour enfants à Berne à l'euphorie de Malmö en 2024, Sven Epiney retrace une aventure unique au cœur du Concours Eurovision. Dix-sept ans à porter la voix de la Suisse avec passion, entre espoirs déçus, renaissances inattendues et triomphes historiques. Une histoire faite de rêves partagés, d'efforts invisibles et d'instants inoubliables.

Travail de commentateur

« Personnellement, j'écoute une seule fois les chansons des différents pays pour voir les tendances, ensuite je les laisse de côté et je m'informe. Je lis les biographies, je prépare un peu les textes, les statistiques, etc. Ensuite on va sur place et on parle avec nos collègues suisses romands et tessinois. On se fait une idée générale et on parle des favoris. On assiste à plusieurs répétitions, puis vient l'émission en direct. Je fais beaucoup d'interviews, trois à quatre par jour pour les radios suisses, soit en direct ou soit préenregistrées... Je fais aussi des photos des lieux, des artistes, etc., pour Instagram ou Facebook. Mes copains disent : "Oh c'est joli, toi tu vas à Malmö en vacances !" mais ils ne voient que le résultat de mon travail et ne se rendent pas compte du boulot qu'on fait sur place ! »

Anecdote

« Düsseldorf, 2011, Allemagne : c'était incroyable, vers le début de l'émission en direct, au milieu du commentaire d'une demi-finale, tout est tombé en panne, dans toutes les cabines. On a continué l'émission au téléphone. J'étais dans de nombreux journaux le lendemain, parce que j'avais tellement transpiré et que j'étais mouillé jusque dans mon slip ! Le titre des journaux était : "Comme ça, je ne peux pas travailler !" »

La petite histoire… du premier boys band de Suisse

« Ma première formation est enseignant. J'ai appris le piano au conservatoire de Berne. Je jouais beaucoup. Avec Reto Peritz (co-producteur exécutif ESC Bâle), on avait mis en place un projet, car je faisais de la radio à Berne et lui à Zurich. Le programme de nuit de nos deux radios était le même mais il manquait d'intérêt. La présentatrice d'alors nous a interpellés : "Faites mieux !"

Par défi, on s'est rencontrés avec Reto qui jouait aussi du piano. On a écrit deux-trois chansons et on a envoyé la démo avec notre photo à toutes les grandes maisons de disques en Suisse. Ils nous ont tous répondu : "Ça ne va pas, les gens ne vont pas croire que c'est vous !", car on était déjà bien connus tous les deux.

Alors on a envoyé le disque en Allemagne. La première maison de disques nous a proposé directement un contrat ! Incroyable, on était de parfaits inconnus pour eux. On a alors fait des enregistrements, des disques, des concerts, des vidéoclips.

Cette histoire nous a amenés jusqu'à New York, en tournée avec DJ Bobo, les Backstreet Boys, les Worlds Apart ! On a performé dans des festivals devant 35 000 personnes et on a joué dans des salles immenses. On avait même un fan-club suisse comptant 100 personnes de plus que celui des Backstreet Boys à cette époque-là !

Le groupe s'appelait Pure Pleasure. C'était Reto, cinq danseurs et moi… mais surtout, notre intention première était vraiment de faire un gag !!! »

RÉSULTATS

Place	Pays	Artiste(s)	Chanson	Langue(s)	Points
1	Russie	Dima Bilan	Believe	eng	272
2	Ukraine	Ani Lorak	Shady Lady	eng	230
3	Grèce	Kalomira	Secret Combination	eng	218
4	Arménie	Sirusho	Qele Qele	arm, eng	199
5	Norvège	Maria Haukaas Storeng	Hold On, Be Strong	eng	182
6	Serbie	Jelena Tomašević feat. Bora Dugić	Oro (Opo)	srp	160
7	Turquie	Mor ve Ötesi	Deli	tur	138
8	Azerbaïdjan	Elnur & Samir	Day After Day	eng	132
9	Israël	Boaz Mauda	The Fire in Your Eyes	heb, eng	124
10	Bosnie-Herz.	Elvir Laković	Pokušaj	bos	110
11	Géorgie	Diana Gurtskaya	Peace Will Come	eng	83
12	Lettonie	Pirates of the Sea	Wolves of the Sea	eng	83
13	Portugal	Vânia Fernandes	Senhora do mar (Negras águas)	por	69
14	Islande	Euroband	This Is My Life	eng	64
15	Danemark	Simon Mathew	All Night Long	eng	60
16	Espagne	Rodolfo Chikilicuatre	Baila el Chiki-chiki	spa, eng	55
17	Albanie	Olta Boka	Zemrën e lamë peng	alb	55
18	Suède	Charlotte Perrelli	Hero	eng	47
19	France	Sébastien Tellier	Divine	eng, fra	47
20	Roumanie	Nico & Vlad	Pe-o margine de lume	rum, ita	45
21	Croatie	Kraljevi Ulice & 75 Cents	Romanca	hrv	44
22	Finlande	Teräsbetoni	Missä miehet ratsastaa	fin	35
23	Allemagne	No Angels	Disappear	eng	14
24	Pologne	Isis Gee	For Life	eng	14
25	Royaume-Uni	Andy Abraham	Even If	eng	14

2009

La politique plus présente que jamais

Vainqueur : **Norvège avec le chanteur Alexander Rybak**

Chanson : **« Fairytale »**

Auteur-compositeur : Alexander Rybak

MOSCOU

54e édition

12 mai première demi-finale
14 mai deuxième demi-finale
16 mai 2009 finale

Olimpiisky Indoor Arena
Moscou, Russie

Diffuseur Perviy Kanal

42 pays participants
et 25 pays en finale

Retour de la Slovaquie

Retrait de la Géorgie et de la République de Saint-Marin

Même système de vote que l'année précédente avec deux demi-finales

C'est la deuxième édition du Concours Eurovision de la chanson avec deux demi-finales et une finale. Cela devient la norme et ce nouveau format est adopté par tout le monde.

Record de points pour Fairytale

Mais commençons par parler de la victoire finale, tant celle-ci est évidente et sans surprise! La grandissime favorite, la Norvège, obtient un record du nombre de points, 387. Le pays qui arrive deuxième, l'Islande, en récolte seulement 218.

Pour leur troisième victoire, les Norvégiens font appel à un chanteur, violoniste, compositeur né en Biélorussie qui a émigré avec ses parents en Norvège à l'âge de 4 ans. Sa chanson « Fairytale » deviendra un hit en Europe et n°1 dans de très nombreux pays.

Alexander Rybak, d'à peine 23 ans, fera même une tournée phénoménale dans les pays de l'Est européen et dans le Nord. Malgré la sortie de quatre albums, il a de la peine à s'installer dans l'univers musical européen. Son titre gagnant reste un des grands classiques de l'Eurovision. Cette victoire permet le retour dans un pays qui avait déjà organisé le Concours, la dernière fois en 2001. Ça marque aussi le retour en force des Scandinaves.

Alexander Rybak détient à l'époque trois records : le plus grand nombre de points, le plus grand écart entre le premier et le deuxième et le plus grand nombre de douze points. C'est Salvador en 2017 qui détiendra les deux premiers records et le groupe Kalush Orchestra le plus grand nombre de douze points du public en 2022 ; Nemo le plus de douze points du jury en 2024.

(pp.294-295) Alexander Rybak, le gagnant norvégien

(p.296) Séquence d'ouverture avec Dima Bilan, le gagnant de l'année précédente

(p.297) Noa et Mira, Israël

Spectacles époustouflants

Moscou met les moyens pour présenter des spectacles d'un grand niveau international avec les Chœurs de l'Armée Rouge, la Fanfare des Forces aériennes russes et les ballets Kostroma. L'ouverture de la finale est spectaculaire avec le gagnant de l'année précédente Dima Bilan qui arrive suspendu dans les airs et fait une course musicale effrénée. Cette prestation est réalisée par le Cirque du Soleil. Pour l'Interval act, la télévision russe fait appel à la troupe argentine Fuerza Bruta dont le spectacle est époustouflant. Une énorme piscine suspendue au-dessus des spectateurs descend du plafond avec de nombreux acrobates.

Polémiques

Les 30 millions d'euros dépensés pour ces quinze jours d'Eurovision sont un record et c'est le début d'une surenchère dommageable pour l'image du Concours. En effet, beaucoup d'autres télévisions voient ces dépenses d'un très mauvais œil car elles ne pourraient pas se

permettre d'engager une telle somme. Pour l'occasion, les Russes ont transformé la salle et fait de nombreux aménagements électriques dans le quartier pour assurer une retransmission sans accroc. Tout est fait pour amener une image positive de la Russie. Pourtant, en coulisses, on ressent une sécurité étouffante. Les membres de la presse et les délégations se sentent contrôlés et mis à l'écart des réalités quotidiennes du peuple moscovite. Une *gay pride* qui voulait « profiter » de la plateforme de l'Eurovision a même été interdite en douce et réprimandée. Les fans et les commentateurs restent confinés dans la salle et escortés par la police dans les quartiers périphériques. Même la visite du président Vladimir Poutine dans la salle de presse et lors des répétitions n'a suscité aucune émotion.

Patricia Kaas

Comme les jurys professionnels ont été réintroduits pour la finale, la France ose choisir l'icône Patricia Kaas, très populaire en Russie et, selon la rumeur, amie de son président. La télévision française réussit, grâce à cela, à battre ses records d'audience. Nous avons fait une belle rencontre avec cette artiste très distinguée (voir aussi p. 301). Elle a totalement joué le jeu de l'Eurovision lors de son séjour à Moscou. On se souvient de sa rencontre avec la chanteuse ukrainienne Svetlana Loboda qui soutient le mouvement Femen (groupe féministe connu pour ses seins nus et ses slogans écrits sur le corps). Cette dernière a dû, pour participer au Concours, hypothéquer son appartement à Kiev. Dur contraste avec Patricia ! Dans les rues de Moscou, les seuls mots en français que les Moscovites savent dire sont « Patricia Kaas » !

Conflit Arménie-Azerbaïdjan

Le conflit entre l'Arménie et l'Azerbaïdjan trouve un écho surdimensionné dans le contexte du Concours : tout commence par la carte postale de présentation de la chanson arménienne qui intègre un élément du Haut-Karabakh, région

autoproclamée indépendante et peuplée en majorité d'Arméniens. Cette région a été donnée à l'Azerbaïdjan par les Soviétiques de l'époque, ce qui explique le conflit actuel entre les deux pays. À la suite des protestations de l'Azerbaïdjan, la carte est retirée mais la réaction de l'Arménie ne se fait pas attendre. L'Arménie accuse l'Azerbaïdjan d'avoir truqué les votes en empêchant les gens de voter pour la chanson arménienne. Plus tard, cela sera reconnu par l'organisateur qui pénalisera l'Azerbaïdjan.

Conflit Géorgie-Russie

La Géorgie, alors en conflit armé en 2008 avec la Russie, suscite la controverse avec sa chanson provocatrice « We don't wanna put in ». Un jeu de mots contre le président russe. Une attaque personnelle à laquelle l'UER s'oppose et doit, devant le refus de la Géorgie de changer son titre, exclure ce pays de cette édition à Moscou.

Conflit Israël-Palestine

Avec Israël encore de la politique, mais cette fois-ci positive. Noah, chanteuse israélienne de religion juive, s'associe à une chanteuse palestinienne de confession chrétienne Mira Awad. Le titre et le message de leur chanson « There must be another way » est clair et engagé. Une seizième place à la finale provoque un cataclysme en Israël. On se souvient encore de les avoir vues, déçues et tristes, quitter précipitamment la salle avec leur délégation.

Tricherie

L'Espagne triche afin de favoriser un match de tennis. Elle ne diffuse pas la demi-finale en direct, dans laquelle sa population doit voter. On prend finalement en compte seulement le vote du jury et la télévision espagnole est amendée.

Sakis

Parmi les finalistes, on note le retour de la star grecque Sakis Rouvas, qui termine septième seulement. Pire encore, la chanteuse maltaise Chiara, deuxième en 2005 et troisième en 1998, est reléguée au vingt-deuxième rang. C'est sa dernière participation et certainement celle de trop.

Russe et ukrainien

La Russie fait très fort en étant représentée par une chanteuse ukrainienne, Anastassia Prykhodko, qui interprète son titre en russe et en ukrainien, un hymne à la maman. C'est remarquable et triste quand on pense au conflit à venir.

Célèbres compositeurs

Parmi les compositeurs célèbres, on souligne la présence de l'Irlandais Ronan Keating pour le Danemark (présentateur à Dublin en 1997), et Andrew Lloyd Webber pour le Royaume-Uni (compositeur de comédies musicales comme *Evita, Cats* ou *Le fantôme de l'Opéra*).

Effeuilleuse

En 2008, les Russes avaient utilisé la notoriété d'un patineur pour espérer rapporter plus de points. Face à la médiocrité de leur chanson, les Allemands tentent au dernier moment de faire appel à la célèbre stripteaseuse burlesque Dita von Teese. Cela provoque des sueurs froides pour ce spectacle de famille, mais heureusement l'organisateur impose des limites à la nudité de l'effeuilleuse.

Bernhard Russi

Pour la Suisse, l'élimination en demi-finale du groupe de rock bâlois Lovebugs est une déception, mais l'ambiance de la délégation est relevée par le skieur mythique Bernhard Russi, ancien champion olympique en 1972. Ce dernier, qui doit préparer les pistes de ski des Jeux olympiques de Sotchi, est en transit à Moscou. Dans le hall de l'hôtel, la veille de la finale, il offre des tournées de vodka à une partie de la délégation suisse. La fête est improvisée sur, entre autres, la musique de « Fairytale ». Bernhard est debout sur une chaise et joue du violon imaginaire, accompagné de ses « choristes »

du moment romande et tessinoises. La soirée a failli mal se terminer lorsqu'il ingurgite l'eau d'un vase de roses mais heureusement suivi immédiatement d'un verre de lait pour éviter l'intoxication.

Une des jeunes femmes de la délégation suisse, arrivée plus tard dans la semaine, est prise en charge, de l'aéroport à l'hôtel, par une voiture de police toutes sirènes allumées, mégaphone sur le toit. Sur ce trajet autoroutier bondé, à cette heure de pointe, tout véhicule est prié de dégager rapidement pour laisser passer cette voiture VIP, valable également pour tous ceux qui roulent en sens inverse ! On croit à l'arrivée du président Poutine ou de la reine d'Angleterre ! Qui aurait pensé que notre co-autrice ferait office de reine ou de choriste à ses heures ? ;-)

Mir

Pour lancer le vote, on fait appel à la station internationale Mir et ses cosmonautes. L'année 2009 est celle du record du nombre de télévotes jusque-là.

Tapis rouge

C'est une première lors de la cérémonie d'ouverture, tous les artistes défilent sur un « tapis rouge » devant les autorités et un public de fans. Cela deviendra une tradition. Seule la couleur du tapis changera.

Alexander Rybak reçoit son prix des mains de Dima Bilan, vainqueur de 2008 accompagné de la première gagnante de l'Eurovision Lys Assia.

Dita von Teese en renfort pour l'Allemagne, sans succès

RÉSULTATS

Place	Pays	Artiste(s)	Chanson	Langue(s)	Points
1	Norvège	Alexander Rybak	Fairytale	eng	387
2	Islande	Yohanna	Is It True?	eng	218
3	Azerbaïdjan	AySel & Arash	Always	eng	207
4	Turquie	Hadise	Düm Tek Tek	eng	177
5	Royaume-Uni	Jade Ewen	It's My Time	eng	173
6	Estonie	Urban Symphony	Rändajad	est	129
7	Grèce	Sákis Rouvás	This Is Our Night	eng	120
8	France	Patricia Kaas	Et s'il fallait le faire	fra	107
9	Bosnie-Herz.	Regina	Bistra voda	bos	106
10	Arménie	Inga & Anush	Nor Par (Jan Jan)	eng, arm	92
11	Russie	Anastassia Prykhodko	Mama (Мама)	rus, ukr	91
12	Ukraine	Svetlana Loboda	Be My Valentine (Anti-Crisis Girl)	eng	76
13	Danemark	Brinck	Believe Again	eng	74
14	Moldavie	Nelly Ciobanu	Hora din Moldova	rum, eng	69
15	Portugal	Flor-de-Lis	Todas as ruas do amor	por	57
16	Israël	Noa & Mira Awad	There Must Be Another Way	eng,heb,ara	53
17	Albanie	Kejsi Tola	Carry Me in Your Dreams	eng	48
18	Croatie	Igor Cukrov feat. Andrea	Lijepa Tena	hrv	45
19	Roumanie	Elena Gheorghe	The Balkan Girls	eng	40
20	Allemagne	Alex Swings & Oscar Sings	Miss Kiss Kiss Bang	eng	35
21	Suède	Malena Ernman	La voix	eng, fra	33
22	Malte	Chiara	What If We	eng	31
23	Lituanie	Sasha Son	Love	rus, eng	23
24	Espagne	Soraya Arnelas	La noche es para mí	spa, eng	23
25	Finlande	Waldo's people	Lose Control	eng	22

Brève rencontre avec *Patricia Kaas* quelques jours avant la finale en 2009 à Moscou

« Pour moi, chanter le 16 mai a une valeur particulière. C'est la date de la mort de ma maman et ce jour-là, je ne chante jamais, ne donne jamais d'interview. J'en ai parlé avec ma sœur qui m'a convaincue de le faire pour maman, papa et la famille. Je porterai l'alliance de maman sur scène. »

C'est ce que Patricia Kaas nous a avoué cet après-midi-là dans une rencontre exceptionnelle. Patricia Kaas était accompagnée de son petit chien Tequila.

Elle nous a dit sa confiance, ne pas ressentir de pression particulière même si elle rencontre quotidiennement des jeunes et des moins jeunes qui l'encouragent. Elle a conscience de l'enjeu, mais son émotion sur la scène sera avant tout de la fierté.

Ce n'était pas Patricia Kaas qui devait se faire du souci pour son avenir après le Concours, mais bien le Concours qui risquait gros. Si la chanson de cette dernière gagnait, de nombreux participants remettraient en question les objectifs de l'Eurovision de la chanson. Une « star » déjà confirmée, ça ne correspond pas nécessairement à l'idée de base de ce Concours. Mais si Patricia Kaas ne terminait pas dans les premiers ou même pire, faisait un très mauvais résultat, ça serait encore plus dommage pour l'image de l'Eurovision de la chanson.

Finalement, avec une belle huitième place, Patricia Kaas s'en sort très bien et tout rentre dans l'ordre. Sa chanson intimiste et difficile à défendre a surtout plu aux jurys de professionnels qui la classent quatrième alors que les télévotes plombent son classement combiné avec dix-septième place, pas bien payée.

Sur scène, elle portait l'alliance de sa mère. Dans la salle vide en répétition, sa voix tremblait d'émotion. En 2009, Patricia Kaas n'a pas seulement représenté la France, elle a offert un moment suspendu, intime et inoubliable.

Patricia Kaas a bien tiré son épingle du jeu et profité de cette plateforme exceptionnelle pour promouvoir sa tournée « Kabaret », spécialement en Russie et en Europe de l'Est où elle est adulée.

Pour les co-auteurs de ce livre, cette rencontre restera certainement une des plus grandes en émotion. Ce sera aussi l'un des plus beaux souvenirs du Concours. Être assis là, au premier rang, dans la salle de l'Eurovision pratiquement vide, et assister aux répétitions de Patricia, c'était comme si elle chantait uniquement pour nous… Avec son interprétation magnifique, les larmes dans la voix, de « Et s'il fallait le faire », Patricia Kaas est pour nous la « Grande Dame » du Concours Eurovision de cette année-là.

2010

OSLO

55e édition

Enfin une victoire pour un des big 4 et deuxième victoire de l'Allemagne

Vainqueur : **Allemagne**
avec la chanteuse Lena Meyer-Landrut

Chanson : **« Satellite »**

Auteurs-compositeurs :
Julie Frost et John Gordon

25 mai première demi-finale
27 mai deuxième demi-finale
29 mai 2010 finale

Arena Telenor
Oslo, Norvège

Diffuseur NRK

39 pays participants et 25 pays en finale

Retour de la Géorgie

Retrait de la Principauté d'Andorre, de la Hongrie, du Monténégro et de la République tchèque

Même système de vote que l'année précédente avec deux demi-finales

Droits pour la Coupe du monde de football

La télévision norvégienne dispose de 24 millions d'euros, 6 millions de moins qu'en 2009 à Moscou. Elle doit pour cela vendre ses droits pour la Coupe du monde de football. On continue dans des chiffres astronomiques.

Flash mob

La salle n'a que peu de gradins et le public est nombreux sur le parterre. Cela a comme effet une moins bonne visibilité de la scène. La Norvège a alors l'ingénieuse idée de faire participer le public. Les gens doivent se lever et apprendre une chorégraphie sous la houlette de jeunes initiés. La télévision norvégienne est allée filmer une flash mob dans la plupart des pays participants et diffuse ces danses lors de l'entracte. À la fin, les caméras se tournent vers le public de la salle de l'Eurovision et on peut alors voir ce même public ainsi que des milliers de spectateurs à travers toute l'Europe effectuer simultanément la même chorégraphie sur la même musique. C'est l'Europe unie, quelle ambiance !

Volcan Eyjafjöll

Encore une fois l'Eurovision est menacée, mais cette fois-ci par les caprices de la nature. Pratiquement toutes les liaisons par avion sont mises à mal par le volcan islandais Eyjafjöll qui vient d'entrer en éruption. À cause des cendres projetées dans l'atmosphère, certaines délégations doivent emprunter le train ou le bateau pour rejoindre Oslo. La télévision norvégienne a aussi eu de nombreux soucis pour filmer les cartes postales de présentation des artistes dans les trente-neuf pays en compétition.

À l'image télévisée, avant chaque chanson apparaît la carte stylisée du pays au-dessus du public. Néanmoins, on ne projette pas certaines de ces cartes comme l'Arménie, la Serbie, Israël, pour éviter des polémiques liées aux frontières.

En pleine crise économique, une jeune inconnue allemande redonne à l'Europe le goût du conte de fées. Sur fond de flash mobs et de cendres volcaniques, Lena conquiert Oslo, les téléspectateurs… et les cœurs.

Jury de professionnels

La grande nouveauté est qu'on introduit un jury de professionnels dans les demi-finales également. L'année d'avant, c'était déjà le cas mais seulement pour la finale. Le télévote pur disparaît et permet d'équilibrer les goûts du public avec celui des professionnels. Télévote qui revient malheureusement en 2024 et crée des polémiques.

Télécrochet allemand

Au stade des changements, on peut souligner la façon dont les Allemands empoignent leur sélection. Ils décident de faire un télécrochet sous la direction de Stefan Raab, producteur, chanteur et jury pour cette occasion. C'est une machine de guerre mise en place pour ramener le Concours dans la vieille Europe et donner une deuxième victoire à l'Allemagne.

Conte de fées pour Lena

C'est le début d'un conte de fées pour Lena née en 1991 qui était une inconnue jusque-là. À travers elle c'est l'émergence, dans le cadre du Concours, des *reality shows*. Un réel rajeunissement de par la chanteuse mais aussi des téléspectateurs. Un côté plus moderne, plus actuel s'installe dans l'univers de l'Eurovision. Le « spectacle » fait la place, petit à petit, à la voix et aux compositions. On parle pour l'Allemagne de 15 millions de téléspectateurs qui suivent la prestation de Lena, s'approchant du nombre de téléspectateurs allemands pour une finale de Coupe d'Europe de football. Le lendemain de son triomphe, l'Allemagne affrète un avion spécial pour la ramener en héroïne dans sa ville natale d'Hannover.

Cette victoire permet le retour dans l'un des pays des big 4 qui sont toujours qualifiés d'office pour la finale. Ce n'était plus arrivé depuis 1997 avec la victoire du Royaume-Uni et de Katrina and the Waves. À cette occasion, l'Allemagne met les moyens et c'est un remarquable succès, y compris commercial.

MaNga

La deuxième place de cette année est attribuée à la Turquie avec le groupe MaNga qui allie des musiques anatoliennes et des éléments de la musique électronique. Depuis quelques années, les Turcs font appel avec beaucoup de succès à des artistes résolument modernes issus de leur scène musicale alternative. La troisième place revient à la Roumanie avec le duo Paula Seling & Ovi. C'est la plus grande chance de victoire qui échappe à ce pays qui n'a pas encore réussi à remporter l'Eurovision.

La chanteuse d'Azerbaïdjan Safura faillit ne jamais pouvoir participer au Concours. Effectivement, lors du tournage de sa vidéo dans une piscine, elle a été prise dans des voilages et a risqué de se noyer.

SONG CONTEST
OSLO 2010
SONG CONTE
OSLO 2010
norwegian.com
norwegian.com
VOSS
Jessy Matador

Tom Dice

La Belgique finit sixième avec le Flamand Tom Dice et sa chanson « Me and my guitar ». En 2011, il aura un succès en France en duo avec Elisa Tovati. Ils seront nominés au NRJ Music Award 2012 pour la chanson francophone de l'année. Cela marque le début de nouveaux succès pour ce pays qui va rechercher des chansons originales et hors des clichés de l'Eurovision.

Les abricots d'Arménie

L'Arménie chante les abricots avec Eva Rivas. Eva mesure près de deux mètres de haut et est pulpeuse à souhait. Cela ne suffit pas pour terminer devant son ennemi, l'Azerbaïdjan. Savez-vous que l'abricot est l'un des fruits nationaux arméniens ? !

Opa

La Grèce étonne en venant avec Yorgos Alkeos et sa chanson entièrement en grec, une première depuis 1998. Il est accompagné par des danseurs qui font une magnifique chorégraphie dont seuls les Grecs ont le secret. Opa !

Goran Bregovic

La « star » de cette année est le compositeur serbe Goran Bregovic (compositeur de la musique du film *Le temps des gitans*). La télévision serbe lui propose d'écrire trois chansons pour trois artistes différents. C'est finalement le jeune Milan Stankovic qui est choisi et qui va défendre les couleurs de la Serbie avec « Ovo Je Balkan ». Goran et son « Orchestre des mariages et enterrements » fait fureur à Oslo en donnant un concert privé pour les délégations.

Les « Bleus »

Le chanteur d'origine congolaise Jessy Matador représente la France et interprète l'hymne de la Coupe du monde pour les « Bleus ». Il termine douzième et sa chanson ne portera vraiment pas chance à l'équipe de foot de son pays. Néanmoins, son titre sera le tube de l'été et rencontrera un grand succès commercial dans plusieurs pays européens.

Jimmy Jump

Les Espagnols sont malchanceux puisque leur chanson est perturbée par la montée sur scène de l'exhibitionniste Jimmy Jump, « Jimmy le sauteur ». Ce dernier est connu pour faire irruption dans des stades lors de grandes manifestations sportives. Il a notamment interrompu un match de Roger Federer à Roland Garros en 2009. Daniel Diges doit rechanter.

On note parmi les ratés de ce Concours les Pays-Bas, avec une chanson kitsch de Vader Abraham, auteur de la bande originale du dessin animé *Les Schtroumpfs*.

Il pleut de l'or

Les Suisses terminent derniers de leur demi-finale avec la chanson « Il pleut de l'or ». En pleine crise économique, cela paraît d'une telle maladresse pour la plupart des commentateurs qui ne sont pas tendres avec cette chanson et son interprète Michael von der Heide.

(p.304 haut) Lena, Allemagne

(p.304 bas) Jessy Matador, durant la conférence de presse

(p.305) Tom Dice, Belgique

(p.306 haut) Le groupe 3+2, Biélorussie

(p.306 bas) En 2008, Goran Bregovic, auteur-compositeur de la chanson serbe de 2010 et invité pour un concert privé lors du Concours à Oslo

Papillons

Le ridicule ne tue pas avec la Biélorussie qui ne comprend toujours pas que le Concours a changé. Totalement ringardes et provoquant l'ire des fans, les chanteuses se transforment en papillons.

Le Royaume-Uni est de nouveau à la dernière place, précédé de peu par l'Irlande, malgré le retour de la chanteuse Niamh Kavanagh, vainqueur en 1993.

Le Concours se professionnalise toujours plus, il amorce un virage. Il laisse de moins en moins la place pour des échanges entre fans, journalistes et artistes. C'est une volonté et une nécessité de l'organisateur. Cela rend le Concours moins convivial, sauf pour les specta-

teurs dans la salle. Les bars étaient aussi dans la salle cette année-là. L'heureux public sur le parterre avait à boire et à manger, ils pouvaient se lever, se déplacer librement, se mélanger, discuter, danser, bref, ils se sont bien amusés !

RÉSULTATS

Place	Pays	Artiste(s)	Chanson	Langue(s)	Points
1	Allemagne	Lena	Satellite	eng	246
2	Turquie	MaNga	We Could Be The Same	eng	170
3	Roumanie	Paula Seling & Ovi	Playing with Fire	eng	162
4	Danemark	Chanée & N'evergreen	In a Moment Like This	eng	149
5	Azerbaïdjan	Safura	Drip Drop	eng	145
6	Belgique	Tom Dice	Me and My Guitar	eng	143
7	Arménie	Eva Rivas	Apricot Stone	eng	141
8	Grèce	Yórgos Alkéos & Friends	ÓPA (ΏΠΑ)	gre	140
9	Géorgie	Sopho Nijaradze	Shine	eng	136
10	Ukraine	Alyosha	Sweet People	eng	108
11	Russie	Peter Nalitch and Friends	Lost And Forgotten	eng	90
12	France	Jessy Matador	Allez ola olé	fra	82
13	Serbie	Milan Stanković	Ovo je balkan (Ово је Балкан)	srp	72
14	Israël	Harel Skaat	Milim (מילים)	heb	71
15	Espagne	Daniel Diges	Algo pequeñito	spa	68
16	Albanie	Juliana Pasha	It's All About You	eng	62
17	Bosnie-Herz.	Vukašin Brajić	Thunder And Lightning	eng	51
18	Portugal	Filipa Azevedo	Há dias assim	por	43
19	Islande	Hera Björk	Je ne sais quoi	eng,fra	41
20	Norvège	Didrik Solli-Tangen	My Heart Is Yours	eng	35
21	Chypre	Jon Lilygreen & The Islanders	Life Looks Better In Spring	eng	27
22	Moldavie	SunStroke Project & Olia Tira	Run Away	eng	27
23	Irlande	Niamh Kavanagh	It's for You	eng	25
24	Biélorussie	3+2 feat. Robert Wells	Butterflies	eng	18
25	Royaume-Uni	Josh Dubovie	That Sounds Good To Me	eng	10

2010

Rencontre avec l'ancien superviseur exécutif de l'Union européenne de radio-télévision, le Norvégien

Jon Ola Sand

« L'UER ou EBU en anglais (European Broadcasting Union) a été créée en 1950 et a son siège à Genève en Suisse. C'est la plus importante association professionnelle de radio-diffuseurs nationaux.

Mon rôle de superviseur exécutif est de m'occuper pendant toute l'année de l'organisation du Concours Eurovision de la chanson.

Définir le budget est un travail très important. Chaque télédiffuseur participant au Concours doit payer un montant défini par sa taille. Par exemple pour la BBC, Royaume-Uni ou l'ARD, Allemagne, qui sont de grandes télévisions, la taxe de participation est plus grande que pour de petites télévisions venant de pays plus modestes. Le calcul du montant est très technique et est basé sur une quote-part. Nous évaluons l'état de chaque télévision mais finalement c'est surtout un système basé sur la solidarité entre télévisions. Donc, ce n'est pas le télédiffuseur organisateur qui va payer seul la note finale, même s'il paiera la plus grande partie du budget. À mon avis, c'est un système juste.

La règle des big 5, qui permet aux cinq plus grands contributeurs comme la France ou l'Italie de se qualifier directement pour la finale, sans passer par les qualifications, est bien acceptée par tous les membres. Même les pays de taille moyenne comme les Pays-Bas, la Belgique, l'Autriche et la Suisse comprennent que l'élimination de l'un de ces pays à forte audience créerait des problèmes financiers bien plus importants. On ne peut pas se permettre de se passer des téléspectateurs du Royaume-Uni, par exemple, si ce pays venait à ne pas être qualifié. Du point de vue de la compétition, c'est un peu étrange, mais d'un point de vue commercial, c'est tout à fait justifié. C'est vraiment eux qui paient le plus.

Réunir l'Europe autour de la musique, tout en assurant sa diversité et son équilibre financier : telle est la mission discrète mais essentielle de l'Union européenne de radio-télévision.

L'Eurovision s'est bien développée ces six dernières années. Nous avons réussi à élever son niveau considérablement. Nous avons apporté de nouvelles valeurs et nous nous sommes posé la question du « pourquoi » de ce Concours. Une des réponses est que « nous réunissons l'Europe ». C'est un des seuls événements culturels paneuropéens. Il y a bien sûr d'autres manifestations mais jamais de cette taille. C'est une rencontre tellement massive et importante qui unifie et permet de montrer la diversité des peuples d'une façon positive.

2011

DÜSSELDORF

Catastrophe technique et retour éphémère dans la vieille Europe

Vainqueur : **Azerbaïdjan avec le duo Ell et Nikki**

Chanson : **« Running Scared »**

Auteurs-compositeurs :
Stefan Örn, Sandra Bjurman & Iain Farquharson

10 mai première demi-finale
12 mai deuxième demi-finale
14 mai 2011 finale

Esprit Arena
Düsseldorf, Allemagne

Diffuseurs ARD et NDR

43 pays participants et 25 pays en finale

Retour de l'Autriche, de la Hongrie, de la République de Saint-Marin et surtout de l'Italie

Même système de vote que l'année précédente avec deux demi-finales

56e édition

Eurovision en Europe occidentale

2011 est le retour tant attendu du Concours Eurovision de la chanson en Europe occidentale, plus de vingt ans après la Suisse et la Belgique et plus de trente ans après la France et les Pays-Bas.

La victoire de Lena a provoqué un engouement exceptionnel en Allemagne. De très nombreuses villes se sont annoncées pour organiser le Concours. Alors qu'on attendait Berlin, c'est finalement la ville de Düsseldorf qui a l'honneur d'organiser l'Eurovision. Elle loue la salle Esprit Arena à l'Union européenne de radio-télévision pour un euro symbolique. 24000 spectateurs peuvent prendre place à chacune des trois soirées. L'organisation est rigide et maladroite au point d'empêcher à plusieurs reprises les commentateurs d'accéder à leurs cabines et les obligeant à forcer les cordons de sécurité.

L'Italie revient

Le nombre record de participants est égalisé après Belgrade en 2008. C'est surtout et enfin le retour de l'Italie qui permet d'élargir le groupe fermé des qualifiés d'office. Ceux qui paient le plus, les big 4, deviennent big 5. Le Concours Eurovision est plus populaire que jamais.

Raphael Gualazzi

L'Italie est très attendue et fait très fort. Elle vient avec le meilleur espoir de son Festival de Sanremo et termine deuxième avec une chanson jazz, un style peu entendu à l'Eurovision.

Raphael Gualazzi ne ménage pas ses efforts avec sa chanson « Madness of love » en italien et en anglais. Avec beaucoup d'authenticité, il participe à de nombreuses soirées à Düsseldorf. On se souvient d'une jam-session incroyable avec le boys band anglais Blue, connu pour avoir chanté avec Elton John. Cette nouvelle énergie d'artistes authentiques donne des ailes et fait envie à d'autres chanteurs de participer.

Le groupe Blue, avec ses quatre beaux garçons, était favori grâce à sa vidéo et ses 15 millions de disques vendus. Il occupe une décevante onzième place suite à une prestation vocale et scénique pas à la hauteur. Cela prouve une nouvelle fois que le statut de star ne suffit de loin pas pour convaincre à l'Eurovision.

Lena again

L'Allemagne surprend en reprenant une habitude des années 50, représenter l'artiste gagnant de l'année précédente. Avec Lena, c'est un échec. Seules la Néerlandaise Corry Brokken et la Suissesse Lys Assia l'avaient fait auparavant. Lors de l'ouverture de la grande finale, Lena interprète la chanson gagnante de l'année précédente, comme le veut la tradition, mais au côté de sosies d'elle-même qui portent les quarante-trois drapeaux des pays participants. C'est seulement à la fin de « Satellite » en version rock qu'on reconnaît la vraie Lena lorsqu'elle chante en duo avec son producteur Stefan Raab (ancien participant au Concours en 2000).

Pays sur la touche

La surprise vient du Liechtenstein qui pose une nouvelle fois sa candidature. Celle-ci n'est pas retenue car ce pays n'est pas membre de l'Union européenne de radio-télévision. Cette principauté, avec le Vatican et Gibraltar, sont les seuls pays d'Europe à ne jamais avoir participé à l'Eurovision. Il y a aussi le Kosovo, pas encore reconnu internationalement et non-membre de l'UER qui souhaiterait rejoindre la famille de l'Eurovision mais sans succès à ce jour. Les îles Féroé ont aussi manifesté leur intérêt mais leur

candidature a été refusée car elles font partie du Royaume du Danemark. Les mauvaises langues disent qu'il y a déjà suffisamment de candidats provenant de la Scandinavie !

Histoire tragique

Parmi les demi-finalistes, l'Islande a une histoire tragique. L'un des participants à la sélection islandaise décède d'une crise cardiaque à 36 ans peu avant le Concours. Ses amis, en accord avec son épouse, décident de former un groupe pour interpréter sa chanson. Ils se qualifient à la finale nationale. Avec beaucoup d'émotion, ils participent avec succès à la demi-finale à Düsseldorf et obtiennent un ticket pour la finale.

Les Israéliens sont moins heureux en choisissant Dana International pour un retour treize ans après sa victoire. Une catastrophe puisqu'elle ne passe même pas en finale.

Cube de verre

Eric Saade, le Suédois, avec sa chanson « Popular », est dans la plus pure tradition schlager et termine premier de sa demi-finale. Cela ne suffit pas pour gagner, puisqu'il est seulement troisième de la finale malgré un nombre insupportable de « Popular » dans sa chanson. Il choisit de sortir d'un cube de verre pendant son show et rencontre pour ce faire de nombreux soucis en répétition. La chanson rythmée a beaucoup d'énergie et se différencie des autres par une chorégraphie très élaborée.

Jumeaux

Le duo qui fait le plus parler de lui est celui composé des jumeaux John et Edwards. « Jedward ». Il est un pur produit de la téléréalité. Les deux frères sont jeunes avec beaucoup d'énergie. Dans le même Concours, les jumelles « Twiins » représentent la Slovaquie. Avoir deux paires de jumeaux dans le Concours Eurovision ne s'est jamais vu !

Amaury Vassili

La France a longtemps figuré parmi les favoris avec un artiste à voix, Amaury Vassili. Ce dernier a un grave problème technique lors de sa prestation, ce qui le gêne et le relègue au quinzième rang. Il fait de son mieux avec une magnifique chanson mais il n'entend pas sa voix en retour, quel dommage !

Azerbaïdjan

Le duo gagnant Ell & Nikki est créé de toutes pièces à la suite de la finale nationale en Azerbaïdjan. Ils ont chanté individuellement lors de cette dernière. Dans l'impossibilité de les départager, la télévision du pays a décidé de les envoyer en duo avec une nouvelle chanson « Running scared ». Cette victoire est plutôt décevante compte tenu de la qualité des prestations des autres candidats, c'est une sorte de compromis. Il n'y a aucun doute sur l'envie de cette nation de vouloir gagner très rapidement le Concours. C'est pourtant seulement sa quatrième participation. Le Concours Eurovision de la chanson fait partie d'un projet prioritaire du gouvernement de ce pays de Transcaucasie avec pour but de le gagner.

La télévision s'offre chaque année les services de compositeurs internationaux et élabore des chorégraphies avec des grands professionnels. Leurs efforts payeront et pour leurs dix premières participations, ce seront dix qualifications pour la finale. Ce pays sera souvent dans les dix, voire les cinq premiers.

L'Azerbaïdjan accueillera le Concours sur son territoire et se donnera tous les moyens nécessaires pour faire une belle promotion touristique.

Chicorée

Le groupe belge Witloof Bay, ce qui veut dire chicorée, fait dans l'originalité puisque c'est le premier titre interprété intégralement a cappella lors de l'Eurovision.

Les Pays-Bas sont venus à Düsseldorf en péniche avec toute la délégation. Ils finissent der-

Italy
189
Sweden
185
Russia
Ukraine
159
Romania
Denmark
134
Austria
Bosnia & Herzegovina
125
7
Lithuania
Greece
Iceland
Finland
Georgia
110
107
100
97
96

niers de leur demi-finale. Avec Anna Rossinelli, les Suisses se qualifient enfin mais terminent derniers de la finale. Elle est en pleurs dans le bus qui la ramène à son hôtel.

Couac technologique

Mais c'est un couac technologique qu'on n'est pas près d'oublier, qui marquera cette édition. Dans un pays qui se targue d'être à la pointe des technologies et alors que les conditions devaient être optimales, une fausse manipulation prive plusieurs chaînes de télévision des lignes de commentaires quelques minutes après le début de la première demi-finale. De nombreux commentateurs doivent continuer à s'adresser à leur public par téléphone portable. Par miracle, l'un des commentateurs suisses avait pris avec lui sa recharge de téléphone, et pendant toute la soirée elle passe de cabine en cabine. Malgré les excuses de la télévision allemande, cet événement restera risible quand on pense aux pays visités les années précédentes qui avaient beaucoup moins de moyens techniques que l'Allemagne.

Écran LED

Le spectacle est magnifique grâce à un énorme écran LED et des chansons de très haute qualité. Le niveau général de l'émission monte encore. C'est un succès et l'audience est en hausse !

(p.312-313) Paradise Oskar, Finlande

(p.314) Stefan Raab et Lena, à Düsseldorf, début du spectacle

(ci-contre) Ell & Nikki, Azerbaïdjan

RÉSULTATS

Place	Pays	Artiste(s)	Chanson	Langue(s)	Points
1	Azerbaïdjan	Ell & Nikki	Running Scared	eng	221
2	Italie	Raphael Gualazzi	Madness of Love	ita, eng	189
3	Suède	Eric Saade	Popular	eng	185
4	Ukraine	Mika Newton	Angel	eng	159
5	Danemark	A Friend In London	New Tomorrow	eng	134
6	Bosnie-Herz.	Dino Merlin	Love in Rewind	eng, bos	125
7	Grèce	Loúkas Yórkas ft. Stereo Mike	Watch My Dance	eng, gre	120
8	Irlande	Jedward	Lipstick	eng	119
9	Géorgie	Eldrine	One More Day	eng	110
10	Allemagne	Lena	Taken by a Stranger	eng	107
11	Royaume-Uni	Blue	I Can	eng	100
12	Moldavie	Zdob și Zdub	So Lucky	eng	97
13	Slovénie	Maja Keuc	No One	eng	96
14	Serbie	Nina	Čaroban (Чаробан)	srp	85
15	France	Amaury Vassili	Sognu	cos*	82
16	Russie	Alekseï Vorobiev	Get You	eng	77
17	Roumanie	Hotel FM	Change	eng	77
18	Autriche	Nadine Beiler	The Secret Is Love	eng	64
19	Lituanie	Evelina Sašenko	C'est ma vie	eng, fra	63
20	Islande	Sigurjón's Friends	Coming Home	eng	61
21	Finlande	Paradise Oskar	Da Da Dam	eng	57
22	Hongrie	Kati Wolf	What About My Dreams?	eng, hun	53
23	Espagne	Lucía Pérez	Que me quiten lo bailao	spa	50
24	Estonie	Getter Jaani	Rockefeller Street	eng	44
25	Suisse	Anna Rossinelli	In Love for a While	eng	19

*corse

Entretien avec *Amaury Vassili* – France

Expérience et souvenirs de Düsseldorf en 2011

« L'Eurovision fut une très bonne expérience, avec des hauts et des bas, certes, mais une bonne expérience.

Il me revient une petite anecdote. Lors de la conférence de presse officielle à Düsseldorf, devant tous les journalistes de tous les pays, on m'a mis au défi de chanter en direct "Le papa pingouin", chanson du Luxembourg de 1980. Et, ma foi, ça s'est plutôt bien passé…

Ma participation à l'Eurovision a joué un grand rôle pour la suite de ma carrière. En effet, comme les bookmakers anglais me donnaient premier dans leurs prévisions, tous les journalistes me suivaient et les télévisions étrangères également. J'ai donc été connu à l'étranger et ma carrière s'est plutôt bien développée.

J'ai gardé aussi de bons souvenirs de mes différents concurrents, notamment avec Mika Newton, la concurrente ukrainienne, et Lucia Perez, la concurrente espagnole.

Je pense que ce serait dommage que la France ne participe plus au Concours après toutes ces années. Nous sommes quand même un des grands pays européens.

Je regarde toujours le Concours, même lorsque j'étais au Japon, j'ai pu suivre la prestation des Twin Twin en 2014. Je trouve qu'il y a une très belle évolution d'année en année. Je garde un excellent souvenir de cette salle de 25000 personnes debout pour m'applaudir. C'était magique !

Personnellement, je pense que c'est bien de conserver son identité linguistique. Et que chaque pays garde sa particularité. Mais j'aime aussi les chansons en anglais…

Je ne sais pas pourquoi la France et l'Italie ont du mal à s'imposer… Pourtant, j'ai fait ce que j'ai pu (rires) mais, soyons optimistes, cela reviendra bien un jour… »

2012

BAKOU

Concours des extrêmes dans une ville étonnante de dynamisme et un hit mondial

Vainqueur : **Suède avec la chanteuse Loreen**

Chanson : **« Euphoria »**

Auteurs-compositeurs : Thomas G:son et Peter Boström

22 mai première demi-finale
24 mai deuxième demi-finale
26 mai 2012 finale

Baku Crystal Hall
Bakou, Azerbaïdjan

Diffuseur ITV

42 pays participants et 26 pays en finale

Retour du Monténégro

Retrait de l'Arménie et de la Pologne

Même système de vote que l'année précédente avec deux demi-finales

57e édition

Folie des grandeurs

En quelques mois les Azerbaïdjanais construisent spécialement, pour accueillir le Concours Eurovision, une salle de concert de 23000 places et vident complètement un quartier de ses habitants. On ne connaîtra jamais vraiment le coût de cette folie des grandeurs mais au départ le gouvernement avoue avoir consacré un minimum de 6 millions d'euros rien que pour l'infrastructure.

Lada

Ce Concours reste le plus cher de toute l'histoire avec un budget de plus de 60 millions et certains parlent même de 100 millions d'euros. Parmi les choses remarquables et incongrues, on note la commande par le gouvernement de mille taxis londoniens pour remplacer ceux de la ville de Bakou. Il s'agit de changer les vieilles Lada russes encore en fonction datant de l'ère soviétique.

Allume le feu

Le slogan « Allume le feu » est pour le moins inquiétant compte tenu des nappes de pétrole qui flottent sur la mer Caspienne. Reste que cette édition, la plus à l'est du Concours, permettra au pays de prouver sa modernité et sa richesse. On est bluffé par le mélange et la beauté de l'architecture de cette ville et la jeunesse de sa population. La promenade du bord de mer s'apparente la journée à une démonstration du bonheur des familles et le soir à un vrai défilé de mode. Bakou, la ville « battue par le vent », est une agglomération dynamique, en plein essor. Entre les palais délirants de la vieille ville fortifiée, l'architecture soviétique, et le centre de la capitale azérie restaurée, avec ses boutiques de luxe, Bakou a aussi des airs de Dubaï. Tout est illuminé, surligné de néons. On se promène dans un parc flamboyant avec ses arbres exotiques, aménagé entre la mer et le toujours dénommé « boulevard des ouvriers du pétrole ». On y voit même des tours qui semblent s'enflammer le soir venu !

On finit par oublier la proximité de la Tchétchénie et de l'Iran. Deux ayatollahs iraniens condamnent l'organisation du Concours par leur voisin, en affirmant que l'Azerbaïdjan va accueillir une parade gay et anti-islamique. À la fin de l'Eurovision, le gouvernement annonce qu'il a déjoué plusieurs attentats. À trop jouer avec le feu, l'Union européenne de radio-télévision risque gros et est condamnée à plusieurs reprises par des organisations internationales pour sa complicité avec le pouvoir dictatorial de l'Azerbaïdjan, dans la violation des droits de l'homme.

Entre faste pétrolier, droits humains bafoués et performance magistrale de Loreen, Bakou 2012 incarne à la fois les extrêmes de l'Eurovision et l'éclosion d'un hymne planétaire : « Euphoria »

Droits de l'homme

Beaucoup de délégations se posent la question de leur venue en Azerbaïdjan, compte tenu de ce non-respect des droits de l'homme. C'est surtout la façon dont une partie de la population de Bakou est éjectée de la ville. Des quartiers entiers sont détruits pour construire la promenade et la salle de spectacle, ce qui a choqué l'opinion publique européenne. Finalement, seule l'Arménie renonce à venir, en raison du conflit qui l'oppose au pays hôte, dans le contexte du Haut-Karabagh. La délégation arménienne, considérant que sa sécurité n'est pas garantie, renonce à faire le déplacement.

Surveillance rigide

L'accueil très organisé est terriblement rigide, comme en Allemagne l'année précédente. Il y a beaucoup de surveillance et les visites du pays, en dehors des choix des organisateurs, sont impossibles.

Loreen

La seule artiste qui a le courage de rencontrer les militants des droits humains et de condamner la violation des droits de l'homme est la Suédoise Loreen. Cette prise de position irrite fortement le gouvernement azerbaïdjanais mais ne fait pas reculer la gagnante de cette édition. Loreen restera toujours dans le Concours comme l'une des artistes les plus extraordinaires. Elle bat à l'époque le record des douze points avec dix-huit fois, le maximum. Elle écrase le deuxième, la Russie avec 113 points d'avance. C'est l'euphorie et surtout enfin un vrai hit international pour l'Eurovision. Dans les années qui suivent, ce sera, après celui d'ABBA, le titre qu'on entendra le plus. Les parents de Loreen sont d'origine maroco- suédoise et son vrai nom est Lorine Zineb Noara Talhaoui.

Show me the money

Elle doit aussi sa victoire à un grand nom de la chanson suédoise et une icône de l'Eurovision, Thomas G:son, de son vrai nom Thomas Gustafsson. Il a déjà écrit de nombreuses chansons pour l'Eurovision. On dit volontiers que c'est le nouveau Ralph Siegel suédois. Cette année-là, Thomas est aussi le co-auteur de la chanson espagnole qui finit dixième. Il a composé plus de soixante chansons pour les finales nationales de huit pays, dont la Suède, l'Espagne, la Norvège, la Géorgie, la Belgique... dont seulement onze titres sont arrivés en finale de l'Eurovision. À quand une chanson pour la Suisse ou la France pour enfin espérer avoir un bon classement? Lorsqu'on a rencontré Thomas G:son au bar de l'EuroClub, on lui a demandé d'écrire une chanson pour la Suisse. Sa réponse a été d'une franchise désarmante: *"Show me the money first!"* (Montre-moi d'abord l'argent!)

Grands-mamans russes

La chanson qui a provoqué le buzz avant le Concours, arrivée deuxième, est celle des grands-mamans russes de Bouranovo. Un groupe folklorique d'une région de l'Oudmourtie qui chante dans sa langue et en anglais. Ce groupe a été créé pour financer la rénovation de l'église de leur village. Petit à petit, les grands-mamans sont devenues célèbres dans tout le pays. Leur âge est tellement avancé que la délégation russe prévoit des remplaçantes qui sont déjà à Bakou. Le titre est tout un programme « Party for everybody ». Sur scène elles chantent autour d'une réplique d'un four à pain traditionnel. Mais au grand soulagement des spécialistes, le capital de sympathie ne leur suffit pas pour remporter la compétition.

Parmi les participants déjà connus, notons la présence de Zeljko Joksimovic qui termine troisième pour la Serbie. C'est sa deuxième participation comme chanteur. Il avait déjà représenté la Serbie-Monténégro, un seul pays à l'époque, en 2004 et terminé derrière l'Ukrainienne Ruslana. Il n'a pas de chance, c'est Loreen et les grands-mamans russes qui lui passent devant cette fois-ci.

Il y a aussi la deuxième participation des jumeaux irlandais Jedward qui reviennent sans trop de succès malgré une fontaine d'eau qui les arrosent abondamment pendant leur prestation sur scène.

Calamar

Pour l'Albanie, les internautes relèvent tout particulièrement la coiffure qui laisse penser que la chanteuse, Rona Nishliu-Suus, a un calamar sur la tête. Elle termine au meilleur rang, cinquième pour son pays, en hurlant plutôt qu'en chantant.

Anguun

Alors que l'Italie, l'Allemagne et l'Espagne terminent dans les dix premiers, la France et le Royaume-Uni se plantent magistralement. La candidate française, Anguun, termine en queue de classement avec une chanson trop compliquée pour l'Eurovision. Sa vidéo avait beaucoup plu par son côté sexy grâce à la participation de beaux acrobates et gymnastes, avec un visuel très différent. Malheureusement, la beauté n'a pas suffi dans ce Concours de chant ! Cela n'a rien donné sur scène.

76 ans

Il y a pire avec le Britannique Engelbert Humperdinck, 76 ans, star des années 60 et ami d'Elvis Presley, qui arrive à Bakou en avion privé. Il ne réussit jamais à chanter la note la plus haute de sa chanson. Celui qui a mis fin à la suprématie des Beatles dans les charts de 1967 se retrouve à un vingt-cinquième et avant-dernier rang.

Voisin proche, l'Iran

Le dernier rang lors de la finale revient contre toute attente à la Norvège avec un chanteur d'origine iranienne, Tooji. Ce jeune garçon, Touraj Keshthar, est né à Chiraz en Iran, pays voisin. Il émigre en Norvège lorsqu'il est enfant. Il travaille dans un centre d'asile pour réfugiés, fait du mannequinat, de la musique et soutient les réformes démocratiques dans son pays d'origine. Il est ouvertement homosexuel et défend les causes LGBT. Ses positions irritent bien entendu les ayatollahs iraniens lors de son séjour en Azerbaïdjan.

Türkie

Un des grands moments de cette édition est l'annonce des résultats des dix qualifiés lors de la deuxième demi-finale. Il ne manque plus que le nom du dernier choisi. Horreur, le nom de la

(pp. 320-321) Loreen, Suède, gagnante avec un hit en poche

(p.323) Fans locaux devant l'auditorium

(p.324 haut) Buranovskie Babuški, Russie

(p.324 bas) Anggun, France

(p.326) Les Jedward, Irlande

Turquie n'a pas encore été prononcé, ce qui est impossible à accepter pour le public azerbaïdjanais qui attend en scandant et espérant : « Türkie, Türkie... ! » Quelle émotion de voir l'Azerbaïdjan soutenir son voisin la Turquie, proche culturellement, qui se qualifie in extremis pour la finale !

C'est la dernière participation de la Turquie avec le groupe Can Bonomo, vexée par son résultat mitigé. Après sa qualification en finale, la chanson turque obtient seulement les votes du public, avec une quatrième place, grâce au vote communautaire (voir année 2007). Elle ne convainc pas les jurys de professionnels qui lui attribuent seulement la vingt-deuxième place. Mauvais perdants, les Turcs contestent ce système de vote et veulent que l'organisateur revienne à un système unique de télévote. Mais on soupçonne aussi l'autoritarisme et le conservatisme du gouvernement turc d'avoir poussé la télévision TRT à renoncer à participer à ce show « sexuellement » trop libéré.

Pour la petite histoire, ce qui reste de plus impressionnant de ce voyage en « Terre de Feu » sur fond d'or noir, ce sont ses feux follets, son pétrole et ses incroyables traditionnels anciens hammams toujours très prisés, indispensables pour ressortir avec une peau de bébé mais pour ceux qui n'ont pas peur de recevoir des seaux d'eau sur la tête !...

Pour une première dans le Caucase, c'est une organisation réussie. C'est surtout une émission qui commence localement à minuit pour se terminer à 3 heures du matin, avec le décalage horaire, juste à temps pour attraper l'avion qui nous ramène en Suisse.

RÉSULTATS

Place	Pays	Artiste(s)	Chanson	Langue(s)	Points
1	Suède	Loreen	Euphoria	eng	372
2	Russie	Buranovskie Babuški	Party for Everybody	udm*, eng	259
3	Serbie	Željko Joksimović	Nije ljubav stvar (Није љубав ствар)	srp	214
4	Azerbaïdjan	Sabina Babayeva	When the Music Dies	eng	150
5	Albanie	Rona Nishliu	Suus	alb	146
6	Estonie	Ott Lepland	Kuula	est	120
7	Turquie	Can Bonomo	Love Me Back	eng	112
8	Allemagne	Roman Lob	Standing Still	eng	110
9	Italie	Nina Zilli	L'amore è femmina (Out of Love)	eng, ita	101
10	Espagne	Pastora Soler	Quédate conmigo	spa	97
11	Moldavie	Pasha Parfeny	Lăutar	eng	81
12	Roumanie	Mandinga	Zaleilah	spa, eng	71
13	Macédoine	Kaliopi	Crno i belo (Црно и бело)	mac	71
14	Lituanie	Donny Montell	Love Is Blind	eng	70
15	Ukraine	Gaitana	Be My Guest	eng	65
16	Chypre	Ívi Adámou	La La Love	eng	65
17	Grèce	Eleftheria Eleftheríou	Aphrodisiac	eng	64
18	Bosnie-Herz.	MayaSar	Korake ti znam	bos	55
19	Irlande	Jedward	Waterline	eng	46
20	Islande	Greta Salóme et Jónsi	Never Forget	eng	46
21	Malte	Kurt Calleja	This Is the Night	eng	41
22	France	Anggun	Echo (You and I)	fra, eng	21
23	Danemark	Soluna Samay	Should've Known Better	eng	21
24	Hongrie	Compact Disco	Sound of Our Hearts	eng	19
25	Royaume-Uni	Engelbert Humperdinck	Love Will Set You Free	eng	12
26	Norvège	Tooji	Stay	eng	7

*oudmourte (langue ouralienne)

2013

MALMÖ

58e édition

Le Concours se redimensionne. Victoire du voisin

Vainqueur : **Danemark avec la chanteuse Emmelie de Forest**

Chanson : **« Only teardrops »**

Auteurs-compositeurs : Lise Cabble, Julia Fabrin Jakobsen et Thomas Stengaard

14 mai première demi-finale
16 mai deuxième demi-finale
18 mai 2013 finale

Malmö Arena, Suède

Diffuseur SVT

39 pays participants et 26 pays en finale

Retour de l'Arménie

Retrait de la Bosnie-Herzégovine, du Portugal, de la Slovaquie et de la Turquie

Même système de vote que l'année précédente avec deux demi-finales

Effet papillon

Après le gigantisme de Bakou, la télévision suédoise décide de revenir à un Concours raisonnable. On passe de 100 millions à 14,5 millions d'euros de budget. Le choix se porte sur la ville de Malmö et la capacité de la salle est de 15 000 spectateurs. Le show est plus simple et créatif. Ça se concrétise en particulier par un magnifique film d'ouverture. On y voit une chenille qui part de Bakou, qui a accueilli l'Eurovision l'année précédente, et traverse toute l'Europe avant de se transformer en papillon à son arrivée en Suède. C'est le symbole de l'effet papillon avec le slogan « We are one ». La conception de la scène est imaginée pour rapprocher l'artiste et les téléspectateurs dans la légèreté et le mouvement.

La ville de Malmö étant petite, l'ambiance est conviviale et de nombreux fans viennent déguisés de toute la Scandinavie. On revient aussi à plus de simplicité avec une seule présentatrice, Petra Mede, et son sacré tempérament.

Viva l'Italia

C'est encore une fois la catastrophe pour les big 5 à part l'Italie qui semble toujours être capable d'apporter quelque chose de nouveau, vrai et authentique. Cette fois, la RAI fait venir un des artistes les plus en vue de la chanson italienne, Marco Mengoni.

Bonnie Tyler

Le Royaume-Uni choisit, comme l'année précédente, une artiste du passé, Bonnie Tyler. C'est une rencontre forte en émotion entre elle et ses fans. À la conférence de presse, elle reprend a cappella son titre fétiche « Total eclipse of the heart ».

La France fait appel à une gagnante d'une émission de téléréalité, Amandine Bourgeois, sans succès.

Le pire du pire concerne le pays de l'Eurovision, l'Irlande, qui perd de plus en plus de sa splendeur. Il termine dernier pour la deuxième fois avec Ryan Dolan.

L'Allemagne présente Cascada, un groupe très connu dans le domaine de la musique dance. On lui reproche beaucoup que sa prestation ressemble à celle de la chanson gagnante de l'année passée, « Euphoria ». Au final, c'est un échec cuisant pour ce groupe qui a l'habitude de fréquenter les premières places au hit-parade.

Robe de mariée

Parmi les chanteurs qui font le plus parler d'eux, il y a la chanteuse finlandaise habillée en robe de mariée, Krista Siegfrids et sa choriste, qui à un moment s'embrassent brièvement sur la bouche. Un geste provocateur que le groupe russe t.A.T.u n'avait pas osé en 2003.

La Roumanie est représentée par un ténor trash, Cezar. Il monte tellement haut dans les aigus que cela devient ridicule mais se qualifie quand même pour la finale.

Armée du Salut

La Suisse, qui ne se qualifie que rarement, tente de se faire remarquer avec une formation d'Église, l'Armée du Salut. Le groupe a été créé pour le Concours avec l'objectif de faire de la publicité pour son organisation. Le règlement de l'Union européenne de radio-télévision est plutôt clair concernant la représentation religieuse ou politique, mais la télévision suisse alémanique a accepté la participation de ce groupe malgré tout. Après sa victoire suisse, l'Armée du Salut, pour pouvoir participer, doit changer son nom et se rebaptise « Takasa », un mot qui signifie « purifier » en swahili ! Ils doivent aussi abandonner leur uniforme. Le groupe bat un record, celui de l'artiste le plus âgé ayant participé au Concours, Emile, le contrebassiste, avec ses 94 ans. On lui installe un lit dans les coulisses pour qu'il puisse se reposer entre chaque répétition. Leur prestation en rang d'oignons ne convainc pas les jurys. Malgré un bon résultat du vote du public, le groupe rentre à la maison, simplement comme il est venu, en priant. Au-delà de l'aspect religieux, le clip vidéo présenté à la finale suisse était fort sympathique mais la prestation live n'a pas atteint le niveau attendu.

Roberto Bellarosa

Le public et le jury se tournent plutôt vers des mélodies plus modernes à l'image de la chanson « Love kills » du Belge Roberto Bellarosa ou de la prestation tout en couleur du groupe alternatif hongrois ByeAlex et sa chanson « Kedvesem ».

Traversée du désert

Le retour de nulle part des Pays-Bas avec Anouk, une artiste confirmée après une traversée du désert de huit ans, provoque l'enthousiasme du public et des fans. Elle finit dans le haut du classement. Depuis, les Pays-Bas font de meilleurs résultats et ont même obtenu une victoire en 2019 à Tel Aviv.

Géant

Malte choisit un médecin chanteur. L'Ukraine et la Russie sont une nouvelle fois côte à côte. La chanteuse ukrainienne Zlata Ognevich est accompagnée sur scène par un géant impressionnant de plus de deux mètres vingt. La Russe Dina Garipova chante « What if », un hymne qui a bien failli gagner et apporter une deuxième victoire à ce pays. On a aussi bien cru que l'Azerbaïdjan, avec le beau Farid Mammadov, sa prestation poétique et la prouesse d'un danseur à l'étroit dans un petit cube de verre, allait une nouvelle fois gagner le Concours.

(p. 329) Bonnie Tyler

(p.330 haut) Krista Siegfrids et sa choriste, Finlande

(p.330 bas) Farid Mammadou, Azerbaïdjan

(p.331) Takasa, le groupe suisse de l'Armée du Salut

(p.332) Emmelie de Forest, Danemark, gagnante

Petite chanteuse à pieds nus

C'est la petite chanteuse de rue danoise, à pieds nus, Emmelie de Forest, qui l'emporte chez les jurys comme chez le public. On a toujours raconté à Emmelie que son grand-père était un fils illégitime d'Edouard VII d'Angleterre et d'une princesse autrichienne. Ce qui ferait d'elle une arrière-petite-fille de la reine Victoria. Les Britanniques pourront toujours l'utiliser pour oublier leur échec de ces dernières années. Les Danois sont tellement certains de gagner qu'ils ont déjà préparé la publicité pour l'année d'après annonçant l'organisation du Concours à Copenhague, à seulement quelques kilomètres de Malmö ! Ouf, plus de « Teardrops » !

Alcohol is free

Le groupe de musique ska Kosa Mostra représente la Grèce et demande au musicien le plus connu du folklore du pays, Agathonas Iakovidis, de les accompagner. Le titre de la chanson est « Alcohol is free ». Pourtant, pendant toute la durée du Concours, Agathonas ne boira que de l'eau de Malmö, gratuite elle aussi !

Commentateurs suisses sans voix

Pour les commentateurs suisses romands, c'est l'une des émissions les plus difficiles et stressantes. Pour des raisons indépendantes de leur volonté, ils sont obligés de retourner à Genève pour commenter la finale du Concours Eurovision. Malgré le fait qu'ils sont dans leur studio de télévision, ils commencent le commentaire d'une façon originale et peu commune, car ils entendent seulement la musique mais pas les voix ! Heureusement, tout rentre dans l'ordre après quelques chansons.

Les internautes de la Télévision Suisse Romande battent le record du nombre de messages sur le net et sur les réseaux sociaux. Comme quoi le Concours Eurovision de la chanson flirte avec son temps.

RÉSULTATS

Place	Pays	Artiste(s)	Chanson	Langue(s)	Points
1	Danemark	Emmelie de Forest	Only Teardrops	eng	281
2	Azerbaïdjan	Farid Mammadov	Hold Me	eng	234
3	Ukraine	Zlata Ognevich	Gravity	eng	214
4	Norvège	Margaret Berger	I Feed You My Love	eng	191
5	Russie	Dina Garipova	What If	eng	174
6	Grèce	Koza Mostra et Agáthonas Iakovídis	Alcohol Is Free	gre	152
7	Italie	Marco Mengoni	L'essenziale	ita	126
8	Malte	Gianluca Bezzina	Tomorrow	eng	120
9	Pays-Bas	Anouk	Birds	eng	114
10	Hongrie	ByeAlex	Kedvesem	hun	84
11	Moldavie	Aliona Moon	O mie	rum	71
12	Belgique	Roberto Bellarosa	Love Kills	eng	71
13	Roumanie	Cezar	It's My Life	eng	65
14	Suède (hôte)	Robin Stjernberg	You	eng	62
15	Géorgie	Nodi et Sophie	Waterfall	eng	50
16	Biélorussie	Alena Lanskaya	Solayoh	eng	48
17	Islande	Eyþór Ingi Gunnlaugsson	Ég á líf	isl	47
18	Arménie	Dorians	Lonely Planet	eng	41
19	Royaume-Uni	Bonnie Tyler	Believe in Me	eng	23
20	Estonie	Birgit Õigemeel	Et uus saaks alguse	est	19
21	Allemagne	Cascada	Glorious	eng	18
22	Lituanie	Andrius Pojavis	Something	eng	17
23	France	Amandine Bourgeois	L'enfer et moi	fra	14
24	Finlande	Krista Siegfrids	Marry Me	eng	13
25	Espagne	El Sueño de Morfeo (ESDM)	Contigo hasta el final	spa	8
26	Irlande	Ryan Dolan	Only Love Survives	eng	5

2014

COPENHAGUE

Conchita Wurst, Thomas Neuwirth

Vainqueur : **Autriche avec la chanteuse Conchita Wurst**

Chanson : **« Rise like a phoenix »**

Auteurs-compositeurs : Charley Mason, Joey Patulka, Ali Zuckowski et Julian Maas

6 mai première demi-finale
8 mai deuxième demi-finale
10 mai 2014 finale

B&W Hallerne
Copenhague, Danemark

Diffuseur DR

37 pays participants et 26 pays en finale

Retour de la Pologne et du Portugal

Retrait de la Bulgarie, de Chypre, de la Croatie et de la Serbie

Même système de vote que l'année précédente avec deux demi-finales

59e édition

Thomas Neuwirth

Enfin l'Autriche emporte l'Eurovision de la chanson après quarante-huit ans de disette. Si l'Autriche peut gagner, cela signifie que c'est possible pour tous les autres pays. Ce n'est pas le vote ethnique ou communautaire qui fait la différence mais bien le message porté par l'incroyable Thomas Neuwirth. Homme travesti en femme à barbe avec un discours « arc-en-ciel » et de tolérance qui le conduira notamment à l'ONU pour des plaidoyers. Les quatre pays qui ne votent pas pour l'Autriche sur les trente-six en compétition sont trois pays de l'Est, la Pologne, l'Arménie, la Biélorussie et le plus étonnant Saint-Marin. On peut souligner que la Russie a donné cinq points à Conchita malgré les nombreux propos homophobes de la presse de ce pays. La plupart des douze points obtenus viennent quand même des pays occidentaux et du Nord complètement acquis à la cause de l'Autrichienne. Tous reconnaissent la qualité, la justesse et la pureté de sa voix !

Chouchou suédois

Avant que Conchita Wurst n'arrive à Copenhague, personne ne donnait grande chance à sa chanson. Dès le début des répétitions, les Suédois comprennent que leur chanteuse, Sanna Nielsen, n'obtiendrait pas le trophée face au phénomène médiatique et musical autrichien. La Suédoise est la « chouchou » du public de son pays. Elle avait tenté à plusieurs reprises de participer à la finale internationale, sans succès. Enfin elle y arrive mais elle ne termine que troisième derrière une autre surprise, le duo hollandais The Common Linnets et leur country contemporaine mise en scène de façon spectaculaire. Le duo termine au meilleur rang pour les

Pays-Bas depuis la victoire de Teach In en 1975. Leur chanson « Calm after the storm » est un immense succès commercial et international. Cela prouve aussi que n'importe quel style peut s'imposer et il ne suffit pas d'être premier.

Tout dans la voix

On sort définitivement des titres calibrés Eurovision. L'Arménie avec Aram MP3, de son vrai nom Aram Sarkissian, termine au quatrième rang. C'est un chanteur-pharmacien d'Erevan à la voix rauque et magnifique, dans l'esprit de cette nouvelle tendance du Concours Eurovision de la chanson des dernières années : tout dans la voix comme dans « The Voice ».

Concours Eurovision Junior

C'est une année difficile pour la Russie battue par l'Ukraine, son grand adversaire. L'Ukrainienne Mariya Yaremchuk chante avec son danseur qui court dans une roue comme un hamster. Les jumelles russes Tolmachevy sont sifflées injustement lors de leur prestation sur fond de conflit entre les deux pays. La Russie est de plus en plus impopulaire et l'Union européenne de radio-télévision décide, pour éviter les incidents diplomatiques dans les prochaines éditions, d'utiliser une technologie qui permet d'atténuer les sifflements des spectateurs dans la salle. Les sœurs ne méritent pas ça d'autant plus qu'elles avaient gagné en 2006 le Concours Eurovision Junior. Elles sont les premières à gagner le Concours des enfants et à participer à celui des adultes.

(haut) The Common Linnets, Pays-Bas

(bas gauche) Sebalter, Suisse

(bas droite) Donatan & Cleo, Pologne

Battre du beurre

Le pays dont on parle aussi beaucoup est la Pologne avec le duo Donatan & Cleo. Il est accompagné de danseuses provocatrices qui battent le beurre ou font la lessive de façon tellement suggestive que le clergé de ce pays catholique doit faire des syncopes ! Leur vidéo sexy ne suffit pas à faire oublier leur chanson médiocre mais obtient un record de téléchargements.

Petits pays

Il semble que la télévision de Saint-Marin ne connaisse qu'une chanteuse et qu'un compositeur, puisqu'ils reviennent pour la troisième fois consécutive avec la chanteuse Valentina Monetta et son mentor, Ralph Siegel. La persévérance ou l'acharnement semblent payer puisqu'enfin cette petite République accède pour la première fois à la finale. C'est l'un des seuls petits pays à avoir réussi à passer ce cap, et même à trois reprises à ce jour. Les autres ont beaucoup plus de peine depuis l'arrivée des demi-finales, comme Andorre ou Monaco, qui n'ont jamais réussi à se qualifier. Le Luxembourg, un des sept pays fondateurs du Concours, a jeté l'éponge en 1993 avant l'arrivée des demi-finales. Il reviendra en 2024. Le Liechtenstein et le Vatican n'ont jamais participé. L'exception est la petite île de Malte qui se qualifie souvent et a même failli remporter le Concours Eurovision à deux reprises.

Les derniers de cette année pensent faire la différence avec leurs moustaches. Les Twin Twin représentant la France réussissent à glaner deux points. Ils offrent pour la première fois de l'histoire la dernière place à leur pays. La honte… D'autant plus que l'année suivante les tricolores finiront avant-derniers avec Lisa Angell. La France ne sait plus quoi faire !

Bornes interactives

Le Danemark, pays hôte, propose aux touristes et aux habitants qui utilisent le métro de chanter le titre danois « Cliché love song ». Un calcul est effectué sur des bornes interactives. Il estime la justesse de la voix et permet de gagner un billet de transport gratuit.

Sebalter séduit la caméra

La Suisse passe enfin en finale avec le « chasseur d'étoiles » Sebalter. À la conférence de presse, les journalistes le félicitent pour son charisme en disant : « You eat the camera ! », ce qui explique certainement son bon résultat malgré une chanson modeste. Les sifflets de la mélodie resteront comme un classique de l'Eurovision.

Vieux garçon

Par contre, la Belgique se casse les dents et ne passe pas en finale. La télévision flamande avait sélectionné Axel Hirsoux, un chanteur wallon vivant près de Charleroi. L'histoire des Flamands qui avaient choisi d'être représentés par un Wallon était belle et prometteuse.

Malgré une voix puissante, la chanson – un tribut à sa maman – ainsi que sa prestation n'ont pas tenu la route avec un petit côté « vieux garçon » pour ce chanteur.

Conchita Wurst

Les réseaux sociaux et les nouveaux médias prennent de plus en plus de place, mais la relation de proximité fait toute la différence. À l'image de Conchita, qui après sa victoire, est venue à 3 heures du matin chanter devant les fans et la presse. C'est le début de la « Conchitamania » !

Grâce à Conchita Wurst et son immense impact médiatique, l'Eurovision s'envole. Jamais une victoire n'aura été relayée comme ça à travers le monde.

45 millions d'euros

On note aussi l'effort des Danois qui offrent un spectacle somptueux et une organisation impeccable. Un cube de scène est créé pour l'occasion dans une réelle modernité. Le lieu original est un ancien complexe industriel sis sur une île qui servait à construire des bateaux. La télévision a dû tout construire et a failli partir en faillite.

Le budget est très mal estimé à 11 millions d'euros. Finalement, la dépense est de 45 millions d'euros et il faut faire appel aux deniers publics pour sauver la mise. Ce petit pays veut toujours faire mieux que ses voisins, et surtout mieux que la Suède, qui avait organisé l'Eurovision l'année précédente.

Tout est spectaculaire, y compris les cabines de commentateurs auxquelles on accède par des échelles périlleuses.

RÉSULTATS

Place	Pays	Artiste(s)	Chanson	Langue(s)	Points
1	Autriche	Conchita Wurst	Rise Like a Phoenix	eng	290
2	Pays-Bas	The Common Linnets	Calm After the Storm	eng	238
3	Suède	Sanna Nielsen	Undo	eng	218
4	Arménie	Aram Mp3	Not Alone	eng	174
5	Hongrie	András Kállay-Saunders	Running	eng	143
6	Ukraine	Mariya Yaremtchouk	Tick-Tock	eng	113
7	Russie	Les jumelles Tolmachevy	Shine	eng	89
8	Norvège	Carl Espen	Silent Storm	eng	88
9	Danemark	Basim	Cliché Love Song	eng	74
10	Espagne	Ruth Lorenzo	Dancing in the Rain	eng, spa	74
11	Finlande	Softengine	Something Better	eng	72
12	Roumanie	Paula Seling & Ovi	Miracle	eng	72
13	Suisse	Sebalter	Hunter of Stars	eng	64
14	Pologne	Donatan & Cleo	My słowianie (We are Slavic)	pol, eng	62
15	Islande	Pollapönk	No Prejudice	eng	58
16	Biélorussie	Teo	Cheesecake	eng	43
17	Royaume-Uni	Molly	Children of the Universe	eng	40
18	Allemagne	Elaiza	Is it Right?	eng	39
19	Monténégro	Sergej Ćetković	Moj svijet (Мој свијет)	mon	37
20	Grèce	Freaky Fortune feat. Risky Kidd	Rise Up	eng	35
21	Italie	Emma Marrone	La mia città	ita	33
22	Azerbaïdjan	Dilara Kazimova	Start a Fire	eng	33
23	Malte	Firelight	Coming Home	eng	32
24	Saint-Marin	Valentina Monetta	Maybe (Forse)	eng	14
25	Slovénie	Tinkara Kovač	Round and Round	slv, eng	9
26	France	Twin Twin	Moustache	fra	2

Entretien avec *Thomas Neuwirth / Conchita Wurst*

« Ma victoire en 2014 est encore aujourd'hui une surprise pour moi. Je suis entré en compétition sans aucune attente et je sais que tout peut s'arrêter du jour au lendemain à n'importe quel moment. La seule chose importante, c'est de travailler très dur car je vois beaucoup d'anciens gagnants du Concours qui ont déjà disparu. Comme j'ai l'habitude de ne jamais gagner, cela ne me fait pas peur et j'ai les pieds sur terre. Je profite au maximum des opportunités qui se présentent et j'en suis reconnaissant tous les jours. Je suis content aujourd'hui d'être très sollicité avec de nom-

breux shows et un tour à guichets fermés en Allemagne, en Autriche et en Suisse. J'ai été invité à chanter, le 3 mars 2016, à l'Opéra de Sydney en Australie avec l'orchestre symphonique. Je suis sans voix ! Le rêve continue et je n'ai que 27 ans.

Au départ, je ne me suis pas dit que j'allais apporter un message et faire passer des idées. Malheureusement, la Russie venait de faire l'actualité en créant une nouvelle loi interdisant la "propagande homosexuelle" et comme membre de la communauté LGBT, je me devais de m'exprimer à ce sujet. Ce message en marge de ma chanson est devenu une source d'inspiration pour les jeunes et surtout les jeunes gays à travers toute l'Europe. Ce mouvement a quelque part été étrange pour moi, car je ne faisais que dire ce que je pensais. J'essaie toujours d'être "moi-même". À la fin, je suis heureux que beaucoup de gens m'aient accepté ou aient la même opinion que moi sur la tolérance. Ce combat n'est pas juste lié à la sexualité mais dans le monde actuel, il se passe tellement de choses horribles qu'il faut simplement prendre soin les uns des autres, quelles que soient notre couleur, notre orientation sexuelle ou nos croyances. Cela serait incroyable et bénéfique pour nos sociétés d'y arriver. »

Être soi-même, c'est mon vrai combat. Si mes mots ou ma musique inspirent un peu plus de tolérance, alors tout cela a du sens.

Conchita ou Thomas ?

« C'est facile ! Tout ce qui est hors robes et perruques, c'est Tom qui s'habille normalement et de façon casual et Conchita c'est le côté glamour. J'adore les deux personnes. L'avantage quand j'enlève le maquillage et mes cils, c'est que personne, ou presque, ne me reconnaît, surtout à l'étranger. À Vienne, c'est une autre histoire, où Thomas est connu depuis l'âge de 17 ans et est très médiatisé. L'avantage en Conchita, c'est que je suis dans la lumière mais je dois faire attention, par contre, en homme, je fais ce que je veux et je vis comme avant.

Ce n'est pas une revanche sur la vie, le terme revanche n'existe pas chez moi. Je suis très égoïste et en fait je fais les choses pour moi. Si les gens aiment, et cela marche, alors ça me fait plaisir. On m'a demandé d'écrire un livre et ça m'a obligé à penser à ma vie. Mais à 25 ans, qu'est-ce que je pouvais bien raconter ? Si je faisais un livre, il devait me correspondre. Mon bouquin devait avoir des photos car je suis paresseux et je n'aime pas lire. J'ai réussi à m'exprimer et à faire passer mon message, ce qui a été retranscrit parfaitement dans cet écrit. Ce succès aussi m'a dépassé, car il a été traduit dans sept langues, c'est fou ! C'est juste incroyable pour moi d'avoir un livre ! »

Chanteur, écrivain, défilés de mode, ambassadeur pour la tolérance, présentateur

« J'aime tout ce que je fais mais ma priorité reste la musique. J'aime divertir les gens, la scène et la lumière. À 27 ans, j'ai trouvé la paix en moi et j'ai même commencé à écrire mes propres chansons. Je n'ai jamais été si heureux. »

2015

VIENNE

60e anniversaire. Une victoire facile pour Måns et son bonhomme virtuel

Vainqueur : **Suède avec le chanteur Måns Zelmerlöw**

Chanson : **« Heroes »**

Auteurs-compositeurs : Anton Hård af Segerstad, Joy Deb & Linnea Deb

19 mai première demi-finale
21 mai deuxième demi-finale
23 mai 2015 finale

Wiener Stadthalle
Vienne, Autriche

Diffuseur l'ORF

40 pays participants et 27 pays en finale

Début de l'Australie, pays invité par l'UER à l'occasion du 60e anniversaire

Retour de Chypre, de la République tchèque et de la Serbie

Retrait de l'Ukraine

Même système de vote que l'année précédente avec deux demi-finales

Des frissons pour l'ouverture de ce 60e Concours Eurovision de la chanson avec l'orchestre symphonique de Vienne qui accompagne la « Queen of Europe », splendide Conchita et son Phoenix qui atteint des sommets à la fin du défilé des artistes !

Australie au 60e

L'Australie est invitée pour la première fois à participer à l'Eurovision de la chanson. C'est le 60e anniversaire du Concours ! Pour cette occasion, l'Australie est qualifiée directement en finale. Une clause spéciale est définie en cas de victoire. Les Australiens devront choisir un pays européen pour l'année suivante, ceci pour des raisons de décalage horaire, de coûts et de distance.

Depuis plus de trente ans, l'Australie, membre associé de l'Union européenne de radio-télévision, diffuse le Concours avec passion. Plusieurs Australiens d'origine ont participé, dont Olivia Newton-John en 1974 et Gina G en 1996. « Monsieur Eurovision », gagnant de 1980, 1987 et 1992, l'Irlandais Johnny Logan, est né près de Melbourne. L'Australie envoie ses commentateurs sur place dont la francophone Julia Zemiro, née à Aix-en-Provence, et son acolyte Sam Pang. On voit même Julia dans une vidéo humoristique diffusée en demi-finale, à bord d'un hélicoptère.

Elle tente de rapprocher le continent australien de l'Europe. On voit littéralement l'Australie pousser le Royaume-Uni pour se placer entre les îles britanniques et les Scandinaves !

Chinois

Le Concours se globalise puisque les Chinois viennent aussi commenter sur place. On verra l'arrivée des Américains en 2016.

1 minute 37 secondes

Encore une fois, un pays pense avoir trouvé la formule magique. Le public finlandais choisit le groupe de punk PKN pour le représenter. Il est constitué de musiciens qui vivent avec un handicap mental et font l'objet d'un documentaire dans les pays scandinaves. L'idée d'afficher sa différence, après la victoire de Conchita Wurst l'année d'avant, est plutôt bonne. Mais la chanson restera comme la plus courte de l'histoire, une minute et trente-sept secondes, le dernier record était détenu par les Britanniques en 1957. Il n'y a pas de temps minimum, mais un temps maximum de trois minutes, pour une chanson à l'Eurovision. La Finlande termine dernière de sa demi-finale, au grand désespoir des musiciens qui quittent Vienne effondrés. L'hôtel où logent les Finlandais est un véritable lieu de malédiction puisque toutes les délégations qui s'y trouvent n'arrivent pas à se qualifier pour la finale.

Suisse romande

La Suisse en fait partie et elle est aussi dernière. À propos des Helvètes, leur système de qualification compliqué est de plus en plus critiqué et remis en cause. Les médias suisses questionnent une nouvelle fois leur participation. Mélanie René, dont la dernière place en demi-finale reste un mystère et une grande injustice, est la première Suissesse de langue française (romande) depuis 1996 à participer au niveau international.

Baltes

Les pays baltes font fort, puisque c'est la première fois depuis 2002 qu'on les retrouve tous les trois en finale. La Lituanie se classe dix-huitième sur vingt-sept pays. L'Estonie termine septième avec le magnifique « Goodbye to yesterday » et la Lettonie sixième avec « Love injected », apportant une grande fraîcheur et beaucoup de modernité. La chanteuse lettone Aminata aux origines burkinabée et russe vient de la musique underground. Elle interprète son titre avec génie. Les experts musicaux, y compris des opposants à l'Eurovision, l'encensent. Elle reviendra en 2016 comme compositrice avec un peu moins de succès.

Avec un bonhomme virtuel, un hit calibré et 200 millions de téléspectateurs, Måns Zelmerlöw offre à la Suède une victoire éclatante pour le 60e anniversaire d'un Concours plus moderne que jamais.

Casques

La Slovénie fait appel à Maraaya, un duo excentrique dont Marjektka, la chanteuse, ne peut pas chanter sans son casque sur la tête. Pour promouvoir sa chanson, la télévision slovène n'a pas hésité à offrir des casques à tous les commentateurs.

Arménie 1915

Les Arméniens commémorent les cent ans du génocide de 1915 avec un groupe – Genealogy – créé sur mesure. Il est composé de chanteurs venant de la diaspora arménienne, dispersée sur les cinq continents. La Turquie, toujours absente, ne peut que constater et protester.

France 14-18

Les Français détiennent la palme du mauvais goût avec une très belle chanson « N'oubliez pas » qui parle de la guerre de 14-18, un titre un peu mal placé vis-à-vis des Autrichiens. C'est dommage, ils n'obtiennent que quatre points. C'est juste un de moins que le Royaume-Uni qui propose le duo Electro Velvet. Les Anglais annoncent fièrement que la musique electro swing est la musique du moment, c'est mal vu, ils reçoivent une nouvelle claque.

Australie 5e

L'Australie, qui participe pour la première fois, est attendue au tournant par son cousin. Quand le chanteur australien Guy Sebastian obtient la cinquième place, le Royaume-Uni se sent humilié. Les Australiens font un pied de nez aux Anglais en leur montrant comment choisir une chanson et avoir du succès à l'Eurovision !

Nuits torrides

Toujours en guerre, les Israéliens font la promotion touristique des nuits torrides de Tel Aviv avec le jeune Nadav Guedj et sa chanson « Golden boy ». Ce titre fait un carton en Israël, et ailleurs aussi. On peut se demander s'il est légitime de faire la fête si près d'une zone de conflit ?

La Serbie étonne également avec le thème de sa chanson « Beauty never lies » qui parle des différences physiques, sexuelles et autres. Cet hymne courageux est magnifiquement porté par Bojana mais ne rencontre pas le succès mérité.

Extraterrestre Loïc

L'« extraterrestre » de la soirée est sans conteste le jeune Belge Loïc Nottet. Il est chorégraphe, chanteur, compositeur, bref un artiste parfait dans son projet. Il finit quatrième et sa prestation restera comme la plus originale de ces dernières années. On le retrouvera comme gagnant de l'émission française « Danse avec les stars » avec des prestations époustouflantes.

Il Volo

Les vedettes incontestables de cette édition sont les Italiens du groupe Il Volo. Il est composé de trois jeunes magnifiques chanteurs, deux ténors et un baryton. Avec leurs voix d'opéra, ils obtiennent les faveurs du public mais sont recalés par les jurys. Ils terminent derrière la Russie et sa star lumineuse Polina Gagarina.

Måns Zelmerlöw

Le gagnant de la soirée est bien entendu le Suédois Måns Zelmerlöw qui est quand même critiqué pour sa chanson, prétendument une pâle copie d'un titre de David Guetta. On peut en discuter. Sa victoire est surtout due à l'originalité de la présentation de sa chanson sur scène avec un petit bonhomme virtuel, un dessin animé, son

BUILDING
BRIDGES

Österreich
OSRAM
HUMANIC
ÖBB

ami, qui l'accompagne. Il fait l'unanimité sans trop de suspense. Ce constat influence les organisateurs de l'UER à encore modifier l'annonce des votes dans le futur.

200 millions de téléspectateurs

Avec 200 millions de téléspectateurs, l'audience est un record. Les parts de marché sont exceptionnelles un peu partout. Le public est sensiblement rajeuni et la qualité des chansons et de leurs interprètes reflète le ton et la couleur d'une année extraordinaire dans l'histoire de l'Eurovision.

L'Autriche organise le Concours du 60e de façon très traditionnelle, avec un petit côté glamour rétro et un orchestre. Cela ne favorise pas les pays germaniques puisque l'Allemagne et l'Autriche se partagent la dernière place avec zéro point. La présence de Conchita Wurst dans la Green room comme animatrice est maladroite. Elle démystifie fortement son personnage. Une erreur de l'avoir reléguée à ce rôle qu'elle assure plutôt bien malgré tout.

(p.342 haut) Il Volo, Italie

(p.342 bas) Elina & Stig dans la Green room, Estonie

(p.343 gauche) Lisa Angell, France

(p.343 droite) Loïc Nottet, Belgique

(pp.343-344) Bojana, Serbie / The Makemakes, Autriche / Aminata, Lettonie / Nadav Guedj, golden boy de Tel Aviv / Le groupe PKN, Finlande / Polina Gargarina, Russie

(p.346) Måns Zelmerlöw, Suède

(pp.348-349) Première demi-finale

RÉSULTATS

Place	Pays	Artiste(s)	Chanson	Langue(s)	Points
1	Suède	Måns Zelmerlöw	Heroes	eng	365
2	Russie	Polina Gagarina	A Million Voices	eng	303
3	Italie	Il Volo	Grande amore	ita	292
4	Belgique	Loïc Nottet	Rhythm Inside	eng	217
5	Australie	Guy Sebastian	Tonight Again	eng	196
6	Lettonie	Aminata	Love Injected	eng	186
7	Estonie	Elina Born et Stig Rästa	Goodbye to Yesterday	eng	106
8	Norvège	Mørland et Debrah Scarlett	A Monster Like Me	eng	102
9	Israël	Nadav Guedj	Golden Boy	eng	97
10	Serbie	Bojana Stamenov	Beauty Never Lies	eng	53
11	Géorgie	Nina Sublatti	Warrior	eng	51
12	Azerbaïdjan	Elnur Hüseynov	Hour of the Wolf	eng	49
13	Monténégro	Knez	Adio	mon	44
14	Slovénie	Maraaya	Here for You	eng	39
15	Roumanie	Voltaj	De la capăt (All over Again)	rum, eng	35
16	Arménie	Genealogy	Face the Shadow	eng	34
17	Albanie	Elhaida Dani	I'm Alive	eng	34
18	Lituanie	Monika Linkytė et Vaidas Baumila	This Time	eng	30
19	Grèce	María Élena Kyriákou	One Last Breath	eng	23
20	Hongrie	Boggie	Wars for Nothing	eng	19
21	Espagne	Edurne	Amanecer	spa	15
22	Chypre	Yánnis Karayánnis	One Thing I Should Have Done	eng	11
23	Pologne	Monika Kuszyńska	In the Name of Love	eng	10
24	Royaume-Uni	Electro Velvet	Still in Love with You	eng	5
25	France	Lisa Angell	N'oubliez pas	fra	4
26	Autriche	The Makemakes	I Am Yours	eng	0
26	Allemagne	Ann Sophie	Black Smoke	eng	0

2016-2025

Diversification des genres et géopolitique

Le Concours Eurovision de la chanson est sur de bons rails avec une notoriété croissante et de nombreux succès commerciaux suite aux victoires de Loreen, Conchita Wurst et Måns Zelmerlöw. Il entame sa nouvelle décennie le cœur léger.

Le dernier Concours à Vienne en 2015 a tenu toutes ses promesses avec des audiences en hausse. En France, plus de 4,4 millions de téléspectateurs ont regardé ce Concours avec une part de marché télévisée (pdm) à 27,6%. Au Royaume-Uni, c'est encore mieux avec 6,6 millions de personnes (35,8% de pdm) et en Allemagne 8,1 millions (34% de pdm). La Suède, qui compte seulement 10 millions d'habitants, a attiré 3,2 millions de téléspectateurs devant leur petit écran pour admirer leur compatriote Måns obtenir la victoire. C'est une part de marché incroyable de 86,5% ! L'Islande, pays voisin, bat tous les records d'audience avec 95,5% de téléspectateurs réunis devant la chaîne nationale de télévision et précisément le Concours Eurovision de la chanson ! En Autriche, pays hôte, l'Eurovision fait aussi recette avec 1,6 million de téléspectateurs et une part de marché de 60%.

Aujourd'hui, l'Union européenne de radio-télévision estime à 180 millions le nombre de personnes dans le monde qui regardent cette émission chaque année !

La préparation du 61e Concours Eurovision de la chanson à Stockholm va bon train. Les Suédois vont offrir la plus belle édition de tous les temps et invitent l'Australie à prendre part aux demi-finales. La Chine et les États-Unis retransmettent le Concours en direct. Les organisateurs invitent la méga star Justin Timberlake pour performer à l'entracte. Tout est fait pour présenter un show planétaire et attirer encore plus de téléspectateurs. L'UER veut aussi améliorer le système de vote. La victoire de Måns avait été tellement prévisible que les vingt dernières minutes de l'émission étaient sans suspense. Afin d'y remédier, le superviseur exécutif décide de chambouler le système de vote de la finale et de reprendre le système utilisé par la télévision suédoise lors de ses finales nationales. On commence par joindre au téléphone les jurys nationaux de professionnels qui attribuent leurs points, un pays après l'autre. Puis au final, les deux présentateurs annoncent en vrac les résultats des votes du public européen en les additionnant aux votes des professionnels. Le but est de surprendre avec un retournement de situation possible pour une fin à la « Hitchcock », et de créer un vrai moment de télévision qui tient en haleine le téléspectateur ! C'est réussi cette année-là, avec l'incroyable victoire de l'Ukrainienne Jamala.

Les délégations sont arrivées en Suède pleines d'espoir. Les deux semaines ensoleillées

et « bon enfant » de mai 2016 ont commencé par un programme social de divertissements bondé. Les répétions vont bon train et le village de l'Eurovision s'ouvre dans la bonne humeur avec des chanteurs qui s'y rendent pour offrir des concerts gratuits à la population de Stockholm complètement sous le charme. Les autorités de la ville ont même modifié la musique sonore pour malvoyants de certains feux de signalisation pour piétons. C'est un clin d'œil sympathique, puisque l'on entend le hit suédois « Euphoria » de Loreen quand le feu est rouge et celui plus enlevé de Måns Zelmerlöw « Heroes » quand celui-ci passe au vert !

Tous les fans d'Europe sont arrivés au « pays de l'Eurovision ». Jamais le musée ABBA de Stockholm n'a vu autant de visiteurs avec une section dédiée spécialement au Concours Eurovision de la chanson, un karaoké et une sélection d'habits d'anciens vainqueurs. La boîte de nuit l'*EuroClub* a ouvert ses portes pour le plus grand plaisir de toutes les délégations, les officiels, les journalistes et les fans. On y danse toute la nuit sur des airs de toutes les éditions de l'Eurovision. La chanson « Loin d'ici » de la jeune Autrichienne Zoë devient l'hymne de tout le Club et des fans hystériques reprennent sa chanson à tue-tête à chacune de ses apparitions.

Selon les spécialistes, les chansons sont à la hauteur de l'événement et la fête est belle. Comme le veut la tradition, le Concours est lancé avec une cérémonie d'ouverture somptueuse à l'hôtel de ville, précédée d'un passage de tous les artistes sur le tapis rouge. C'est l'occasion pour les habitants de la ville de venir admirer les chanteurs, tout cela retransmis en direct par la télévision suédoise.

Björn Ulvaeus du groupe ABBA s'exprime lors d'un discours rassembleur à l'adresse des délégations européennes venues pour l'occasion. Le premier Concours de la septième décennie est lancé ! Tout le monde croit à une victoire de la Russie avec Sergeï Lazarev, de l'Australienne Dami Im, du Français Amir ou encore du Suédois Frans avec son futur hit international « If I were sorry »... Tous sont des titres commerciaux.

Alors que les spécialistes parient sur la continuité des années précédentes, le Concours Eurovision surprend à nouveau. C'est le choc et la colère de certains fans. Les professionnels sont touchés par la qualité vocale et la présentation de la chanson ukrainienne « 1944 » qui est profonde et pas commerciale. Le public ressent l'émotion et le cri de désespoir de la chanteuse Jamala face à la douleur du monde, face au conflit syrien, aux actes terroristes incessants et au malheur des migrants. Encore une fois, l'Eurovision est un reflet de la société européenne et de ses préoccupations. L'Europe unie dans la musique a discerné avant tout le monde les incertitudes qui s'ouvrent à nous en 2017 avec l'inquiétante montée de l'autoritarisme de certaines nations et le désir de certains gouvernements de s'isoler face à la peur. Le Concours est plus que jamais nécessaire pour rassembler les peuples dans leur diversité et pour soutenir tous les types de minorités ou de différences, quelles qu'elles soient.

L'édition de mai 2017 à Kiev s'ouvre dans une grande incertitude financière et organisationnelle. Mais l'Union européenne de radio-télévision fait tout pour que la fête soit belle et réussie en Ukraine malgré les difficultés. Avec 43 pays participants, l'organisation de ce Concours est un succès. Ce n'était pas gagné d'avance en tenant compte du conflit russo-ukrainien gelé à l'est, dans le Donbass, suite à l'annexion russe de la Crimée en 2014. On voit aussi des snipers présents partout dans la ville de Kiev afin de protéger les délégations et les fans venus en Ukraine malgré la guerre. La victoire portugaise à contre-courant sauve la mise et remet la musique au centre des préoccupations du Concours. La victoire de Salvador Sobral marque un tournant culturel avec une chanson qualitative et en portugais.

Dans cette décennie, l'Eurovision est marqué par de nombreuses difficultés mais aussi des changements importants sur le plan musical, culturel et politique. De nouveaux thèmes sont abordés dans les chansons. Le public se rajeunit rapidement grâce à de nouvelles technologies et l'arrivée des réseaux sociaux. Par contre, l'organisation commence un peu à souffrir de la nouvelle géopolitique mondiale qui domine de plus en plus depuis la fin de la pandémie de 2020.

Musicalement, la compétition s'ouvre à une plus grande variété de styles musicaux. Si la pop reste dominante, des genres comme le rock, le rap, l'électro et la fusion avec des musiques traditionnelles ont gagné en popularité. Les artistes explorent de nouveaux mélanges créatifs. On note le retour des langues nationales bien que l'anglais demeure une des langues principales.

Du point de vue technologique, l'intégration de la réalité augmentée, de jeux de lumières plus sophistiqués, des scènes de plus en plus impressionnantes et des effets immersifs ont transformé les performances en de véritables spectacles audiovisuels, voire même des clips vidéo.

Miroir de la diversité européenne, le show s'affirme de plus en plus comme une plateforme servant à célébrer… la diversité. Des messages de tolérance, d'inclusion et de solidarité deviennent omniprésents, notamment autour de problèmes liés au harcèlement des jeunes, à l'isolement, au suicide, aux problèmes environnementaux, aux droits LGBTQ+, aux questions de genres et de diversité ethnique. L'arrivée d'artistes engagés transmettant des messages puissants relayés par les réseaux sociaux sont devenus légion.

De l'émotion de Jamala aux cris de joie de Nemo, l'Eurovision de 2016 à 2025 aura été une décennie de bouleversements culturels, d'innovations scéniques, de messages puissants et de victoires symboliques — un miroir flamboyant d'une Europe plurielle, inquiète, mais toujours unie par la musique.

Pendant cette décennie, l'Eurovision a continué à attirer des spectateurs de plus en plus nombreux et bien au-delà de l'Europe, notamment grâce au développement de plateformes numériques comme YouTube ou TikTok. L'arrivée de l'Australie en 2015 en tant que participant illustre cette ouverture internationale.

Cette décennie est aussi marquée par la pandémie qui a entraîné l'annulation de l'événement de 2020, ce qui n'était jamais arrivé depuis la création du Concours en 1956. L'année suivante, des mesures sanitaires strictes ont encore une fois montré la capacité d'adaptation des organisateurs. Différents conflits et une situation géopolitique incertaine ont aussi influencé certaines victoires dont celle en 2022 du groupe ukrainien Kalush Orchestra et sa chanson « Stefania », perçue comme un soutien symbolique face à la tentative d'invasion russe en Ukraine qui a commencé la même année.

Plusieurs pays ont aussi décidé de boycotter le Concours ou menacé de le faire en invoquant des désaccords politiques ou sociaux. Par exemple, la non-participation de certains pays comme la Turquie ou la Hongrie qui désapprouvent les droits LGBTQ+. Certains pays ont aussi été exclus comme la Biélorussie et la Russie, ou risqué de l'être, comme Israël, pour non-conformité aux règles de l'organisateur notamment sur des thèmes de chansons qui se doivent de rester apolitiques. Certains pays comme la Bosnie-Herzégovine, la Macédoine du Nord ou la Slovaquie ont renoncé à participer pour des questions financières face à un show qui devient de plus en plus cher et difficile à organiser. D'autres pays, comme la Bulgarie ou la Roumanie, sont fâchés et ne participent plus pour l'instant suite aux allégations de tricherie de leurs jurys respectifs.

Cette décennie restera unique avec un clair retour dans la lumière et une popularité croissante. C'est aussi une qualité musicale inégalée et des moments extraordinaires. On pense à la victoire de Salvador Sobral et sa ballade simplement émotionnelle et sans artifice, « Amar pelos dois » qui marque le retour de l'authenticité musicale plutôt que du grand show. Cela sera suivi en 2018 à Lisbonne par la victoire iconoclaste de l'Israélienne Netta et son hymne-message #metoo. En 2019, le plus grand succès international de l'Eurovision contemporaine, « Arcade », sera véhiculé par TikTok. Après la pandémie, c'est le triomphe du groupe Måneskin. Le groupe italien redéfinit les standards en remportant le Concours avec « Zitti e buoni », marquant un vent de fraîcheur rock à l'Eurovision. Pour les quatre membres du groupe, c'est surtout le point de départ d'une carrière internationale sans précédent depuis ABBA en 1974. À Liverpool, la Suédoise Loreen fait aussi un retour fracassant, en gagnant en 2023 pour la deuxième fois, et en apportant la septième victoire suédoise avec son hit international « Tatoo ». Cette décennie explose littéralement avec la victoire en 2024 de la Suisse et la prestation de son incroyable artiste non binaire Nemo qui finit par revendiquer un troisième genre.

L'Eurovision semble prêt à continuer à évoluer vers des événements encore plus inclusifs et universels. L'utilisation croissante des technologies, l'ouverture à des participants de nouvelles régions et une audience globalisée en font un Concours qui est un véritable reflet des aspirations et des défis contemporains en Occident. Cette décennie a consolidé l'Eurovision plus fortement que jamais en tant qu'événement incontournable, combinant innovation musicale, ouverture culturelle et résonance politique.

(p.351) Voyager, Australie, en 2023

(p.353) Atari, Islande, en 2019

2016 STOCKHOLM

61e édition

Nouveau virage ?

Vainqueur : **Ukraine avec la chanteuse Jamala**

Chanson : **« 1944 »**

Auteur-compositeur : Jamala

10 mai première demi-finale
12 mai deuxième demi-finale
14 mai 2016 finale

Ericsson Globe de Stockholm, Suède

Diffuseur SVT

42 pays participants et 26 pays en finale

Retour de la Bosnie-Herzégovine, de la Bulgarie, de la Croatie et de l'Ukraine

Retrait du Portugal et élimination de la Roumanie

Changement de système de vote avec toujours deux demi-finales. Chaque jury européen est invité à donner ses points comme auparavant, 1 à 8, puis 10 et 12 points. Ensuite, les présentateurs donnent les résultats cumulés des télévotes, augmentant le suspense et les retournements de situation

6e fois la Suède

La Suède organise le Concours Eurovision de la chanson pour la sixième fois. On s'approche du record des Irlandais avec leurs sept victoires.

Dans les dix dernières années, les pays scandinaves ont gagné cinq fois. On sent une volonté des Suédois de calibrer ce show à leur façon. Leur manière de vouloir influencer et standardiser le Concours dérange de plus en plus les autres pays. Il faut néanmoins reconnaître que l'édition 2016 reste le spectacle le plus télévisuel de l'histoire jusque-là. Une réalisation qui, de l'avis des spécialistes, touche à la perfection. L'univers est plus fort et émouvant sur l'écran que dans la salle, peut-être un peu petite pour permettre une ambiance digne du spectacle télévisuel. L'Eurovision est devenu plus que jamais une émission de télévision. Cela se profile déjà depuis quelques années mais se confirme vraiment dans cette édition.

Industrie musicale

Pour essayer de gagner deux fois de suite, les Suédois font appel à un très jeune chanteur, Frans, qui ne correspond pas du tout aux précédents choix de ce pays. « If I were sorry » se distancie encore plus de l'image un peu « schlager » de certaines années. Cette chanson est diffusée dans toutes les radios d'Europe. La Suède utilise la plateforme de l'Eurovision pour promouvoir son industrie musicale, très abondante.

Show époustouflant

Tout le monde pense à une victoire de la machine russe avec le chanteur Sergueï Lazarev et son show époustouflant. Il reprend en partie la technologie que Måns Zelmerlöw avait utilisée l'année précédente, en la développant encore plus.

Jamala

C'est finalement une chanson ukrainienne « 1944 », hors cadre, et politiquement délicate, qui triomphe en dépassant encore une fois son grand voisin russe ! Il faut savoir que Jamala n'a gagné ni le vote des jurys, ni celui du public. Pour un vainqueur, ce n'était jamais arrivé dans le passé. Sa chanson est la deuxième préférée du public derrière la Russie, et aussi la deuxième du jury derrière cette fois-ci l'Australie !

Crimée

La délégation russe vit très mal l'annonce de ces résultats en direct. Par la suite, une pétition circulera en Russie pour dénoncer la mainmise de l'Occident sur les jurys. Avec plus de 300 000 signatures, les Russes accuseront les Occidentaux de vouloir nuire au pays et à son président. De son côté, le chanteur russe se démarque de son gouvernement et de son opinion publique en condamnant l'annexion de la Crimée. Il soutient également le mouvement gay. Fair-play, il félicite Jamala pour sa victoire.

Histoire – politique ?

L'Ukrainienne victorieuse choisit de mettre en exergue le drame vécu par son peuple en 1944, la persécution et les crimes du stalinisme contre les Tatars. La chanson met également en lumière l'annexion récente de la Crimée par la Russie. Après le choix de cette chanson en Ukraine, elle a posé un important cas de conscience à l'organisateur dont le règlement interdit les prises de position politiques. La chanson « 1944 » est acceptée finalement parce qu'elle parle avant tout d'histoire et non de politique, même si Jamala l'a souvent associée à la situation d'aujourd'hui et à sa souffrance de ne pas pouvoir vivre dans son pays, la Crimée.

Cette victoire est soutenue par le jury pour sa qualité vocale, sa présentation et son interprétation. Mais le public la plébiscite aussi pour son message, celui des migrants et de l'exclusion. L'émotion sur scène est incroyable, procurée par le discours et la qualité de la chanson et de l'artiste.

Dette

Avant le Concours, la Roumanie est exclue alors que son candidat est déjà choisi. En effet, la télévision publique roumaine a une dette de 14,5 millions d'euros auprès de l'Union européenne de radio-télévision. Pour le candidat roumain, Ovidiu Anton, c'est injuste. De nombreux fans demandent une dérogation pour qu'il puisse participer, mais l'organisateur n'entre pas en matière de peur de créer un précédent.

La Croatie se distingue avec la chanteuse Nina Kraljic qui porte une robe encombrante et très lourde. Elle a un effet contraire en atténuant la beauté simple et mélodique du titre « Lighthouse », un phare qui éblouit par son kitsch et son inutilité.

Amir

La France renaît enfin avec une sixième place. Son chanteur Amir vit en Israël. Le titre « J'ai cherché » est destiné à devenir un tube. Le chanteur vient des finales de « The Voice » en France, comme beaucoup d'artistes d'autres pays dans ce Concours. La responsable de la sélection française reconnaît même en plaisantant son erreur d'avoir choisi en 2015 uniquement « une voix », Lisa Angell. Les Français se rendent compte enfin qu'il faut un tout pour réussir. La chanson d'Amir est remarquable, à l'inverse de sa prestation sur scène un peu en retrait. Malgré la polémique en France sur l'utilisation dominante de l'anglais dans sa chanson, c'est le meilleur résultat depuis 2002 pour les tricolores. Pour la République tchèque, c'est enfin une qualification à la grande finale.

Laura Tesoro pour la Belgique

Cela devient une tradition, les Suisses se trompent encore en se faisant représenter par une Canadienne, Rykka. Par contre, la Belgique se qualifie à nouveau en finissant brillamment dans les dix premiers de la finale avec la très jeune Laura Tesoro.

Manga

Avec sa chanteuse manga Jamie Lee, l'Allemagne termine pour la deuxième année consécutive dernière de la finale. La Grèce, pour la première fois de son histoire, ne passe pas les qualifications ; sa voisine Chypre fait appel à un groupe de rock – Minus One –, dont le chanteur est Français, François Micheletto. Il a participé à la cinquième saison de « The Voice » en France.

Autrichienne francophile

La seule chanson totalement en français n'est pas suisse, ni belge ni française, mais autrichienne avec la jeune Zoë, née dans une famille francophile à Vienne. Elle est la « chouchou » des fans et du public. Elle vit un conte de fées avec sa chanson « Loin d'ici ». Elle se qualifie aisément pour la finale, obtenant une véritable ovation des fans dans la salle qui reprennent sa chanson à tue-tête lors des soirées de l'EuroClub.

Suspense

L'UER, sous la pression suédoise, décide de changer le système d'annonce des votes pour la finale. Depuis quelques années, les vingt dernières minutes de l'émission sont ennuyeuses. Il n'y a plus de suspense et la fin est un peu longue. Il est décidé pour cette édition que l'annonce des votes se fait séparément entre le résultat du jury des professionnels et celui du public. Pour les jurys, on procède comme avant en les appelant à travers toute l'Europe et en gardant les fameux « douze points » par pays. Pour le public, on rajoute seulement tout à la fin le vote global de tous les télévotes d'Europe. Ceux-ci s'additionnent aux votes des jurys et peuvent donc changer complètement le classement.

Cette nouveauté permet de maintenir un suspense délirant jusqu'à la dernière minute. À l'exemple de l'Australie, la chanteuse d'origine coréenne Dami Im est largement en tête après l'annonce des votes des jurys. Tout le monde la voit gagner, mais elle est reléguée au deuxième rang derrière l'Ukraine, suite à l'addition des votes du public. L'exemple est contraire avec la Pologne qui n'obtient que sept points des jurys alors que le public fait grimper « Color of your life » à la troisième place. En additionnant les deux votes, ce pays finit huitième. Cette nouvelle façon de faire montre les différences qui existent entre les téléspectateurs et les professionnels de la musique.

Eurovision
SONG
VISA
TELE2
OSRAM
DAILIES

Justin Timberlake

Le Concours se globalise et se tourne vers les États-Unis qui le diffusent sur une de leurs chaînes de télévision. On note aussi la présence d'une « méga star » américaine à l'Interval act, Justin Timberlake. L'Australie est définitivement acceptée dans l'Eurovision et revient pour la deuxième fois mais doit passer par l'épreuve des demi-finales.

2016 reste l'année de toutes les surprises. La modernité atteint son apogée. Cela suffira-t-il pour négocier correctement la globalisation du Concours Eurovision de la chanson ou ce dernier va-t-il perdre son âme à tout jamais ? Le rendez-vous est pris, en 2017 en Ukraine !

(p.356) Dami Im, Australie

(p.357 haut) Sergueï Lazarev, Russie

(p.357 bas) Jamala, gagnante, Ukraine

(ci-contre) Justin Timberlake, durant l'Interval act

(pp. 362-363) Samra, Azerbaïdjan

Entretien avec *Amir*, qui a représenté la France en mai 2016

« Pouvoir monter sur cette scène, porter le drapeau français devant l'Europe entière et chanter une chanson qui parle de ma vie, qui raconte mon histoire devant tellement de monde qui regarde la télévision ou qui est là sur place à l'Eurovision, ça c'est déjà une énorme fierté. Puis la cerise sur le gâteau c'est de pouvoir revenir en France en se disant "on a fait un bon travail, on est remonté de loin, on a vécu une campagne Eurovision formidable et on a rendu la légitimité à la France et à sa musique qui est riche, intéressante et pleine de merveilles." Ça nous faisait de la peine de voir que l'Europe l'avait oubliée et c'est génial de se dire qu'on a réussi, qu'on a fait quelque chose de bien. »

On est venu chercher « J'ai cherché »

« Je rencontre une personne qui est l'ami d'un ami. On discute, on boit un verre ensemble et on découvre que j'ai un projet musical qui est sur le point de sortir et que lui va devenir le chef de la délégation française pour l'Eurovision. Est-ce qu'on va marier nos projets, nos idées ? Tout me correspondait quand il a écouté mes chansons et qu'il m'a dit : "Amir tu pourrais représenter la France et apporter quelque chose de frais et de moderne." Une seule chose me dérangeait : les gens auraient pu se dire que je profitais de l'Eurovision pour me remettre sur le devant de la scène, ce qui n'était pas le cas. Donc on a convenu que je sortirais ma chanson, qu'elle tournerait pendant deux, trois mois sans parler de l'Eurovision, qu'on garderait même le secret au maximum. Je pense que c'est ce qui a permis à ma chanson de vivre sa petite vie, d'être appréciée par les médias et par le public et ça n'a fait qu'augmenter la force du titre.

J'ai croisé peu d'artistes pendant l'Eurovision sauf une, la chanteuse bulgare Poli Génova qui est restée mon amie. Cette année, je vais commenter pour la chaîne française les prestations de l'Eurovision et je vais alors peut-être avoir la chance de recroiser beaucoup de personnes qui y ont participé ou qui font partie de l'organisation de cette belle institution. »

La chanteuse Alma, qui a représenté la France en 2017, a fait les premières parties d'Amir.

RÉSULTATS

Place	Pays	Artiste(s)	Chanson	Langue(s)	Points
1	Ukraine	Jamala	1944	eng, crh*	534
2	Australie	Dami Im	Sound of Silence	eng	511
3	Russie	Sergueï Lazarev	You Are the Only One	eng	491
4	Bulgarie	Poli Guénova	If Love Was A Crime	eng, bul	307
5	Suède	Frans	If I Were Sorry	eng	261
6	France	Amir	J'ai cherché	fra, eng	257
7	Arménie	Iveta Moukoutchian	LoveWave	eng	249
8	Pologne	Michał Szpak	Color Of Your Life	eng	229
9	Lituanie	Donny Montell	I've Been Waiting For This Night	eng	200
10	Belgique	Laura Tesoro	What's the Pressure	eng	181
11	Pays-Bas	Douwe Bob	Slow Down	eng	153
12	Malte	Ira Losco	Walk On Water	eng	153
13	Autriche	Zoë	Loin d'ici	fra	151
14	Israël	Hovi Star	Made of Stars	eng	135
15	Lettonie	Justs	Heartbeat	eng	132
16	Italie	Francesca Michielin	No Degree Of Separation	ita, eng	124
17	Azerbaïdjan	Samra	Miracle	eng	117
18	Serbie	Sanja Vučić ZAA	Goodbye (Shelter)	eng	115
19	Hongrie	Freddie	Pioneer	eng	108
20	Géorgie	Nika Kocharov & Young Georgian Lolitaz	Midnight Gold	eng	104
21	Chypre	Minus One	Alter Ego	eng	96
22	Espagne	Barei	Say Yay!	eng	77
23	Croatie	Nina Kraljić	Lighthouse	eng	73
24	Royaume-Uni	Joe and Jake	You're Not Alone	eng	62
25	Rép. tchèque	Gabriela Gunčíková	I Stand	eng	41
26	Allemagne	Jamie-Lee	Ghost	eng	11

*tatar de Crimée

2017 La politique va-t-elle tout gâcher ?

Vainqueur: **Portugal avec le chanteur Salvador Sobral**

Chanson: **« Amar pelos dois »**

Autrice-compositrice: Louisa Sobral

KIEV

62e édition

9 mai première demi-finale
11 mai deuxième demi-finale
13 mai 2017 finale

Centre d'exposition internationale

Diffuseur NTU

42 pays et 26 pays en finale

Retour du Portugal et de la Roumanie

Retrait de la Bosnie-Herzégovine et de la Russie

Même système de vote que l'année précédente avec deux demi-finales

Pays en crise

Cette édition donne des sueurs froides à l'organisateur. En effet, suite à la belle victoire de l'Ukrainienne Jamala l'année dernière, le Concours a lieu à Kiev en Ukraine.

Organiser un tel Concours dans un pays en crise, à la sortie de la guerre du Donbass et avec le problème de la Crimée, une région annexée par son grand voisin russe, est un vrai défi. Un cessez-le-feu existe bien depuis 2015 grâce aux accords de Minsk, mais la situation reste fragile. L'UER prend un risque en acceptant d'organiser l'Eurovision dans cette région troublée.

Le nombre de candidats n'a pas baissé, avec les retours du Portugal et surtout de la Roumanie qui n'avait pas payé ses factures en 2016.

Cela permet d'égaler les records de 2008 et 2011 avec 42 participants. On a failli même dépasser ce nombre si la Bosnie-Herzégovine n'avait pas renoncé à participer au dernier moment en raison de problèmes financiers de sa télévision. Même la Russie, contre toute attente, accepte de se rendre en Ukraine.

Diversité

La préparation de cet événement commence avec beaucoup d'optimisme: de nombreuses villes déposent leur candidature pour recevoir le Concours. Initialement six d'entre elles sont présélectionnées dont la capitale Kiev, et Odessa, la deuxième ville du pays. En septembre, c'est finalement Kiev qui est choisie avec un budget de 23 millions d'euros dont 16 millions garantis par l'État ukrainien. Le slogan de cette 62e édition propose de célébrer la diversité.

Mais très vite les préparations prennent du retard et des dissensions internes apparaissent au sein de la télévision ukrainienne, engendrant de nombreuses démissions. Jan Ola Sand, le superviseur exécutif de l'UER, remet de l'ordre et assure le bon déroulement de la planification. La télévision ukrainienne fait appel à un Suédois expérimenté, Christer Björkman, qui a participé à la réalisation des émissions de 2013 et 2016, pour sauver cette organisation du chaos. Il intègre l'équipe de la télévision ukrainienne à la tête de l'organisation de ce show mondial afin d'en assurer la qualité.

Du côté des fans, les préparatifs vont bon train et les billets pour les trois événements semblent se vendre comme à l'accoutumée malgré quelques difficultés d'accès au site ukrainien de ventes de billets.

Polémique avec la Russie

La télévision russe choisit, pour représenter son pays, Julia Samoylova, une chanteuse et compositrice atteinte d'une maladie héréditaire qui la laisse handicapée, en fauteuil roulant. La polémique éclate lorsque les autorités ukrainiennes décident de ne pas lui octroyer son visa d'entrée. Ils lui reprochent d'avoir enfreint la loi en allant chanter en Crimée en 2015. Elle est accusée d'être entrée illégalement dans le pays par voie terrestre via la Russie, ce qui est interdit par la loi. L'Ukraine, ne reconnaissant pas l'annexion de la Crimée, accuse la Russie d'avoir choisi délibérément Julia et par simple provocation, ce que les Russes réfutent.

L'UER est confrontée à un dilemme inédit et hésite à intervenir. Elle propose aux Russes de faire chanter sa candidate en live via satellite lors de la deuxième demi-finale, ce qu'ils refusent catégoriquement. L'affaire est en cours et fait du bruit dans les hautes sphères politique et diplomatique.

La direction de l'UER essaie de trouver un compromis afin de pouvoir repousser l'interdiction après l'Eurovision. Il est vraiment décevant selon l'organisateur que la politique vienne gâcher les valeurs intrinsèques de ce Concours et de sa diversité.

Finalement, la chanson « Flame is burning » interprétée par Julia Samoylova est retirée par la chaîne russe, Chanel One, après que l'interdiction d'entrée pour son interprète ait été confirmée par les services de sécurité ukrainiens.

Italie et Belgique favoris

Du côté artistique, les candidats préparent leurs prestations pour Kiev avec beaucoup de bonheur. On voit déjà des tendances ainsi que quelques favoris sortir du lot. L'Italie vient avec du lourd, le gagnant du festival de Sanremo Francesco Gabbani qui cartonne dans son pays avec « Occidentali's Karma », une chanson qui parle avec ironie de l'homme occidental qui sème sa culture à travers le monde... Il caracole en tête de tous les sites de paris devant la Suède, la Bulgarie et la Belgique. Mais attention aux surprises et aux prestations live sur la scène de l'Eurovision qui changeront complètement la donne.

Bien cotée, la Belgique continue dans la même lancée que les années précédentes en sélectionnant encore une fois une jeune artiste branchée de Bruxelles, issue de la 5e saison de « The Voice Belgique ». Ellie Devaux, de son nom d'artiste Blanche, n'a que 17 ans et chante une chanson résolument moderne et sombre – « City Lights » – avec des rythmes qui rappellent ceux de l'artiste américaine Lana del Rey.

Alma, de son vrai nom Alexandra Maquet, Lyonnaise de 28 ans, prendra le relais du titre « J'ai cherché » d'Amir, avec, pour représenter la France, sa chanson « Requiem » en français, mais aussi un peu en anglais, écrite par la même équipe. L'auteur-compositeur est Nazim Khaled, qui a notamment travaillé avec Chimène Badi, Yannick Noah, Claudio Capéo et Kendji Girac, donc ce qui se fait de mieux en France en ce moment. Les premières sorties et prestations live d'Alma n'ont pas encore convaincu les professionnels malgré une chanson accrocheuse mais qui a plongé à la douzième place des paris.

Du côté de la Suisse, c'est le groupe Timebelle avec « Apollo », belle mélodie et refrain puissant qu'on retient facilement, qui a gagné le droit de représenter la Confédération, mais qui a totalement raté sa performance vêtue d'une robe de mauvais goût, jaune canari ! La particularité du groupe suisse alémanique est que la chanteuse, Miruna Manescu est Roumaine. Ce qui est drôle, à l'inverse, c'est que les Roumains ont plébiscité un duo, Ilinca et Alex Florea, qui chante du yodel, un style plutôt « helvétique » avec « Yodel it ! ». Les deux pays seront en lice dans la même demi-finale.

Triomphe du Portugal

Finalement, au terme des répétitions pour la finale, c'est le Bulgare Kristan Kostov qui prendra la tête des paris. Mais c'est le Portugais Salvador Sobral, contre toute attente, qui gagnera ce Concours avec un record de points de 758 grâce à un nombre très important de pays.

Salvador Sobral, né en 1989 était, pendant le concours, en attente d'une greffe de cœur et n'a pas pu monter sur scène lors des premières répétitions. C'est sa sœur, auteure-compositrice de sa chanson, qui l'a remplacé. Il a pu finalement chanter pour la demi-finale et la finale. Une victoire sous le signe de l'émotion et un choix musical original. Une victoire exceptionnelle pour le Portugal qui participe au Concours depuis 1964 avec des résultats modestes. C'est leur première victoire. « C'est une victoire pour la musique » déclare Salvador Sobral après son triomphe. Il brandit le trophée en déclarant que la musique ne se résume pas à un feu d'artifice et n'est pas de la « fast-food ». C'est la victoire des musiques qui veulent dire quelque chose. Il affirme au micro des trois présentateurs masculins (une première à l'Eurovision) que son souhait est de voir la vraie musique revenir au concours. Salvador Sobral avait déjà fait parler de lui lors de la conférence de presse de la première demi-finale en portant un t-shirt avec les inscriptions « SOS Réfugiés ».

Pendant l'intermède musical, un farceur nu ukrainien est venu perturber la prestation de la gagnante ukrainienne de l'année précédente, Jamala.

Somme toute, un Eurovision avec une ambiance de guerre, une organisation très stricte et parallèlement la ville de Kiev très ouverte sur l'Europe, un sacré contraste avec l'édition de 2005.

(haut) Julia Samoylova, Russie

(milieu) Alma, France

(bas) Francesco Gabbani, Italie

(p.367 haut) Salvador Sobral et sa sœur Luísa Sobral, Portugal

(p.367 bas) Blanche, Belgique

RÉSULTATS

Place	Pays	Artiste(s)	Chanson	Langue(s)	Points
1	Portugal	Salvador Sobral	Amar pelos dois	por	758
2	Bulgarie	Kristian Kostov	Beautiful Mess	eng	615
3	Moldavie	SunStroke Project	Hey Mamma!	eng	374
4	Belgique	Blanche	City Lights	eng	363
5	Suède	Robin Bengtsson	I Can't Go On	eng	344
6	Italie	Francesco Gabbani	Occidentali's Karma	ita	334
7	Roumanie	Ilinca et Alex Florea	Yodel It!	eng	282
8	Hongrie	Joci Pápai	Origo	hun	200
9	Australie	Isaiah	Don't Come Easy	eng	173
10	Norvège	JOWST feat. Aleksander Walmann	Grab the Moment	eng	158
11	Pays-Bas	O'G3NE	Lights and Shadows	eng	150
12	France	Alma	Requiem	fra, eng	135
13	Croatie	Jacques Houdek	My Friend	eng, ita	128
14	Azerbaïdjan	Dihaj	Skeletons	eng	120
15	Royaume-Uni	Lucie Jones	Never Give Up On You	eng	111
16	Autriche	Nathan Trent	Running on Air	eng	93
17	Biélorussie	NAVI	Historyja majho žyccia	bel	83
18	Arménie	Artsvik	Fly with Me	eng	79
19	Grèce	Demy	This Is Love	eng	77
20	Danemark	Anja Nissen	Where I Am	eng	77
21	Chypre	Hovig	Gravity	eng	68
22	Pologne	Kasia Moś	Flashlight	eng	64
23	Israël	Imri	I Feel Alive	eng	39
24	Ukraine	O.Torvald	Time	eng	36
25	Allemagne	Levina	Perfect Life	eng	6
26	Espagne	Manel Navarro	Do It for Your Lover	spa, eng	5

Salvador Sobral, le seul gagnant portugais, déteste-t-il vraiment l'Eurovision ?

C'est avant tout une histoire émouvante et humaine que celle de ce chanteur humble et atypique. Salvador Sobral, né en 1989 à Lisbonne, est devenu un auteur-compositeur-interprète reconnu dans son pays et à l'étranger. Il a développé un style musical propre, mêlant jazz, soul et musique alternative.

Sa victoire au Festival de Canção 2017 qui sert de sélection nationale a été un moment marquant de sa carrière. Il a remporté ce concours avec la chanson « Amar pelos dois », écrite et composée par sa sœur Luísa Sobral, auteure-compositrice-interprète. Cette performance intimiste et émotionnelle a immédiatement attiré l'attention, tant par sa simplicité que par l'authenticité qu'elle dégageait. Au départ, ce n'était pas gagné d'avance tant le look « débraillé » du chanteur et sa façon d'interpréter la chanson ont interloqué le public. Mais très vite les fans internationaux l'ont soutenu, en la qualifiant de chef-d'œuvre musical sincère et minimaliste, contrastant avec les productions modernes et exubérantes proposées à cette époque. Le public portugais a également bien accueilli cette chanson et rapidement espéré obtenir une première victoire pour ce pays qui n'en avait jamais eu malgré de nombreuses propositions depuis 1964, année de sa première participation.

Après sa victoire nationale, Salvador devient un symbole d'espoir pour les fans portugais de l'Eurovision 2017, bien qu'il doive limiter ses apparitions en raison de ses graves problèmes de santé. Avant sa participation, Salvador souffrait d'importants problèmes cardiaques nécessitant une greffe de cœur. Malgré sa maladie, il part à Kiev et joue le jeu en restant accessible auprès des fans présents sur place. Nous le rencontrons dans la rue et il nous parle même dans un français presque parfait. Sur place, sa sœur prend sa place pendant les répétitions, créant le doute sur sa capacité à monter sur scène. La relation entre Salvador et sa sœur Luísa est étroite, tant sur le plan personnel que professionnel. Luísa, également musicienne accomplie, a joué un rôle crucial et a soutenu inconditionnellement son frère pendant tout le séjour en Ukraine. Leur collaboration témoigne d'une profonde complicité artistique et familiale. L'histoire est médiatisée à travers toute l'Europe et Salvador arrive finalement à livrer une performance exceptionnelle, tellement émouvante, lors du Concours, qu'il n'y a aucun doute sur sa victoire ! En fin d'émission, la chanson est interprétée en duo complice Salvador et Luísa. Le retour est triomphal au Portugal. L'histoire se termine bien car en décembre 2017, il reçoit la greffe tant attendue, ce qui a eu un impact significatif sur sa vie et sa carrière.

Après sa victoire, Salvador a exprimé des critiques envers l'Eurovision, qualifiant certaines chansons de « musique fast-food sans contenu ». En 2018, il persiste et signe en décrivant la chanson gagnante à Lisbonne, « Toy », de l'Israélienne Netta, comme « horrible ». Ses commentaires ont suscité des controverses et beaucoup de déception. Certains percevaient ses critiques comme de l'arrogance tandis que d'autres y voyaient une défense de l'authenticité musicale. Lors de nombreuses interviews, Salvador ne renie pas l'impact positif de sa victoire sur sa carrière qui l'a propulsé sur la scène internationale. En revanche, il ne s'identifie pas vraiment à l'esprit du Concours. Il préfère s'en détacher et se concentrer sur son évolution artistique personnelle. Il a récemment nuancé ses propos et reconnu que certaines de ses déclarations étaient quelque peu maladroites, voire inutiles. Il s'est même excusé pour avoir dit des bêtises. Aujourd'hui, il préfère ne plus en parler. À notre demande d'interview pour ce livre, il a répondu tout simplement et en français « non merci ».

À une époque où les productions à grand spectacle et effets visuels sont majoritaires, la chanson de Salvador Sobral apporte encore aujourd'hui un grand vent de simplicité, d'émotion et de fraîcheur, inégalé à ce jour, au Concours Eurovision de la chanson !

2018 | LISBONNE

63e édition

À l'ouest toute !

Vainqueur : **Israël avec la chanteuse Netta**

Chanson : **« Toy »**

Auteurs-compositeurs : Doron Medalie, Stav Beger, Jack White

8 mai première demi-finale
10 mai deuxième demi-finale
12 mai 2018 finale

Altice Arena
Lisbonne, Portugal

Diffuseur RTP

43 participants et 26 pays en finale

Retour de la Russie

Même système de vote que l'année précédente avec deux demi-finales

Une première réussie

Le Portugal organise avec succès et sobriété son premier Concours. L'esprit Salvador Sobral a soufflé sur cette 63e édition, sereine et de qualité, en contraste avec l'édition précédente en Ukraine. Par exemple, la télévision portugaise a décidé de ne pas utiliser de LED et de se concentrer sur le thème de la mer et de son héritage culturel.

Pour financer le Concours, les autorités attribuent les taxes de séjour de la ville de Lisbonne par nuit et par visiteur, depuis 2016, au budget de l'organisation.

Pour animer les émissions, les Portugais font appel à un quatuor féminin, un record en la matière après les trois hommes de 2017.

4 millions de téléspectateurs supplémentaires par rapport à 2017 suivent les différents shows.

Une première pour la Russie

Du côté de la Russie, c'est un retour à la normale mais pour la première fois, sans qualification pour la finale. C'est aussi le cas pour la Roumanie et l'Azerbaïdjan. Quant à la Macédoine, elle a réussi à payer sa dette à l'UER afin de pouvoir participer au Concours en dernière minute.

Des demi-finales sans commune mesure

Les deux demi-finales sont très déséquilibrées. La première, très difficile, a réservé son lot de mauvaises surprises pour certains pays que l'on voyait facilement qualifiés, comme la Suisse et la Belgique. La seconde demi-finale, de piètre qualité, est gagnée par le revenant Alexander Rybak qui finira quinzième seulement de la finale.

Dans le quartier de Belem, la cérémonie d'ouverture qui a lieu le 6 mai dans le musée d'art est somptueuse.

Sur la Praça do comércio du centre de Lisbonne, l'Euro Village et une grande scène sont

Eurovision
SONG CONTEST

installés pendant la semaine. La population a participé remarquablement à la fête.

Parieurs et votants

En 2018, les parieurs jouent un rôle considérable. En témoigne l'exemple de la chanteuse chypriote Eleni Foureira, qui occupait la queue du classement avant sa répétition et qui a bondi à la première place des paris avec sa chanson « Fuego », son show et sa performance. Elle est arrivée finalement à la deuxième place du Concours. La déception était grande alors que tout un pays rêvait d'une première victoire depuis 1981, date de leur première participation.

Une nouvelle fois la France qui pensait gagner ne finit pas dans les dix premiers.

À noter parfois la très grande différence entre le vote du public et le vote du jury, à l'image de la Suède deuxième du jury et vingt-troisième du télévote !

La chanteuse israélienne Netta gagne le vote du public et termine au troisième rang du jury, ce qui lui permet de gagner haut la main cette édition portugaise.

Sans trop de polémiques

Suite à la victoire de Netta, les réseaux sociaux se sont émus de sa prestation scénique et lui ont reproché de s'être approprié la culture japonaise

en s'habillant en kimono avec une coiffure traditionnelle et des statuettes de chats porte-bonheur (Maneki-nekos). Un bon sujet pour la télévision anglaise.

Netta gagne avec une chanson sur le thème #metoo. Entre Netta et Salvador Sobral, la remise du trophée se fait dans une ambiance glaciale, c'est le choc de deux mondes musicaux.

Une année sans trop de polémiques à part peut-être une nouvelle fois une montée sur scène d'un individu qui a couru en direction de SuRie (Royaume-Uni) et lui a pris son micro de force. Malgré tout, la chanteuse a réussi à terminer sa performance.

(p.370) Les quatre présentatrices
(p.371 haut) Netta, Israël
(p.371 bas) Alexander Rybak, Norvège
(ci-dessus) Eleni Foureira, Chypre
(ci-dessous) Elina Nechayeva, Estonie

Et puis, même si cela est passé presque inaperçu : cette affaire avec une télévision chinoise qui retransmettait le Concours mais qui a décidé de censurer les prestations albanaise et irlandaise. La première à cause des tatouages et la seconde avec un couple de deux garçons. L'UER a choisi de rompre ses relations avec cette télévision.

RÉSULTATS

Place	Pays	Artiste(s)	Chanson	Langue(s)	Points
1	Israël	Netta	Toy	eng	529
2	Chypre	Eleni Foureira	Fuego	eng	436
3	Autriche	Cesár Sampson	Nobody but You	eng	342
4	Allemagne	Michael Schulte	You Let Me Walk Alone	eng	340
5	Italie	Ermal Meta et Fabrizio Moro	Non mi avete fatto niente	ita	308
6	Tchéquie	Mikolas Josef	Lie to Me	eng	281
7	Suède	Benjamin Ingrosso	Dance You Off	eng	274
8	Estonie	Elina Nechayeva	La forza	ita	245
9	Danemark	Rasmussen	Higher Ground	eng	226
10	Moldavie	DoReDoS	My Lucky Day	eng	209
11	Albanie	Eugent Bushpepa	Mall	alb	184
12	Lituanie	Ieva Zasimauskaitė	When We're Old	eng, lit	181
13	France	Madame Monsieur	Mercy	fra	173
14	Bulgarie	Equinox	Bones	eng	166
15	Norvège	Alexander Rybak	That's How You Write a Song	eng	144
16	Irlande	Ryan O'Shaughnessy	Together	eng	136
17	Ukraine	Mélovin	Under the Ladder	eng	130
18	Pays-Bas	Waylon	Outlaw in 'Em	eng	121
19	Serbie	Sanja Ilić & Balkanika	Nova deca	srp	113
20	Australie	Jessica Mauboy	We Got Love	eng	99
21	Hongrie	AWS	Viszlát nyár	hun	93
22	Slovénie	Lea Sirk	Hvala, ne!	slv	64
23	Espagne	Alfred & Amaia	Tu canción	spa	61
24	Royaume-Uni	SuRie	Storm	eng	48
25	Finlande	Saara Aalto	Monsters	eng	46
26	Portugal	Cláudia Pascoal	O Jardim	por	39

Netta, une battante excentrique avec un fort caractère en plein mouvement #metoo

Depuis son enfance difficile à Hod Hasharon en Israël où elle est née en 1993, Netta Barzilai est confrontée aux critiques et aux pressions sociales liées à son apparence. Très vite, elle se plonge dans la musique comme seule échappatoire et se forge un caractère fort. Elle comprend l'importance de son art pour véhiculer des messages puissants.

Elle étudie dans une école de musique et se spécialise dans le chant. Après son service militaire obligatoire, elle continue à se former et commence à se produire dans des bars et événements locaux. Elle se fait connaître en utilisant un looper, un appareil lui permettant de superposer des sons en temps réel et d'enregistrer une partie vocale qui sera répétée à l'infini. Cela deviendra sa marque de fabrique artistique. Sa voix unique, son style déjanté et la maîtrise de cet outil attirent l'attention des professionnels. En 2017, elle remporte brillamment la compétition télévisée qui sélectionne le représentant du pays à l'Eurovision avec sa chanson « Toy ». À Lisbonne, on l'a souvent croisée, même si elle était hyperprotégée par sa délégation. Elle nous a toujours considérés avec bienveillance et salués avec son petit sourire malicieux mais toujours en méfiance. Cinq ans plus tard à Liverpool, nous rencontrerons une Netta décontractée, cool et sympa, qui nous montrera sans méfiance ses photos de fins de soirée un peu déjantées.

Sa chanson est instantanément relayée par les réseaux sociaux partout en Europe occidentale et reprise par les mouvements féministes. En 2018, on est en plein mouvement #metoo encourageant les femmes à la prise de parole et à faire savoir que le viol et les agressions sexuelles sont plus courants que supposées. « Toy » était justement un hymne d'autodétermination et de lutte contre le sexisme encourageant à ne pas se laisser traiter comme un « jouet ». Un message fort d'indépendance vis-à-vis des hommes. Ce thème d'émancipation féminine a résonné profondément dans le contexte socioculturel du moment, dénonçant les abus et les comportements inappropriés envers les femmes.

Les paroles et la prestation de Netta, combinant sons électro-pop, effets vocaux uniques et une attitude exubérante, ont renforcé son image de femme forte et anticonformiste. La chanson a été reçue comme une déclaration puissante, alimentant le débat sur le droit des femmes, l'égalité et la diversité, contribuant à son succès bien au-delà de l'Eurovision. Sa prestation colorée et opulente a été mémorable, surtout en y intégrant des sons inspirés de poules. La chanson devient virale, accumule des millions de vues sur YouTube et entre dans les classements musicaux de plusieurs pays.

Icône pop et militante involontaire, Netta a transformé son exubérance en manifeste, offrant à l'Eurovision une victoire haute en couleurs et un hymne féministe aussi audacieux que viral.

Après sa victoire, son clip vidéo est même diffusé sur les écrans de Times Square à New York le 4 juin 2018 à l'occasion d'une célébration du 70e anniversaire de l'État d'Israël. Un mois plus tard, elle interprétera en direct son single gagnant lors de l'émission Today Show sur la chaîne NBC en direct depuis le Rockefeller Center de New York, ce qui va lancer définitivement sa carrière internationale surtout aux États-Unis. Elle signe avec des labels

internationaux, se produit dans le monde entier dans des festivals, et sort de nouveaux singles. Artistiquement, Netta continue à revendiquer une liberté totale, se démarquant toujours par des tenues extravagantes et des prestations originales.

Elle fait parler d'elle ces dernières années en raison d'une perte de poids significative questionnant sur l'évolution de son image. Certains parlent de trahison par rapport à ses messages précédents. Lors de ses nombreuses interviews, elle revendique sa transformation physique et rassure ses fans que cela n'est pas motivé par une pression extérieure ou un désir de se conformer aux standards de la beauté actuelle. Elle dit que cela correspond plutôt à une volonté personnelle de se sentir mieux dans son corps. Elle souhaite prendre soin de sa santé et cela n'est pas un rejet de son apparence passée. Netta veut mettre l'accent sur l'idée que l'amour de soi et l'épanouissement personnel peuvent évoluer. Elle veut maintenant être en accord avec elle-même et non répondre aux attentes de la société. Elle assure continuer de prôner la diversité et l'acceptation.

Quant aux critiques du gagnant de l'année précédente, Salvador Sobral, Netta indique avec élégance qu'elle respecte l'artiste. Elle affirme aussi que la musique est une question de goût et qu'elle comprend que tout le monde puisse ne pas aimer son style ou sa chanson... « Il y a différentes manières d'exprimer son art et j'ai la mienne ! »

2019

Le Concours de tous les soucis !

Vainqueur : **Pays-Bas avec le chanteur Duncan Laurence**

Chanson : **« Arcade »**

Auteurs-compositeurs : Duncan Laurence, Joel Sjöö, Wouter Hardy, Will Knox

TEL AVIV

64e édition

14 mai première demi-finale
16 mai deuxième demi-finale
18 mai finale

Expo Tel Aviv, Israël

Diffuseur IPBC-KAN

41 pays participants et 26 pays en finale

Retrait de la Bulgarie et de l'Ukraine

Pas de nouveau pays en compétition ni de retour

Même système de vote que l'année précédente

Tergiversations multiples

L'organisation du Concours, dès les premières heures après la victoire de Netta au Portugal, est à la fois laborieuse et polémique.

Sans consulter les principaux concernés, le gouvernement israélien annonce que l'édition se fera à Jérusalem. Très rapidement, ce même gouvernement refuse de soutenir financièrement le diffuseur, mettant en danger l'organisation du Concours en Israël.

En fin de compte, après de nombreuses tergiversations et même des interventions des milieux ultra-orthodoxes pour le respect strict du shabbat, tout rentre dans l'ordre avec le choix de Tel Aviv et l'annonce des dates pour cette 64e Eurovision de la chanson.

Ce n'est que le début des polémiques et des ratés

Entre les appels au boycott de nombreux artistes et pays compte tenu de la situation à Gaza et dans les territoires occupés, la controverse sur les tickets, le peu de place dans la salle et les soucis techniques, le spectacle s'annonce sous les plus mauvais auspices.

Le retrait tardif de l'Ukraine est aussi une fâcheuse surprise pour les organisateurs. Une mésentente économique et politique entre l'artiste Maruv et le diffuseur préside au retrait de la chanteuse. La TV propose à ceux qui ont terminé deuxième et troisième des sélections nationales de la remplacer. Après leurs refus, le retrait est décidé fin février.

On doit encore ajouter à cela le raté dans la publication des résultats des votes. Effectivement l'UER devra corriger les scores et les rangs de plusieurs candidats. Par exemple, l'annonce a été faite de la victoire de la Suède avec John Lundvik, « Too late for love » pour les votes du public alors que c'est finalement la Macédoine du Nord, avec la magnifique voix de Tamara Todevska et sa chanson « Proud », qui a obtenu le plus de points.

Mais parlons musique

Le grand vainqueur est Duncan Laurence, représentant des Pays-Bas avec sa chanson « Arcade ». Même s'il n'a gagné ni le vote du public ni celui du jury, sa victoire est incontestable.

Le vote du public a été largement gagné par les Norvégiens et leur musique ethno pop « Spirit in the sky » interprété par Keiino, un mélange de musique traditionnelle sami avec des sonorités plus modernes.

Le Suédois John Lundvik avait l'impression d'avoir gagné puisqu'annoncé gagnant du jury à tort, mais finalement il n'a obtenu que peu de voix du public et sa déception a été grande et visible à l'écran.

La Russie finit troisième avec la super star Sergueï Lazarev, extrêmement déçu de stagner

Sergueï Lazarev, Russie

Bilal Hassani, France

Luca Hänni, Suisse

Duncan Laurence, Pays-Bas, gagnant

Kate Miller-Heidke, Australie, et sa chanson « Zero Gravity », spectaculaire !

à ce rang, le même qu'en 2016. Un retour néanmoins plus qu'honorable.

La deuxième place a été décrochée par le jeune artiste milano-égyptien Mahmood. Il avait déjà créé la surprise en gagnant le Festival de Sanremo. Sa chanson « Soldi » est devenue l'une des plus téléchargées de l'histoire de l'Eurovision.

C'est une année catastrophique pour les big 5 avec un seul pays dans le top 10, l'Italie, alors que la France et Bilal Hassani, artiste queer, finit seulement seizième. Le pire étant pour les trois autres pays, l'Espagne au vingt-deuxième rang, l'Allemagne au vingt-cinquième, et le Royaume-Uni dernier.

Le retour surprise est celui de la Suisse, qu'on n'avait plus vue en finale depuis 2014 ! Elle a passé les demi-finales seulement deux fois depuis 2006. Luca Hänni se classe même dans les cinq premiers avec « She got me ». C'est l'histoire d'un renouveau qui perdurera jusqu'à la victoire de la Suisse à Malmö en 2024.

De Madonna à Conchita

La dernière polémique et pas des moindres est liée à la prestation plutôt catastrophique de l'invitée Madonna. « Ça coûte cher et ça chante faux ! » déclarera un journal local. Il est vrai que la venue de la star accompagnée par plus de 140 personnes, danseurs et chanteurs, et surtout l'interprétation de son titre « Like a prayer » provoque une vague de critiques et une grande déception.

Heureusement, le long intermède a été sauvé par la présence de nombreux artistes ayant participé précédemment à l'Eurovision, dont Conchita Wurst, Verka Serduchka et Eleni Foureira.

De ce Concours, il restera un sentiment de malaise comme si le slogan « Oser le rêve » s'était transformé en : « Comment éviter le cauchemar » !

Madonna durant l'Interval act

Conchita Wurst – Autriche, Måns Zelmerlöw – Suède, Gali Atari – Israël, Eleni Foureira – Chypre et Verka Serduchka – Ukraine

RÉSULTATS

Place	Pays	Artiste(s)	Chanson	Langue(s)	Points
1	Pays-Bas	Duncan Laurence	Arcade	eng	498
2	Italie	Mahmood	Soldi	ita	472
3	Russie	Sergueï Lazarev	Scream	eng	370
4	Suisse	Luca Hänni	She Got Me	eng	364
5	Suède	John Lundvik	Too Late for Love	eng	334
6	Norvège	KEiiNO	Spirit in the Sky	eng	331
7	Macédoine du Nord	Tamara Todevska	Proud	eng	305
8	Azerbaïdjan	Chingiz	Truth	eng	302
9	Australie	Kate Miller-Heidke	Zero Gravity	eng	284
10	Islande	Hatari	Hatrið mun sigra	isl	232
11	Tchéquie	Lake Malawi	Friend of a Friend	eng	157
12	Danemark	Leonora	Love Is Forever	eng, fra, dan	120
13	Chypre	Tamta	Replay	eng	109
14	Malte	Michela	Chameleon	eng	107
15	Slovénie	Zala Kralj & Gašper Šantl	Sebi	slv	105
16	France	Bilal Hassani	Roi	fra, eng	105
17	Albanie	Jonida Maliqi	Ktheju tokës	alb	90
18	Serbie	Nevena Božović	Kruna	srp	89
19	Saint-Marin	Serhat	Say Na Na Na	eng	77
20	Estonie	Victor Crone	Storm	eng	76
21	Grèce	Katerine Duska	Better Love	eng	74
22	Espagne	Miki	La venda	spa	54
23	Israël	Kobi Marimi	Home	eng	35
24	Biélorussie	Zena	Like It	eng	31
25	Allemagne	S!sters	Sister	eng	24
26	Royaume-Uni	Michael Rice	Bigger than Us	eng	11

Popularité internationale ou le plus grand hit de l'Eurovision, *un duel de titans ?*

Le succès de Mahmood et celui de Duncan Laurence diffèrent. En termes de rayonnement global, Mahmood pourrait être considéré comme le plus influent sur la durée, mais Duncan Laurence a marqué l'histoire du Concours et a eu un fort impact avec sa chanson « Arcade ». Les deux artistes sont fondamentalement différents, l'un est plutôt mauvais garçon issu de la banlieue milanaise et l'autre plus lisse, plus romantique, venant d'une ville provinciale des Pays-Bas. Ce qui les relie en plus du talent, de la musique et de la composition, c'est aussi leur appartenance à la communauté queer.

Alessandro Mahmoud, connu sous le nom de Mahmood, est une figure emblématique de la musique italienne contemporaine. Sa carrière a connu une ascension fulgurante depuis sa victoire au Festival de Sanremo en 2019 avec la chanson « Soldi », qui lui a permis de représenter l'Italie au Concours la même année, où il a obtenu la deuxième place. En 2022, il a fait un retour remarqué en remportant à nouveau le Festival de Sanremo, cette fois en duo avec Blanco, interprétant « Brividi ». Cette victoire leur a offert l'opportunité de représenter l'Italie à l'Eurovision 2022 à Turin, où ils ont terminé à la sixième place. En 2024, Mahmood a participé une nouvelle fois au Festival de Sanremo avec la chanson très urbaine « Tuta gold », l'un de ses plus grands succès qui a immédiatement atteint la première place des classements en Italie et s'est hissée dans le top mondial sur Spotify.

Parallèlement à sa carrière musicale, Mahmood est reconnu pour son style vestimentaire non conformiste et un engagement pour la diversité et l'inclusion. Son esthétique et ses choix artistiques reflètent une ouverture qui résonne avec la communauté LGBTQ+. Avec ses racines mixtes d'une mère italienne et d'un père égyptien, il grandit dans un contexte multiculturel modeste qui a enrichi sa vision artistique dans la pop, l'électronique et le R&B, affirmant son identité musicale urbaine. Dans sa chanson « Soldi », il évoque son rapport complexe avec son père absent et la séparation d'avec sa maman mais rajoute aussi des éléments de culture arabe, comme le « clap clap » distinctif inspiré de la musique du Moyen-Orient. Son parcours incarne l'évolution de la société italienne, où des artistes issus d'arrière-plans atypiques redéfinissent ce que signifie être italien aujourd'hui. Son influence dépasse le cadre musical, faisant de lui une icône culturelle en Italie et au-delà.

Pour Duncan Laurence, c'est la surtout chanson « Arcade » gagnante de l'Eurovision 2019 à Tel Aviv juste devant « Soldi » qui a une histoire fascinante. Elle est marquée par un succès initial confidentiel et presque décevant mais suivie par un essor commercial tardif grâce à une viralité inattendue. Oui, elle est actuellement la chanson la plus écoutée de l'histoire du Concours Eurovision sur les plateformes de streaming, notamment Spotify. Depuis sa sortie en 2019, la chanson a cumulé plusieurs milliards d'écoutes ainsi que d'autres plateformes dépassant largement toutes les autres chansons de l'Eurovision. Mais pourquoi un tel succès ? Un peu par hasard, une année après la victoire pendant le Covid, la chanson presque oubliée est devenue virale sur TikTok, générant des millions de vidéos d'utilisateurs et donnant un second souffle à sa popularité. Des utilisateurs ont commencé à utiliser « Arcade » comme fond sonore pour des vidéos émotionnelles ou des confessions personnelles en utilisant particulièrement les paroles du refrain : « Loving you is a losing game », soit « t'aimer est un jeu perdant ». De fil en aiguille, la musique est reprise à l'infini sur les réseaux sociaux. Le thème de la ballade est la clé de son succès, inspirée par une histoire personnelle douloureuse, la perte d'un être cher et la quête de rédemption. Duncan a souvent expliqué que les paroles expriment le chagrin d'amour et l'espoir, un mélange de vulnérabilité et de résilience, un thème universel idéalement repris par les internautes. Ce phénomène illustre comment les plateformes numériques peuvent donner une seconde vie à une chanson, même plusieurs années après sa sortie.

Le chanteur est passé immédiatement d'artiste émergeant à star mondiale. Il signe avec un label international et sort son

Mahmood, avec « Soldi », une des chansons les plus téléchargées de l'histoire de l'Eurovision

Duncan Laurence, Pays-Bas, gagnant

premier album « Small Town Boy » en 2020. L'album contient d'autres morceaux introspectifs et mélodiques, confirmant son style unique. Cela lui permet aussi de collaborer avec des artistes internationaux et d'être connu aux États-Unis, élargissant sa notoriété et son public. En 2023, il sort son deuxième album intitulé « Skyboy ».

Les deux chansons, celle de Duncan Laurence, une ballade puissante, et celle de Mahmood, une mélodie aux sonorités modernes, ont fortement marqué l'Eurovision ! Ce duel de titans de l'Eurovision 2019 ne se limite pas à une simple compétition musicale. Il symbolise deux visions de la musique, celle de Duncan, émotive et introspective, et celle de Mahmood, innovante et ancrée dans des influences culturelles variées. Leur succès respectif a transcendé l'Eurovision, propulsant leurs carrières respectives sur la scène internationale.

Au-delà de leur rivalité amicale, Mahmood aurait pu légitimement remporter aussi l'Eurovision 2019 mais la victoire de Duncan Laurence reste largement méritée !

2020

ROTTERDAM

Pas de Concours mais du Covid ! Concours annulé

Aurait eu lieu :

12 mai première demi-finale
14 mai deuxième demi-finale
16 mai 2020 finale

Rotterdam's Ahoy Arena, Pays-Bas

Diffuseur Avrotros-Nos-Npo

41 pays participants
et 26 pays en finale

Pas de nouveaux pays en compétition
mais retour de la Bulgarie
et de l'Ukraine

Retrait de la Hongrie
et du Monténégro

Une première dans l'histoire du Concours

Tout était prêt avec le choix de la ville de Rotterdam et de nouveau un grand nombre de participants : 41. Avec la survenue de l'épidémie de Covid-19, certains pays avaient déjà émis des réticences et de nombreuses discussions avaient eu lieu entre les délégations et l'UER. Finalement, le 18 mars 2020 le Concours est annulé, ce qui n'était encore jamais arrivé dans l'histoire de l'Eurovision. Il y aura tout de même une émission spéciale le 16 mai, « Europe shine a light » en direct du studio 21 de la TV néerlandaise à Hilversum, avec uniquement les trois présentateurs/trices, Chantal, Edsilia & Jan, la Youtubeuse Nikkie de Jager, et les vidéos des artistes.

On vote quand même

Certains médias ont profité de concocter des productions particulières. La traditionnelle compilation a néanmoins été produite comme chaque année. Un vote a eu lieu avec les fans OGAE (Organisation générale des amateurs de l'Eurovision) qui a donné une victoire inofficielle à la Lituanie avec le groupe The Roop, ce qui aurait constitué une première victoire pour ce pays. L'Islande est arrivée deuxième, et la Suisse troisième. Les trois artistes reviendront l'année d'après et c'est le Suisse Gjon's Tears qui fera au final le meilleur résultat, troisième, en gagnant même le vote du Jury.

En accord avec les règles du Concours, les 41 chansons de cette édition sont devenues inéligibles pour l'édition 2021.

Nomination

L'année 2020 sera marquée également par la sortie d'un film drôle et humoristique sur l'Eurovision, *The Story of Fire Saga*, une comédie américaine. À l'origine, le film devait sortir en même temps que le Concours. Finalement, il paraîtra un mois plus tard. C'est l'histoire de Lars et de Sigrit qui font de la musique ensemble. Lars, joué par Will Ferrell, rêvait de représenter l'Islande à l'Eurovision. On y retrouve des éléments kitsch et aussi certains artistes de l'Eurovision dans un scénario qui a été très clivant pour les spectateurs européens. Satire délirante mais pas très proche de la réalité.

« Sigrit et Lars ont eu la chance de leur vie en représentant leur pays au plus grand Concours international de la chanson et ont pu finalement prouver que tout rêve qui mérite d'être réalisé est un rêve pour lequel il vaut la peine de se battre ! »

Le film avec la chanson islandaise « Husavik » a reçu la nomination aux 93e Academy Awards pour la « meilleure chanson originale ». L'Islande aurait-elle gagné l'Eurovision avec cette chanson qui est devenue un hit international ?

(p.382) Les quatre présentateurs

(p.383)
Les précédents gagnants
Connecté avec le monde
Duncan Laurence, Pays-Bas
Les studios vides

Participants prévus de la première demi-finale

Pays	Artiste(s)	Chanson	Langue(s)
Suède	The Mamas	Move	eng
Biélorussie	VAL	Da vidna (Да відна)	bel
Australie	Montaigne	Don't Break Me	eng
Macédoine du Nord	Vasil	YOU	eng
Slovénie	Ana Soklič	Voda	slv
Lituanie	The Roop	On Fire	eng
Irlande	Lesley Roy	Story of My Life	eng
Russie	Little Big	Uno	eng
Belgique	Hooverphonic	Release Me	eng
Malte	Destiny	All of My Love	eng
Croatie	Damir Kedžo	Divlji vjetre	hrv
Azerbaïdjan	Efendi	Cleopatra	eng
Chypre	Sandro	Running	eng
Norvège	Ulrikke	Attention	eng
Israël	Eden Alene	Feker Libi (ፍቅር ልቤ)	eng, amh*
Roumanie	ROXEN	Alcohol You	eng
Ukraine	Go A	Solovey (Соловей)	ukr

Participants prévus de la deuxième demi-finale

Pays	Artiste(s)	Chanson	Langue(s)
Grèce	Stefania	SUPERG!RL	eng
Estonie	Uku Suviste	What Love Is	eng
Autriche	Vincent Bueno	Alive	eng
Moldavie	Natalia Gordienko	Prison	eng
Saint-Marin	Senhit	Freaky!	eng
Tchéquie	Benny Cristo	Kemama	eng
Serbie	Hurricane	Hasta la vista	srp
Pologne	Alicja	Empires	eng
Islande	Daði og Gagnamagnið	Think About Things	eng
Suisse	Gjon's Tears	Répondez-moi	fra
Danemark	Ben & Tan	YES	eng
Albanie	Arilena Ara	Fall from the Sky	eng
Finlande	Aksel	Looking Back	eng
Arménie	Athena Manoukian	Chains on You	eng
Portugal	Elisa	Medo de sentir	por
Géorgie	Tornike Kipiani	Take Me as I Am	eng
Bulgarie	VICTORIA	Tears Getting Sober	eng
Lettonie	Samanta Tīna	Still Breathing	eng

Participants prévus de la finale

Pays	Artiste(s)	Chanson	Langue(s)
Pays-Bas	Jeangu Macrooy	Grow	eng
Allemagne	Ben Dolic	Violent Thing	eng
Espagne	Blas Cantó	Universo	spa
France	Tom Leeb	Mon alliée (The Best In Me)	fra, eng
Italie	Diodato	Fai rumore	ita
Royaume-Uni	James Newman	My Last Breath	eng

2021 | ROTTERDAM

65e édition

Pas de langue anglaise dans le top 3 !

Vainqueur : **Italie avec le groupe Måneskin**

Chanson : **« Zitti e buoni »**

Auteurs-compositeurs :
Damiano David, Victoria De Angelis, Ethan Torchio, Thomas Raggi

18 mai première demi-finale
20 mai deuxième demi-finale
22 mai 2021 finale

Rotterdam's Ahoy Arena, Pays-Bas

Diffuseur Avrotros/Nos/Npo

39 pays participants et 26 pays en finale

Aucun pays débute mais retour de la Bulgarie et de l'Ukraine

Disqualification de la Biélorussie et retrait de l'Arménie, de la Hongrie et du Monténégro

Même système de vote que l'année précédente avec deux demi-finales

De retour ou pas

Après l'annulation du Concours en 2020, 24 délégations ont annoncé qu'elles revenaient avec les mêmes artistes. Certains autres pays qui ont une importante sélection ou finale nationale comme l'Italie et la Suède ont décidé de choisir d'autres artistes. Ce qui fut une réussite en particulier pour l'Italie avec le groupe Måneskin.

Deux artistes sélectionnés en 2020 dont le chanteur estonien Uku Suviste et le groupe lituanien The Roop ont dû repasser par leur finale nationale et l'ont à nouveau gagnée. Une grande performance en soi.

La France, par contre, qui avait choisi en interne en 2020 Tom Leeb (fils de Michel Leeb), a dû faire un autre choix suite au désistement de ce dernier. La télévision française France 2 a ainsi organisé une grande finale intitulée « Eurovision France c'est vous qui décidez ». Là aussi ce fut un bon choix puisque la gagnante Barbara Pravi terminera deuxième avec sa chanson « Voilà ».

Trois pays ne reviennent pas. L'Arménie pour des raisons politiques et sociales liées à la guerre dans le Haut-Karabakh, la Hongrie et le Monténégro.

La Biélorussie est finalement disqualifiée après avoir soumis deux chansons en violation avec les règles du Concours, en particulier avec des connotations politiques. Les paroles de ces chansons contribueraient à promouvoir le gouvernement biélorusse. Ce qui va à l'encontre des règles de l'Eurovision. Finalement, à la suite de différentes tergiversations avec le diffuseur, la Biélorussie est exclue du Concours jusqu'à nouvel avis.

Covid quand tu nous tiens

Le Covid-19 a toujours un impact sur l'organisation. D'importants aménagements et scénarios sont mis en place pour éviter l'annulation du Concours cette année et dans le futur. L'UER propose même de permettre aux artistes de performer depuis leurs pays. Le seul pays à avoir renoncé au déplacement est l'Australie.

Cette édition s'est déroulée dans des conditions extraordinaires, avec un public limité et des milliers de tests Covid pour les artistes et les délégations présents sur place.

Des artistes ont dû s'abstenir de participer à certains événements ou répétitions. Certains chanteurs ou musiciens du groupe islandais Daði og Gagnamagnið étant testés positifs ont obligé le groupe tout entier à se retirer dans leurs chambres d'hôtel et c'est leur répétition qui a été diffusée pour les différentes étapes du Concours. Ils ont finalement obtenu une excellente quatrième place avec leur chanson « 10 years ».

Le gagnant de 2019, Duncan Laurence, également testé positif, n'a pas pu monter sur scène à la finale. Ce sont aussi des images de répétitions qui ont été diffusées et il n'a pas pu remettre le trophée aux vainqueurs italiens. Eux-mêmes sont restés dans une « bulle spéciale » pendant tout le Concours avec des tests de dépistage quotidiens.

De nombreux commentateurs ont dû faire leur travail depuis leurs pays.

On notera un changement au sein de la direction de l'émission avec l'arrivée d'un nouveau superviseur, encore un Scandinave, Martin Osterdalh.

Mais où est la langue anglaise ?

Pour les présentateurs, on reprend les mêmes qu'en 2020 avec la youtubeuse transgenre Nikkie de Jager, très connue pour ses tutoriels sur le make up et la beauté afin de stimuler les réseaux sociaux autour du Concours et ainsi continuer à rajeunir le public.

Du côté des artistes, les paris voient l'Italie gagner avec l'énergique « Zitti e buoni » du groupe Måneskin, et la France deuxième avec Barbari Pravi « Voilà » dans le style Edith Piaf. Finalement, c'est la Suisse et la voix cristalline de

Måneskin, Italie

Barbara Pravi, France

Daði og Gagnamagnið, Islande

Gjon's Tears qui créera la surprise en gagnant le vote du jury et en terminant troisième du Concours.

Ainsi, pour la première fois depuis 1986, deux chansons en français terminent aux trois premières places (trois en 1986).

C'est aussi historique de voir les trois premières chansons dans une langue autre que l'anglais et même quatre chansons dans le top 5 si on prend en compte la chanson en ukrainien de Go_A.

« Je me casse », de la chanteuse maltaise Destiny, longtemps préférée des fans, terminera seulement septième. Le bruit a couru que la délégation aurait acheté des paris, mais cela n'a jamais été prouvé. Finalement, cela ne l'a pas aidée puisque sa prestation a été décevante sur scène. Malte n'a toujours pas gagné le Concours.

Phénomène Måneskin (« Clair de lune » en danois, origine de la bassiste Victoria)

Qui aurait pu imaginer que ces quatre jeunes rockeurs, gagnants de Sanremo et de l'Eurovision, se seraient retrouvés icônes internationales ? Même pas la délégation italienne qui s'excusait presque d'être venue avec un tel groupe. Depuis, ils marquent l'histoire de la musique et de l'Eurovision. Leur victoire n'a pas fait l'ombre d'un doute, même s'ils n'ont fini que quatrièmes du vote du jury mais largement premiers du vote du public.

De fausses accusations, véhiculées principalement par des journaux français, ont marqué l'après Concours. On a reproché au chanteur, Damiano David, qui ramassait des bouts de verre devant lui, d'avoir snifé des lignes de cocaïne. Ce qui a été clairement démenti par la télévision italienne et l'UER. Damiano a même fait un test pour prouver qu'il n'avait rien consommé.

L'utilisation d'une star n'est pas la garantie d'un succès. La chanteuse Senhit, de Saint-Marin, pensait pouvoir gagner en faisant appel au fameux rappeur américain Flo Rida, mais elle terminera à la vingt-deuxième place seulement.

L'année 2021 restera l'année de la note la plus longue : 17 secondes ! Performance réalisée par Natalia Gordienko pour la Moldavie et sa chanson sulfureuse « Sugar ».

Le vote des fans a été totalement désavoué en mettant Malte au premier rang et l'Italie seulement au huitième. Les fans sont-ils en train de perdre le contact avec les réalités du Concours de plus en plus influencé par les réseaux sociaux ?

Montaigne, Australie
Destiny, Malte
Måneskin, Italie

Interview de *Gjon's Tears*

Qu'est-ce que l'Eurovision vous a apporté ?
L'expérience de l'Eurovision m'a beaucoup appris artistiquement, et l'aventure humaine que j'ai vécue non seulement le jour J à Rotterdam, mais depuis le début du processus de la création du titre jusqu'à la réception des points de la finale reste encore gravée très profondément en moi et m'a vraiment forgé pour la suite de ma carrière.

Comment avez-vous vécu cette semaine spéciale à Rotterdam en plein Covid ?
C'était très frustrant pour moi en tant qu'artiste que l'ESC 2020 soit annulé, année où je devais y interpréter mon titre « Répondez-moi », mais c'était encore plus compliqué en 2021 de devoir limiter les contacts avec toute l'organisation et les artistes, car l'Eurovision est aussi un lieu de rencontres artistiques et humaines…

Comment avez-vous réagi lorsque vous avez fait face à des difficultés avec votre décor sur scène lors de la finale ?
Premièrement, je pense que j'ai été très déstabilisé, car une surprise, aussi petite soit-elle, dans un show millimétré devient un élément perturbateur important. Cependant, cette peur m'a poussé à chanter encore plus haut et plus fort et a prouvé aux jurys ma volonté d'artiste.

Referiez-vous l'Eurovision avec la Suisse ? Ou peut-être avec l'Albanie ?
Je referais l'Eurovision avec la Suisse si je ne l'avais pas déjà fait. Pour ce qui est de revenir dans le show en tant que candidat, je ne suis pas fermé à cette idée, mais ce serait avec la condition que j'y interprète une de mes chansons qui me représente complètement et avec la délégation suisse qui m'a fait confiance depuis le début du projet.

Quel est votre quotidien musical aujourd'hui ?
Aujourd'hui, je continue la musique et les concerts. Je suis dans une phase de composition pour mes prochains projets et collaborations. J'ai déjà eu la chance de travailler avec des grands noms comme Zazie, Ibrahim Maalouf ou encore Duncan Laurence que l'on connaît bien à l'Eurovision, et je tente de faire rayonner ma musique dans toute l'Europe encore aujourd'hui. J'ai signé paralèlement avec un label aux États-Unis, centre névralgique pour diffuser ma musique au niveau international. Pour moi c'est une grande étape, qui s'annonce pleine de surprises et de construction, et une super opportunité pour grandir encore plus dans le milieu de la musique.

Gjon's Tears, Suisse, 3e finaliste et gagnant du vote jury

Rock'n'roll never dies !

Cette phrase est devenue immédiatement emblématique suite à la victoire historique à l'Eurovision de Damiano David et de son groupe Måneskin devenu instantanément viral à travers le monde entier. Elle célébrait le succès d'un style musical unique et viril, le rock'n'roll dans un Concours musical souvent dominé par la pop !

Måneskin a marqué un tournant dans l'histoire de l'Eurovision en connaissant un essor fulgurant directement après sa victoire en 2021, un peu comme ABBA en 1974. Le groupe a représenté l'Italie avec la chanson « Zitti e buoni », un titre rock puissant. Leur performance énergique et charismatique a conquis surtout le public à travers l'Europe mais un peu moins les jurés de professionnels leur permettant quand même de placer l'Italie en tête pour la première fois depuis 1990 et de ramener une troisième victoire pour ce pays.

Leur look mêlant influences glam rock et punk ainsi que leur attitude non conformiste ont attiré l'attention en permettant de se démarquer des autres participants. L'aventure a commencé en 2016 avec la bassiste iconique Victoria de Angelis et le guitariste Thomas Raggi, amis d'enfance, qui ont l'idée de former un groupe en recrutant le chanteur Damiano et le batteur Ethan Torchio pour compléter la formation. Le nom du groupe signifie « Clair de lune » et a été choisi par Victoria qui est d'origine danoise. Tout a commencé dans les rues de Rome, avant de participer à un show de téléréalité musicale italien où ils se sont fait remarquer sans gagner, par leur énergie et leur style. C'est en participant par la suite au prestigieux Festival de Sanremo, début 2021, au sortir du Covid, que leur destin a basculé en gagnant et leur permettant d'aller à la finale européenne à Rotterdam, marquant le début de leur succès international.

Peu après leur victoire, une controverse éclate lorsque des rumeurs circulent sur un possible usage de drogue par le chanteur Damiano. Certains médias internationaux, notamment en France et au Royaume-Uni, ont relayé cela de manière amplifiée sur les réseaux sociaux. Tout est parti d'une séquence vidéo montrant Damiano se penchant sur une table dans la Green room lors de l'émission TV, un geste rapidement interprété négativement par certains. Des téléspectateurs remarquent également cette séquence lors de sa diffusion en direct et partagent leurs spéculations sur les réseaux sociaux. Lors de la conférence de presse après la victoire, un journaliste demande à Damiano s'il avait consommé de la drogue. Le chanteur a immédiatement nié ces accusations, affirmant n'avoir jamais consommé de drogue et expliquant que le geste en question était dû à un verre cassé sur la table et qu'il se penchait simplement pour en ramasser les morceaux. Il fait aussi volontairement un test de dépistage qui s'est révélé négatif. La réponse rapide de Damiano et du groupe ont finalement renforcé leur crédibilité. L'organisateur de l'Eurovision a également confirmé rapidement qu'il n'y avait aucune preuve de comportement répréhensible.

> *Avec son cri de victoire – « Rock'n'roll never dies ! » – Damiano David et Måneskin ont bousculé l'Eurovision, prouvant qu'audace, énergie brute et style pouvaient encore électriser l'Europe… et conquérir le monde.*

Tout cela n'a pas nui du tout à la carrière du groupe ; bien au contraire, cela a renforcé l'image et la légende de bad boy du chanteur Damiano. Depuis, le groupe est sur les rails du succès et

Damiano David, chanteur du goupe Måneskin

n'a plus arrêté de tourner en donnant des concerts à travers le monde entier. Après avoir fait la première partie des Rolling Stones à Las Vegas et une centaine de concerts à l'international, dont Cannes où ils ont reçu le NRJ Music Award des artistes les plus diffusés en radio en France en 2023, le groupe rock italien a achevé sa tournée mondiale en décembre 2023. Måneskin est devenu l'un des rares groupes issus du Concours à connaître un incroyable succès international. Des chansons comme « I wanna be your slave » et leur reprise de « Beggin » sont devenues virales sur les plateformes des réseaux ainsi que dans les charts de nombreux pays. Aujourd'hui, Måneskin ne s'est pas définitivement séparé mais ses membres, notamment le chanteur, ont entrepris des projets solos. Bien que cela ait suscité des spéculations sur une possible séparation, le groupe a toujours affirmé qu'il n'était pas question de dissolution.

Damiano est très amoureux d'une célèbre actrice américaine, star de Disney, Dove Cameron. « La personne la plus belle, sensible, aimante, drôle, talentueuse et incroyable que j'ai jamais rencontrée », a-t-il écrit dans un post Instagram, avant d'ajouter : « Je n'arrive toujours pas à croire que tu sois ma petite amie. Je t'aime mon ange. » Il nous fait rêver... Décidément très romantique, Damiano sort en 2024 son premier single solo en anglais « Born with a broken heart » qui devient un tube mondial. Il entame en 2025 une tournée internationale de grande envergure et vient tout récemment de lancer son premier album solo « Funny little fears » qui comporte 14 chansons surprenantes et qui a déjà reçu un accueil extraordinaire de la part des fans du monde entier. De nombreux concerts s'annoncent déjà à guichets fermés

Lors de ses nombreuses interviews, Damiano a souvent évoqué l'Eurovision avec fierté et gratitude, comme un tremplin pour sa carrière internationale, une expérience incroyable et irréelle. Cela a donné à Måneskin une visibilité inespérée, dont chacun des membres est éternellement reconnaissant. Cela a aussi permis de casser certains clichés autour de l'Eurovision. Selon le chanteur, leur victoire a montré que des artistes venant de divers genres, y compris le rock, pouvaient toucher le public européen ! La victoire de Måneskin est aussi celle de l'authenticité et de l'audace.

RÉSULTATS

Place	Pays	Artiste(s)	Chanson	Langue(s)	Points
1	Italie	Måneskin	Zitti e buoni	ita	524
2	France	Barbara Pravi	Voilà	fra	499
3	Suisse	Gjon's Tears	Tout l'Univers	fra	432
4	Islande	Daði og Gagnamagnið	10 Years	eng	378
5	Ukraine	Go_A	Shum	ukr	364
6	Finlande	Blind Channel	Dark Side	eng	301
7	Malte	Destiny	Je me casse	eng	255
8	Lituanie	The Roop	Discoteque	eng	220
9	Russie	Manizha	Russian Woman	rus, eng	204
10	Grèce	Stefania	Last Dance	eng	170
11	Bulgarie	VICTORIA	Growing Up Is Getting Old	eng	170
12	Portugal	The Black Mamba	Love Is on My Side	eng	153
13	Moldavie	Natalia Gordienko	SUGAR	eng	115
14	Suède	Tusse	Voices	eng	109
15	Serbie	Hurricane	Loco Loco	srp	102
16	Chypre	Elena Tsagrinou	El Diablo	eng	94
17	Israël	Eden Alene	Set Me Free	eng	93
18	Norvège	TIX	Fallen Angel	eng	75
19	Belgique	Hooverphonic	The Wrong Place	eng	74
20	Azerbaïdjan	Efendi	Mata Hari	eng	65
21	Albanie	Anxhela Peristeri	Karma	alb	57
22	Saint-Marin	Senhit et Flo Rida	Adrenalina	eng	50
23	Pays-Bas	Jeangu Macrooy	Birth of a New Age	eng, srn	11
24	Espagne	Blas Cantó	Voy a quedarme	spa	6
25	Allemagne	Jendrik	I Don't Feel Hate	eng	3
26	Royaume-Uni	James Newman	Embers	eng	0

2022

TURIN

La guerre s'invite au Concours Eurovision de la chanson

Vainqueur: **Ukraine avec le groupe Kalush Orchestra**

Chanson: **«Stefania»**

Auteurs-compositeurs: Ihor Didenchuk, Tymofii Muzychuk, Vittalii Duzhyk, Ivan Klymenko, Oleh Psiuk

10 mai première demi-finale
12 mai deuxième demi-finale
14 mai 2022 finale

Pala Olimpico Turin Italie

Diffuseur RAI

40 pays participants et 25 pays en finale

Aucun début, aucun retrait, disqualification de la Russie

Retour de l'Arménie et du Monténégro

Même système de vote que l'année précédente avec deux demi-finales

66e édition

Le Nord à l'honneur grâce à Turin

Avec un record de villes candidates dans toute l'Italie, dont Sanremo, c'est finalement Turin qui l'emporte, ce qui est un honneur pour le nord de l'Italie après les éditions de Naples en 1965 et de Rome en 1991.

Dès le départ, les Italiens veulent organiser le Concours sans trop d'aide extérieure, sans véritablement d'expérience et en pensant pouvoir le faire comme pour leur Festival annuel de Sanremo, créant des problèmes importants avec l'UER en particulier.

Un souci majeur a été la mise en place de la scénographie basée sur les mouvements, et la lumière d'un «soleil» qui n'a jamais fonctionné. La conception comprenait également une cascade d'eau et une Green room inspirée d'un jardin italien. Tout cela a été très décevant mais heureusement l'ambiance et la qualité musicale étaient au rendez-vous.

Polémique et exclusion

Dans un premier temps, malgré les demandes du diffuseur ukrainien en lien avec l'invasion de leur pays, l'UER décide de maintenir la candidature russe avec cette éternelle justification: le Concours est apolitique.

Dans un second temps, face aux interventions nombreuses des diffuseurs de l'Est européen et de la Scandinavie, la décision est prise d'exclure la candidature russe. À la suite de cela, les diffuseurs russes sortent de l'UER et sont exclus du Concours.

L'Ukraine clairement favorite

Dans ce contexte, les préparations ukrainiennes sont extrêmement compliquées. La finale nationale a lieu le 12 février et c'est Alina Pash qui gagne le ticket pour Turin grâce au jury. Finalement, elle se retirera après des polémiques concernant un voyage qu'elle a fait en 2015 en Crimée. Le 22 février, jour dramatique de l'invasion, la participation du Kalush Orchestra est annoncée, un groupe de rap et de musique traditionnelle dont les membres reçoivent une permission spéciale pour quitter leur pays en guerre et participer au Concours.

Le groupe entame une tournée internationale pour récolter des fonds pour l'effort de guerre.

La chanson « Stefania » qui rend hommage aux mamans devient un hymne dans toute l'Ukraine et en particulier auprès des soldats engagés dans la défense de leur pays. Kalush Orchestra est devenu favori comme jamais depuis la naissance des paris en ligne, avec plus de 62 %.

Contrairement aux fans, les parieurs ont identifié les quatre favoris de ce Concours. Soit en plus de l'Ukraine le Royaume-Uni, l'Espagne et la Suède.

Tricherie des jurys ?

Sur fond de cyberattaque russe et une baisse importante de l'audience TV, du fait de l'absence de la Russie et l'impossibilité de calculer les taux de l'Ukraine, le Concours se déroule quand même dans une bonne ambiance. Le spectacle est animé par deux stars du show-business : Laura Pausini et Mika qui s'impliqueront aussi dans le spectacle musical. Ils sont accompagnés d'une personnalité de la télévision italienne, Alessandro Cattelan.

Au-delà du côté artistique, ce qui marquera le Concours et son avenir est l'immense imbroglio du vote du jury de la deuxième demi-finale, en particulier de six pays qui semblent s'être arrangés pour voter les uns pour les autres. Il paraîtrait que cela se soit en partie prolongé pour la finale.

Depuis ces problèmes, l'UER a décidé de supprimer les jurys pour les votes en demi-finale, ce qui défavorise les pays sans communautés particulières à travers l'Europe.

Quelle qualité !

Malgré toutes ces difficultés, cette édition a été joyeuse avec un nombre exceptionnel d'artistes de qualité. Le Royaume-Uni et l'Espagne réalisent un résultat historique avec une deuxième place pour Sam Ryder, sa chanson « Space man » et son décor spatial incroyable ; ce n'était plus arrivé depuis 1998. Et une troisième place pour l'Espagne et sa chanteuse Chanel avec « SloMo » : une si bonne place n'avait pas été atteinte depuis 1995.

Malgré une vingtième place décevante, l'Arménie pourra s'enorgueillir qu'une de ses chansons, « Snap » de Rosa Linn, figure parmi les plus écoutées de l'Eurovision. La chanson est devenue virale sur TikTok et dans les charts de très nombreux pays.

L'Italie, grâce au retour de Mahmood accompagné de Blanco, ainsi que la Suède et Cornelia Jakobs avec la chanson « Hold me closer » viennent encore relever le niveau de ce Concours musical d'exception.

L'originalité de cette édition vient de la Norvège avec le duo Subwoolfer qui monte sur scène déguisé en loup jaune et qui cache sa véritable identité. Les paroles de la chanson sont surréalistes : « Give that wolf a banana » – « Avant que le loup ne mange ma grand-mère donne-lui une banane ». On ne connaîtra la véritable identité des chanteurs qu'une année plus tard.

(p.394) Kalush Orchestra, Ukraine, vainqueurs

(p.395)

Sam Ryder, Royaume-Uni

Chanel, Espagne

Cornelia Jakobs, Suède

Konstrakta, Serbie

La Finlande fait appel à un de ses plus grands groupes de rock, The Ramsmus, qui présente « Jezebel » et finalement la Serbie et son groupe Konstrakta qui nous montre comment bien nous laver les mains avec « In corpore sano ». Ils nous épatent avec un show conceptuel et avant-gardiste.

Le Portugal reste dans l'authenticité et la nostalgie avec « Saudad, Saudad » de Maro.

On notera aussi que 2022 est une année de retour puisque pas moins de cinq artistes se sont représentés cette année.

Immédiatement après leur victoire, les Ukrainiens annoncent qu'ils veulent organiser la soixante-septième édition de l'Eurovision chez eux, ce qui ne pourra malheureusement pas être possible. C'est, comme le prévoit le règlement, le deuxième qui est sollicité pour accueillir l'Eurovision, donc bon voyage à Liverpool !

Mika à l'Interval act

Interview d'*Oleh Psiuk* de Kalush

C'est important pour vous de chanter en ukrainien ?
Oui pour nous c'est important, tout particulièrement depuis que notre pays est en guerre et subit des destructions. Il est essentiel de montrer que notre culture et nos musiques sont bien vivantes.

Votre chanson parle-t-elle de la guerre ?
La chanson a été écrite bien avant la guerre, pour ma maman, mais quand la guerre a commencé, les gens ont recherché du réconfort et elle est vite devenue une chanson sur la mère patrie.

Vous êtes devenu une star internationale, ce n'est pas trop de pression pour vous ?
C'est surtout beaucoup de stress mais notre mission c'est de faire rayonner la culture ukrainienne et nous nous efforçons d'agir au mieux.

« Notre mission, c'est de faire rayonner la culture ukrainienne. »

Oleh Psiuk, leader de Kalush, dont la chanson est devenue un hymne involontaire à la mère patrie en pleine guerre.

En tant qu'artiste, trouvez-vous que l'exclusion de la Russie du Concours est une bonne chose ?
Je pense que c'était une bonne décision, il est impensable qu'aujourd'hui au centre de l'Europe un pays en envahisse un autre. Du reste, la Russie a été également exclue d'autres événements de ce type.

Ah, l'histoire de « Snap » de Rosa Linn, c'est vraiment un bel exemple d'un *slow success* grâce aux réseaux sociaux, qui a bénéficié de la plateforme Eurovision pour se faire connaître.

« Snap » est une chanson interprétée par la chanteuse arménienne Rosa Linn. Elle a représenté son pays à l'Eurovision de 2022 à Turin avec ce morceau. Lors de la finale, la chanson a terminé à la décevante vingtième place, donc loin du podium avec rien de spectaculaire sur le moment. À la fin du Concours, des mauvaises langues raillaient même sa prestation en disant qu'il ne suffisait pas de simplement claquer des doigts pour espérer gagner l'Eurovision.

L'explosion virale est arrivée quelques mois après le Concours où « Snap » a connu une seconde vie grâce à TikTok. La chanson a été utilisée dans des millions de vidéos touchant un public bien plus large que celui de l'Eurovision. Son refrain doux et accrocheur a résonné chez les jeunes créateurs de contenu sur les réseaux. Il s'est ensuivi un succès mondial totalement inattendu. Grâce à ce buzz, la chanson a grimpé dans les classements internationaux de nombreux pays dont la Suisse et la France. Depuis, on n'en a plus fini de l'entendre partout sur les radios. C'est donc un phénomène extrêmement rare pour une chanson qui n'a pas brillé au classement. La chanson est entrée dans de nombreux charts et est devenue disque de platine dans plusieurs parties du monde. Elle est même entrée dans les classements américains, un véritable exploit pour une artiste arménienne.

Aujourd'hui, « Snap » est l'une des chansons les plus écoutées de l'histoire récente de l'Eurovision, dépassant même certains gagnants en termes de téléchargements. Elle prouve aussi qu'une chanson n'a pas besoin de gagner pour marquer durablement les esprits. L'idée que l'Eurovision pourrait détruire un hit potentiel, c'est franchement dépassé. Aujourd'hui, la visibilité de millions de téléspectateurs est tellement massive que c'est une opportunité en or pour faire connaître une chanson à fort potentiel. Si le talent est là, si la chanson est bonne et bien produite, pourquoi s'en priver ? Ces dernières années, des artistes comme Måneskin, Loreen ou même Mahmood ont vu leur carrière décoller à l'international grâce à l'Eurovision. Un bon titre, porté par une vraie performance ou une stratégie de communication solide, peut cartonner.

RÉSULTATS

Place	Pays	Artiste(s)	Chanson	Langue(s)	Points
1	Ukraine	Kalush Orchestra	Stefania (Стефанія)	ukr	631
2	Royaume-Uni	Sam Ryder	Space Man	eng	466
3	Espagne	Chanel	SloMo	spa, eng	459
4	Suède	Cornelia Jakobs	Hold Me Closer	eng	438
5	Serbie	Konstrakta	In corpore sano	srp, lat	312
6	Italie	Mahmood et Blanco	Brividi	ita	268
7	Moldavie	Zdob și Zdub et Frații Advahov	Trenulețul	rum	253
8	Grèce	Amanda Tenfjord	Die Together	eng	215
9	Portugal	MARO	Saudade, saudade	eng, por	207
10	Norvège	Subwoolfer	Give That Wolf a Banana	eng	182
11	Pays-Bas	S10	De diepte	dut	171
12	Pologne	Ochman	River	eng	151
13	Estonie	Stefan	Hope	eng	141
14	Lituanie	Monika Liu	Sentimentai	lit	128
15	Australie	Sheldon Riley	Not the Same	eng	125
16	Azerbaïdjan	Nadir Rüstəmli	Fade to Black	eng	106
17	Suisse	Marius Bear	Boys Do Cry	eng	78
18	Roumanie	WRS	Llámame	eng, spa	65
19	Belgique	Jérémie Makiese	Miss You	eng	64
20	Arménie	Rosa Linn	SNAP	eng	61
21	Finlande	The Rasmus	Jezebel	eng	38
22	Tchéquie	We Are Domi	Lights Off	eng	38
23	Islande	Systur	Með hækkandi sól	isl	20
24	France	Alvan & Ahez	Fulenn	bre*	17
25	Allemagne	Malik Harris	Rockstars	eng	6

* breton

2023

LIVERPOOL

67e édition

« Unis par la musique », plus qu'un slogan ?

Vainqueur : **Suède avec la chanteuse Loreen**

Chanson : **« Tattoo »**

Auteurs-compositeurs :
Jimmy « Joker » Thörnfeldt, Jimmy Jansson, Lorine Talhaoui, Moa Carlebecker, Peter Boström, Thomas G:son

9 mai première demi-finale
11 mai deuxième demi-finale
13 mai 2023 finale

Liverpool Arena, Royaume-Uni

Diffuseur BBC

37 pays participants avec 26 pays en finale

Aucun pays de retour ou qui entre dans la compétition

Retraits : Bulgarie, Monténégro, Macédoine du Nord

Même système de vote que l'année précédente en finale, pas de jury en demi-finale

Ukraine ou pas Ukraine ?

L'accouchement du Concours a été difficile tant le gouvernement ukrainien affirmait sa volonté de l'organiser sur ses terres et malgré le fait que l'UER ne le souhaitait pas.

Les Ukrainiens ont essayé de discuter plusieurs mois avant que la décision ne tombe en juillet. Pour la première fois depuis 1981, le Concours ne s'organisera pas dans le pays vainqueur de l'édition précédente.

Une grande déception pour la population d'Ukraine mais très vite les Britanniques, qui organisent cette 67e édition, annoncent leur désir d'intégrer la culture ukrainienne et de collaborer avec la télévision nationale. Le choix de Liverpool est annoncé et la ville participera à l'évènement avec beaucoup d'enthousiasme.

Le commentateur vedette de la BBC pour le Concours, Graham Norton, est annoncé

comme présentateur en compagnie de deux autres personnalités, Alesha Dixon et Hannah Waddingham de la télévision et du spectacle. À ce trio, la BBC a associé une artiste ukrainienne, Julia Sanina.

La visite de sa Majesté le roi Charles III et de son épouse la reine Camilla sera remarquée. On ne sait pas s'ils aiment l'Eurovision de la chanson, mais leur passage fera du bruit !

L'Ukraine et ses cultures sont fortement à l'honneur. Les Britanniques ont su accueillir et surtout faire toute la place aux Ukrainiens en restant parfois dans l'ombre pour mettre ce pays ami en valeur.

Unis par la musique

L'audience télévisuelle est en augmentation mais surtout on assiste à un record de vues sur les réseaux sociaux. Un virage négocié avec talent par les organisateurs et l'UER.

On ne connaît pas toujours les chiffres et les budgets de ce show international, mais à Liverpool, une enquête a été réalisée qui prouve que l'évènement a rapporté près de 16 millions d'euros à la ville.

Pour illustrer le thème de l'année, « Unis par la musique », les célèbres cartes postales sont tournées dans trois pays, l'Ukraine, le Royaume-Uni et le pays participant.

Le retour de Loreen

L'évènement, c'est le retour de Loreen pour la Suède, qui tente de faire mentir l'adage qui semble prouver qu'un retour n'est jamais gagnant, sauf pour « Monsieur Eurovision » Johnny Logan. Pendant toute la semaine elle a été très critiquée par des fans qui ne souhaitaient pas la voir regagner. Elle a eu des soucis de scénique et de voix. Elle a aussi été attaquée par l'extrême droite de son pays.

Après sa victoire, la chanson « Tattoo » a connu un succès commercial sans précédent en entrant dans les charts du monde entier. C'est devenu la troisième chanson la plus téléchargée de l'histoire de l'Eurovision après « Arcade » et « Snap » et devant « Zitti e buoni ».

La plus grande déception est celle des Finlandais qui espéraient vraiment ramener une deuxième victoire pour leur pays avec Käärijä et sa chanson dance et gag « Cha cha cha ».

(p.400) Graham Norton, Alesha Dixon, Julia Sanina et Hannah Waddingham, présentatrices

(p.401) Loreen, Suède, gagnante

(p.402)
Käärijä, Finlande, 1er vote du public
Noa Kirel, Israël
Marco Mengoni, Italie

(p.403 haut) La salle de Liverpool avant l'effervescence

(p.403 bas) La Zarra, France

Jusqu'au dernier moment elle était favorite des fans et du public. Käärijä a du reste gagné le vote du public mais a fini seulement quatrième du vote du jury alors que Loreen a convaincu le jury et obtenu la première place. On constate un clivage entre les deux votes, mais finalement Loreen aura eu, au-delà de tout, la reconnaissance du public international et on peut le dire, devient « Madame Eurovision ».

Dans les rues de Liverpool, le Finlandais avait le soutien du public et son frère est venu avec un car-sauna parqué devant la salle prêt à fêter la victoire. Malgré la deuxième place, c'est « Cha cha cha » que les gens ont chanté gaiement en fin de soirée.

Le duel a été tellement fort entre ces deux pays qu'on en oublie les autres prestations.

Mais il y avait aussi d'autres chansons

Citons néanmoins Israël avec Noa Kirel et sa chanson « Unicorn » qui est arrivée troisième, dont le show était dansé plus que chanté, ce qui donnera des idées à de nombreux artistes l'année suivante. Le récapitulatif de sa chanson était du reste uniquement dansé, ce qui a fait réagir les spécialistes du Concours.

N'oublions pas le chanteur romantique italien Marco Mengoni avec sa remarquable prestation vocale et sa chanson « Due vite ».

La chanteuse norvégienne Alessandra avec « Queen of kings » finit au cinquième rang malgré ses nombreux problèmes vocaux. Lors de la finale norvégienne, l'autotune est autorisé, ce qui n'est pas le cas à l'Eurovision.

C'est à l'est que l'on trouve les choix les plus décalés et originaux en particulier avec la chanson tchèque du groupe Vesna sur l'émancipation des femmes et bien entendu la Croatie avec Let 3 qui critique les dictatures dans sa chanson « Mama ŠČ ! ».

Polémique et réconciliation

La plus grande polémique et déception est celle de la France avec la chanteuse La Zarra qui non seulement chantera faux « Évidemment », mais sera perchée sur une pseudo tour Eiffel et se permettra, selon la presse, un doigt d'honneur au moment du vote du public.

À nouveau l'Allemagne termine dernière avec son groupe glam-rock Lord of the Lost. Le Royaume-Uni, à la maison, sera avant-dernier avec Mae Muller dont la chanson « I wrote a song » deviendra un succès commercial au Royaume-Uni. Son mauvais résultat est certainement lié à son interprétation.

Ce Concours a en partie réconcilié les parieurs et les fans pour les deux premiers. Ouf, on est sauvés !

Eurovision
SONG CONTEST
UNITED KINGDOM
LIVERPOOL 2023

RÉSULTATS

Place	Pays	Artiste(s)	Chanson	Langue(s)	Points
1	Suède	Loreen	Tattoo	eng	583
2	Finlande	Käärijä	Cha Cha Cha	fin	526
3	Israël	Noa Kirel	Unicorn	eng	362
4	Italie	Marco Mengoni	Due vite	ita	350
5	Norvège	Alessandra	Queen of Kings	eng	268
6	Ukraine	Tvorchi	Heart of Steel	eng, ukr	243
7	Belgique	Gustaph	Because of You	eng	182
8	Estonie	Alika	Bridges	eng	168
9	Australie	Voyager	Promise	eng	151
10	Tchéquie	Vesna	My Sister's Crown	eng, ukr, cze	129
11	Lituanie	Monika Linkytė	Stay	eng	127
12	Chypre	Andrew Lambrou	Break a Broken Heart	eng	126
13	Croatie	Let 3	Mama ŠČ!	hrc	123
14	Arménie	Brunette	Future Lover	eng, arm	122
15	Autriche	Teya & Salena	Who the Hell is Edgar?	eng	120
16	France	La Zarra	Évidemment	fra	104
17	Espagne	Blanca Paloma	Eaea	spa	100
18	Moldavie	Pasha Parfeni	Soarele și luna	rom	96
19	Pologne	Blanka	Solo	eng	93
20	Suisse	Remo Forrer	Watergun	eng	92
21	Slovénie	Joker Out	Carpe Diem	slv	78
22	Albanie	Albina & Familja Kelmendi	Duje	alb	76
23	Portugal	Mimicat	Ai coração	por	59
24	Serbie	Luke Black	Samo mi se spava	srp, eng	30
25	Royaume-Uni	Mae Muller	I Wrote a Song	eng	24
26	Allemagne	Lord of the Lost	Blood & Glitter	eng	18

Le roi Charles III et la reine Camilla

Loreen,
une icône intemporelle de la pop européenne

Qui pourra arrêter cette reine incontestée, double gagnante du Concours Eurovision ? Elle a de nouveau exprimé son désir de revenir concourir au Melodifestivalen en 2026, la sélection nationale suédoise, et de la gagner pour la troisième fois !

Son histoire est un véritable conte de fées. Elle a marqué les esprits par sa voix à nulle autre pareille et sa présence scénique incroyable, mais aussi par son parcours inspirant. Petite fille, elle n'a jamais exprimé son désir de gagner l'Eurovision mais a toujours été passionnée par la musique, moteur de son développement artistique et personnel. Elle a eu l'intelligence d'utiliser cette plateforme pour défendre les causes qui lui tiennent à cœur. Loreen, 41 ans, est née et a grandi en Suède dans un environnement modeste où elle a été confrontée très jeune à des questions d'identité et de marginalisation, notamment en raison de ses origines marocaines. Cela a forgé sa vision du monde et son désir de promouvoir des valeurs de tolérance, d'inclusion et de respect des droits humains. Elle a d'ailleurs participé à de nombreux projets humanitaires et s'est distinguée par ses prises de position en faveur des droits de l'homme. Elle est aussi très engagée pour les droits des femmes, l'égalité des genres, la lutte des droits LGBTQ+ et la défense de la santé mentale mais aussi pour la liberté d'expression et l'égalité raciale. D'ailleurs, elle a marqué l'édition de 2012 à Bakou par ses prises de position politiques contre le régime de l'Azerbaïdjan. Elle a fait preuve de solidarité avec les militants pour la démocratie et la liberté d'expression.

Double lauréate de l'Eurovision, Loreen a imposé sa voix, son style et ses combats. De Euphoria *à* Tattoo*, elle incarne la puissance d'un rêve artistique porté par la liberté, l'inclusion et l'audace de rester soi.*

Loreen, de son vrai nom Lorine Zineb Noka Talhaoui, a représenté la Suède à l'Eurovision pour la première fois en 2012, à Bakou, avec sa chanson « Euphoria », qui est rapidement devenue un hymne emblématique du Concours. Avec cette performance électro-pop et sa présence scénique inoubliable, elle a gagné haut la main. Sa chanson est devenue un hit en Europe et bien au-delà.

Ce qui rend l'histoire encore plus fascinante, c'est son retour à l'Eurovision en 2023 avec la chanson « Tattoo ». Beaucoup critiquaient la difficulté pour un/e artiste de revenir dans une compétition devenue plus compétitive que jamais. Pourtant, Loreen, onze ans après sa première victoire, est devenue la première chanteuse de l'histoire à remporter l'Eurovision à deux reprises comme l'avait fait le chanteur irlandais, Monsieur Eurovision Johnny Logan en 1980 et 1987.

« Tattoo » a non seulement rencontré un triomphe immédiat et mondial mais a aussi réussi à être un succès commercial plus important que la chanson de sa première victoire. Loreen devient immédiatement l'une des artistes les plus respectées et influentes de l'histoire du Concours.

À Liverpool, elle a su, malgré les critiques, défendre sa chanson avec détermination et générer beaucoup d'admiration pour son travail qui a enfin été reconnu. Elle s'est engagée à fond et était toujours la dernière artiste à finir ses interviews.

À tous ses détracteurs qui affirmaient qu'elle n'était pas capable de chanter « Tattoo », elle rétorque avec beaucoup de force, une teinte d'agacement et aussi un peu d'humour : « Savez-vous à quel point cette chanson est foutrement difficile à chanter en live ? »

Son parcours est une histoire de persévérance, de passion et de talent pur. Elle incarne l'idée qu'un rêve peut se réaliser deux fois, voire plus encore avec du travail et de la détermination. Participer à l'Eurovision lui a permis de partager sa musique avec un public international et de bénéficier d'une visibilité hors norme, notamment en Europe, puisque le show réunit des millions de téléspectateurs.

Oui, Loreen parle aussi un peu français ! Bien qu'elle soit principalement anglophone et suédoise, elle a montré qu'elle maîtrise quelques bases de notre langue surtout lorsqu'il s'agit de répondre à des interviews ou de communiquer avec ses fans francophones.

Oui, Loreen possède une île en Suède, sur le lac Väddöviken, dans l'archipel de Stockholm. Cette île lui sert de refuge et de lieu de détente, loin des projecteurs, où elle peut se ressourcer et passer du temps en pleine nature pour échapper au stress de sa carrière musicale.

Oui, Loreen a montré un intérêt pour l'ésotérisme et les pratiques spirituelles. Elle a évoqué dans plusieurs interviews son attrait pour la méditation, la spiritualité et la recherche de l'équilibre intérieur.

Quoi qu'en disent certains fans, Loreen est et restera une grande dame de l'histoire de l'Eurovision.

2024

MALMÖ

68e édition

« Comme un poisson dans l'eau »

Vainqueur : **Suisse avec le chanteur Nemo**

Chanson : **« The Code »**

Auteurs-compositeurs : Nemo Mettler, Benjamin Alasu, Lasse Midtsian Nymann, Linda Dale

7 mai première demi-finale
9 mai deuxième demi-finale
11 mai 2024 finale

Malmö Arena, Suède

Diffuseur SVT

37 pays participants avec 25 pays en finale

Disqualification des Pays-Bas

Retour du Luxembourg

Même système de vote que l'année précédente avec deux demi-finales

On prend les mêmes et on recommence

Rien de nouveau sous le soleil ou presque ! Petra Mede – humoriste et animatrice de la TV suédoise – co-présente le Concours pour la troisième fois (2013 et 2024 à Malmö et 2016 à Stockholm). Malmö accueille l'Eurovision pour la troisième fois également. La chanteuse Loreen est gagnante pour la deuxième fois.

Avec l'Irlande, la Suède est le pays qui a obtenu le plus de victoires, 7 au total sur 63 participations depuis 1958 et sont donc les champions de l'accueil et de l'organisation de l'Eurovision !

Un Concours en danger sur fond de tensions

Le Concours Eurovision de la chanson semblait partir sur de bonnes bases jusqu'au commencement de la guerre au Moyen Orient. C'est la présence ou non d'Israël qui va focaliser l'ensemble des discussions. Plusieurs artistes et délégations menacent de boycotter cette édition. Malgré les appels à l'exclusion d'Israël, l'UER décide finalement d'accepter la chanson car Israël s'est soumis aux règles du Concours en consentant à plusieurs modifications des paroles (qui originellement se référaient à l'attaque du Hamas et le début du conflit), du titre, de la chorégraphie et même des costumes. Les pressions politiques étaient fortes puisque même le président israélien est intervenu auprès des organisateurs. C'est finalement avec la chanson « Hurricane » que l'artiste Eden Golan va représenter son pays.

Pendant toute cette période, les tensions ont été vives entre la délégation israélienne, une bonne partie du public et certains artistes.

Une ambiance très lourde comme on n'en avait rarement connu par le passé. Par exemple, la délégation israélienne a demandé à changer de loge pour être dans un endroit plus isolé, ses commentateurs ont eu des propos déplacés à l'égard de certains artistes, et dans l'histoire de l'Eurovision, jamais aucune prestation n'a été aussi sifflée et huée dans la salle lors du spectacle. L'artiste a même dû s'entraîner à chanter devant des figurants qui la sifflaient afin de ne pas être trop déstabilisée lors de la prestation.

Eden Golan terminera finalement à une excellente cinquième place grâce au vote du public (deuxième). En réalité, il y a eu une évidente mobilisation calculée et organisée des soutiens d'Israël dans un contexte de menaces et de haines intenses. Cela a entraîné, dans le télévote, la participation de personnes qui n'auraient ni regardé ni voté dans le cadre de l'Eurovision, par exemple les publics italien et suisse qui n'avaient jamais donné douze points à une chanson israélienne auparavant et qui l'ont fait cette année.

Pays-Bas la disqualification

L'autre polémique de ce Concours aura été l'exclusion de l'artiste hollandais Joost Klein, arrivé deuxième de sa demi-finale. L'UER a décidé de le disqualifier à la suite d'une prétendue altercation avec une camerawoman suédoise qui a porté plainte auprès de la police. On ne rigole pas avec

ça en Suède. Joost sera par la suite, mais tardivement, blanchi. La décision de l'UER, qui dans le doute a choisi d'exclure les Pays-Bas du Concours, a été très fortement contestée par les autres artistes, le public et les réseaux sociaux. C'est la

(p.408) La présentatrice Petra Mede

(p.409 haut) Eden Golan, Israël

(p.409 bas) Joost Klein, Pays-Bas

(p.410)
Bambie Thug, Irlande
Olly Alexander, Royaume-Uni
Nutsa Buzaladze, Géorgie
Windows95man, Finlande

(p.411 haut) Malmö Arena

(p.411 bas) Baby Lasagna, Croatie

première fois dans l'histoire depuis l'arrivée des demi-finales qu'un artiste qualifié pour la finale est exclu. La télévision néerlandaise est repartie extrêmement fâchée en affirmant que cette décision était disproportionnée. Martin Österdahl, producteur exécutif, a été abondamment hué lors de ses interventions pendant le Concours, dans le contexte de cette affaire et celui de la présence ou non d'Israël.

L'ambiance était délétère également hors Concours. Dans la salle de presse, à l'EuroClub et sur les réseaux sociaux, les tensions étaient bien palpables. Elles ont provoqué l'absence de trois pays (Irlande, Suisse et Grèce) lors de la troisième répétition et la cérémonie des drapeaux. Avant le début de la finale, la mauvaise communication de l'UER, ou considérée comme telle, a mis en danger le déroulement de la finale avec des pays qui menaçaient même de se retirer.

Tout cela a fortement ébranlé les organisateurs du Concours qui à ce titre présenteront des changements dans leur organisation pour 2025.

Et si nous parlions enfin de musique

Dès le début, les favoris étaient la Croatie et la Suisse avec en outsider la France et l'Ukraine et également l'Irlande avec une chanson très controversée.

La France étonne tout le monde en annonçant en premier et très tôt la participation de l'artiste-star Slimane. Un choix justifié par l'envie de gagner le Concours et pour l'artiste d'étendre sa notoriété au-delà de la francophonie. Avec sa chanson romantique « Mon amour », très française et à l'interprétation minimaliste, et malgré quelques soucis de voix lors de la finale jury, il atteindra la quatrième place. Une place qui souligne la qualité générale et méritée de sa prestation, mais qui ne lui permettra pas de gagner.

Tout un pays était derrière Baby Lasagna avec un élan phénoménal dans la société croate. Une chorégraphie reprise dans toutes les couches de la société. « Rim Tim Tagi Dim »

UNITED BY MUSIC
Eurovision

a fait le buzz sur les réseaux sociaux et a permis au chanteur de remporter le vote du public. Sa deuxième place en finale a été vécue comme un deuil national en Croatie. Le jury professionnel croate a même été mauvais joueur en étant le seul jury à ne donner aucun point au pays gagnant du Concours, la Suisse. Ce qui interpelle une nouvelle fois sur l'intégrité des jurys professionnels.

L'Ukraine, une nouvelle fois, émeut le public avec une chanson religieuse. Un titre qui s'inspire de la vie de Mère Teresa et de la Vierge Marie et qui mélange des airs classiques et du rap. Une ballade dramatique et considérée par beaucoup comme la plus belle chanson du Concours. Une nouvelle fois une proposition originale qui fera mouche auprès des jurys et du public.

Diabolique ou non

Retour surprise de l'Irlande et sa chanson « Doomsday blue » qui choque la communauté religieuse et conservatrice dans le pays, malgré le soutien de Johnny Logan, qui estimait que l'Irlande pouvait à nouveau remporter le Concours. L'artiste non binaire Bamby Thug, très proche du gagnant Nemo, propose un mélange de rock alternatif et de jazz en parlant dans son texte de chagrin, de tromperie. Les paroles de sa chanson font allusion à la sorcellerie et au mauvais sort. Au milieu de sa prestation, ielle fait une incantation en tuant le diable, ce qui a beaucoup choqué. Il reste que la mise en scène de cette chanson a été exceptionnelle et a certainement joué un grand rôle dans son résultat final, sixième, meilleur résultat irlandais depuis l'an 2000.

La chanson est controversée au-delà des frontières irlandaises et provoquera de nombreuses réactions à travers toute l'Europe. Elle sera le principal argument des opposants évangéliques à l'organisation du Concours Eurovision en Suisse en 2025.

À noter « l'acte manqué » islandais. Le chanteur du groupe Hatari, qui a représenté l'Islande en 2019 et avait montré sa solidarité avec le peuple palestinien, a proposé une chanson à l'artiste palestinien Bashar Murad, basé à Jérusalem-Est. Il arrivera deuxième lors de la finale islandaise. On peut imaginer que sa présence à Malmö aurait changé beaucoup de choses !

Trois mauvaises notes de mauvais goût : celle du Royaume-Uni et la prestation vulgaire de l'artiste Olly, celle de l'Espagnole Nebulossa avec sa chanson « Zorra » (qui avait quand même fait le buzz sur les réseaux sociaux avant le Concours), ainsi que celle du groupe finlandais Windows 95 Man, dévêtu, et sa chanson qui prône l'abandon de toute règle.

Le vainqueur est Nemo

C'est la première fois que l'artiste qui a terminé seulement quatrième de sa demi-finale remporte l'Eurovision. Sa chanson est le fruit d'un camp d'écriture organisé par la Télévision Suisse et la Suisa (Société des droits d'auteurs). Elle termine à égalité avec un autre titre lors du processus de sélection interne et est finalement choisie pour son originalité et l'artiste qui la défend.

C'est le début d'une aventure extraordinaire pour la délégation suisse qui fait un énorme travail depuis dix ans pour trouver LA chanson. C'est aussi un rêve pour Nemo qui était venu à l'origine dans ce camp d'écriture pour écrire une chanson pour un ou une autre artiste.

Nemo deviendra vite l'espoir pour tout un pays qui attend une troisième victoire depuis 1988. Les réseaux sociaux commencent à s'affoler à la sortie de la vidéo de la chanson « The Code » qui devient rapidement la favorite inconditionnelle du Concours mais toujours avec des doutes sur la capacité de l'artiste à l'interpréter. Doutes transcendés dès les premières répétitions, tant Nemo est époustouflant dans son interprétation.

Le vainqueur Nemo, Suisse

Lors des premières répétitions à Malmö, son costume crée la polémique mais la mise en scène géniale fera la différence. La toupie sur laquelle il évolue illustre le thème de sa chanson, à propos de la difficulté à s'accepter soi-même. Nemo affiche très vite sa non-binarité et ielle ira jusqu'à défiler lors de la cérémonie des drapeaux avec celui des non-binaires en même temps que celui de la Suisse.

Lors de la conférence de presse, ielle annonce son envie de rencontrer les autorités de son pays pour revendiquer un troisième genre, ce qui va provoquer d'intenses débats dans son pays.

Sur scène, après avoir rechanté, Nemo casse le socle de son trophée et se blesse à un ongle, ielle devra être soigné avant de rejoindre sa loge où l'attend la délégation et sa famille.

Son rêve de succéder à Céline Dion, que Nemo admire énormément, s'est réalisé grâce en particulier aux votes stupéfiants et jamais vus lors d'une finale : un défilé de douze points ! C'est le plus fort pourcentage de points reçus du jury, 84,49 avec tous les pays sauf un, qui lui donnent des points.

Le final est insoutenable pour les commentateurs suisses, en cabine, et pour tous les fans dans la salle et derrière leur petit ou grand écran, en attendant le vote du public qui va finalement permettre à Nemo de battre la Croatie et ramener cette victoire à la Suisse. Un délire total pour la délégation et pour les commentateurs des trois régions linguistiques !

Slimane, lors du concert de sa tournée « Cupidon » à Lausanne en décembre 2024

… on me disait que l'Eurovision c'est une émission un peu *has been*, etc., et je rétorquais que je n'avais pas l'impression de prendre un risque, parce que, que je gagne ou que je perde, j'avais l'impression que mon public était là et qu'il allait rester quoi qu'il arrive. Et ce soir, vous me le prouvez une fois de plus, et ça m'émeut beaucoup ! Quand j'étais là-bas – moi je ne parle pas très bien l'anglais… et ma chanson était totalement en français –, je me suis rendu compte que la musique, c'était plus fort que tout, c'était un langage universel. Je disais tout le temps qu'avec la musique on ne sauvait pas des vies et je m'en veux, parce que j'avais oublié que j'avais sauvé la mienne avec la musique, et surtout, quand je vous vois toutes et tous ce soir, vous avez tous les âges, toutes les origines, sûrement toutes les confessions, et franchement ça me fait trop du bien. Merci, merci d'être là !

RÉSULTATS

Place	Pays	Artiste(s)	Chanson	Langue(s)	Points
1	Suisse	Nemo	The Code	eng	591
2	Croatie	Baby Lasagna	Rim Tim Tagi Dim	eng	547
3	Ukraine	alyona alyona et Jerry Heil	Teresa & Maria	ukr	453
4	France	Slimane	Mon amour	fra	445
5	Israël	Eden Golan	Hurricane	eng, heb	375
6	Irlande	Bambie Thug	Doomsday Blue	eng	278
7	Italie	Angelina Mango	La noia	ita	268
8	Arménie	Ladaniva	Jako (Ժակո)	arm	183
9	Suède	Marcus & Martinus	Unforgettable	eng	174
10	Portugal	iolanda	Grito	por	152
11	Grèce	Marína Sátti	Zári (Ζάρι)	gre	126
12	Allemagne	Isaak	Always on the Run	eng	117
13	Luxembourg	Tali	Fighter	fra, eng	103
14	Lituanie	Silvester Belt	Luktelk	lit	90
15	Chypre	Silia Kapsis	Liar	eng	78
16	Lettonie	Dons	Hollow	eng	64
17	Serbie	Teya Dora	Ramonda (Рамонда)	srp	54
18	Royaume-Uni	Olly Alexander	Dizzy	eng	46
19	Finlande	Windows95Man	No Rules	eng	38
20	Estonie	5miinust & Puuluup	(nendest) narkootikumidest ei tea me (küll) midagi	est	37
21	Géorgie	Nutsa Buzaladze	Firefighter	eng	34
22	Espagne	Nebulossa	Zorra	spa	30
23	Slovénie	Raiven	Veronika	slv	27
24	Autriche	Kaleen	We Will Rave	eng	24
25	Norvège	Gåte	Ulveham	nor	16

2025

BÂLE

69e édition

Retour à la maison et unis dans la musique

Vainqueur : **Autriche avec le chanteur JJ**

Chanson : **« Wasted Love »**

Auteurs-compositeurs :
Johannes Pietsch, Teodora Špirić,
Thomas Thurner

13 mai première demi-finale
15 mai deuxième demi-finale
17 mai 2025 finale

Halle et stade St-Jacques de Bâle, Suisse

Diffuseur SSR SRG

Retour du Monténégro,
retrait de la Moldavie

Pas de changement dans
le système de vote

2025 est inscrite dans l'histoire comme le retour du Concours en Suisse, pays qui l'a vu naître il y a 69 ans. Pour cela le diffuseur, la télévision suisse, a ouvert les candidatures à toutes les villes du pays qui se sont annoncées. Elles étaient au nombre de quatre : Berne, Zurich, Genève et Bâle. C'est finalement cette dernière qui a été choisie haut la main. La boucle est bouclée, après la Suisse italienne et la Suisse romande, c'est maintenant au tour de la Suisse alémanique d'organiser ce show international.

Cette magnifique ville de Bâle, polyglotte, à la frontière avec la France et l'Allemagne, s'est largement investie, et dès le coup d'envoi officiellement donné par le président du gouvernement de Bâle-Ville, Conradin Cramer, elle a tapé très fort en faisant participer ses habitants à la fête. Elle a mis le Concours au cœur de la cité et du pays !

Avec la cérémonie d'ouverture et le plus long tapis turquoise de l'histoire, déroulé pour l'occasion, Bâle inscrit un premier record. Le trajet de 1,3 km à travers la ville est parcouru par les 37 délégations participantes, à pied, en tram historique ou en voiture de collection. Une foule enthousiaste s'est amassée le long du cortège. Les artistes étaient accompagnés par des ensembles traditionnels du célèbre carnaval de Bâle, des écoliers, des fanfares, des associations… le tout sous un soleil radieux et dans une ambiance chaleureuse. Plus de 100 000 personnes pour une cérémonie d'ouverture, c'est un record. La fête s'est terminée par une réception officielle pour les délégations et a continué pour le public au Village Eurovision où les artistes se sont présentés. Village qui a proposé des animations en marge de la manifestation avec des dizaines de spectacles dans toute la ville.

Vive la mascotte

Pour la quatrième fois de l'histoire de l'Eurovision, les organisateurs du Concours ont décidé de créer une mascotte officielle.

Elle s'appelle Lumo ! C'est un personnage conçu pour incarner l'énergie et la magie de la musique. Le nom « Lumo » est dérivé du mot anglais *luminous*, signifiant « lumineux ». Il symbolise ainsi la lumière et l'énergie vibrante qui émanent de la musique. Lumo a été imaginé par Lynn Brunner, une étudiante de 20 ans originaire du canton de Berne. Elle a remporté un concours réunissant plus de 1100 étudiants suisses, dont le but était de créer une mascotte reflétant l'esprit du Concours Eurovision de cette année.

En 1990 apparaissait la première mascotte à Zagreb, ville croate qui faisait encore partie de la Yougoslavie. Elle s'appelait Eurocat. C'était un

chat à apparence humaine, de couleur mauve, dessiné par le caricaturiste Joško Marušić. Il est apparu à plusieurs reprises durant la retransmission télévisée, notamment dans la vidéo d'ouverture et les cartes postales.

Deux ans plus tard, les Suédois reprennent le concept et dessinent Eurobird à Malmö. Il a également été présent durant l'ouverture et est apparu ensuite dans toutes les cartes postales.

Finalement le drone nommé Leo, une mascotte numérique, a été utilisé lors du Concours de Turin en 2022. Leo a été conçu pour refléter l'innovation technologique et l'esprit moderne du Concours.

C'est donc au tour de Lumo d'entrer en scène. C'est une boule d'énergie incandescente qui incarne l'esprit du slogan « United by Music » et qui a pour but de rassembler les gens autour de l'Eurovision et de la musique !

Entre tradition et modernité

En célébrant à la fois le retour à la maison et l'unité par la musique, le diffuseur suisse a tenu à offrir des spectacles qui s'inspirent de la tradition : yodel, cor des Alpes, tympanon (hackbrett), mais avec de la modernité à travers la danse et le design exceptionnel de la scène. La salle est l'une des plus petites de ces dernières années. C'est une volonté pour lui donner un côté intimiste, contrebalancé par la diffusion géante de

la finale dans le stade de football de Bâle, tout proche, devant 36 000 personnes.

L'organisateur a décidé d'utiliser un nouveau visuel avec des petits cœurs qui symbolisent les personnes unies par la musique et le Concours.

Les artistes à travers la Suisse

Les traditionnelles cartes postales racontent l'invitation lancée aux artistes à découvrir le pays et à participer à des activités à travers toute la Suisse. Les quatre régions linguistiques sont représentées et notamment des paysages enneigés, qui n'ont pas empêché certains artistes de garder leurs hauts talons, à l'image de la Polonaise Justyna Steczkowska qui revient à l'Eurovision trente ans après son premier passage. Le temps n'a apparemment pas de prise sur elle.

Les commentateurs dans les sous-sols

Compte tenu de la petitesse de la salle, les organisateurs ont proposé deux types de cabines de commentaires : les traditionnelles en hauteur avec vue sur la scène et d'autres dans les sous-sols avec des écrans géants et une image fixe de la salle. Un précédent apprécié diversement par les commentateurs qui y voient les éventuelles prémices d'une formule de commentaires faits depuis la maison et non plus sur place.

Des changements et un nouveau climat

À la suite d'importants problèmes rencontrés lors de l'édition précédente à Malmö, en particulier dans les coulisses du spectacle et au vu des critiques virulentes de certaines délégations face à l'immobilisme de l'UER et à son incapacité de prendre des décisions rapidement, les organisateurs ont créé deux nouveaux postes afin d'apaiser le climat. Tout cela surtout en raison de la disqualification du Hollandais Joost et des tensions avec la délégation israélienne.

Un ensemble de règles de conduite a été mis en place. Les délégations sont accueillies d'une façon originale et particulière avec un passage obligatoire mais très agréable dans un chalet suisse. Ils entrent dans ce chalet traditionnel au milieu d'une haie composée de responsables et de bénévoles de l'organisation. Le message est clair : respecter, unir par la musique et prendre du plaisir.

Dans la partie réservée aux délégations, deux zones ont été créées, l'une en particulier – « Disconnected Area » –, sans caméra, photos, ni réseaux sociaux, afin de permettre aux artistes de rester concentrés et de se retrouver dans un contexte bienveillant et respectueux. Cet espace privé leur permet de ne pas être jugés ni sujets à des interventions médiatiques non désirées.

Les artistes ont vraiment apprécié, comme la chanteuse française Louane qui a suggéré à son équipe de créer de telles zones dans ses spectacles.

L'ambiance entre les artistes est plus sereine et plus conviviale.

Quand les médias du pays s'intéressent vraiment au Concours

Depuis quelques années, on voit fleurir de plus en plus de médias digitaux en parallèle des médias plus traditionnels. Ils ont même clairement pris le dessus face au désintérêt de la presse conventionnelle. La Suisse est en cela un excellent laboratoire. Les médias professionnels se sont jusqu'ici éloignés du Concours et ont laissé la place aux blogs, sites et réseaux sociaux. Mais voilà que l'Eurovision de la chanson débarque en Suisse et c'est l'effervescence ! À tel point qu'on a eu l'impression que la compétition était déjà terminée avant d'avoir commencé. Et finalement, la venue hypothétique de Céline Dion a fait couler tellement d'encre qu'on a presque oublié de parler des artistes en compétition.

(pp.416-417) Le gagnant JJ, Autriche

(p.418) La mascotte Lumo

(p.419 haut) La scène suisse

(p.419 bas) Les deux présentatrices des demi-finales

(p.420 gauche) Yuval Raphael, Israël

(p.420 droite) Tommy Cash, Estonie

(p.421) KAJ, Suède

Les participants, entre espresso, sauna et gâteau empoisonné

Parmi les pays participants, on note le retour du Monténégro alors que la Moldavie s'est retirée en dernière minute en prétextant une finale nationale trop faible. Quatre pays déclinent l'invitation pour des raisons financières : la Bulgarie, la Roumanie, la Bosnie-Herzégovine et la Macédoine du Nord.

La polémique vient une nouvelle fois d'Israël, qui suscite des protestations d'une partie de la société civile suisse et de quelques délégations. Mais surtout, la lettre ouverte de plus de 70 artistes qui ont participé par le passé et qui demandent l'exclusion de ce pays.

VOLUME
TREBLE
BASS
PRESENCE
INPUT GUITAR
TRANSISTOR

Parmi les favoris, deux chansons drôles. L'Estonie et son « Espresso macchiato » qui divise les Italiens en particulier, à cause de clichés : *mafiosi, spaghetti e tutti quanti... ma no stresso.* La Suède, favorite du Concours, réussit à parler de sauna en suédois alors qu'ils sont Finlandais ! Ils créent un véritable buzz. Les Suédois qui chantent dans leur langue pour la première fois depuis 1998 ! Mais avec leur prestation sans faille, ils ont réuni tous les ingrédients pour gagner.

À propos des langues

En 2025 sur 37 chansons, 17 sont chantées totalement dans une langue autre que l'anglais, un pourcentage jamais atteint depuis que le choix des langues est libre (1998). Le record de la langue française également :

Les Pays-Bas avec l'artiste Claude, né à Kinshasa et qui mêle du français avec de l'anglais.

Israël avec Yuval Raphael, qui a vécu une partie de son enfance à Genève, intègre également un couplet en français dans sa chanson.

Le Luxembourg avec Laura Thorn et sa chanson « La poupée monte le son » totalement en français, en référence moderne à France Gall qui avait gagné l'Eurovision il y a 60 ans avec « Poupée de cire, Poupée de son ».

(p.422 haut) Lucio Corsi, Italie
(p.422 bas) Zoë Më, Suisse
(ci-dessous) Claude, Pays-Bas

La France continue sa quête de victoire avec une artiste confirmée : Louane. Sa chanson « Maman » a été écrite en hommage à sa mère disparue et à sa fille Esmée. Elle représente un message d'amour et de transmission entre générations et la réalisation d'un rêve familial partagé. Sur scène elle présente sa chanson avec une tornade de sable, qui est en fait du liège, un risque pour l'interprétation comme elle l'a avoué. Elle sera troisième du jury mais ne sera que peu soutenue par le public. Elle obtiendra le prix de la mise en scène artistique et le prix de la presse.

La Suisse crée la surprise avec une première depuis certainement très longtemps dans l'histoire de l'Eurovision : Zoë Më est filmée par une seule caméra. Un choix artistique plébiscité par les médias et parieurs. La chanson en français « Voyage » est unique dans ce Concours Eurovision de la chanson, par sa simplicité et la mise en valeur de l'artiste et de sa voix. Zoë, deuxième choix du jury, obtiendra le prix Marcel Bezençon de la meilleure composition. Elle n'aura pourtant pas le soutien du public international avec 0 point.

Philosophe, Zoë Më ne garde que le positif : « C'est le plus grand honneur qui existe de voir que les autres compositeurs ont admiré la qualité de ma chanson. Cela m'a donné beaucoup d'énergie pour monter sur scène. Pour moi le prix de la composition c'est comme le vote du jury, cela veut dire être reconnu par les gens du milieu et pour une artiste c'est essentiel. »

La langue italienne est aussi à l'honneur avec deux chansons. L'Italie comme toujours, et Saint-Marin avec son « Tutta l'Italia » à l'origine utilisé comme jingle du festival de Sanremo. Ces deux chansons finiront aux antipodes l'une de l'autre, celle pour l'Italie « Volevo essere un duro » de Lucio Corsi créera la bonne surprise en atteignant la cinquième place. Quant à celle de San Marin du DJ Gabry Ponte, « Tutta l'Italia » finira à la dernière place. On pourrait aussi intégrer la chanson estonienne mais elle mélange plusieurs langues de façon improbable.

Trois chansons font polémique pour leur caractère outrancier et vulgaire : l'Australie et son « Milkshake Man », la finlandaise qui suggère en allemand la jouissance et surtout, dans le plus mauvais goût, la Maltaise qui joue sur les mots et les images avec l'une des parties de son corps. Mais avec l'absence des votes jury dans les demi-finales, le public a décidé que deux des trois pays iraient tout de même en finale au détriment d'autres chansons certainement de meilleure qualité.

Côté présentatrices, on a le plaisir de retrouver Sandra Studer Simo, 34 ans après avoir représenté la Suisse à l'Eurovision en chantant en italien à Rome et qui avait fini cinquième. C'est un record de longévité entre une participation comme chanteuse à son rôle de présentatrice. Elle est accompagnée par une comédienne américano-suisse, Hazel Brugger, et est rejointe par la star internationale Michelle Hunziger pour la finale.

Céline Dion viendra ou ne viendra pas ?

Toute la semaine, et même le mois qui a précédé le Concours, la seule et unique question aura été « Céline Dion viendra-t-elle ou pas ? ». Finalement après des oui, non, peut-être, générés par la presse et les fans ainsi qu'un magnifique message dans une vidéo qui a semé le doute, diffusée pendant les répétitions et les demi-finales, et l'annonce de l'atterrissage du jet de Céline à l'aéroport de Bâle vendredi ou sa présence samedi soir dans les coulisses de la halle St-Jacques…, on ne l'a pas vue. Le mystère restera à jamais présent sur ce feuilleton Céline Dion. Dans cette vidéo, malheureusement pas diffusée lors de la finale, elle nous dit toute l'importance que son aventure à l'Eurovision a eue pour sa carrière et sa vie, et plus particulièrement son amour pour la Suisse. « Je vous embrasse l'Europe et le reste du monde, bisous, je vous aime. »

Bâle impressionne

Bâle va battre tous les records, celui du plus long tapis turquoise, celui de l'accueil de la ville et de sa convivialité, celui d'une fréquentation de plus de 500 000 personnes et celui de la chanson d'ABBA, « Waterloo », reprise par 36 000 spectateurs dans le stade St-Jacques, à côté de la halle, dans une ambiance hystérique.

Les défis pour le futur

Au-delà des polémiques géopolitiques, l'UER devra réunir les délégations et régler cette problématique de participation de pays en guerre. Par ailleurs, le grand défi est de trouver un équilibre entre le show fait pour la télévision et la visibilité du spectacle proposé dans la salle. On constate un glissement de qualité vers la TV aux dépens du public.

Et finalement la vainqueur est…

La déception de la France est totale, très souvent citée comme favorite. « Maman » de Louane finit septième avec un mauvais vote du public mais un excellent accueil du jury (troisième).

Une des surprises de cette soirée est l'excellent résultat de l'Estonie avec Tommy Cash et son « Espresso Macchiato » qui finit au troisième rang.

C'est Israël qui a largement remporté le vote du public.

C'est aussi la première fois qu'une chanson, « Voyage », pour la Suisse, plébiscitée par le jury (deuxième), obtient 0 point du public.

L'une des surprises est le résultat du groupe suédois KAJ qui, favori tout au long du Concours, finit seulement au quatrième rang et n'obtiendra pas assez de voix du public pour l'emporter.

Finalement on constatera une très grande différence entre les deux votes. Celui des jurys qui valorisent plus particulièrement la qualité de la voix et la prestation dans son ensemble, et celui du public plus porté vers les chansons gags et qui font le buzz, mais aussi très influencé par les votes des communautés à l'étranger.

Au terme d'un insoutenable suspense et avec des votes du jury et du public totalement contradictoires, c'est l'Austro-Philippin JJ, de son vrai nom Johannes Pietsch, qui gagne le Concours avec sa chanson « Wasting love », déjà favorite dans les pronostics. Son émouvant tableau noir-blanc d'un bateau pris dans la tempête, racontant l'histoire d'un amour perdu, a conquis les cœurs. Nous l'avons rencontré le lendemain matin de sa victoire au déjeuner, très calme, posé et avec ses 24 ans, frais comme une rose… contrairement à nous !…

Louane dans la Green room

Fans suisses dans les rues de Bâle

Céline Dion, où es-tu ?

Le gagnant JJ avec Michelle Hunziker

Avant votre venue à Bâle, y avait-il déjà quelque chose en lien avec l'Eurovision dans votre vie musicale ?

« Je viens d'une famille où l'Eurovision c'était sacré. Avec mes parents et mes frères et sœurs, on ne ratait aucune édition. C'était très particulier comme ambiance à la maison à ce moment-là. Ma maman était très fan d'ABBA et de Céline Dion, c'était son rêve que j'y participe un jour !

J'ai été sollicitée par la cheffe de la délégation française pour représenter mon pays cette année. J'ai pris le temps de bien réfléchir et au bout de quelques mois j'ai accepté et je suis allée chez elle pour lui présenter ma chanson.

Si je participais à ce Concours, cela devait impérativement avoir un rapport avec ma mère alors j'étais sûre de ma composition. Je me demandais seulement comment allait réagir ma famille. Il fallait que ma démarche leur corresponde. Je voulais les protéger. »

Comment abordez-vous la dimension Concours ?

« Pour moi je tiens à faire passer mon message mais à côté de ça je vais me battre comme pour une compétition.

Mon message peut être universel pour les mamans comme pour les enfants. »

Que pensez-vous du fait que l'édition 2025 accueille de nombreuses chansons en français ?

« Je trouve ça génial, c'est la langue dans laquelle je suis la plus à l'aise pour écrire, elle est tellement riche. À mon sens cela fait rayonner cette langue très importante à mes yeux. Et je ne vois pas cela comme une concurrence que d'autres chantent en français. »

RÉSULTATS

Place	Pays	Artiste(s)	Chanson	Langue(s)	Points
1	Autriche	JJ	Wasted Love	eng	436
2	Israël	Yuval Raphael	New Day Will Rise	eng, fra, heb	356
3	Estonie	Tommy Cash	Espresso Macchiato	ita, eng	356
4	Suède	KAJ	Bara Bada Bastu	swe	321
5	Italie	Lucio Corsi	Volevo Essere Un Duro	ita	256
6	Grèce	Klavdia	Asteromáta	gre	231
7	France	Louane	maman	fra	230
8	Albanie	Shkodra Elektronike	Zjerm	alb	218
9	Ukraine	Ziferblat	Bird of Pray	ukr, eng	218
10	Suisse	Zoë Më	Voyage	fra	214
11	Finlande	Erika Vikman	ICH KOMME	fin	196
12	Pays-Bas	Claude	C'est La Vie	fra, eng	175
13	Lettonie	Tautumeitas	Bur Man Laimi	lav	158
14	Pologne	Justyna Steczkowska	GAJA	pol, eng	156
15	Allemagne	Abor & Tynna	Baller	ger	151
16	Lituanie	Katarsis	Tavo Akys	lit	96
17	Malte	Miriana Conte	SERVING	eng	91
18	Norvège	Kyle Alessandro	Lighter	eng	89
19	Royaume-Uni	Remember Monday	What The Hell Just Happened?	eng	88
20	Arménie	PARG	SURVIVOR	eng, arm	72
21	Portugal	NAPA	Deslocado	por	50
22	Luxembourg	Laura Thorn	La Poupée Monte le Son	fra	47
23	Danemark	Sissal	Hallucination	eng	47
24	Espagne	Melody	ESA DIVA	spa	37
25	Islande	VÆB	RÓA	isl	33
26	Saint-Marin	Gabry Ponte	Tutta L'Italia	ita	27

Entretien avec **Nemo – Nemo Mettler,** un an après l'Eurovision

Énorme sourire, grands yeux écarquillés, énergie contagieuse, sincérité, fraîcheur, intérêt pour l'autre et avant tout un très grand artiste intègre et bourré de talent, voici Nemo.

« C'est comme un rêve, comme si tout cela était arrivé, non pas à moi mais à quelqu'un d'autre. Le lendemain de l'Eurovision je me suis réveillé et j'ai vu mon visage partout sur internet. J'ai compris que ce moment allait tout changer. On ne peut pas s'imaginer cela avant de l'avoir vécu soi-même. C'est impressionnant et aussi fascinant. Une expérience déjà vécue à une tout autre échelle quand j'ai proposé mes premières chansons en Suisse en 2016 et que j'ai gagné plusieurs Swiss Music Awards dans mon pays, mais cette fois c'est pour le monde entier ! »

Nemo est devenu célèbre du jour au lendemain grâce à sa victoire au Concours Eurovision de la chanson en 2024.

« Après avoir donné environ cinquante concerts en Suisse et à l'étranger, participé à de nombreuses promotions, que l'on est propulsé dans un nouvel univers, il faut savoir prendre du temps pour certaines choses. Au début j'essayais encore d'écrire des chansons en étant constamment en déplacement mais il est difficile de réellement plonger dans un monde créatif dans ce contexte, sans intentions bien définies. »

« J'ai réalisé quelque chose de très important : les grandes choses prennent du temps. Si je ne fais pas de la création musicale ma priorité, je ne pourrais pas lui donner une chance d'être exceptionnelle… un univers dont je sais que vous tomberez amoureux à votre tour. »

Nemo ne fait pas que défendre la cause des minorités, mais dénonce aussi le diktat de l'industrie musicale. L'artiste exprime avec virulence son ressenti face à son expérience du système de production, critiquant le stress engendré par la promotion ainsi que par certains médias.Nemo demande qu'on respecte son souhait de parler uniquement de musique et non pas de politique ou de sa vie privée. Il s'est senti attaqué et a vécu certaines questions comme de la provocation. Son point de vue et sa conclusion, après de longs mois de silence suite à sa victoire à l'Eurovision à Malmö, est qu'en Suisse peu de journalistes et de formats médiatiques sont dédiés à la musique, à la culture pop et à l'art. Tout est centré sur l'actualité et le people. « Pour moi c'est important en tant qu'artiste d'être pris au sérieux, pas seulement comme le visage suisse d'un mouvement et pas non plus comme une personne que tout le monde connaît dans ce pays mais dont peu de gens pourraient citer le nom d'une chanson. »

Après s'être ressourcé et avoir déménagé à Londres, ville de toutes les possibilités du point de vue musical, et trouvé un nouveau manager local à l'écoute, Nemo revient avec le fruit de sa création, son single pop « Casanova », tourné à Venise. On peut lui reconnaître des airs de Queen ou de Mika. Suit sa présence comme invité cette fois au Concours Eurovision de la chanson, les festivals de l'été, et la sortie de son album tant attendu en automne. Après ça Nemo commencera finalement sa tournée européenne.

Gagner l'Eurovision, c'est bouleversant. On passe d'un rêve flou à une réalité mondiale. Mais au cœur du tumulte, j'ai appris que la musique, c'est mon centre, ma priorité, mon refuge. Sans ce recentrage, il n'y a ni beauté, ni vérité.

Bâle 2025: «C'est dingue et c'est tellement incroyable, je viens d'aller dans ce box de verre et j'ai fait un petit concert au piano. Il y avait vraiment une belle énergie sur la place et en général c'est magnifique ici... une si belle énergie ! Je suis très fier, au même moment l'année dernière tout s'est accordé, d'une certaine manière le timing était bon, le moment était bon, ça a marché et tout s'est bien passé. C'est dingue, incroyable de se retrouver ici un an plus tard, ça s'est réalisé. C'est très absurde mais très beau.»

«De cette année, ce qui m'est resté le plus et que j'emporte le plus avec moi, c'est la confiance en mon art et en ma musique à laquelle je crois. J'ai beaucoup grandi en tant qu'artiste pendant cette période. Ma nouvelle chanson que j'interprète à la finale de l'Eurovision est plutôt un défi émotionnel qu'acrobatique et peut aussi rendre un peu nerveux. «Unexplainable» est une invitation dans mon for intérieur, oui on pourrait dire dans mon esprit.»

Que conseille Nemo aux futurs vainqueurs de l'Eurovision ?

«Si quelqu'un débute et n'a pas encore beaucoup de musique à son actif, je lui dirais: profite du tourbillon Eurovision pendant un mois, puis prends du temps pour écrire de nouvelles chansons et travailler sur de la nouvelle musique, tu peux te permettre de prendre ce temps, c'est peut-être même l'essentiel. Parce qu'au final tout part de la musique, nous sommes des artistes, c'est le cœur de tout. On peut vite avoir l'impression qu'on doit faire certaines choses et cela peut être un défi de trouver un équilibre. C'est pourquoi je recommande de bien réfléchir à ce que tu veux vraiment faire et à ce qui est important pour toi, ce qui te permet d'avancer et à quel moment tu veux te consacrer à de nouvelles créations musicales.»

Grâce à Nemo et à la victoire de la Suisse au Concours, le fan club suisse a vu le nombre de ses membres tripler en un an !

Jean-Marc Richard

34 éditions et toujours la même passion

On dit volontiers que commenter un Concours comme celui de l'Eurovision est un sacerdoce.

Pour moi cela restera une passion en même temps qu'un combat.

Une passion, pour le profane que j'étais au départ, et un combat pour donner à cet événement la place qu'il mérite.

La passion naît de la curiosité et des rencontres nombreuses qui ont émaillé mon chemin.

Le combat est de convaincre dans le commentaire que l'Eurovision de la chanson n'est pas ringarde et kitsch mais que ce rendez-vous est l'expression de la diversité culturelle, musicale et humaine.

La route fut longue et caillouteuse et l'objectif difficile à atteindre. Le Concours a évolué lentement mais sûrement. Il a trouvé sa voie grâce aux artistes mais aussi au remarquable travail que font les différentes délégations. Mais son image, elle, est trop longtemps restée figée dans le passé glorieux qui fut le sien, ou dans l'oubli.

Alors interviennent les commentateurs qui souvent se sentent investis d'une mission, même si on ne le leur a pas vraiment demandé. Et c'est là que se marient la passion et le combat.

Arrivé au terme de ces années riches et passionnantes de commentaires, je me sens heureux de constater que les lignes ont bougé et qu'elles continuent à permettre l'évolution du plus grand et du plus prestigieux Concours de chanson au monde.

Les défis sont de taille et la tâche est immense pour permettre au Song Contest de vivre encore longtemps. Je me réjouis que ce livre soit une base pour une projection vers le futur immédiat et lointain.

Longue vie à la chanson, longue vie au Concours Eurovision !

Jean-Marc Richard,
membre de la délégation suisse et commentateur du Concours pendant 34 ans.

Entretien avec **Roland Jotterand**, journaliste, fan suisse, 2015

Roland Jotterand est le plus ancien journaliste qui se rend chaque année à l'Eurovision.

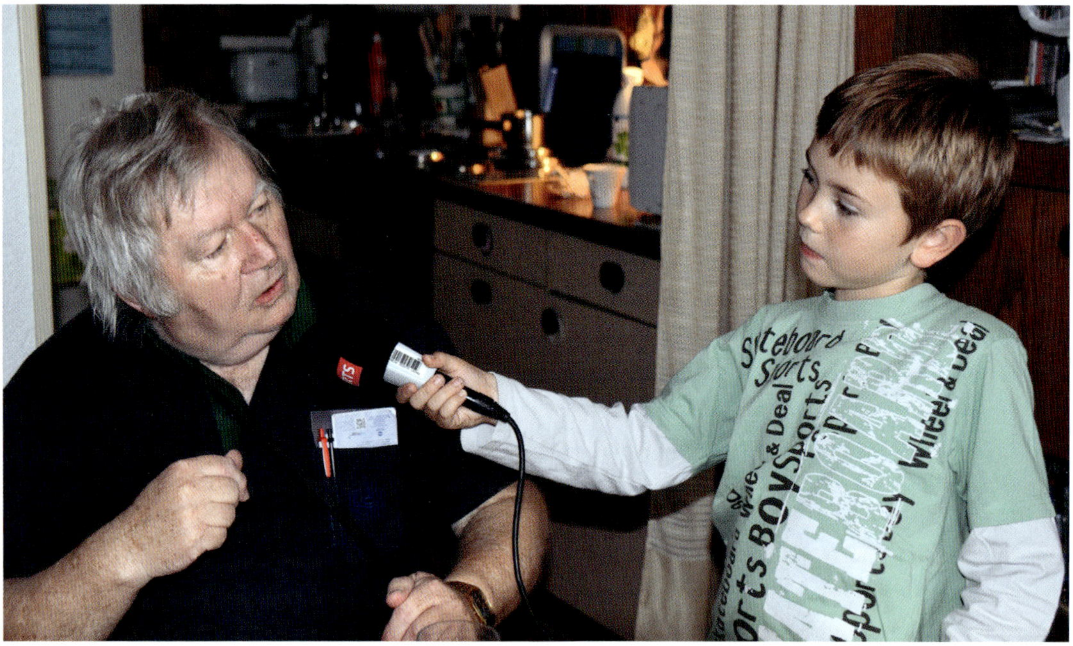

« Pour moi un jour on donnera le prix Nobel de la paix à l'Eurovision parce que c'est une émission qui pacifie les gens, contrairement à d'autres manifestations comme les Jeux olympiques ou la Coupe du monde de football. À l'Eurovision on fait du patriotisme et dans les autres on fait du nationalisme. Pour moi le patriotisme c'est accepter l'autre et le nationalisme c'est le rejeter.

Ma passion pour le Concours Eurovision de la chanson a commencé en 1956, dès son origine, parce que c'était le spectacle familial. En 1968, j'ai décidé d'aller sur place, j'aimais le show business et je chantais. Mon répertoire comme enfant était composé de chansons de Colette Renard et de Guy Béart. En plus j'imitais ces chanteurs. Je n'ai pas fait de carrière dans ce domaine mais j'ai continué à les aimer.

Mon meilleur souvenir est Brighton parce que c'était inattendu. Personne parmi les spécialistes ne pensait qu'ABBA allait gagner l'Eurovision. Et pourtant cette année-là, en 1974, il y avait les meilleurs, dont Jean-Claude Pascal.

L'Eurovision, c'est plus qu'un concours de chant : c'est un lien entre les peuples, une fête de la différence et de l'acceptation. Contrairement à d'autres compétitions, ici, on célèbre le patriotisme sans tomber dans le nationalisme. C'est pour ça que je dis qu'un jour, on remettra le prix Nobel de la paix à l'Eurovision.

Pour moi, la plus belle rencontre de l'Eurovision c'est celle du commentateur suisse Georges Hardy. Parmi les chanteurs, c'est définitivement Cliff Richard. Il a peut-être des défauts, comme tout le monde, mais il aimait réellement l'Eurovision. Je l'ai rencontré plusieurs fois par la suite et systématiquement il me demandait des nouvelles du Concours.

À l'époque les fans y allaient pour voir les artistes bien sûr, mais surtout pour obtenir les pochettes de disques. Aujourd'hui on peut les acheter, à l'époque non.

Quand j'entends une émission triste à la radio, je dis tout haut au présentateur : "Mais passe un disque de l'Eurovision, ça fera du bien, et si t'en as pas, viens chez moi !"

Mon rêve à moi serait qu'on entende un jour "Hello Geneva, Sydney is calling" et qu'on fasse un avion avec les couleurs de l'Eurovision qui va de l'Europe à Sydney et qui transporte tous les fans européens pour le Concours en Australie. »

Roland s'adresse à Sébastien, 8 ans : « Sébastien, je veux te dire une chose : si tu regardes le Concours, ton avenir sera toujours positif. Tu ne seras jamais déçu. Il y a parfois une petite déception mais c'est comme un petit vertige et tu seras au final toujours content. Si tu écoutes seulement l'actualité internationale et les problèmes de société tu seras triste, mais si tu regardes l'Eurovision tu seras heureux ! »

Roland et Sébastien

Dédicace de Céline Dion

Ce qu'il faut savoir en bref sur l'Eurovision afin d'épater vos amis

Record de longévité et téléspectateurs

Le Concours Eurovision de la chanson est une émission ininterrompue de 1956 à nos jours. La prochaine édition aura probablement lieu en Autriche en mai 2026.

Le 23 mai 2015, le livre Guinness des records lui a décerné le prix du plus long concours musical télévisé international au monde lors de son 60e anniversaire. L'année prochaine, le Concours fêtera ses 70 ans au lieu de cette année, car l'édition de 2020 a été annulée à cause de la pandémie mondiale.

Aujourd'hui, l'Union européenne de radio-télévision (UER) estime entre 160 et 180 millions de téléspectateurs qui regardent chaque année le Concours. La première édition de 1956 a réuni environ 5 millions de téléspectateurs.

Chansons et pays participants

Plus de 1700 chansons ont participé à cette compétition. La millième chanson est celle de l'Irlandais Brian Kennedy en 2006, la centième est celle de la Suissesse Esther Ofarim en 1963 et la première celle de la Néerlandaise Jetty Paerl en 1956.

52 pays ont participé depuis le début de la compétition, le dernier venu étant l'Australie invitée en 2015 et qui revient pour la 10e fois en 2025. En dehors de l'Europe, le Maroc a aussi participé une fois et Israël régulièrement depuis 1973.

Il y a même un pays qui a participé et qui n'existe plus, la Yougoslavie. L'Allemagne a d'abord participé comme Allemagne de l'Ouest avant sa réunification avec la République démocratique allemande en 1990. De 2004 à 2006, la Serbie et le Monténégro ont même participé à l'Eurovision sous une bannière unique.

51 pays sur 52 ont participé aux finales du samedi soir, seule Andorre ne s'est jamais qualifiée. Le Liechtenstein, le Kosovo et le Vatican n'ont jamais participé.

Le record de pays participants lors d'une édition est de 43 pays et cela s'est passé à trois reprises en 2008, 2011 et 2018 avant de passer régulièrement sous la barre des 40 participants surtout après la pandémie de 2020, également à la suite de l'exclusion de la Russie et de la Biélorussie. Certaines télévisions invoquent aussi le manque de moyens financiers ou d'autres estiment ne plus être en adéquation avec les valeurs de l'Eurovision et choisissent de se retirer du Concours.

Le record de pays en finale, le samedi soir, est de 27 pays en 2015 lors de la 60e édition. Habituellement, c'est plutôt 26 pays, les 20 qualifiés des demi-finales, les cinq pays du big 5 et le pays hôte. Il est possible d'avoir seulement 25 pays, si un des big 5 gagne le Concours comme cela a été le cas à Turin en 2022 à la suite de la victoire de l'Italie avec Måneskin.

Le plus petit nombre de pays participants a été atteint lors de la première édition de 1956 avec seulement 7 pays mais avec deux chansons chacun, donc 14 chansons.

C'est l'édition de 1970 qui a compté le moins de chansons de l'histoire du Concours avec seulement 12 chansons.

En 2025, l'Allemagne a atteint un record de 68 participations, manquant uniquement l'édition de 1996 où elle a été éliminée de la grande finale. Le Royaume-Uni et la France ont atteint 67 participations chacun. Le premier pays a manqué les éditions de 1956 et 1958 alors que le deuxième s'est retiré en 1974 suite à la mort de son président et en 1982 par manque d'intérêt. La Belgique a participé 66 fois et la Suisse ainsi que les Pays-Bas, 65 fois à cause de différents systèmes de relégation. L'Italie est le pays des big 5 qui a participé le moins avec seulement 50 fois.

C'est le Royaume-Uni qui détient le record inégalé d'organisations du Concours, 9 fois, en 1960, 1963, 1968, 1972, 1974, 1977, 1982, 1998 et 2023 (4 fois à Londres, 1 fois à Edimbourg, 1 fois à Brighton, 1 fois à Harrogate, 1 fois à Birmingham et 1 fois à Liverpool).

Les présentateurs

Au début entre 1956 et 1977, il y avait traditionnellement un seul présentateur. Par la suite, les télévisions organisatrices ont aussi opté pour des duos, des trios mixtes, féminins ou masculins. Il y aura même quatre présentateurs comme en 2015, 2018, 2019, 2021 et 2023. En 2015, c'est une première avec quatre présentatrices féminines. Il faudra attendre 2017 pour avoir pour la première fois trois présentateurs masculins.

Seule l'Anglaise Katie Boyle a présenté le Concours à quatre reprises en 1960, 1963, 1968 et 1974, un record. La Suédoise Petra Mede est la seule à l'avoir fait trois fois (2013, 2016 et 2024), une fois seule, une fois accompagnée d'un gagnant de l'Eurovision, Måns Zelmerlöw, et une troisième fois avec une autre présentatrice, Malin Åkerman.

La Française Jacqueline Joubert est la seule à l'avoir présenté à deux reprises (1959 et 1961).

Les chefs d'orchestre

Avant 1998, chaque chanson était accompagnée de l'orchestre et de son chef d'orchestre. Certains pays n'avaient pas de chef et utilisaient celui du pays hôte.

Le chef d'orchestre qui a conduit l'orchestre le plus souvent demeure l'Irlandais Noel Kelehan, 29 fois entre 1966 et 1998, suivi du Français Franck Pourcel, 23 fois et du Finlandais Ossi Runne, 22 fois.

Noel Kelehan a aussi dirigé 5 fois des chansons victorieuses pour l'Irlande en 1980, 1987, 1992, 1993 et 1996.

Il n'y a eu que trois femmes chef d'orchestre dans l'histoire du Concours dont l'Israélienne Nurit Hirsh, qui a conduit la chanson israélienne lors de sa première victoire en 1978 à Paris.

L'orchestre et son chef ont disparu à partir de 1999 à Jérusalem.

Les règles

Les règles principales sont: une chanson ne peut pas dépasser les 3 minutes, pas plus de 6 personnes se présentent sur scène (choristes ou danseurs inclus) et les voix doivent absolument être en *live*.

Les enfants et les animaux sont interdits sur scène ainsi que tous les actes publicitaires, politiques ou religieux. Les enfants sont interdits seulement depuis 1990. Ils auront leur propre concours.

Le système de vote pour déterminer le gagnant a changé 6 fois depuis le début du Concours. Le format actuel avec les fameux 12 points introduits en 1975 est toujours d'actualité.

Le système de télévote du public a été introduit progressivement en 1997 pour ensuite devenir la norme. En 2009, en raison de préoccupations concernant les votes de proximité géographique et par volonté d'équité, les jurys nationaux ont été réintroduits, chacun représentant 50% du score.

En 2016, l'organisateur a opté pour une présentation séparée et télévisée des résultats du jury et du télévote, augmentant considérablement le suspense et rendant l'émission plus divertissante.

C'est en 2023 que fut introduit un télévote supplémentaire pour les votes venant du reste du monde. C'était la première fois que des pays non participants pouvaient voter en ligne via un télévote venant de tous les continents. Ce vote mondial compte comme l'équivalent du télévote d'un pays supplémentaire, non applicable pour les jurys de professionnels.

En 2024, l'organisation a décidé de supprimer les votes des jurys professionnels suite à des tricheries, qui concernaient uniquement les deux demi-finales, créant la polémique sur l'équité de ces qualifications.

Sélection d'artistes

Chaque pays a toujours décidé de ses règles de sélection et de son artiste qui ne doit pas forcément venir de son pays. Les mêmes règles s'appliquent aux auteurs et aux compositeurs.

Il y a soit des sélections nationales télévisées avec les votes des téléspectateurs et/ou des jurys, soit des sélections en interne organisées par les télévisions participantes.

Les gagnants

Depuis le début, il y a eu 72 gagnants, car 4 gagnants ont fini ex æquo en 1969 (Espagne, Royaume-Uni, France et Pays-Bas). Parmi les gagnants, il y a 38 chanteuses, 12 chanteurs, 3 chanteur(e)s de la communauté LGBTQ+ et non-binaire (Dana International, Conchita Wurst & Nemo), 13 groupes et 6 duos (un féminin, deux mixes et trois masculins).

C'est l'Irlande et la Suède qui ont le record de victoires, au nombre de 7.

Le Royaume-Uni, la France, le Luxembourg et les Pays-Bas ont chacun 5 victoires.

Israël a gagné 4 fois, alors que la Norvège, le Danemark, l'Ukraine, l'Italie, la Suisse et l'Autriche 3 fois.

L'Allemagne et l'Espagne ont remporté 2 fois le trophée.

La Belgique ainsi que la Yougoslavie, la Turquie, la Serbie, la Russie, Monaco, la Lettonie, la Grèce, la Finlande, l'Estonie, l'Azerbaïdjan et le Portugal 1 seule fois. Les autres pays participants n'ont jamais gagné.

Le Royaume-Uni est arrivé 16 fois deuxième !

Les perdants

La Norvège a le record des dernières places, 12 fois, juste devant la Finlande, 11 fois (incluant 2 fois dans les demi-finales) et l'Allemagne 9 fois.

C'est 53 ans qu'a dû attendre le Portugal, la plus grande attente entre sa première participation et sa victoire en 2017, devant la Finlande et sa victoire en 2006 qui a dû attendre 45 ans.

C'est maintenant Chypre qui détient le record du plus grand nombre de participations sans victoire, depuis 1981, suivi de l'Islande depuis 1986. Malte a participé depuis 1971 mais s'est retirée de 1976 à 1990 et a donc moins de participations que Chypre et l'Islande.

Malte et l'Islande ont presque gagné à deux reprises, deux deuxièmes places chacun; en 1998 et en 2002 pour Malte; en 1999 et 2009 pour l'Islande. Chypre a également fini une fois deuxième en 2018.

Les langues

La langue qui a gagné le plus de fois est l'anglais, 32 fois.

La langue française a gagné 14 fois avec la France, le Luxembourg, Monaco, la Suisse et la Belgique.

L'hébreu, le néerlandais et l'italien ont gagné 3 fois chacun. L'espagnol, l'allemand, le portugais, le suédois, le norvégien et l'ukrainien, 2 fois chacun. Le danois, le serbo-croate, le serbe, le tatar de Crimée et le portugais, 1 fois chacun.

Les chansons ukrainiennes de 2004 et de 2016 étaient aussi partiellement chantées en anglais. Les chansons de la Yougoslavie de 1989 et de la Turquie en 2004 avaient des titres anglais mais étaient chantées dans leur langue nationale respective. La chanson autrichienne de 1966 était en allemand mais avec un titre en français.

La Suisse a le record du nombre de langues utilisées, 5 avec le français, l'allemand (ou suisse allemand), l'italien, le romanche et l'anglais. Un trio suisse – Peter, Sue & Marc – a même chanté dans 4 langues différentes, un record : le français (1971), l'anglais (1976), l'allemand (1979) et l'italien (1981).

La Belgique a alterné le flamand et le français avant d'avoir la possibilité de chanter en anglais.

La France a chanté la plupart du temps dans sa langue mais aussi dans ses langues régionales comme le créole, le breton et le corse ou encore partiellement en anglais.

La liberté de chanter dans la langue de son choix date de 1999. Une première tentative avait déjà été testée entre 1973 et 1977.

Les groupes

Le trio espagnol T.N.T. en 1964 est considéré comme le premier groupe de l'Eurovision mais avec seulement une chanteuse et deux musiciens. Les groupes de plus de trois personnes ont été officialisés à partir de 1971. Le premier vrai trio est suisse – Peter, Sue & Marc – mais le premier rock band est le groupe britannique The New Seekers en 1972.

Le premier groupe qui gagne le Concours est le groupe ABBA en 1974.

Le plus jeune et le plus vieux

Le plus jeune participant reste le Monégasque Jean-Jacques, 12 ans en 1969 et le plus âgé, le contrebassiste du groupe suisse Takasa, Emil Ramsauer, 95 ans en 2013.

C'est la Belge Sandra Kim qui est la plus jeune gagnante de l'histoire, 13 ans en 1986 et le restera pour toujours, étant donné que les règles ont changé. Les artistes doivent maintenant avoir au minimum 16 ans révolus.

Les pieds nus

Il y a eu 6 victoires à pied nu, 5 femmes et 1 homme, Sandie Shaw (Royaume-Uni – 1967), Sertab Erener (Turquie – 2003), Dima Bilan (Russie – 2008), Loreen (Suède – 2012 & 2023) et Emmelie de Forest (Danemark – 2013).

Les plus connus

La chanson la plus reprise est celle du chanteur italien Domenico Mudugno « Nel blu dipinto di blu ».

Les chanteurs les plus connus sont Céline Dion, Loreen, Louane, Slimane, Olivia Newton-John, Julio Iglesias, Cliff Richard, Patricia Kaas et Nana Mouskouri.

Rosa Linn et son fameux « Snap », vingtième en 2022, est la chanson la plus téléchargée de l'Eurovision sans gagner le Concours.

Les plus grands groupes gagnants de tous les temps sont ABBA & Måneskin.

Le groupe italien Måneskin

Les prix Marcel Bezençon

Les Suédois Christer Björkman, chanteur de 1992 et Richard Herrey, un des membres du groupe gagnant de 1984, trouvent trop cruel de récompenser un seul et unique gagnant à la fin de l'émission. Il y a tellement de travail, d'énergie et de passion dépensés avant et pendant l'Eurovision. Il est vrai que lors de la période de préparation suivie par deux semaines de répétitions, les délégations et chanteurs travaillent d'arrache-pied. Il y a l'amélioration des mélodies, la préparation du show et des chorégraphies, sans parler de la promotion de l'artiste dans son pays ou à travers l'Europe. Il y a une attente très longue. Puis l'émission a lieu avec beaucoup d'émotion et le suspense ne cesse de monter jusqu'au moment des résultats. La fin est brutale avec un seul artiste ou groupe récompensé. La lumière s'éteint sur tous les autres candidats. L'idée est donc venue à ces deux artistes de prolonger un peu la fête en offrant d'autres récompenses pour couronner les meilleurs interprètes et chansons finalistes. On ne peut pas, bien entendu, donner un prix à tout le monde, mais les deux Suédois décident d'octroyer trois awards qui sont actuellement :

- Le **Prix de la presse**, décerné à la meilleure chanson, par la presse et les médias accrédités
- le **Prix de la meilleure performance artistique**, décerné au meilleur interprète, par les commentateurs
- le **Prix de la meilleure composition**, décerné à la meilleure et la plus originale composition, par les compositeurs participants

De 2002 à 2009, le Prix de la meilleure performance artistique est décerné par les anciens vainqueurs du Concours. Mais cette pratique se heurte à des obstacles trop importants et doit être réformée. Depuis 2010, ce prix est décerné par les commentateurs.

En 2002 et 2003, un Prix des fans est offert par les membres du fan-club international du Concours, l'OGAE. Il est remplacé en 2004 par le Prix de la meilleure composition.

Patricia Kaas obtiendra le Prix de la meilleure performance artistique en 2009 à Moscou.

Les Prix ont été baptisés en l'honneur du Suisse Marcel Bezençon, visionnaire, à qui nous devons la création du Concours Eurovision de la chanson !

Prix de la presse

Année	Pays	Chanson	Interprète(s)	Place en finale
2002	France	Il faut du temps	Sandrine François	5
2003	Turquie	Everyway That I Can	Sertab Erener	1
2004	Serbie et Monténégro	Lane moje	Željko Joksimović	2
2005	Malte	Angel	Chiara	2
2006	Finlande	Hard Rock Hallelujah	Lordi	1
2007	Ukraine	Dancing Lasha Tumbai	Verka Serduchka	2
2008	Portugal	Senhora do mar (Negras águas)	Vânia Fernandes	13
2009	Norvège	Fairytale	Alexander Rybak	1
2010	Israël	Milim	Harel Skaat	14
2011	Finlande	Da Da Dam	Paradise Oskar	21
2012	Azerbaïdjan	When the Music Dies	Sabina Babayeva	4
2013	Géorgie	Waterfall	Nodiko Tatishvili et Sopho Gelovani	15
2014	Autriche	Rise Like a Phoenix	Conchita Wurst	1
2015	Italie	Grande Amore	Il Volo	3
2016	Russie	You Are the Only One	Sergueï Lazarev	3
2017	Italie	Occidentali's Karma	Francesco Gabbani	6
2018	France	Mercy	Madame Monsieur	13
2019	Pays-Bas	Arcade	Duncan Laurence	1
2020	Édition annulée en raison de la pandémie de Covid-19.			
2021	France	Voilà	Barbara Pravi	2
2022	Royaume-Uni	Space Man	Sam Ryder	2
2023	Suède	Tattoo	Loreen	1
2024	Croatie	Rim Tim Tagi Dim	Baby Lasagna	2
2025	France	Maman	Louane	7

Marcel Bezençon Award
avec Christer Björkman

Prix de la meilleure performance artistique

Année	Pays	Interprète(s)	Chanson	Place en finale
2002	Suède	Afro-dite	Never Let It Go	8
2003	Pays-Bas	Esther Hart	One More Night	13
2004	Ukraine	Ruslana	Wild Dances	1
2005	Grèce	Helena Paparizou	My Number One	1
2006	Suède	Carola	Invincible	5
2007	Serbie	Marija Šerifović	Molitva	1
2008	Ukraine	Ani Lorak	Shady Lady	2
2009	France	Patricia Kaas	Et s'il fallait le faire	8
2010	Israël	Harel Skaat	Milim	14
2011	Irlande	Jedward	Lipstick	8
2012	Suède	Loreen	Euphoria	1
2013	Azerbaïdjan	Farid Mammadov	Hold Me	2
2014	Pays-Bas	The Common Linnets	Calm after the Storm	2
2015	Suède	Måns Zelmerlöw	Heroes	1
2016	Ukraine	Jamala	1944	1
2017	Portugal	Salvador Sobral	Amar pelos dois	1
2018	Chypre	Eleni Foureira	Fuego	2
2019	Australie	Kate Miller-Heidke	Zero Gravity	9
2020	Édition annulée en raison de la pandémie de Covid-19.			
2021	France	Barbara Pravi	Voilà	2
2022	Serbie	Konstrakta	In corpore sano	5
2023	Suède	Tattoo	Loreen	1
2024	Suisse	The Code	Nemo	1
2025	France	Maman	Louane	7

Prix de la meilleure composition →

RÉSULTATS

Année	Pays	Chanson	Auteur(s)	Compositeur(s)	Interprète(s)	Pl. en f.
2004	Chypre	Stronger Every Minute	Mike Konnaris	Mike Konnaris	Lisa Andreas	5
2005	Serb. et M.	Zauvijek moja	Milan Perić	Slaven Knezović	No Name	7
2006	Bosnie-Herz.	Lejla	Fahrudin Pecikoza et Dejan Ivanović	Željko Joksimović	Hari Mata Hari	3
2007	Hongrie	Unsubstantial Blues	Imre Mózsik	Magdi Rúzsa	Magdi Rúzsa	9
2008	Roumanie	Pe-o margine de lume	Andreea Andrei et Adina Şuteu	Andrei Tudor	Nico & Vlad	20
2009	Bosnie-Herz	Bistra voda	Aleksandar Čović	Aleksandar Čović	Regina	9
2010	Israël	Milim	Noam Horev	Tomer Addadi	Harel Skaat	14
2011	France	Sognu	Jean-Pierre Marcellesi et Julie Miller	Daniel Moyne et Quentin Bachelet	Amaury Vassili	15
2012	Suède	Euphoria	Thomas G:son et Peter Boström	Thomas G:son et Peter Boström	Loreen	1
2013	Suède	You	Robin Stjernberg, Linnea Deb, Joy Deb et Joakim Harestad Haukaas		Robin Stjernberg	14
2014	Pays-Bas	Calm after the Storm	Ilse DeLange, JB Meijers, Rob Crosby, Matthew Crosby et Jake Etheridge		The Common Linnets	2
2015	Norvège	A Monster Like Me	Kjetil Mørland	Kjetil Mørland	Mørland & Debrah Scarlett	8
2016	Australie	Sound of Silence	Anthony Egizii et David Musumeci		Dami Im	2
2017	Portugal	Amar pelos dois	Luísa Sobral		Salvador Sobral	1
2018	Bulgarie	Bones	Borislav Milanov, Trey Campbell, Joacim Persson et Dag Lundberg		Equinox	14
2019	Italie	Soldi	Alessandro Mahmoud	Alessandro Mahmoud, Dario «Dardust» Faini et Charlie Charles	Mahmood	2
2020	Édition annulée en raison de la pandémie de Covid-19.					
2021	Suisse	Tout l'Univers	Gjo Muharremaj, Nina Sampermans et Nemo Mettler	Gjo Muharremaj, Nina Sampermans, Wouter Hardy et Xavier Michel	Gjon's Tears	3
2022	Suède	Hold Me Closer	Cornelia Jakobsdotter, David Zandén et Isa Molin		Cornelia Jakobs	4
2023	Italie	Due vite	Marco Mengoni, Davide Petrella	Davide Simonetta, Davide Petrella	Marco Mengoni	4
2024	Suisse	The Code	Benjamin Alasu, Lasse Midtsian Nymann, Linda Dale et Nemo Mettler		Nemo	1
2025	Suisse	Voyage	Emily Middlemas, Tom Oehler, Zoë Më		Zoë Më	10

Lors du 60e anniversaire